DANIEL SANCHO
TODA LA VERDAD Y NADA MÁS QUE LA VERDAD

Triun Arts

Papel certificado por el Forest Stewardship Council®

Primera edición: enero de 2025

© 2025, Triun Arts
© 2025, Penguin Random House Grupo Editorial, S. A. U.
Travessera de Gràcia, 47-49. 08021 Barcelona

Penguin Random House Grupo Editorial apoya la protección de la propiedad intelectual. La propiedad intelectual estimula la creatividad, defiende la diversidad en el ámbito de las ideas y el conocimiento, promueve la libre expresión y favorece una cultura viva. Gracias por comprar una edición autorizada de este libro y por respetar las leyes de propiedad intelectual al no reproducir ni distribuir ninguna parte de esta obra por ningún medio sin permiso. Al hacerlo está respaldando a los autores y permitiendo que PRHGE continúe publicando libros para todos los lectores. De conformidad con lo dispuesto en el artículo 67.3 del Real Decreto Ley 24/2021, de 2 de noviembre, PRHGE se reserva expresamente los derechos de reproducción y de uso de esta obra y de todos sus elementos mediante medios de lectura mecánica y otros medios adecuados a tal fin. Diríjase a CEDRO (Centro Español de Derechos Reprográficos, http://www.cedro.org) si necesita reproducir algún fragmento de esta obra.

Printed in Spain – Impreso en España

ISBN: 978-84-666-8196-4
Depósito legal: B-22.312-2024

Compuesto en M. I. Maquetación, S. L.

Impreso en Black Print CPI Ibérica
Sant Andreu de la Barca (Barcelona)

BS 8 1 9 6 A

*A mi abuela Carmina,
que tras su muerte me enseñó que el amor es ETERNO*

ÍNDICE

Prólogo 11
Introducción 13

1. Una breve historia de amor y odio 15
2. Preámbulo de un crimen 21
3. El crimen 53
4. Entre el mar y la basura 77
5. De Tailandia a Colombia 107
6. Entre basura y bolsas verdes 113
7. Y el pez mordió el anzuelo 127
8. *Mea culpa* 133
9. El tiempo te da versiones 163
10. Todo explotó 173
11. Historias de policías 189
12. Papá en Koh Phangan 199
13. Solo lo descuarticé 209
14. Rueda de prensa del trío jurídico 215
15. Tras la línea de defensa 259
16. El juicio que vimos 283
17. El juicio desde dentro. Lo que no te contaron ... 303
    17.1. Declaración de Daniel 305
    17.2. Declaración empleada vertedero que descubrió
            las partes de Edwin 318
    17.3. Jefe de la investigación comisaría
            de Koh Phangan 321
    17.4. Investigador que recogió la denuncia de Daniel
            por la desaparición de Edwin 341

17.5. Primer intérprete que asistió a Daniel cuando realizó
la denuncia por la desaparición de Edwin 348
17.6. Declaración jefe de policía provincia de Surat Thani 352
17.7. Médica que realizó autopsia preliminar 361
17.8. Forense que analizó las heridas del cuerpo
de Daniel Sancho 368
17.9. Declaración del forense que realizó autopsia
al cuerpo de Edwin Arrieta 373
17.10. Declaración del perito que analizó el teléfono
de Daniel Sancho 380
17.11. Declaración primera abogada de Daniel durante
su primera y segunda declaración 385
17.12. Declaración de la intérprete de Daniel durante
la primera y segunda declaración 389
17.13. Declaración cajera supermercado Big C 394
17.14. Declaración de la cajera del supermercado
Limpipong Home Mart 398
17.15. Declaración de la dueña del negocio de alquiler
de motocicletas 401
17.16. Declaración del empleado del Panviman Resort . 406
17.17. Declaración del empleado del restaurante
Anantara 412
17.18. Declaración del oficial que realizó el estudio
de las cámaras 415
17.19. Declaración del perito que analizó camiseta
de Edwin Arrieta 423
17.20. Declaración de la dueña del Bougain Villas 426
17.21. Declaración de la dueña de la tienda donde
Daniel alquiló el kayak 435
17.22. Declaración primer oficial que tomó la tercera
declaración de Daniel el 16 de agosto 439
17.23. Segundo oficial que tomó la tercera declaración
de Daniel del 16 de agosto 443

17.24.	Declaración de la intérprete de Daniel durante su tercera declaración del 16 de agosto	445
17.25.	Declaración de Khun Anan	449
17.26.	Perito que analizó el ADN del cuchillo encontrado el 16 de agosto	456
17.27.	Declaración del psicólogo de parte propuesto por la defensa	460
17.28.	Declaración del forense de parte propuesto por la defensa	467
17.29.	Declaración del primer agente de Inmigración propuesto por la defensa	475
17.30.	Declaración del segundo agente de Inmigración propuesto por la defensa	478
17.31.	Declaración del tercer agente de Inmigración propuesto por la defensa	482
17.32.	Declaración del agente que retuvo a Daniel tras la revocación de la visa propuesto por la defensa ..	483
17.33.	Declaración de Juango Ospina	484
17.34.	Alegatos de Daniel Sancho	494
18. La empresa de la prensa		505
19. La sentencia		517
20. Conclusiones		549

Notas 561
Agradecimientos 569
Bibliografía 573

PRÓLOGO

La muerte nos llega a todos sin distinción. La muerte, en suma, nos iguala. Nos separan las formas. La forma en la que mueres, la forma en la que te matan, la forma en la que te entierran, la forma en la que te despiden, la forma en la que te recuerdan.

El crimen más mediático del último lustro lo es por las formas. Un joven guapo, con una vida de ensueño, nieto de un grande del cine español e hijo de un actor conocido, es noticia por la forma en la que asesina a un hombre, por la forma en la que se deshace del cadáver y por la forma en la que explica el tipo de relación que mantiene con él. En cuestión de horas supera en fama a su padre. Todo el mundo habla de él y todo el mundo se pregunta el porqué.

Las formas nos conducen al absurdo, llegando a rozar la comedia. La puesta en escena de un equipo de abogados en rueda de prensa explicando por qué el autor confeso es inocente. La campaña mediática que intenta sembrar la duda sobre el muerto —quizá no era bueno, quizá se lo buscó—, que no puede explicar qué hay de cierto en la confesión del asesino. Y como si lo anterior no fuera suficiente, un documental que se emite al mismo tiempo que comienza el juicio.

En España se emiten programas siguiendo la jornada judicial, se respira en el ambiente cierta condescendencia con el autor confeso. ¿El motivo? Es guapo, es hijo de Rodolfo, es español... Vamos, Daniel, ¡no decaigas! Y entre todas las voces, una díscola. Un hombre lee el sumario, lo traduce y lo cuenta para miles de personas que lo ven a diario. Un hombre que en toda esta historia se convierte en fuente de derecho para los que opinan sin haber leído una sola línea.

Por primera vez en España, todos los datos del crimen. Todo lo que pasó e interesadamente se omitió. Un relato en primera persona que narra las primeras horas de Daniel Sancho en la isla y cómo se fueron desencadenando los acontecimientos hasta el conocimiento de la sentencia. Testimonios, declaraciones y mucho más en un libro que servirá de enmienda a la muerte de Edwin Arrieta.

Begoña Gerpe

INTRODUCCIÓN

Viajar a una isla paradisiaca y terminar en el infierno. Viajar con el corazón henchido de amor y recibir crueldad y odio. Viajar para encontrarte cara a cara con tu ser amado y terminar mirando a los ojos al mismísimo diablo. Viajar lleno de esperanza y vida y encontrar la muerte.

Muchas veces, a lo largo de la travesía que ha supuesto el caso de Daniel Sancho, he intentado imaginar a Edwin Arrieta entrando en el bungalow donde encontró su final. Muchas veces, al ver su última imagen en la motocicleta montado junto a su verdugo, intento imaginar qué pudo pasar por su cabeza al ver, por última vez, la mirada fría, despiadada y cruel de aquel que pensaba que lo amaba. ¿Le dio tiempo a preguntar por qué? ¿Tuvo tiempo de saber realmente que le estaban arrebatando la vida? Intento imaginar los sentimientos que tuvieron que agolparse en la mente del doctor en sus momentos finales; esos sentimientos encontrados unidos al terror y al pánico. Seguramente dejó de pensar en su asesino. Quizá el último de sus pensamientos fue para sus verdaderos seres queridos, aquellos a los que nunca más volvería a ver por la decisión de un malnacido. A miles de kilómetros de su hogar, en la soledad de aquella habitación, casi con total seguridad sintió más que nunca la cercanía y el calor de los suyos.

La mente es sabia y sabe cuándo tiene que apartar la conciencia del horror que está viviendo para otorgar algo de paz en los momentos finales. Porque en una situación así llega a un punto en el que sabes que el final ha llegado, que tu vida toca su fin, que aquello por lo que has luchado, peleado y trabajado no va a servir para nada; que tu historia está a punto de escribir su último capítulo.

Es justo en ese momento cuando todo se para, cuando ya no hay dolor ni odio ni rencor ni ira; solo buscas la paz donde verdaderamente siempre ha existido: en el amor que profesas por aquellos que se lo merecen.

Me gusta pensar que eso fue lo último que pasó por la mente de Arrieta y no la imagen de un energúmeno, sediento de sangre y lleno de rabia, haciendo añicos toda su existencia.

CAPÍTULO 1
UNA BREVE HISTORIA DE AMOR Y ODIO

De cómo se conocieron Edwin y Daniel realmente solo se sabe lo que Daniel quiso contar. Sin embargo, se presenta un problema que vosotros iréis descubriendo a lo largo de este libro: la palabra de Sancho debe tomarse o creerse en su justa medida. Para ser lo más estricto posible y divagar lo justo, me ceñiré a lo que contó y confesó en las declaraciones que realizó ante la policía tailandesa y ante el juez una vez cometió el crimen.

Al parecer, Arrieta y Sancho se conocieron a través de la red social Instagram. Según narró Daniel, él colgaba fotografías sobre cocina, ya que su supuesta profesión es la de chef. Cuenta que el doctor comenzó a comentar en dichas publicaciones y que ambos empezaron a intercambiar mensajes. No se aclara en el sumario en qué momento deciden quedar para conocerse o qué los lleva a realizar dicho encuentro, pero se deja entrever que Edwin tenía algún tipo de interés en invertir en negocios de hostelería, razón que sirvió de hilo conductor para que ambos terminaran encontrándose en una discoteca de Madrid, España, en algún momento de 2022; según comenta el propio Daniel, aproximadamente un año antes del crimen.

Tras este encuentro y sin explicar los pormenores de cómo sucede, entre ambos comienza un idilio. Continúa contando que, al principio, el doctor no le parecía atractivo, pero que terminó estableciendo una relación con él. Existen muchas fotografías y evidencias de ambos compartiendo momentos juntos en restaurantes, realizando excursiones e incluso viajando.

Como bien he dicho, voy a ceñirme a lo que declara el propio Daniel en sus confesiones. Esto no quita que, más adelante, plasme en este libro la versión dada por algunos amigos de Edwin. Ellos cuentan algo diametralmente opuesto a lo que narró Sancho sobre la verdadera unión que tenía con el cirujano.

«Según Daniel, en algún momento entre febrero y marzo de 2023 decide terminar la relación. Es entonces cuando es amenazado por Arrieta. Explica que este le insiste en que, si rompe con él, hará públicas las fotografías íntimas que se habían intercambiado por teléfono, lo que dañaría no solo su reputación, sino también la de su familia».[1]

Como bien sabéis todos a día de hoy, Daniel es hijo de Rodolfo Sancho, actor español de series y películas y también nieto de Sancho Gracia, un actor muy conocido por su interpretación en la serie *Curro Jiménez*, donde daba vida al famoso bandolero.

«Según continúa contando Sancho, no solo amenaza con publicar dichas fotografías, sino que, además, realiza amenazas de muerte contra él y su familia. El "chef" dice estar asustado y hace referencia ante la policía tailandesa del gran poder que tiene Edwin en Colombia y de lo peligrosos que son sus contactos, entre ellos, su cuñado. Llega incluso a relatar que, debido a este miedo y a la presión a la que es sometido por el cirujano, tiene que terminar la relación con su novia, una relación que tenía visos de boda».[1]

Como muchas de las historias o excusas contadas por Daniel, todo esto es falso. Testimonios recogidos demuestran no solo que Sancho llevaba una doble vida, sino que Arrieta no fue el causante de la ruptura con su novia. Hemos conseguido averiguar que Laura, nombre de la que era su novia hasta el momento de su detención en Tailandia, había dado por finalizada la relación con el hijo de Rodolfo no porque este mantuviese un *affaire* con otro hombre, sino por haberle sido infiel con una mujer, algo que, al parecer, era algo habitual en Daniel. Comentan sus allegados que era muy promiscuo. Incluso cuando su novia lo deja y él comienza su idilio con Arrieta también le es infiel con numerosas chicas.

Poco antes del crimen, Sancho estaba comenzando un nuevo acercamiento a su exnovia. Este parecía ir por buen camino, ya que días antes de cometer el asesinato habían quedado en encontrarse ella y su familia con el «chef» en Tailandia. Laura aprovecharía un viaje familiar que tenía por Vietnam para dar el salto y encontrarse con su novio en el país asiático. Según me cuentan, iba a ser una nueva presentación en sociedad de su relación.

Justo cuando la noticia explota en los medios y a escasas horas de viajar la joven con sus padres para ver a Daniel, la madre decide poner rumbo de nuevo a España sin pisar suelo tailandés. Lógicamente, la familia de la chica primó su seguridad, ya que quizás ella misma hubiese tenido que pasar por dependencias policiales para prestar declaración si llegaba a poner un pie en Tailandia, y tal vez se habría visto envuelta en un suceso que pilló con la misma sorpresa a ella que al resto del mundo.

Como he comentado previamente, esta es la versión de Daniel, pero casi con total seguridad no es cierta. Cuando un acusado es interrogado suele dibujar un escenario que termina llevándolo sin remedio a cometer el acto atroz que finalmente cometió. Por eso, a estos relatos hay que darles el valor que merecen; el de una persona que, ante todo, intenta cubrirse las espaldas y culpar de sus actos a la víctima.

Voy a contar un poco de lo que he conseguido averiguar por los testimonios que he podido recoger entre los amigos de Edwin. Antes de contar lo averiguado, he de comentar que el cirujano era una persona muy reservada en sus relaciones íntimas y muy pocos allegados suyos conocían la existencia de Daniel. Es cierto que lo nombró en algunas ocasiones y que incluso algunos de estos amigos llegaron a verlo en videollamada, pero nunca fue presentado como su pareja formal; el «chef» era uno más de sus amigos.

Tras varios meses he conseguido hablar con algunas personas que conocían la existencia de esta relación, aunque es cierto que ninguno de los que han testificado conocían los pormenores de esta. Como veréis, narran un escenario muy distinto al que dibujó Sancho tras su detención.

Al parecer, Edwin estaba muy enamorado del joven español. El cirujano había comenzado a hacer dieta y ejercicio; llegó a perder más de catorce kilos en un par de meses. Edwin quería sentirse atractivo y joven por el nuevo amor que había llegado a su vida. A los pocos que contó de su relación, siempre les habló de su pareja, no de un capricho o de algo esporádico. Incluso llegó a comentar que comenzarían una nueva vida en Barcelona. Un servidor conoce a la persona que iba a alquilarle el piso a Edwin para que pudiera vivir junto a Sancho mientras compraban una casa en una zona mucho más adinerada de la ciudad condal. Allí, una vez Edwin convalidara su título de cirujano plástico, podría empezar a atender pacientes en España sin problema.

La versión del pobre Arrieta llega a plantear un escenario que, visto con los ojos del presente, reflejan un acto atroz e inhumano.

Muchos llegaron a preguntarse por qué Edwin viajó solo a Tailandia. Había reservado estancia en uno de los hoteles más lujosos de Koh Phangan solo para estar una noche. Daniel, por el contrario, llegaría dos días antes que él, a mi parecer, para prepararlo todo. Nos referimos en este caso a la famosa Fiesta de la Luna, cuna de la futura pedida de mano y sello del compromiso. Como bien he dicho, mirando esto en retrospectiva, se hace imposible no sentir dolor al imaginar que Arrieta, que pensaba salir de Tailandia con la promesa de una nueva y hermosa vida junto a su amor, terminó saliendo en una urna funeraria porque ese que iba a prometerle amor eterno le asesinó. Y no solo lo mató: lo descuartizó y esparció sus restos por la isla.

Como ya he comentado anteriormente, esto es lo poco que se conoce de la relación entre los dos protagonistas de este libro. Daniel Jerónimo Sancho Bronchalo, que en el momento del crimen tenía veintinueve años, y Edwin Miguel Arrieta Arteaga, el cual contaba con cuarenta y cuatro años de edad.

Por los testimonios recogidos y por las confesiones de Daniel, sí podríamos afirmar que existía algo más que una amistad entre los dos. Edwin y Daniel mantenían una relación de pareja, seguramente de amor por parte de Arrieta y de necesidad o aprovechamiento por parte de Sancho.

Me considero bastante liberal en este sentido y por eso creo que no todas las relaciones entre personas adultas y responsables tienen por qué darse por amor. Me refiero a que si cada uno sabe lo que aporta y lo que recibe, son totalmente lícitas. Aunque, ¿fue este el caso de estos dos hombres? Es algo que nunca sabremos. De los dos implicados, solo contamos con la versión del asesino, que es de por sí poco fiable, ya que el otro participante, por desgracia, no está para contar y explicar qué sentía o qué promesas recibía por parte de su pareja.

CAPÍTULO 2
PREÁMBULO DE UN CRIMEN

Era 5 de agosto de 2023 cuando los nombres del asesino Daniel Sancho y la víctima Edwin Arrieta se convirtieron en el foco de atención de la población mundial. Estamos hablando de un crimen cuyo eco mediático fue tan ensordecedor que se apropió de programas de televisión, vídeos de YouTube y portadas de periódicos y revistas durante meses. Es un caso que dio mucho de qué hablar y que analizaremos a lo largo de este libro, pero antes de entrar en detalles nos centraremos en lo que sucedió días antes.

El español Daniel Sancho llega a Tailandia el día 30 de julio de 2023, concretamente a las 13.34. Lo hace en el aeropuerto de Suvarnabhumi, a unos veintisiete kilómetros de Bangkok. Al aterrizar y pasar por aduanas, se para en el banco del mismo aeropuerto a cambiar sus divisas a la moneda local (baht). Este detalle es importante, ya que cuando Daniel es detenido y el lugar de los hechos es inspeccionado, aparece dinero tanto en bahts como en dólares, por lo que se confirmaría que poseía dinero que no era suyo, como él mismo termina reconociendo en la ampliatoria de su primera declaración que aparece en el sumario.

Siempre se había pensado que Sancho cogió otro vuelo a Samui tras su llegada a la capital tailandesa, pero esto no fue así: el joven permaneció toda esa tarde en Bangkok y viajó a su destino definitivo a la mañana siguiente alrededor de las 9.30.

¿Dónde pasó Sancho todas esas horas? Es una pregunta que carece de respuesta. Sin embargo, lo que parece evidente es que Sancho no se alojó en un hotel. De ser así, hubiese quedado registrado en su ficha de aduanas, y de esto no hay constancia alguna. Con todo, hay varias opciones que podemos considerar: o bien no se hospedó en ningún sitio y estuvo fuera hasta el día siguiente o se quedó en casa de algún amigo o conocido.

Aquí os dejo algunas imágenes de las cámaras de seguridad de los aeropuertos que se recogen en el sumario. En ellas se puede observar el recorrido de Sancho desde Bangkok hasta Samui.

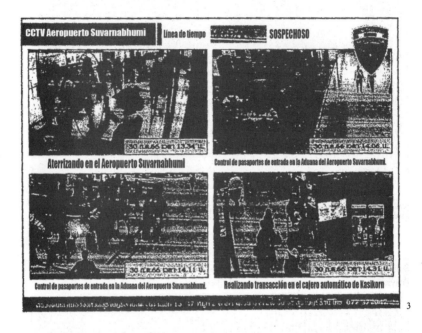

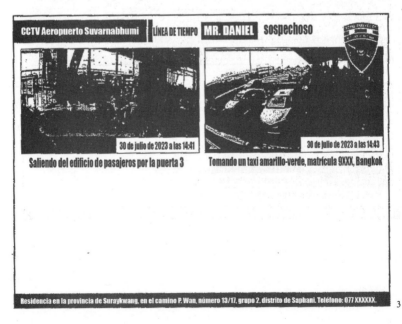

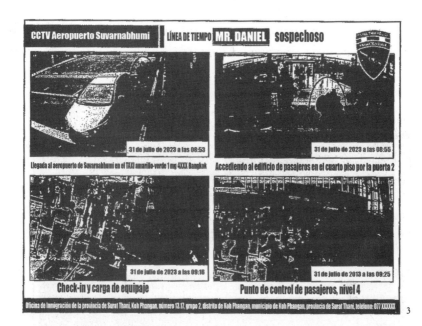
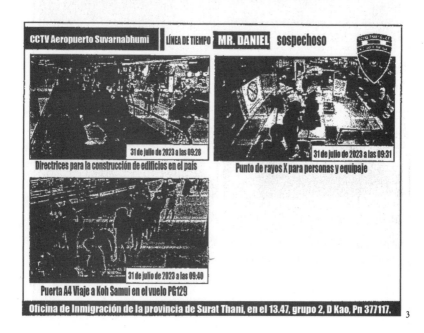

Tras su llegada a Samui, Sancho coge un ferri hasta Koh Phangan. Arriba aproximadamente a la 13.20. Esto queda registrado por la cámara que graba a Sancho a la salida del muelle de la isla.

Seguidamente, Sancho se dirige a una tienda de alquiler de motocicletas llamada Anugpaw. Este hecho es de vital importancia, ya que cuando un extranjero arrienda un vehículo en Tailandia los dueños le exigen que deje su pasaporte en depósito. Esta práctica es tan habitual que para registrarse en un hotel tailandés no es necesario presentar documentación auténtica; basta con una fotocopia o una fotografía tomada desde un móvil (ver imagen en página siguiente).

Luego de haber alquilado la motocicleta, Daniel se dirige al Panviman Resort, hotel donde pensaba hospedarse. Sin embargo, la reserva no la había realizado él, sino el cirujano Edwin Arrieta, que el 27 de julio abonó un total de 26.520 bahts (unos 720 euros o 790 dólares) por tres noches (del 31 de julio al 3 de agosto). Edwin también mandó un correo al Panviman Resort para indicar que su amigo Daniel Jerónimo Sancho Bronchalo se hospedaría en la habitación reservada antes de su llegada.

Ficha de alquiler de la motocicleta junto al pasaporte que deja en depósito.[4]

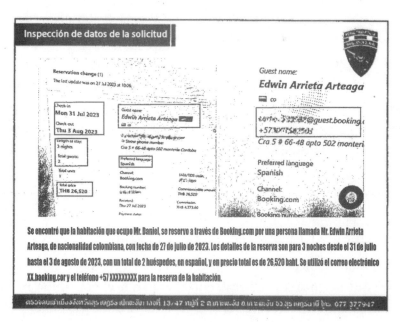

Reserva del Panviman Resort realizada por Edwin Arrieta el 27 de julio.[2]

El lunes 31 de julio, Daniel hace el registro alrededor de las 14.00. Le dan la habitación 6404, la cual tendría que compartir con el cirujano la noche del 2 al 3, que es cuando este llegaba a la isla, aunque, por desgracia, Edwin nunca pudo disfrutar de tan bello alojamiento.

Durante el resto del día, Sancho se dedicó a hacer un poco de turismo, comer fuera y acercarse a un gimnasio donde se practicaban combates de muay thai, un arte marcial tailandés del que Sancho era un gran aficionado. Más tarde regresa al hotel y pasa la noche.

Las cámaras de dicho gimnasio recogieron la imagen de Daniel como espectador de uno de esos combates el 31/07/2023.[5]

Al día siguiente (martes, 1 de agosto), Daniel empieza a urdir su plan para terminar con la vida del doctor Edwin.

Mucho se ha debatido durante los meses previos al juicio sobre si Sancho actuó con premeditación o no. Existen personas que, al contrario que los jueces y el fiscal, consideran que el homicidio fue un suceso espontáneo acaecido tras una pelea fortuita. Tras haber analizado los movimientos de Sancho previos a la llegada de Arrieta, coincido con el veredicto final y creo que Sancho sí mató a Edwin de manera premeditada. Tanto si queda alguna duda sobre la veracidad de esto o no, a continuación analizaremos los detalles del crimen que saltó a la palestra mediática el verano de 2023.

El 1 de agosto, Daniel decide reservar por internet un nuevo hotel, concretamente un bungalow situado en el extremo opuesto de la isla. Este recinto está compuesto por pequeñas edificaciones individuales separadas entre sí unos cuatro metros de distancia.

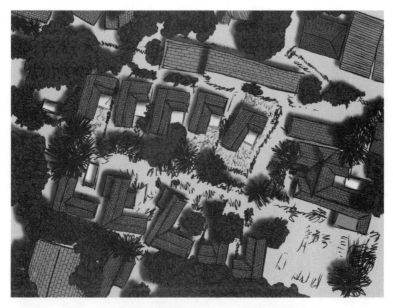

Bungalows del Bougain Villas donde puede observarse la separación entre ellos.[6]

Si nos fijamos en la imagen, nos damos cuenta de que las casitas son un mejor escenario para cometer un crimen en comparación con el Panviman Resort. Existen varios motivos:

- La separación de cuatro metros entre una edificación y otra ofrece una mayor intimidad al inquilino que las habitaciones de hotel, pegadas unas a otras.

—Todos los bungalows cuentan con un amplio refrigerador, el cual resulta muy útil para almacenar los miembros de un cuerpo descuartizado.
—El aparcamiento es privado y tiene un acceso directo a la playa a aproximadamente trescientos metros.
—No hay recepción, así que cualquiera puede entrar y salir sin ser visto.
—El recinto se encuentra mucho más cerca de los comercios.

En torno a las 16.00, Daniel coge su motocicleta y se dirige hacia su nuevo alojamiento. No obstante, en el camino hace una parada extraña que será determinante.

A las 16.51, se le ve llegar con su motocicleta a una cadena de establecimientos muy conocida en Tailandia, Big C.

A partir de este momento os vais a dar cuenta de que Koh Phangan es como el programa de televisión *Gran Hermano*, ya que la isla está repleta de cámaras que registran cada pequeño movimiento. Después de llevar tanto tiempo estudiando y escudriñando este crimen, estoy seguro de que Daniel no era consciente de que estaba siendo grabado y que tiempo después esas imágenes servirían como futuras pruebas.[3]

El 1 de agosto de 2023, a las 16:51:57 (la cámara está adelantada 00:11:18). En la cámara de la tienda Big C, dentro del local (Lat: 9.70907, Long: 100.00073), se observa a una persona que se parece a MR. DANIEL entrando en la tienda Big C.

El 1 de agosto de 2023, a las 17:02:57 (la cámara está adelantada 00:11:18). En la cámara de la tienda Big C, ubicada en (Lat: 9.70907, Long: 100.00073), se observa a una persona que se asemeja a MR. DANIEL realizando el pago de varios artículos, entre los cuales se pueden identificar algunos productos, como una bolsa de plástico negra.

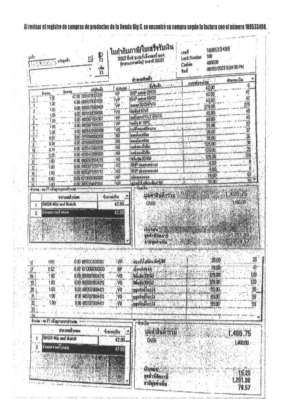

Copia del Ticket con los productos adquiridos por Daniel en el Big C.[3]

Daniel entra al Big C y adquiere una serie de productos cuando menos inquietantes (ver imagen en página siguiente).

Hay un total de veintidós artículos. Lo que más destaca es el cuchillo, pero no debemos pasar por alto la gran cantidad de productos de limpieza así como las más de doscientas bolsas que adquirió. Estas eran de diferentes tamaños y algunas tenían asas mientras que otras no. Otro factor a tener en cuenta es su color: algunas eran negras y el resto verdes. Estas últimas jugarán un papel fundamental en la investigación, pero antes debemos esclarecer una cuestión en particular.

Hay quienes justifican esta extraña compra aduciendo que, aparte de adquirir lo anteriormente mencionado, Sancho también compró varios productos alimenticios. Se trata de unas porciones de sandía y

Nº	"Lista de productos según la factura número 108533498."			
	código de producto	Nombre del producto	precio / baht	Nota
1	8851079001328	BHP bolsa de basura 18x20	42	
2	8851079001328	BHP bolsa de basura 18x20	42	
3	8851079003469	Bolsa de basura 26x34Px14	42	
4	8851130050586	cuchillo 8" KIWI	275	
5	8850871931307	Guantes de goma POLYBRI TE	45	
6	8850871940125	Guantes MIOPC	40	
7	8859426092098	Bolsas Marca Besico	22	
8	218568000008	sandía amarilla 1 Porciones	39	
9	218568000008	sandía amarilla 1 Porciones	39	
10	255412000005	melón de pulpa naranja 1 porción	125	
11	255412000005	melón de pulpa naranja 1 porción	125	
12	8850919934215	Film estirable 30 x 60	125	
13	8850871292712	BHP estropajo de acero inoxidable	8	
14	8850871292712	BHP estropajo de acero inoxidable	8	
15	213066000000	Uvas Rojas	79	
16	8850304015161	Paquete doble de esponjas de limpieza 3M	35	
17	213066000000	Uvas Rojas	79	
18	8850919934215	Film estirable 30 x 60	129	
19	8850919934215	Film estirable 30 x 60	129	
20	8851079004411	Bolsas de asa reciclable 24	99	
21	8851079004411	Bolsas de asa reciclable 24	99	
22	8851079004411	Bolsas de asa reciclable 24	99	

Transcripción del ticket traducido al español.[3]

melón ya cortadas y un paquete de uvas que, casi con total certeza, iban a ser consumidas con prontitud. Daniel era una persona que se preocupaba por su alimentación (digo «era» porque, dondequiera que esté, probablemente ya no le importe qué comer, sino comer en sí), pero que comprara fruta no justifica lo poco ortodoxo de los productos listados en el ticket.

Luego de abandonar el Big C, Daniel pone rumbo a su nuevo alojamiento, el Bougain Villas. Este recinto está junto a la playa de Haad Salad, donde llega aproximadamente a las 17.21.

El 1 de agosto de 2023, a las 17:25:10 (la cámara está 00:23:27 atrasada con el tiempo real), la cámara del Hotel Bougain (Lat: 9.78598, Long: 99.97434) captó la imagen de una persona que se asemeja a MR. DANIEL conduciendo una motocicleta hacia el interior del Hotel Bougain.

El 1 de agosto de 2023, a las 17:33:06 (la cámara está 3 segundos atrasada con el tiempo real), en la cámara de la tienda Crystal Day (Lat: 9.78631, Long: 99.97298), se observó a una persona que se asemeja a MR. DANIEL caminando por el área de estacionamiento de la tienda.

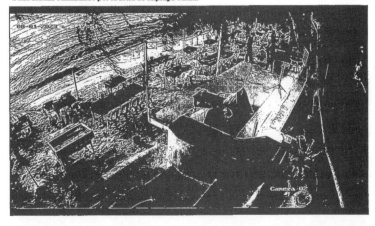

El 1 de agosto de 2023, a las 17:51:04 (la cámara está 3 segundos atrasada con el tiempo real), la cámara de Crystal Day (Lat: 9.78631, Long: 99.97298) captó la imagen de una persona que se asemeja a MR. DANIEL caminando por la zona de la playa Salad.

Después de dejar la compra en el bungalow, Sancho realiza una acción que resulta, cuando menos, extraña: se dirige a la playa y permanece allí durante casi media hora.

Muchos insistían en que Daniel alquiló un kayak la misma tarde en que cometió el crimen y que fue algo totalmente improvisado que demostraba la falta de premeditación en el homicidio. Pues bien, según muestran estas imágenes, Sancho tuvo casi media hora para observar con precisión dónde podía adquirir una embarcación, su precio y los horarios, ya que la tarde anterior al crimen se paseó por las inmediaciones. Este dato pone de manifiesto que, aunque no alquiló el kayak ese día, sí tenía pleno conocimiento de dónde hacerlo.

Tras este paseo, Daniel pone rumbo al Panviman Resort. La actitud de Sancho es muy llamativa: ¿por qué iba alguien a alquilar un bungalow si ya dispone de una habitación de hotel? La respuesta ya la hemos expuesto: Sancho empleó el bungalow recién alquilado para almacenar los productos que había comprado anteriormente en el Big C, algo que no podría haber hecho en el Panviman Resort sin levantar sospechas.

El 1 de agosto de 2023, a las 18:00:57 (la cámara está 3 segundos atrasada respecto al tiempo real), en la cámara de la tienda Crystal Day (Lat: 9.78631, Long: 99.97298), se observó a una persona que se asemeja a MR. DANIEL caminando por el área de estacionamiento de la tienda Crystal Day, dirigiéndose de regreso al hotel Bougain.

El 1 de agosto de 2023, a las 18:05:19 (la cámara está 00:23:27 atrasada con el tiempo real), la cámara del Hotel Bougai (Lat: 9.78598, Long: 99.97434) captó la imagen de una persona que se asemeja a MR. DANIEL saliendo en motocicleta de dicho hotel.

Planteemos una cuestión: imaginemos que, tal como afirmaría Sancho, el bungalow fue alquilado para grabar vídeos de cocina y que la compra de productos también tenía ese propósito. Entonces, ¿por qué alquilar la habitación uno o dos días antes si no iba a ser utilizada de inmediato? ¿Acaso no cabían los productos en el Panviman? ¿Por qué gastar dinero en un hotel solo para dejar una bolsa con una compra, cuando menos, peculiar para un turista?

Como hemos relatado, el «chef» Sancho se dirige a la habitación 6404 del Panviman después de este movimiento inusual. Allí descansa hasta el día siguiente, un día que se le tornaría como mínimo laborioso.

El miércoles 2 de agosto, Daniel vuelve a subir a su motocicleta y pone de nuevo rumbo al Bougain Villas, pero como sucedió el día anterior, hace un alto en el camino; un alto que despierta otra vez la atención de los investigadores que participaron en la resolución del caso.

Sancho para en una ferretería donde compra unos artículos ciertamente llamativos para una persona que está en la isla haciendo turismo.[3]

El equipo de investigación ha entrado para preguntar por la compra de los productos que aparece en la factura con el número 03660802-1358.

Imagen de la factura con el número 03660802-1358	Lista de productos de la factura		
	Cantidad	Lista de productos	Importe
	1	PUMPKIN sierra	360.00
	1	Cuchillo con agujero de tamaño pequeño	120.00
	1	Tabla de madera 60X30X2cm	450.00

[3]

Como podéis ver, Sancho compra una sierra, otro cuchillo y una tabla de corte. Para que os hagáis una idea de cómo se ven estas herramientas, os voy a poner una imagen extraída del catálogo de la propia tienda.

Este sería el cuchillo de carnicero, también denominado en algunas descripciones como cuchillo picador.[7]

En esta imagen se ven los tres artículos juntos.[8]

Tras adquirir estos enseres, Daniel vuelve a poner rumbo al bungalow donde había guardado el otro cuchillo, las bolsas y los productos de limpieza. Llega a la 13.12.

El 2 de agosto de 2023, a las 12:30:15 (la cámara está 5 atrasada respecto al tiempo real), en la cámara de la tienda Lim Pipong (Lat: 9.70931, Long: 99.99024), se observa a una persona con características similares a MR. DANIEL, llevando una mochila gris, entrando en dicha tienda.

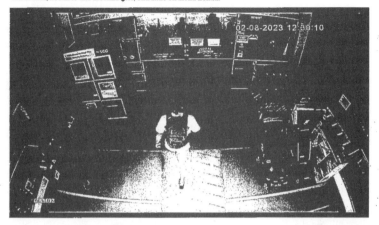

El 2 de agosto de 2023, a las 12:31:55 (la cámara está 5 segundos atrasada respecto al tiempo real), en la cámara de la tienda Lim Pipong (Lat: 9.70931, Long: 99.99024), se observó a una persona con características similares a MR. DANIEL eligiendo una sierra de calar.

Imágenes comprando en la ferretería la sierra, la tabla de corte y el cuchillo.[3]

El 2 de agosto de 2023, a las 12:45:19 (la cámara está 5 segundos retrasada con respecto al tiempo real), la cámara de la tienda Lim Pipong (Lat: 9.70931, Long: 99.99024) detectó a una persona con características similares a MR. DANIEL en el punto de pago, llevando productos como una sierra de calar, tabla de madera y un cuchillo con un pequeño orificio.

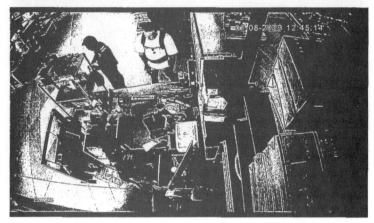

Imagen de la factura con el número 03660802-1358	Lista de productos de la factura		
	Cantidad	Lista de productos	Importe
	1	PUMPKIN sierra	360.00
	1	Cuchillo con agujero de tamaño pequeño	120.00
	1	Tabla de madera 60X30X2cm	450.00

Daniel Sancho pagando en la ferretería y muestra del ticket original.[3]

— 38 —

El 2 de agosto de 2023, a las 12:46:27 (la cámara está adelantada 5 segundos respecto al tiempo real), la cámara de la tienda Lim Pipong (Lat: 9.70931, Long: 99.99024) captó a una persona con características similares a MR. DANIEL saliendo de la tienda.

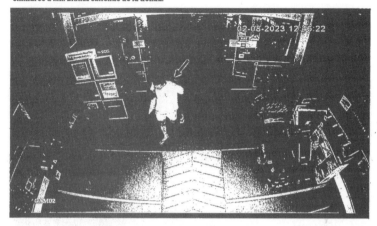

El 2 de agosto de 2023, a las 13:12:09 (la cámara está 00:23:27 atrasada respecto al tiempo real), la cámara del Hotel Bougain (Lat: 9.78598, Long: 99.97434) captó la imagen de una persona que se asemeja a MR. DANIEL conduciendo una motocicleta hacia dicho hotel. Se observó como llevaba la tabla de madera que compró en la tienda Limpipong, entre sus piernas.

Vamos a recapitular y poner en orden los pasos que ha seguido Sancho durante estos dos días.

El día 1 reserva un segundo hotel apartado, con casitas individuales y acceso directo a la playa. El mismo día que se dirige a este nuevo alojamiento se detiene a comprar una serie de productos un poco sospechosos. Seguidamente, los deja en la nueva habitación y se da una vuelta por la playa de casi media hora, tiempo suficiente para verificar, planificar y reconocer el lugar donde pretende deshacerse de un cuerpo o, como mínimo, ocultar un cadáver. Luego toma su motocicleta y vuelve a su verdadero alojamiento, el Panviman, donde están todas sus cosas. Se dirige a la habitación 6404 y descansa para lo que acontecerá al día siguiente. ¿Dormiría tranquilo sabiendo lo que iba a pasar? ¿Fue capaz de conciliar el sueño o pasó la noche y la madrugada ensayando en su mente los actos venideros?

El día 2, Sancho se dirige nuevamente al segundo hotel, pero en el camino se detiene en una ferretería donde adquiere una nueva tanda de productos sospechosos que luego lleva al bungalow. Es probable que, durante la noche anterior, mientras repasaba el plan en su mente, se diera cuenta de que iba a necesitar más herramientas para lo que estaba a punto de suceder.

Ahora tiene en esa habitación: dos cuchillos, una sierra, más de doscientas bolsas de basura, tres rollos de papel film estirable que suman un total de ciento ochenta metros, dos paquetes de guantes que suman varios pares, estropajos de aluminio, estropajos de esponja y todo lo necesario para limpiar profundamente una estancia que ha alquilado y tiene limpieza y servicio de habitaciones. Eso sin contar que ya en la misma habitación existe una gran variedad de cuchillos y enseres, puesto que dispone de una pequeña cocina completamente equipada.

Cocina del Bougain Villas.[9]

Tras su llegada al Bougain Villas, Daniel permanece dentro de la habitación casi cuarenta y cinco minutos antes de salir a recoger a Edwin.[3]

El 2 de agosto de 2023, a las 13:59:13 (la cámara está 00:23:27 minutos retrasada con respecto al tiempo real), la cámara del Hotel Bougain (Lat: 9.78598, Long: 99.97434) captó la imagen de una persona que se asemeja a MR. DANIEL saliendo en motocicleta de dicho hotel.

De acuerdo con lo que hemos visto, Sancho se encarga de llenar este alojamiento de productos que claramente han sido comprados con algún fin muy específico. Él intentará explicar en su tercera declaración que la compra de los mismos obedecía a su necesidad de grabar unos vídeos de cocina, pero es muy difícil dar credibilidad a esto cuando concurren varias circunstancias que ponen de manifiesto la alta probabilidad de que sea falso.

Primero: el canal de YouTube de Daniel se encontraba prácticamente abandonado: el último vídeo que subió fue en octubre de 2022 y no es que hasta entonces le dedicase mucho esfuerzo, ya que publicaba contenido una vez al mes. En total disponía de seis vídeos, el primero de ellos subido en mayo de 2023. La cantidad de suscriptores del canal antes que la existencia del mismo saltase a los medios tras el crimen no era más que de unos cientos. Esto genera más dudas acerca de si las compras y el alquiler del hotel fueron pensados para crear contenido. Además, si se suponía que iba a cocinar, ¿dónde estaban los alimentos? No hay compra de pescado, carne, verduras, especias, ni tan siquiera un triste bote de sal.

Existen también otras circunstancias que hacen dudar mucho sobre la explicación que da Daniel sobre realizar metrajes para su canal. Si esa era la finalidad, ¿qué cámara iba a usar? ¿Con qué iluminación o micrófono pretendía realizarlos? Cualquiera que haya intentado grabar con un teléfono móvil dentro de una cocina sabe que el resultado es muy amateur tanto en sonido como en calidad de imagen, ya que en la cocina hay ruidos, humos y otros factores externos que afectan a la grabación. ¿Te gastas un dinero en alquilar un hotel, realizas una compra enorme en enseres y no tienes en cuenta esto? Todos los que nos dedicamos a YouTube sabemos que no haces un desembolso de esa magnitud si no va a tener un retorno económico; nadie invierte al principio de un canal esa cantidad de recursos para obtener solo unos cientos de visitas que no van a aportar nada a nivel económico, ya que el canal de Sancho, con el número de visitas y de suscriptores que tenía en el momento del crimen, no estaba ni monetizado, por lo que no le dejaba ni un solo euro.

Por el contrario, lo que sí tenía en aquella habitación era un conjunto de herramientas y productos que encajaban a la perfección con lo que sucedería después. Estos artículos resultaron ser exactamente lo necesario para matar y descuartizar un cuerpo. Sancho pretende hacer creer que esa compra fue una simple coincidencia, como si hubiera adquirido justo lo que requeriría en caso de que ocurriera lo que finalmente sucedió. Es decir, para no haber comprado esos productos con la intención de cometer un asesinato y desmembrar un cadáver, hizo una compra sorprendentemente precisa. Esto puede encajar para quienes creen en las casualidades, pero para cualquier persona con un mínimo de sentido crítico resulta extremadamente difícil dar credibilidad a la versión de Sancho.

Hasta este punto, hemos analizado los días previos de Daniel. Ahora es momento de hacer lo mismo con los de Edwin Arrieta.

Edwin sale desde Chile (donde tenía una clínica de estética), pero no en dirección a Tailandia, sino a la isla de Fuerteventura. Allí se reúne con unos amigos que comparte con Daniel.

El 29 de julio realiza algún viaje en barco acompañado de esos amigos y pasa un día que, por las fotos e historias que cuelga en su Instagram, resulta muy gratificante.

Su llegada a Bangkok se retrasa hasta el día 1 de agosto, arribando al aeropuerto de Suvarnabhumi a la 13.58.

Tras su llegada, se dirige a un taxi y pone rumbo al hotel Courtyard Marriott Bangkok, donde pasará la noche antes de emprender su viaje a Samui. Al contrario que Daniel, Edwin sí tenía un alojamiento registrado donde sabemos que pasó las horas que distaban entre su llegada y su nueva partida hacia la isla de Koh Phangan.[2]

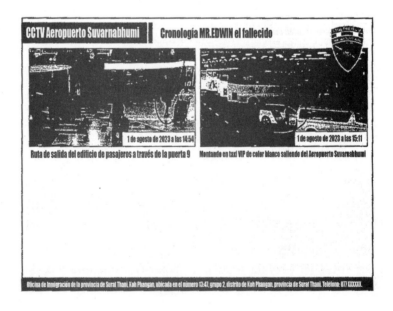

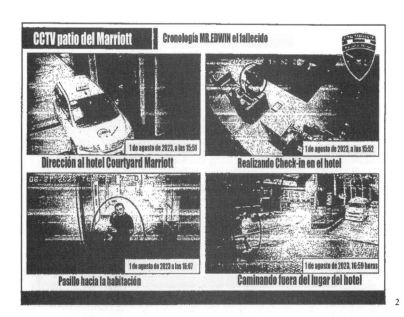
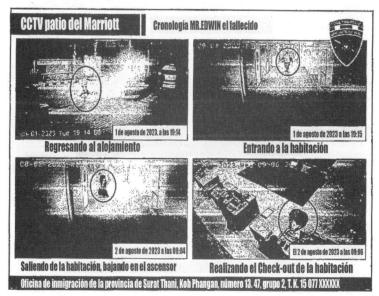

Incluso tiene tiempo de salir a dar una vuelta por la tarde de aquel 1 de agosto por las calles de la capital tailandesa.

Después de entrevistar a Samira, una de sus mejores amigas, hoy sabemos que durante ese paseo los dos mantuvieron una conversación telefónica de más de dos horas. En esa charla, le compartió lo hermoso que le parecía el lugar que visitaba por primera vez. Para ella, esa llamada que guarda en su memoria y en su corazón representa la despedida de su amigo. Aunque más tarde volvería a hablar con él, fue solo por unos minutos, cuando Arrieta se encontraba en el barco camino a la isla.²

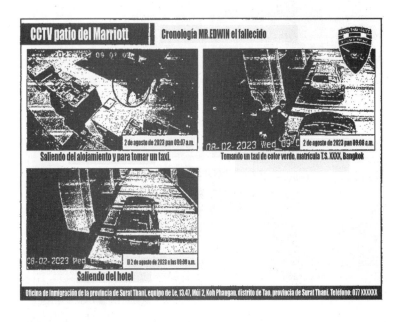

Estas imágenes muestran a un Edwin confiado, comenzando el que sería su último viaje. A uno se le hiela la sangre al pensar en cómo puede alguien enfrentarse a su destino sin estar preparado para ello. ¿Cómo puede una persona dirigirse hacia el ocaso de sus días de una manera tan inocente? ¿Cómo es posible que alguien sea engañado de tal forma para caminar hacia el matadero lleno de felicidad? ²

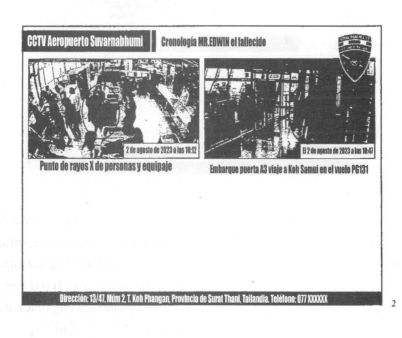

Tras su llegada a Samui, Edwin coge un ferri que termina llevándolo a Koh Phangan.

Como vimos en una imagen anterior, a las 13.59 Sancho ya había subido a la motocicleta, había abandonado el Bougain Villas y había puesto rumbo al muelle para recoger al cirujano.

Antes de su llegada, Arrieta y su verdugo intercambiaron varios mensajes de WhatsApp que no podían presagiar lo que ocurriría solo unos minutos después. Eran mensajes comunes, como los que cualquiera podría enviarse momentos antes de reencontrarse. Sin embargo, ahora, al mirar hacia atrás, algunas de esas palabras pueden helar la sangre y poner los pelos de punta. En aquel instante, parecían las palabras cotidianas que cualquiera de nosotros cruzaría con su pareja.

Os pongo las imágenes de los mismos que constan en el sumario.[10]

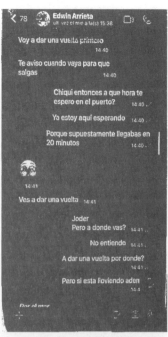
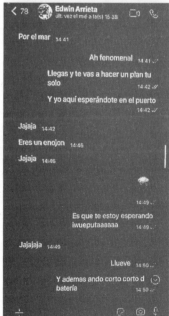
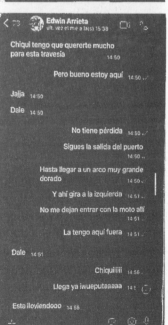

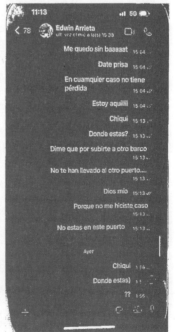

Mensajes en los que se dirigen el uno al otro en términos como «chiqui», o incluso frases como las que Edwin le dice a Daniel «**Chiqui tengo que quererte mucho para esta travesía**», que nos hace ver dos cosas: primero, que su relación era de pareja y segunda, que la visita a Tailandia había sido idea del propio Sancho.

Algunos de estos mensajes ponen los pelos como escarpias, cuando se hace referencia a que está lloviendo y a que ha escampado, la frase de Daniel es cuando menos premonitoria: «**Koh Pangan te va a recibir abriéndose el cielo**».

Sea como fuere, estos mensajes no denotan que existiera algún conflicto, pelea, riña o disputa entre ambos. Por el contrario, son comunicaciones que reflejan la relación de dos personas que van a realizar un viaje de placer, deseando encontrarse y pasar tiempo juntas. Uno de ellos, claro está, creía que esto era cierto; el otro, a través de sus actos previos, daba a entender que tenía otros planes que distaban mucho del amor.

CAPÍTULO 3
EL CRIMEN

Daniel recoge a Edwin en el muelle de Koh Phangan en torno a las 15.16; existen imágenes de todo el recorrido que él y el cirujano realizan desde dicho muelle hasta la entrada del Bougain Villas. Estas imágenes han servido para montar una defensa errónea y basada en especulaciones, sin prestar atención a lo que realmente reza en el sumario sobre ellas, pero esto lo explicaremos un poco más en profundidad en el capítulo dedicado única y exclusivamente a este aspecto.

Aquí tenéis la primera de las imágenes que figuran en las actuaciones y el informe de las cámaras recogido por los investigadores con el máximo detalle y pulcritud. En ella se observa a Daniel y a Edwin caminando a la salida del muelle en dirección a la motocicleta, para montarse y viajar juntos hacia la habitación del terror.

¿Sabía Edwin que el camino que había escogido no conducía a su alojamiento? Pienso que no, ya que el cirujano nunca había visitado la isla y seguramente desconocía cómo llegar al Panviman.

2 de agosto de 2023, a las 15:20:00 (la cámara está desfasada 00:01:09 respecto al tiempo real), la cámara de la joyería Methaporn (Lat: 9.71133, Long: 99.98856) captó la imagen de dos personas que se asemejan a MR. DANIEL y MR. EDWIN, sentado en la parte trasera de una motocicleta, dirigiéndose hacia el hotel Bougain

2 de agosto de 2023, a las 15:20:04 (hora local 00:00:00), la cámara del Seven en la intersección de la fábrica de hielo (Lat: 9.71139, Long: 99.98977) captó imágenes de dos personas que se asemejan a MR. DANIEL y MR. EDWIN, quien iba montado en la parte trasera de la motocicleta, dirigiéndose hacia el hotel Bougain

Existen diversas imágenes que recogen todo el recorrido realizado por los dos hasta la llegada al bungalow.

2 de agosto de 2023, a las 15:28:20 (la cámara está 00:30:41 minutos retrasada respecto al tiempo real), la cámara de la tienda Sakchai Trading (Lat: 9.74937, Long: 99.97835) captó imágenes de dos personas que se parecen a MR. DANIEL y MR. EDWIN, quien iba sentado en la parte trasera de la motocicleta, dirigiéndose hacia el hotel Bougain

En esta imagen se puede observar cómo Edwin va montado en el asiento trasero de la motocicleta alquilada por Daniel cargando su equipaje en la espalda. Se le ve confiado, relajado y con total seguridad, ajeno a lo que realmente pasaba.

Pero una de estas imágenes es, a mi parecer, particularmente estremecedora. Es una instantánea ante la que puedes pasar horas preguntándote: «¿qué pasaría por la mente de esas dos personas?»; una de esas imágenes que podría hacer volar la imaginación de lo que iba a suceder pocos minutos después.

Aquí la tenemos. Un instante congelado en el tiempo: un retrato que muestra la última imagen con vida del doctor Edwin Arrieta Arteaga.

3

Esta foto fue tomada a las 15.37 de aquel 2 de agosto de 2023. Esta es la imagen de un asesino frío llevando a su víctima a un lugar desconocido para él, a un lugar que Arrieta pensó posiblemente que era el Panviman; un lugar al que entraron dos y solo salió uno.

De lo que ocurrió allí dentro poco o nada podemos saber. De cómo entró Edwin a un lugar que él sabía que no era el hotel reservado (me consta por testimonios recogidos que había pasado imágenes de dicho hotel a algunos de sus amigos), tampoco tenemos idea. ¿Qué excusas puso Daniel para que el doctor entrase en ese bungalow? ¿Entró él delante, Daniel detrás y luego le atacó? ¿Esperó a que se distrajese, o les dio tiempo a discutir como explicó Sancho en sus primeras declaraciones?

Como bien comenté al comienzo, vamos a ceñirnos al sumario para contar lo que supuestamente sucedió durante la última tarde de Arrieta.

De acuerdo con estos primeros testimonios, Daniel se sienta en la cama y comienza una conversación con Edwin, conversación que, según él, va tornándose cada vez más acalorada. Dicha conversación se convierte en discusión cuando, según Sancho, este le dice a Arrieta que su relación tiene que terminar. Es entonces cuando, cuenta el propio Daniel, Edwin quiere mantener relaciones sexuales. En ese instante, el cirujano se encuentra de pie junto a la puerta del lavabo y Daniel sentado al borde de la cama. Este dice que se levanta, Arrieta retrocede al ver venir al «chef» hacia él, siendo en ese instante cuando, según las palabras del propio acusado, le da un fuerte puñetazo con su mano izquierda en la cara al colombiano. En consecuencia, Edwin cae hacia atrás golpeándose la parte trasera del cráneo con la encimera del lavabo. El golpe le provoca una herida, pero Edwin no llega a perder el conocimiento. Es entonces cuando Sancho se acerca y toma la cabeza del cirujano, que aprovecha la cercanía de los brazos de Daniel para morderle los antebrazos. Luego Sancho levanta a Edwin con fuerza y comienza a golpear su cabeza contra la esquina del lavabo. Lo golpea varias veces con tal fuerza que esta vez sí consigue hacerle perder el conocimiento. Por un momento, dice quedar contrariado. Se aparta del cuerpo inconsciente y sangrante, que comienza a convulsionar. Entonces, se sienta al borde de la cama y espera alrededor de una hora, cuando, vuelvo a repetir, siempre según sus palabras, verifica que Edwin ha fallecido.

Antes de pasar a la parte donde narra el horrendo acto del descuartizamiento, vamos a analizar el punto del asesinato. Veamos algunas cosas que a mí, al menos, me resultan curiosas.

Según contó Daniel, llevó a Edwin al Bougain Villas para cortar la relación que ambos mantenían. Si esto fuese cierto, ¿qué sentido tiene llevar a Arrieta a un bungalow donde no están ninguna de tus pertenencias para terminar la relación con una persona que, después, tendrás que volver trasladar al Panviman? Quiero decir, si la ropa y todos los efectos personales de Sancho estaban en el primer hotel, lo más lógico sería que llevase a Edwin a su habitación. Entonces allí terminas tu idilio, recoges tus cosas y te vas a ese segundo hotel que habías alquilado y en el que no había absolutamente nada. ¿Qué sentido tiene ir a uno si después tendrás que volver al primero?

El «chef» también narra que se encuentra sentado en la cama y que está manteniendo una conversación con el cirujano. En ella le explica que deben terminar su relación; a continuación, Edwin quiere mantener relaciones sexuales. Es entonces cuando él se levanta, se dirige hacia la víctima y le propina el primer puñetazo. En este punto yo me pregunto: ¿cómo puede intentar tener relaciones sexuales una persona que se encuentra alejada de ti? Según la propia reconstrucción de los hechos y sus propias palabras y gestos durante la misma, estaban a más de dos metros. Me resulta muy difícil imaginar un contexto en el que una persona te está diciendo que desea dejar de ser tu pareja y tú, que estás alejado un par de metros, intentas abusar de él. Este punto es, cuando menos, extraño e inexplicable, eso sin contar que Edwin se encontraba completamente vestido cuando fue asesinado ya que, al morir, llevaba hasta dos pares de calzoncillos, unos pantalones cortos y una camiseta. Por más vueltas que le doy en la mente me resulta imposible imaginar dicha escena.

En su relato, habla de una pelea entre ambos, pero en las imágenes grabadas donde realiza la reconstrucción de los hechos, más que una pelea se ve una agresión por parte de Daniel hacia Edwin y este, cuando ya está tendido entre el lavabo y el váter del baño, al ser agarrado por la cabeza por el propio Sancho, intenta defenderse usando los dientes, que es lo único que podía hacer. Como dice la expresión, **«se defendió con uñas y dientes»**; no conozco la expresión: **«me atacó con uñas y dientes»**. Esto sin contar que, como él mismo narra, golpea repetidamente la cabeza del doctor hasta que ve cómo pierde el conocimiento, por lo que la intención de matar quedaba bastante patente. No creo que nadie golpee un cráneo contra una esquina puntiaguda con todas sus fuerzas con el único fin de producir un daño leve.

Luego está la cuestión de no haber pedido auxilio o ayuda. Volviendo a su propia confesión, Arrieta no fallece de forma instantánea, sino que muere tras una agonía en la que incluso convulsiona. Si su intención no era terminar con su vida y simplemente se trató de un desgraciado accidente, ¿por qué no pidió ayuda externa? ¿Por qué no llamó a emergencias o intentó buscar a algún responsable del hotel que pudiese socorrerle? En lugar de esto, su idea fue esperar una hora hasta que, según sus palabras, se aseguró de que su pareja había fallecido. Muerto Arrieta, Daniel comienza a descuartizarlo con unos artículos que había en la habitación y le venían como anillo al dedo. Mira qué casualidad.

Durante estos meses, la defensa y muchos de los acólitos que han surgido en torno a la figura de este asesino han intentado justificar que Sancho no llamase a nadie sabiendo que se encontraba en un país donde existe la pena de muerte. Si Daniel conocía este punto, ¿a qué conclusiones llegamos? ¿Que había estudiado el Código Penal tailandés? Yo mismo, hasta este caso, desconocía si en el país asiático existe o no la pena capital como castigo ante estos crímenes, pero si él lo sabía, entiendo que también conocía que si probaba que se trataba de un accidente habría sido condenado a una pena por homicidio imprudente, la cual acarrearía una condena más leve y asumible en una prisión cómoda como es la de Koh Samui. A mi corto entender, ni el «cocinero» parecía consciente de la pena que podría enfrentar por un asesinato, ni se preocupó por ello. Su mente, atrapada en la ilusión de la astucia y la inteligencia, le hizo creer que su meticulosa preparación del crimen sería suficiente para poner tierra de por medio antes de que se suscitara la más mínima sospecha sobre su autoría. En su despreocupación, ignoraba que la verdadera fortaleza reside en aceptar las consecuencias de nuestras acciones, no en eludirlas.

Pero sigamos adelante con lo que Sancho hizo tras el asesinato de Edwin. Como él mismo cuenta, una vez se asegura del fallecimiento, agarra el cuerpo por uno de sus brazos y lo arrastra hacia la ducha. Luego de meterlo, abre el agua lo más caliente posible, pues quiere evitar que la sangre se coagule. Acto seguido, se dirige a la entrada del bungalows donde tiene escondidos los cuchillos y la sierra bajo un colchón de una de las camas literas, como declaró él mismo durante la reconstrucción de los hechos que todos pudimos ver en exclusiva en el programa *Y ahora Sonsoles*.

11

Coge los enseres que había comprado con anterioridad y se dirige al baño para comenzar con la labor de deshacerse de lo único que podía vincularlo con el crimen: el cuerpo de Edwin.

Declara que comienza por las manos. Pretende cortar los tejidos blandos, la piel, los tendones y los músculos con los cuchillos y las partes óseas con la sierra. Al parecer, en el momento crucial descubre que el cuchillo adquirido para tal fin no está lo suficientemente afilado como para desgarrar la piel. Esta frustración le provoca un arranque de ira que lo lleva a clavar el cuchillo en la cabeza del doctor, tal como se desprende del sumario.

Tercera declaración de Daniel: «**No utilicé el cuchillo mientras el Sr. Edwin estaba aún con vida, pero cuando me encontraba desmembrando el cuerpo, el cuchillo no estaba lo suficientemente** afilado. Esto hizo que me enojase y terminase clavándolo en la zona de la cara».[12]

Como hemos señalado anteriormente, comienza por las manos, los brazos y a continuación la cabeza. Él mismo declara lo siguiente:

«Empecé usando una sierra para cortar la muñeca izquierda del difunto y luego puse la mano cortada en una bolsa de basura. Continué con los brazos y el cuello. Las partes de la carne las corté con un cuchillo y las partes que eran huesos duros los corté con la sierra en pedazos».[12]

Al no poder usar el cuchillo comprado por él mismo para descuartizar, porque, como bien dijo, no estaba lo suficientemente afilado, los agentes le preguntan lo siguiente:

«¿Dónde compró o de dónde tomó el cuchillo que usted usó para descuartizar el cuerpo?».[12]

Entonces Daniel reconoce que:

«Ese cuchillo es de la residencia (Bougain Villa). Tras su uso aún se encuentra en dicha residencia».[12]

Declara que las partes del cuerpo las iba envolviendo en papel film y que luego las introducía en varias bolsas de basura (unas negras y otras verdes con asas) para terminar depositando los trozos dentro del refrigerador.

A los investigadores les llama la atención un aspecto: si no utilizó el cuchillo para acabar con la vida de Arrieta, ¿por qué su camiseta presentaba cinco cuchilladas y por qué estaba rajada de arriba abajo en la parte trasera?

Daniel sostiene que las cuchilladas fueron infligidas con la intención de rasgar la camiseta y quitársela a Edwin tras su fallecimiento. Argumenta que, como el cuchillo que utilizó no cortaba adecuadamente, terminó desgarrándola con unas tijeras que encontró en el hotel. Sin embargo, tras el análisis de la camiseta por parte de los forenses tailandeses, resulta extraño que se hayan dado cinco puñaladas sin que haya un desgarro o intento de corte. A continuación, os presento el informe completo de la prenda para que podáis juzgar por vosotros mismos.[13]

บันทึกข้อความ

พ.ต.อ.
(อนุราช จิตศีล)
นวท.(สบ ๕)ๆ ปรท.ผบก.ศพฐ.๑๐

22 30:02200L. Nota de registro
28 Parte de la administración. Centro de Pruebas de Evidencias 10, Provincia de Yala, Teléfono.
Fax ▓▓▓▓▓ Línea directa 1340
Número 003213/4/9841
Fecha 16 de septiembre de 2566
Asunto: Notificación de los resultados de la prueba de las evidencias
A: Jefe de la Policía Provincial de Koh Phangan

De acuerdo con la carta de la estación de policía de Koh Phangan, provincia de Surat Thani, número 023(SD) 71676,
fechada el 16 de agosto de 2566, se envió el material evidencial al Centro de Pruebas de Evidencias 10
para su análisis. Según los detalles ya comunicados, el Centro de
Pruebas de Evidencias 10 ha completado el análisis y ahora se envía el informe
de la prueba del grupo de trabajo de armas de fuego y municiones del
Centro de Pruebas de Evidencias 10, número de referencia 1115/2566
(junto con 15 imágenes que acompañan el informe). Se adjunta una copia de este documento.

13

แผ่นที่ ๒/๒

Informe de verificación No. ป.๐๐๕/๒๕๖
del grupo de trabajo de inspección de armas de
fuego y municiones, Centro de Pruebas de Evidencia ๑๐.

Informe de verificación

Lo que se recibe de S.P. Ko Phang An Chao. Surat Thani según el documento número 023 (S.D.) 171676, recibido el 21 de agosto de 2566.

1. Camiseta de algodón de manga corta color negro, tamaño aproximado 51 x 63 cm.
(como se muestra en las imágenes 1 y 2) Cantidad: 1 unidad.

2. Cuchillo de punta redonda (PENGUIN) con una longitud total del mango de aproximadamente 22 cm.
Tiene un mango de color rojo similar al de un metal, ubicado en el lado derecho del centro del artículo 2
(como se muestra en las imágenes 3 y 4). Cantidad: 1 unidad.

3. Cuchillo de punta afilada (G44) con una longitud total del mango de aproximadamente 25 cm.
(como se muestra en la imagen 6). Cantidad: 1 unidad.

4. Cuchillo de punta afilada (CARLSCHMIDTSOHN) con una longitud total del mango de aproximadamente 33 cm.
(como se muestra en las imágenes 7 y 8). Cantidad: 1 unidad.

5. Cuchillo de cocina (KIWI) con una longitud total del mango de aproximadamente 31 cm.
(como se muestra en las imágenes 9 y 10). Cantidad: 1 unidad.

El propósito de la verificación.

1. ¿ La marca que aparece en el objeto de la lista de que objeto o herramienta proviene ?
2. ¿ La marca que aparece en el objeto de la lista 1 fue cortada del objeto de la lista 2-5 o no?.

El resultado de la verificación y la opinión del experto.

1. Las marcas que aparecen en el objeto de la prueba número 1 se detectaron de la siguiente manera:
Estado del frente del objeto de la prueba número 1 (ver imagen 1):
La marca 1 y 2 son desgarros con bordes lisos de aproximadamente 2.8 x 2 cm y 2.9 x 2 cm,
respectivamente, a una distancia de 3 y 36 cm del borde de la prenda en la parte superior, y a una distancia de 19 y 16 cm
del borde de la costura de la prenda del lado izquierdo (ver imágenes 11 y 12).

Estado de la parte posterior del objeto de la prueba número 1 (ver imagen 2):
La marca 3 es un desgarro con bordes lisos que se extiende desde la parte superior del cuello hasta el dobladillo inferior de la prenda.
Las marcas 4 y 5 son desgarros con bordes lisos de aproximadamente 5 x 2.8 cm y 4 x 2.6 cm,
respectivamente, a una distancia de 3 y 22 cm desde la parte superior del cuello,
y a una distancia de 20 cm de la costura de la prenda del lado izquierdo (ver imágenes 13-15).

Por la naturaleza y el tamaño de las marcas mencionadas, se puede inferir que las marcas que aparecen en el objeto de la prueba número 1
fueron causadas por un objeto duro y afilado con una superficie lisa, aunque no se puede confirmar qué tipo de herramienta u objeto fue.

/2. No se puede...

ร.ต.ท.หญิง
(กนกวรรณ นะวะกะ)
นวท.(สบ ๑) กอป.ศพฐ.๑๐
๑ ๖ ก.ย. ๒๕๖๖

13

— 63 —

Informe de la investigación en el caso P. 11152566
Grupo de trabajo de inspección de
armas de fuego y municiones
Centro de pruebas de evidencia 10

Informe de verificación

No se puede confirmar si la marca que aparece en el objeto de la evidencia
número 1 fue cortada del objeto de la evidencia número 2 a 5 o no.

"Informe de investigación sobre armas de fuego (en relación con el caso de la señora Kanakwan)
Científicos (SABI)
Grupo de trabajo de inspección de armas de fuego y municiones,
Centro de Pruebas de Evidencia, 12 de septiembre de 2023."

Los bienes de la lista 1-5 se devuelven al investigador

13

Ilustración del informe Centro de pruebas forenses 10.
Nº P.1115/2023, publicado 22 Oficina de la Policía Real de Tailandia
septiembre 2023

La imagen 1 muestra el estado del frente del artículo.

La imagen 2 muestra el estado de la parte posterior del artículo.

13

Ilustración del informe No. P.1115 2023 publicado septiembre 2013

Centro de pruebas forenses 10, Oficina de la Policía Real de Tailandia

Comisaría de policía de Koh Phangan, provincia de Surat Thani

La imagen 3 muestra el lado derecho del artículo 2.

La imagen 4 muestra el lado izquierdo del artículo 2.

13

Ilustración del informe 　　Centro de pruebas forenses 　　Comisaría de policía de Koh Phangan.
No..11152566 　　　　　　　10 de septiembre de 2023 　　provincia de Surat Thani
　　　　　　　　　　　　　Oficina de la Policía Real de Tailandia

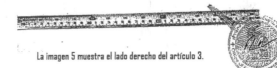

La imagen 5 muestra el lado derecho del artículo 3.

La imagen 6 muestra el lado izquierdo del centro del artículo.

Ilustración del informe Nº P.1115/2023, de fecha 1 8. Septiembre de 2023   Centro de pruebas forenses 10, Oficina de la Policía Real de Tailandia   Comisaría de policía de Koh Phangan, provincia de Surat Thani

La imagen 7 muestra el lado derecho del artículo 4.

La imagen 8 muestra el lado izquierdo de la reserva. Punto 4.

Ilustración del informe   Centro de pruebas forenses 10.   Comisaría de policía de Koh Phangan,
No. P.1115 2023 publicado Oficina de la Policía Real de Tailandia provincia de Surat Thani
septiembre 2013

La imagen 9 muestra el lado derecho del artículo 5.

La imagen 10 muestra el lado izquierdo del artículo 5.

Ilustración del informe   Centro de pruebas forenses 10,   Comisaría de policía de Koh Phangan,
No. P.1115 2023 publicado   Oficina de la Policía Real de Tailandia   provincia de Surat Thani
septiembre 2013

La imagen 11 muestra de cerca el estado de la marca 1.

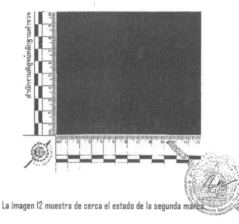

La imagen 12 muestra de cerca el estado de la segunda marca.

Ilustración del informe 　　Centro de pruebas forenses 10. 　　Comisaría de policía de Koh Phangan,
No. P.1115 2023 publicado 　　Oficina de la Policía Real de Tailandia 　　provincia de Surat Thani
septiembre 2013

La imagen 13 muestra el estado de las marcas número 1 y 5 en la parte posterior del artículo.

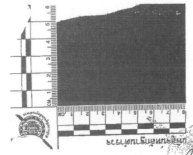

La imagen 14 muestra de cerca el estado de la marca 4.

13

Ilustración del informe No. P.1115 2023 publicado septiembre 2013 — Centro de pruebas forenses 10, Oficina de la Policía Real de Tailandia — Comisaría de policía de Koh Phangan, provincia de Surat Thani

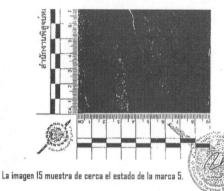

La imagen 15 muestra de cerca el estado de la marca 5.

Como podéis apreciar, aunque los forenses son incapaces de determinar con precisión qué cuchillo causó los agujeros en la camiseta, reconocen que fueron realizados con un objeto liso y afilado. Seamos un poco lógicos, ¿qué sentido tiene apuñalar una camiseta si no es con la intención de matar a quien la porta? Si las estocadas hubieran sido dirigidas a desgarrar y quitar la prenda, habrían tenido alguna dirección, ya sea hacia arriba o hacia abajo. Sin embargo, en este caso tan solo hallamos punzadas sin más.

Por la disposición de las heridas, me atrevería a afirmar que Edwin, posiblemente, recibió cinco puñaladas, tres por la espalda y dos en la parte delantera. No obstante, queda la duda de si las recibió aún con vida o después de su muerte. Lamentablemente, la respuesta a esta pregunta solo podría ser proporcionada por dos personas: una de ellas ya no está entre nosotros y la otra dudo que en algún momento explique realmente lo que sucedió.

Continuando con lo que Daniel estaba haciendo dentro del bungalow, a la pregunta sobre en cuántas partes terminó cortando el cuerpo del cirujano, responde lo siguiente:

«**No recuerdo en cuántas partes, tal vez entre diecisiete y veinte, empaquetadas en aproximadamente ocho o nueve bolsas, pero no recuerdo qué órganos o qué partes iban en cada bolsa**».[12]

«¿Por qué no puedes recordar?», preguntan los investigadores. Sancho responde:

«**En ese momento no podía controlar mis emociones: estaba lleno de miedo y confusión... Me era imposible manejar mis pensamientos**».[12]

Esto es lo que relata en su tercera declaración, el 16 de agosto, después de haber tenido más de catorce días para ordenar sus pensamientos y ofrecer una versión que, probablemente, considera la más adecuada para salvaguardar sus intereses. Sin embargo, en sus primeras declaraciones, justo los días 5 y 6, apenas unas horas después de cometido el asesinato, llegó incluso a dibujar un croquis del cuerpo de la víctima y a enumerar las partes y el orden en que supuestamente fueron cortadas.

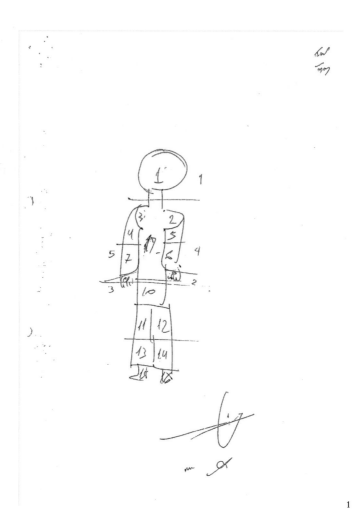

Sea como fuere, lo que parece claro y cristalino es que Sancho fue empaquetando las partes del cuerpo con una precisión milimétrica y con una intención que hiela la sangre.

Primero, tras el desmembramiento, cogía la parte y la envolvía en papel film. Luego, introducía el paquete en una bolsa verde con asas y esta, a su vez, dentro de otra negra. En la negra podía meter una o varias verdes, pero los restos siempre terminaban envueltos en una barrera de tres plásticos diferentes. Cuando todo estaba correctamente embalado, lo iba colocando en el refrigerador para evitar su descomposición y que comenzase a oler.

Se ha debatido mucho durante los meses previos al juicio (e incluso después) esto que voy a puntualizar, lo cual en mi opinión todavía carece de explicación: si Sancho descuartizó el cuerpo de su víctima en tres horas o, por el contrario, cuando comenzó sus primeras salidas para deshacerse del mismo aún no lo tenía completamente desmembrado y fue realizándolo sobre la marcha. Él declara que fue extrayendo las partes del cuerpo del frigorífico del bungalow, pero, como ya he dicho, su palabra y su confesión tienen la credibilidad justa que deseemos darle.

CAPÍTULO 4
ENTRE EL MAR Y LA BASURA

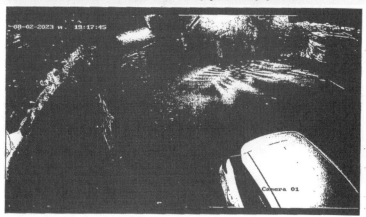

2 de agosto de 2023, a las 19:17:48 (la cámara está 3 segundos Atrasada respecto al tiempo real), la cámara de Crystal Day (Lat: 9.78631, Long: 99.97298) captó la imagen de una persona que se asemeja a MR. DANIEL caminando desde la habitación del hotel Bpugain hacia la playa Salad

Como marca la cámara de la salida a la playa del Bougain Villa situada en la tienda Crystal Day, se observa a Daniel marchándose por primera vez del bungalow desde su llegada a las 15.37 con Edwin. Esto sucede a las 19.17 y, como se describe en la imagen, Daniel pone rumbo a la playa de Haad Salad. Como se conocerá posteriormente a través de la declaración de la propietaria del establecimiento Coral Beach Bungalow, la señorita Katahoma: «El "chef" entró en su establecimiento siendo, aproximadamente, las 19.00 del día 2 de agosto de 2023, puso mil dólares sobre el mostrador y le dijo que deseaba comprar uno de sus kayaks. Ella le dijo que los botes no estaban a la venta, que solo eran para alquiler. Según cuenta la testigo, tras decirle esto, el joven le dijo que tomase el dinero como depósito, que tomaría uno y lo tendría, aproximadamente, entre tres y cuatro días. Después, salió de su tienda y Katahoma vio cómo arrastraba uno de sus kayaks rojo y blanco en dirección al mar. Le sorprendió que tomase uno de los más viejos y deteriorados».

2 de agosto de 2023, a las 19:32:31 (la cámara está 3 segundos atrasada respecto al tiempo real), la cámara del Crystal Day (Lat: 9.78631, Long: 99.97298) captó la imagen de una persona que se asemeja a MR. DANIEL caminando de regreso de la playa Salad hacia la habitación del hotel Bougain

3

Como indica la cámara de seguridad, después de la transacción Daniel volvió al hotel a las 19.32.

Detengámonos aquí un momento, ya que me gustaría que prestarais atención a un detalle. El tiempo transcurrido entre la salida del bungalow y su vuelta tras alquilar el kayak ha sido única y exclusivamente de quince minutos. Para ser algo realizado de forma improvisada y no saber tan siquiera si iba a encontrar este tipo de embarcaciones en esa playa, es un tiempo muy breve. Esto hace suponer casi con seguridad que Daniel ya sabía dónde tenía que ir para conseguir el transporte que deseaba. Recordemos lo que hizo el día anterior: se dirigió a la playa Haad Salad tras dejar la compra de los cuchillos en la habitación del Bougain Villa y permaneció allí de 17.33 a 18.00. En estos veintisiete minutos tuvo tiempo de ver la tienda Coral Beach Bungalow y de saber exactamente dónde tendría que acudir al día siguiente. Es por ello por lo que Daniel pudo realizar un acto así en tan solo quince minutos; ya tenía sus movimientos planeados.

Si hay que reconocerle algo a Sancho es precisamente eso: lo bien mapeados que tenía algunos aspectos del crimen. En contra de lo que muchos piensan, la preparación para deshacerse del cuerpo de su víctima estaba calculada al milímetro, aunque siempre pueden ocurrir agentes externos o circunstancias que hacen variar el plan inicial, cosa que sucedió y pudo ser, quizás, uno de los detonantes de la pronta resolución del caso.

¿Por qué digo que el «chef» tenía bien planificada la parte de hacer desaparecer los restos del cirujano? Básicamente por el poco tiempo que tardó en ir, coger restos y salir con ellos.

Como hemos expuesto, regresa a la habitación tras alquilar el kayak a las 19.32 y solo tarda tres minutos en realizar su primera salida al mar con los primeros restos del cuerpo de Edwin.

En sus afirmaciones, Daniel indicaría siempre que rema aproximadamente a medio kilómetro de la orilla, que se desespera un poco al observar que le cuesta muchísimo alejarse lo suficiente como para notar cierta profundidad donde arrojar las partes del cuerpo. En este punto, creo que debemos pararnos y observar una cuestión, y es que, como todo asesino primerizo, Sancho fue aprendiendo conforme iba avanzando en su fechoría. Basándome en esto, me atrevería a decir lo siguiente: lo primero que el homicida arroja al mar es la bolsa donde había metido la cabeza, las manos y un brazo seccionado en dos partes de Edwin junto con una funda para cuchillos.

¿Por qué hago esta afirmación? Voy a intentar explicarlo. Las únicas partes del cuerpo encontradas, de las que fueron arrojadas al mar, son, precisamente, las mencionadas. Todas están envueltas e introducidas en la misma bolsa. ¿Por qué? Pues porque flotaban. Probablemente, Sancho observó que la bolsa no terminaba de hundirse pero debido a la oscuridad de la noche y a la marea la perdió de vista mucho antes de que pudiese alcanzarla y evitar este inconveniente. Esto propició que aprendiese que no tenía que hacer lo mismo con el resto de las partes que arrojaría al océano posteriormente.

A las 19.54 volvió de su primera incursión en aguas tailandesas. Como ya he mencionado, era bastante rápido: solo veinticuatro minutos para llegar al kayak, a unos trescientos o cuatrocientos metros de la habitación, navegar medio kilómetro mar adentro, arrojar las partes del cuerpo transportadas, volver a remar hasta la orilla y regresar a la habitación.³

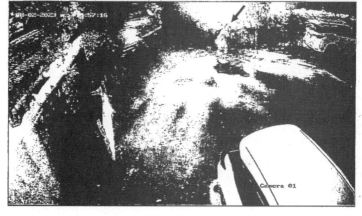

2 de agosto de 2023, a las 19:57:19 (la cámara está 3 segundos atrasada respecto al tiempo real), la cámara del Crystal Day (Lat: 9.78631, Long: 99.97298) captó la imagen de una persona que se asemeja a MR. DANIEL caminando desde la habitación del hotel Bougain hacia la playa Salad, llevando una mochila negra. Su forma de caminar es lenta y con la espalda encorvada, lo que indica que el contenido de la mochila debía tener un peso considerable, lo cual coincide con las declaraciones de MR. DANIEL, quien admitió haber desechado partes del cuerpo de MR. EDWIN por primera vez

Si rápido volvía, más rápido salía. En la imagen se observa cómo va de nuevo a la playa para seguir tirando partes del cuerpo de Edwin. En esta ocasión, la investigación llega a la conclusión de que es la primera vez que sale con restos, pero realmente (y pensando en lo sucedido con la cabeza y las manos del doctor) yo me atrevería a decir que esta fue la segunda. Como indica la misma imagen, va con la espalda curvada. Esto nos hace suponer que está cargando un peso considerable, por lo que, seguramente, llevaría alguna parte bastante pesada en ese momento.

Como hemos explicado, vuelve a hacer el mismo camino, de la habitación a la costa, y de la costa a mar adentro, pero ya no volverá a cometer el mismo error que antes. Esta vez las bolsas iban dentro de la mochila que cargaba a la espalda, en la que, además de las partes del cuerpo, portaba un cuchillo de punta afilada. Dicho cuchillo lo emplearía cuando quisiera deshacerse de los miembros; en lugar de lanzarlos directamente al agua envueltos en plástico los tiraría sin protección alguna. Así Sancho se cercioraba de que no flotasen y de que la fauna marina diese buena cuenta de ellos.

2 de agosto de 2023, a las 20:25:56 (la cámara está desfasada 00:00:03 respecto al tiempo real), la cámara del Crystal Day (Lat: 9.78631, Long: 99.97298) captó la imagen de una persona que se asemeja a MR. DANIEL caminando de regreso de la playa Salad hacia su habitación en el hotel Bougain. Se observó su forma de caminar normal con la mochila, por lo que esta no llevaba un gran peso en ese momento

3

En esta ocasión el tiempo empleado fue de unos veintiocho minutos. A continuación sucede algo que fue lo que me hizo pensar que Daniel no había terminado de desmembrar el cuerpo una vez comenzó sus excursiones al mar. Tras su regreso a las 20.25, Sancho no vuelve a salir de la habitación hasta las 22.39, casi dos horas y cuarto más tarde. Observando lo rápido que había sido en sus anteriores idas y venidas, que tarde tanto para la siguiente me hace sospechar sobre si no había terminado de cortar el cuerpo de la víctima o no había acabado de limpiar la escena del crimen. Pero claro, lo normal es ir limpiando a medida que vas guardando y empaquetando, no más de tres horas después, cuando probablemente las manchas de sangre y fluidos estén ya secas e introducidas en zonas que costará mucho trabajo y esfuerzo eliminar. Tampoco él hace referencia a que en ese momento se detuviese a descansar. Es cierto que nombra un descanso o parada en la que se queda dormido, pero es mucho más tarde. Sin embargo, esta declaración no concuerda con las imágenes, ya que a la hora que comenta estar dormido, según recogen las cámaras, sigue con su trasiego. Puede ser y es bastante probable que no tuviese muy claras las horas y fuese en estas dos horas cuando echó aquella cabezada, pero esto es algo que nunca sabremos.

De acuerdo con lo mencionado, la siguiente salida se efectúa a las 22.39 y vuelve al mar, regresando a las 22.54. Once minutos más tarde, a las 23.05, vuelve a salir en dirección a la playa y regresa a las 23.19; son catorce minutos. En estas dos ocasiones solo tarda entre diez y quince minutos en ir y volver, por lo que parece imposible que cogiese el kayak y navegase para arrojar partes del cuerpo.

Vamos a especular un poco basándonos en los tiempos anteriores y en la propia declaración de Daniel. Como hemos podido ver, el tiempo de ida y vuelta al mar cargado con partes del cuerpo para deshacerse de ellas es, aproximadamente, de media hora. Pero en estas dos ocasiones es prácticamente la mitad de ese tiempo, lo que hace suponer que su intención era otra. ¿Cuál? Pues por sus declaraciones y actos posteriores, yo diría que observar el estado del mar.

Tal y como expusimos al principio de este capítulo, por muy premeditada que tengas una acción, pueden darse ciertas circunstancias que te obliguen a improvisar. ¿Cuáles fueron esos inconvenientes? Pues, al parecer, la aparición de una tormenta que impidió que Sancho pudiese adentrarse en el mar para continuar con su labor. Así que, como he comentado, el «chef» muy probablemente caminara del bungalow a la playa y de la playa al bungalow hasta en dos ocasiones sin saber muy bien qué hacer y pensando si continuar o no con su cometido.

Viendo la forma en la que se sucederían los acontecimientos en las horas siguientes, parece ser que la decisión que tomó no fue la más acertada, pero fue la suya propia, eso sí. Resulta paradójico que aquellos mensajes entre Edwin y Daniel justo antes de la llegada de este hablando sobre el mal tiempo, de la lluvia y esa frase concreta en la que le dijo: «**Koh Phangan te va a recibir abriéndose el cielo**», haciendo referencia a que había escampado, se volvieran contra él, pues fue precisamente debido a la lluvia que tuvo que cambiar todo su plan y terminó exponiéndose sin saberlo.

Pero ¿por qué llegamos a la conclusión de que esa decisión que tomó por las circunstancias meteorológicas le trajo tantos problemas? Pues porque al confirmar que no era posible salir y seguir remando mar adentro, decidió coger su motocicleta para buscar unos contenedores de basura donde tirar el cuerpo desmembrado de Edwin. Fueron al final las prisas lo que terminó llevándolo a la perdición o, mejor dicho, fue una de las causas que lo llevó a su perdición. Hubiese bastado con esperar unas pocas horas a que cesase el aguacero para seguir con su plan prefijado. De haberlo hecho, probablemente esto le habría dado esas horas de ventaja que él pensó, con

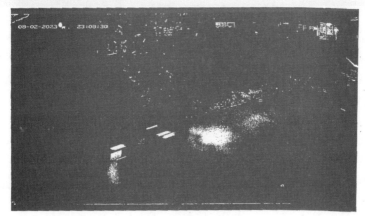

3 de agosto de 2023, a las 23:31:57 (la hora de la cámara es 00:23:27 minutos atrasada respecto a la hora real), la cámara del Hotel Bougain (Lat: 9.78598, Long: 99.97434) captó la imagen de una persona que se asemeja a MR. DANIEL, conduciendo una motocicleta saliendo de dicho hotel, observándose que llevaba una mochila en la espalda

total seguridad, que tendría tras cometer el asesinato, para poder salir indemne del mismo.

A las 23.31, once minutos después de regresar a la habitación, Daniel sale, coge su motocicleta y parte para deshacerse de los restos del cirujano, esta vez en un lugar mucho más problemático para alguien que intenta ocultar un cadáver.

Algo que llama poderosamente la atención es el tiempo que tarda en volver de su primera incursión con la motocicleta. ¿Por qué está casi tres horas y media fuera? La isla no es muy grande: se puede ir de un extremo a otro en menos de una hora, pero Daniel tardó tres veces más. ¿Puede ser que en esta salida fuese cuando se deshizo del torso? Esta es una parte importante que nunca ha aparecido y que, según sus propias declaraciones, iba acompañado con un bolso en el que había introducido los dos teléfonos móviles de Arrieta junto con su documentación.

Si este fuese el punto, ¿dónde llevó esta parte del cuerpo que le hizo demorarse más de tres horas?[3]

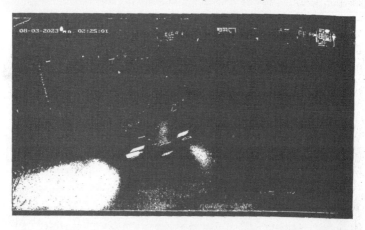

3 de agosto de 2023, a las 02:48:28 (la hora de la cámara es 00:23:27 minutos más lenta que la hora real), una cámara del Hotel Bougain (Lat: 9.78598, Long: 99.97434) captó a una persona con características similares a MR. DANIEL conduciendo una motocicleta de regreso al Hotel Bougain.

3

Su próxima salida después de regresar al hotel fue a las 2.55 del ya 3 de agosto de 2023. En esta ocasión vuelve a la playa. Suponemos que ya había terminado la tormenta y eso pudo propiciar que volviese a su rutina de arrojar las partes del cuerpo al mar, aunque por la cronología marcada por las cámaras opto por pensar que este viaje lo hace para fumar y pensar.[3]

3 de agosto de 2023, a las 02:55:29 (la hora de la cámara es 00:00:03 egundos más lenta que la hora real), la cámara del Crystal Day (Lat: 9.78631, Long: 99.97298) captó a una persona que se asemeja a MR. DANIEL caminando desde la habitación del hotel Bougain hacia la playa Salad, vistiendo una camiseta negra y pantalones cortos

3

3 de agosto de 2023, a las 02:56:30 (la cámara está 3 segundos atrasada respecto al tiempo real), la cámara del Crystal Day (frente a la playa) (Lat: 9.78631, Long: 99.97298) muestra a una persona con características similares a MR. DANIEL caminando por la zona frente a la playa Salad

3

¿Por qué digo esto? Cuando regresa a la playa, la cámara de la tienda que lo había grabado anteriormente ahora lo ve paseando una y otra vez frente al mar.

3 de agosto de 2023, a las 03:01:41 (la cámara está 3 segundos atrasada respecto al tiempo real), la cámara del Crystal Day (frente a la playa) (Lat: 9.78631, Long: 99.97298) muestra a una persona que se parece al Sr. Daniel caminando por la zona frente a la playa

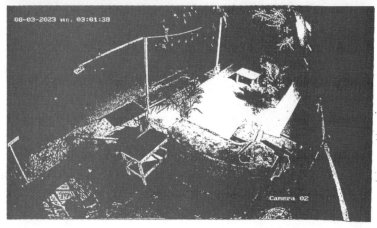

3 de agosto de 2023, a las 03:14:45 (la hora de la cámara esta 00:00:03 segundo retrasada respecto a la hora real), en la cámara de Crystal Day (Lat: 9.78631, Long: 99.97298), una persona que se asemeja a MR. DANIEL, camina de regreso a la playa Salad, dirigiéndose de vuelta a su habitación en el hotel Bougain, vistiendo una camiseta negra y pantalones cortos

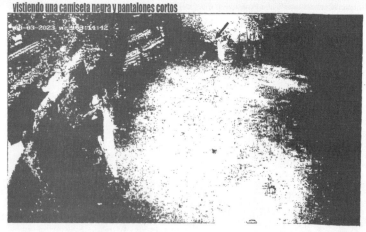

Finalmente regresa a la habitación a las 3.14.

— 86 —

3 de agosto de 2023, a las 04:10:44 (la hora de la cámara es 00:00:03 segundos más lenta que la hora real), la cámara del Crystal Day (Lat: 9.78631, Long: 99.97298) captó a una persona que se asemeja a MR. DANIEL saliendo de la habitación del hotel Bougain y dirigiéndose hacia la playa Salad, vistiendo una camiseta negra y pantalones cortos.

A las 4.10, casi una hora más tarde, vuelve a salir en dirección al mar, pero en esta ocasión tampoco pretende deshacerse de partes del cadáver.

3 de agosto de 2023, a las 04:12:44 (la cámara está 3 segundos atrasada respecto al tiempo real), la cámara del Crystal Day (frente a la playa) (Lat: 9.78631, Long: 99.97298) muestra a una persona que se parece al Sr. Daniel, vestido con una camiseta negra y pantalones cortos, sentado en la zona frente a la playa Salad

A las 4.12 se sienta en una silla frente al mar.

3 de agosto de 2023, a las 04:44:35 (la cámara está 3 segundos retrasada respecto al tiempo real), en la cámara de Crystal Day (frente a la playa) (Lat: 9.78631, Long: 99.97298), una persona con características similares a MR. DANIEL, vestía una camiseta negra y pantalones cortos, se levantó y se alejó de la playa. 08-03-2023, jueves

Permanece ahí, mirando al horizonte de noche, a oscuras, fumando relajado, tranquilo, solo. ¿Qué estaría pensando? ¿Qué puede pasar por la cabeza de alguien que lleva más de doce horas deshaciéndose del cuerpo del que hasta el día anterior había sido su pareja?

Ver la parsimonia, la tranquilidad, la paz que desprende alguien anónimo en una playa cualquiera después de haber cometido un acto tan atroz te hace pensar muchísimas cosas. Imagina a cualquiera de los transeúntes que pudiesen haber pasado por allí al ver a Daniel; dudo que pudiesen concebir la monstruosidad que llevaba cometiendo durante más de medio día.

Pero más allá de lo que pudiese pensar nadie que lo observase, la verdadera incógnita es: ¿qué sentimientos estaba experimentando en ese momento? Miedo, ira, pena, tristeza… Si fuese así, podríamos pensar que estamos ante un ser humano, pero si por el contrario era frialdad, falta de empatía y total indiferencia, pensar en esa probabilidad nos haría ver que estamos ante un monstruo. No soy yo quien tiene que discernir este punto (para eso existen psicólogos y forenses), pero imagino que él sí sabe qué sentía, qué experimentaba... Él sí tiene respuesta a esta pregunta. [3]

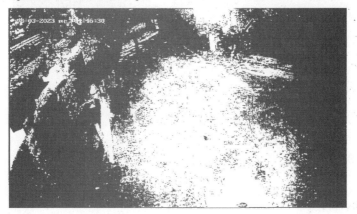

El 3 de agosto de 2023, a las 04:46:33 (la hora de la cámara es 00:00:03 segundos atrasada con respecto a la hora real), en la cámara de la tienda Crystal Day (Lat: 9.78631, Long: 99.97298), una persona con características similares a MR. DANIEL, vestido con una camiseta negra y pantalones cortos, camina de regreso a su habitación en el hotel Bougain.

[3]

A las 4.46 regresa a su habitación para volver a salir a las 5.50 de regreso a la playa a seguir con su trasiego. De esta incursión vuelve a las 6.15, veinticinco minutos después. Esto encaja perfectamente en dos cosas: en el tiempo que tardaba cada vez que embarcaba en el kayak y en la declaración de la señorita Katahoma, la propietaria de la tienda donde alquiló dicho kayak. Esta afirma que, «**aproximadamente, a las seis de la mañana del 3 de agosto de 2023, vio a Daniel remando, adentrándose en el mar cerca de la playa de Haad Salad**».

Por lo que se ve, cada vez que coge la embarcación el tiempo suele rondar los veinticinco minutos, por lo que es fácil discernir cuándo hace una cosa u otra. Al final es deducción y simple lógica.

3 de agosto de 2023, a las 06:22:42 (la hora de la cámara es 00:00:03 segundo más lenta que la hora real), la cámara de Crystal Day (Lat: 9.78631, Long: 99.97298) captó a una persona que se asemeja a MR. DANIEL, vestido sin camiseta y con pantalones cortos azules con franjas blancas, lleva una mochila negra, caminando frente a la cámara en dirección a la playa detrás del hotel Bougain

3

La siguiente salida es a las 6.22. Siguiendo la misma deducción, podéis observar lo rápido que va, coge los restos y vuelve al mar. Los tiempos, de nuevo, vuelven a ser casi calcados. Por eso, cuando esos tiempos varían pensamos en que probablemente estuviese realizando acciones diferentes a las de deshacerse del cuerpo.[3]

3 de agosto de 2023, a las 06:49:00 (la cámara está 3 segundos atrasada respecto al tiempo real), en la cámara de Crystal Day (frente a la playa) (Lat: 9.78631, Long: 99.97298), una persona que se parece al Sr. Daniel está regresando a la orilla con un kayak, arrastrando la embarcación y dejándola en la playa

Al ser de día, la cámara ya es capaz de captar a Daniel arrastrando el kayak cuando desembarca en la playa, acción que realiza veintisiete minutos después de salir de la habitación; de nuevo, esa casi media hora.[3]

3 de agosto de 2023, a las 06:57:08 (la cámara está 3 segundos atrasada respecto al tiempo real), la cámara del Crystal Day (frente a la playa) (Lat: 9.78631, Long: 99.97298) captó a una persona que se asemeja a MR. DANIEL, vestido sin camiseta y con pantalones cortos azules con franjas blancas, llevando una mochila negra, caminando frente a la cámara en dirección a su habitación en el hotel Bougain.

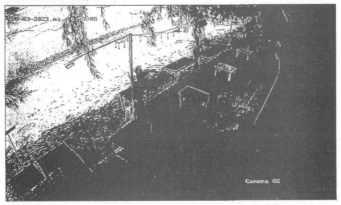

Daniel vuelve a su habitación a las 6.57 para salir en dirección a la playa a las 7.05, pero en esta ocasión no va a arrojar restos al mar ni a coger el kayak; es de día y las cámaras lo recogen con más exactitud.[3]

3 de agosto de 2023, a las 07:07:02 (la cámara está 3 segundos retrasada respecto al tiempo real), en la cámara de Crystal Day (frente a la playa) (Lat: 9.78631, Long: 99.97298), una persona con características similares a MR. DANIEL, vistiendo una camiseta de manga corta negra, pantalones cortos azules con franjas blancas y llevando una mochila negra, caminaba de un lado a otro frente a la playa

— 91 —

3 de agosto de 2023, a las 07:08:00 (la cámara está 3 segundos atrasada resepecto al tiempo real), la cámara del Crystal Day (frente a la playa) (Lat: 9.78631, Long: 99.97298) muestra a una persona que se parece al Sr. Daniel saliendo de la playa y regresando hacia la habitación del hotel Bougain

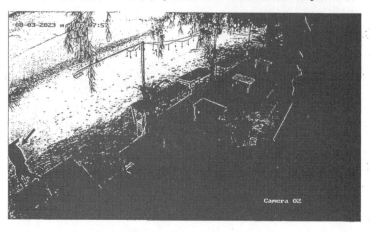

³

3 de agosto de 2023, a las 07:09:09 (la hora de la cámara es 00:00:03 segundos más lenta que la hora real), en la cámara de la tienda Crystal Day (Lat: 9.78631, Long: 99.97298), una persona con características similares a MR. DANIEL, vistiendo una camiseta de manga corta negra, pantalones cortos azules con franjas blancas y llevando una mochila negra, caminaba de regreso a la habitación del hotel Bougain

³

En esta ocasión retorna al Bougain Villa tras menos de cinco minutos. Es poco tiempo para hacer nada en la costa, así que imaginamos que saldría a fumar y posiblemente observar si había dejado bien atado el bote, ya que tras esta incursión se ausentaría de la zona durante un periodo de tiempo dilatado.³

3 de agosto de 2023, a las 07:11:20 (la hora de la cámara es 00:23:27 minutos más lenta que la hora real), la cámara del Hotel Bougain (Lat: 9.78598, Long: 99.97434) captó a una persona que se asemeja a MR. DANIEL, conduciendo una motocicleta y saliendo de dicho hotel. Se observó que llevaba una mochila de color negro

A las 7.11 vemos cómo Daniel coge su motocicleta y se marcha del conjunto hotelero para poner rumbo al Panviman Resort. ¿Por qué vuelve al hotel donde iba a quedarse con Edwin? La respuesta es fácil: no le quedaba otro remedio. Y es que la reserva pagada por la víctima finalizaba ese día, el 3 de agosto de 2023, y en la habitación que él y solo él había estado ocupando los días 31 y 1 todavía estaban sus pertenencias, por lo que no tenía más remedio que regresar, hacer el *check-out* y sacar su equipaje.

Pero existe un dato que pone los pelos de punta, un dato que confirma que Daniel es una persona fría y apática y que en ese momento carecía de sentimientos o remordimientos acerca de lo que había hecho. Así pues, tras horas y horas de desmembramiento, de meter en bolsas partes de un cuerpo y de ir a arrojarlas al mar y a la basura, de camino al hotel Panviman Daniel Jerónimo Sancho Bronchalo hace una parada en el restaurante del hotel Anantara para desayunar.

3 de agosto de 2023, a las 07:58:03 (la hora de la cámara es 00:00:01 milésima de segundo más lenta que la hora real), una persona que se asemeja a MR. DANIEL ingresó al área del hotel Anantara en una motocicleta (Lat: 9.77939, Long: 100.05545)

Estaciona en el aparcamiento del recinto y entra en el restaurante.

3 de agosto de 2023, a las 08:05:37 (la hora de la cámara es 00:00:01 una milésima de segundo mas lenta que la hora real), una persona que se asemeja a MR. DANIEL entró en el área del restaurante del hotel Anantara (Lat: 9.77939, Long: 100.05545)

Una vez deja la mochila utilizada para transportar las partes del cadáver en una silla, va a recoger su comida. Se sienta a desayunar a las 8.12 y realiza un acto propio de un psicópata: saca tres inquietantes fotografías y las sube a su cuenta de Instagram. A continuación os muestro y describo dichas publicaciones.

Imagen 1[14]   Imagen 2[14]   Imagen 3[14]

La imagen 1 es una instantánea de la playa tomada desde el propio restaurante. La imagen 2 es una fotografía del plato de frutas exóticas que estaba a punto de degustar. No obstante, la imagen 3 es, sin duda, la más espeluznante, pues muestra que Daniel no sentía ningún tipo de remordimiento o culpa por lo que había realizado. En ella se ve un cartel que se encontraba justo a la entrada del establecimiento en el que se puede leer «*One coconut a day keeps the doctor away*». Esto, traducido a español, sería algo así como «Un coco al día mantiene al doctor en la lejanía», frase que hace alusión al dicho inglés: «*An apple a day keeps the doctor away*», («Una manzana al día mantiene al doctor en la lejanía»). Lo escalofriante de esto es que Sancho realiza esta fotografía y la sube a su red social poco después de haber estado tirando partes de Edwin al mar. Edwin que, como todos recordamos, era doctor. ¿Qué mente normal, sin ningún rasgo o trastorno psicopático o maquiavélico, es capaz de esto? No solo de hacer la fotografía, sino de leer el cartel, realizar la captura y que te parezca una buena idea publicarla para la posteridad. Imagino que cuando la estaba haciendo pensaría: «La gente que lea mi post no va a entender el doble sentido que tiene», pero no dejo de dibujar en mi cabeza la cara sonriente del «chef» etiquetando a sus amigos para que viesen dónde estaba y qué estaba haciendo en ese momento.

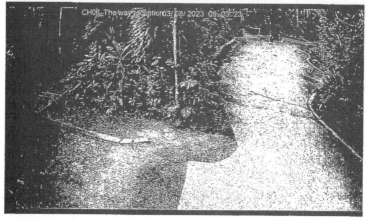

3 de agosto de 2023, a las 09:03:24 (la hora de la cámara es 00:00:01 una milésima de segundo más lenta que la hora real), la cámara del hotel Anantara (Lat: 9.77939, Long: 100.05545) muestra a una persona que se parece al Sr. Daniel regresando a la motocicleta y saliendo del hotel Anantara

3

Después de haber desayunado, se marcha a las 9.03 del restaurante, pero comete otro de esos deslices tontos que más tarde volverían a ponerlo contra las cuerdas. Solo hay que ver todo lo narrado anteriormente para suponer que la tarde, noche y madrugada fueron, cuando menos, muy agotadoras para, como alguien lo renombró en alguna publicación: **«La joven promesa de la hamburguesa»**.[120] Como hemos dicho, Daniel abandona el Anantara, pero olvida su mochila en la silla que tenía a su lado. Era la misma que empleó para transportar los restos de Arrieta. Igual iba distraído con sus historias de Instagram o contestando a los mensajes de sus amigos que iban respondiendo a sus publicaciones.

3 de agosto de 2023, a las 09:05:00 (hora de la cámara en tiempo real), la cámara del hotel Panviman (Lat: 9.77662, Long: 100.05615) captó a una persona que se asemeja a MR. DANIEL conduciendo una motocicleta hacia el hotel Panviman

3

A las 9.05 se ve a Sancho llegando al Panviman, el hotel que Edwin había reservado para pasar su noche de amor después de la Fiesta de la Luna Llena.[3]

3 de agosto de 2023, a las 09:56:15 (hora de la cámara en tiempo real), en la cámara del Hotel Panviman (Lat: 9.77662, Long: 100.05615), una persona con características similares a MR. DANIEL contactó al personal en el vestíbulo del Hotel Panviman

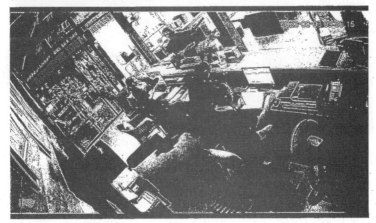

3

Tras pasar unos cincuenta minutos recogiendo sus pertenencias en la habitación 6404, el «chef» pasa por recepción para realizar el *check-out*. En ese momento suceden dos cosas interesantes que fueron narradas en la declaración de la chica que lo atendió. Esta, al ver las manos del homicida, le pregunta a Daniel por qué estaba herido, ya que presentaba un corte en sus dedos, a lo que este responde que se ha lesionado cortando un coco. El segundo hecho interesante es que Daniel pregunta a la recepcionista si Edwin había estado la noche anterior en su habitación, a lo que la chica contesta que no, que el señor Arrieta nunca hizo el *check-in* en el hotel. Acto seguido, el joven sale del local, sube a su motocicleta y regresa al Bougain Villa.

3 de agosto de 2023, a las 10:01:40 (hora de la cámara en tiempo real), la cámara del hotel Panviman (Lat: 9.77662, Long: 100.05615) captó a una persona que se asemeja a MR. DANIEL, conduciendo una motocicleta y saliendo del hotel Panviman. La persona no llevaba camiseta, vestía pantalones cortos de color azul con franjas blancas y llevaba una mochila de color azul y negro de la marca NIKE

3

En esta imagen también hay dos cosas que llaman la atención. Una es que Daniel va sin camiseta y lleva la mochila colgada con las tiras sobre su piel desnuda. La segunda es, precisamente, esa mochila. Se ve cargada, lo que indica que lleva toda la ropa que había dejado en la habitación del Panviman y también nos confirma que nunca abandonó dicho hotel para alojarse en el Bougain Villa.

Sancho llega al hotel alrededor de las 10.55, deja sus pertenencias en la habitación, se pone una camiseta y se dirige a la playa. Llega a las 11.01.[1]

3 de agosto de 2023, a las 11:01:29 (la hora de la cámara es 00:00:03 milésimas de segundo más lenta que la hora real), la cámara de Crystal Day (Lat: 9.78631, Long: 99.97298) captó a una persona que se asemeja a MR. DANIEL caminando hacia la playa. La persona no lleva camiseta y viste pantalones cortos de color gris con una franja blanca.

Esta vez tampoco se dedica a tirar restos al mar, ya que hay mucha gente en la zona: bañistas, clientes de restaurantes y algunos haciendo actividades acuáticas. Ante esta imposibilidad, Sancho decide permanecer en la playa hasta las 13.53.

Recordad las declaraciones que surgieron aquellos primeros días de la isla y los testimonios recogidos por muchas televisiones. En uno de ellos habló una chica que contó haber estado con él en la playa, que la llevó en el kayak a navegar mar adentro. Por su narración de los acontecimientos, la conclusión a la que llegamos es que el joven estaba intentando ligar con esa chica. Pero volvemos a tener otra de esas situaciones rocambolescas y que devuelven a la palestra esa sensación de que Daniel podría tener, cuando menos, rasgos psicopáticos. ¿Cómo puedes llevar de paseo a una chica en el bote que horas antes has estado usando para deshacerte del cuerpo de una persona?

Por desgracia, no contamos con un análisis psicológico que arroje un poco de luz ante dicho comportamiento, pero realmente es él mismo quien se encarga de ponernos muy difícil el no pensar que es una persona carente de empatía y aprecio hacia los demás.

3 de agosto de 2023, a las 13:53:56 (la hora de la cámara es 00:00:03 milésimas de segundo más lenta que la hora real), la cámara de Crystal Day (Lat: 9.78631, Long: 99.97298) captó a una persona que se asemeja a MR. DANIEL caminando en dirección a su habitación en el hotel Bougain. La persona no llevaba camiseta y vestía pantalones cortos azules con franjas blancas.

3

Daniel regresa a su habitación a la 13.53 de aquel 3 de agosto de 2023 y vuelve a realizar una acción en la que demuestra que siempre puede haber algo de improvisación por mucho que planees un crimen.

3 de agosto de 2023, a las 14:01:59 (la hora de la cámara es 00:00:03 milésimas de segundo mas lenta que la hora real), en la cámara de Crystal Day (Lat: 9.78631, Long: 99.97298), una persona con características similares a MR. DANIEL, vestida sin camiseta y llevando pantalones cortos azules con franjas blancas sostiene dos bolsas de basura blancas que iba a tirar en el punto de desecho detrás de Crystal Day

Daniel sale y tira dos bolsas de basura de color blanco en los contenedores que hay justo detrás de su alojamiento. Entendemos que, en esta ocasión, no se deshacía del cuerpo de la víctima, sino que probablemente estaba arrojando los enseres que había utilizado para limpiar la escena del crimen.

Después, a las 14.02, vuelve a la playa y permanece en ella hasta las 14.42. Tampoco en esta ocasión va al mar a deshacerse de nada. Suponemos que regresa para comer algo o pasar el rato, vuelve a salir de la habitación a las 14.46 y pone rumbo a la playa de nuevo para pasar lo que queda de tarde.

Más tarde, a las 20.33, se vuelve a observar a Daniel sosteniendo unas bolsas de basura en las manos. Está en la zona de los contenedores del Bougain Villa, cerca de unos matorrales.[3]

3 de agosto de 2023, a las 20:33:54 (la hora de la cámara es 00:00:03 milésimas de segundo más lenta que la hora real), en la cámara de la tienda Crystal Day (Lat: 9.78631, Long: 99.97298), una persona que se parece a MR. DANIEL dejó caer una bolsa de basura con la mano izquierda

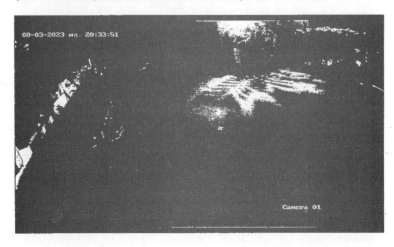

3 de agosto de 2023, a las 20:34:06 (la hora de la cámara es 00:00:03 milésimas de segundo más lenta que la hora real), en la cámara de la tienda Crystal Day (Lat: 9.78631, Long: 99.97298), una persona que se asemeja a MR. DANIEL abrió una bolsa NIKE y sacó una bolsa de basura de la mochila, dejándola en el punto de basura

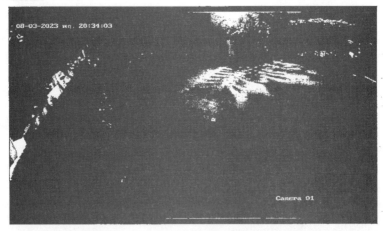

Acto seguido, saca una bolsa de basura de la mochila que lleva a la espalda. La deja en el suelo. Extrañamente, coge dicha bolsa y la esconde en los matorrales que hay en la zona del punto de desechos, junto a los contenedores de basura. A continuación, vuelve a la playa.

3 de agosto de 2023, a las 21:14:56 (la hora de la cámara es 00:00:03 milésimas de segundo más lenta que la hora real), la cámara del Crystal Day (Lat: 9.78631, Long: 99.97298) captó a una persona que se asemeja a MR. DANIEL caminando de regreso de la playa Salad hacia la habitación del hotel Bougain. La persona estaba vestida sin camiseta, solo con pantalones cortos de lunares

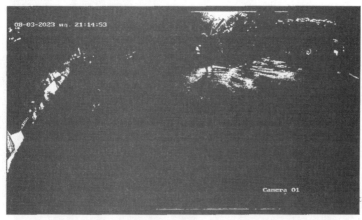

A las 21.14 vuelve de la playa a la habitación y permanece en ella hasta las 23.10, cuando vuelve a salir. Se encamina nuevamente hacia los contenedores de basura situados detrás de su alojamiento y se deshace de dos bolsas.

3 de agosto de 2023, a las 23:12:52 (la hora de la cámara es 00:00:03 milesimas de segunda más lenta que la hora real), en la cámara de la tienda Crystal Day (Lat: 9.78631, Long: 99.97298), una persona que se asemeja a MR. DANIEL recogió dos bolsas de basura negras que había colocado anteriormente y las volvió a meter en la bolsa.

Parece ser que la acción de depositar dichas bolsas en los contenedores que tiene justo a pie de su habitación no lo dejan del todo tranquilo, por lo que a las 23.12 regresa a los cubos de basura, saca las bolsas que había depositado anteriormente y las guarda en la mochila.[3]

3 de agosto de 2023, a las 23:13:48 (la hora de la cámara es 00:00:03 milésimas de segundo más lenta que la hora real), la cámara de la tienda Crystal Day (Lat: 9.78631, Long: 99.97298) captó a una persona que se parece a MR. DANIEL, llevando una mochila NIKE y caminando hacia la playa Salad

Una vez cargada dicha mochila, pone rumbo a la playa.[3]

3 de agosto de 2023, a las 23:39:43 (la cámara está 3 segundos retrasada con respecto al tiempo real), en la cámara de Crystal Day (frente a la playa) (Lat: 9.78631, Long: 99.97298), una persona que se parece a MR. DANIEL está caminando de regreso desde el mar en la zona frente a la playa de Salad, caminando de un lado a otro frente a la playa Salad

De allí regresa después de llegar con su kayak a las 23.39, por lo que entendemos que las bolsas de basura con los últimos restos de Arrieta que había tirado en los contenedores terminaron en las aguas de Haad Salad después de que el asesino pensase mejor qué hacer con ellas.

Después de esto, regresa a su habitación del Bougain Villa para salir nuevamente y coger su motocicleta a las 00.07. Unos cuarenta minutos más tarde es grabado entrando en la comisaría de Koh Phangan para denunciar la desaparición de su amigo Edwin Miguel Arrieta Arteaga.

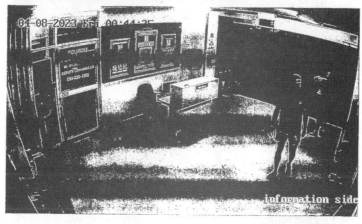

4 de agosto de 2023, a las 00:45:55 (la hora de la cámara es 00:01:30 más lenta que la hora real), el Sr. Daniel llegó a la comisaría de Koh Phangan (Lat: 9.71962, Long: 99.99531) y notificó a los oficiales de policía de la comisaría de Koh Phangan que su amigo, el Sr. Edwin, había desaparecido

CAPÍTULO 5
DE TAILANDIA A COLOMBIA

Con la facilidad que nos dan las palabras escritas, vamos a viajar de tierras tailandesas a tierras colombianas, concretamente a un municipio costero llamado Santa Cruz de Lorica. Este pueblo pertenece al departamento de Córdoba y hoy es conocido por ser el lugar que vio a Edwin Arrieta nacer, crecer y estudiar.

Perteneciente a una familia humilde, los padres de Arrieta se esforzaron para pagar al hijo varón los mejores estudios posibles. Él no dejó pasar la oportunidad: completó sus estudios en Medicina y luego se especializó en Cirugía Plástica y Reconstructiva en Argentina.

En Lorica, la familia de Arrieta sabía que Edwin se iba de viaje al país asiático. Era una familia muy unida, con fuertes valores religiosos. El cirujano había asumido la responsabilidad de cuidar a sus padres, quienes ya eran ancianos y padecían enfermedades típicas de la senectud. Su manutención y cuidados corrían de su cuenta, eso sin contar que pocos meses atrás había convencido a su hermana para que abandonase su trabajo y así poder él contratarla como auxiliar de su clínica en Colombia.

Cuando viajaba, Edwin tenía por costumbre hablar muchísimas veces con su familia a lo largo del día, sobre todo con su padre, su madre y su hermana. Como era lo normal, el día 2 de agosto, siendo la mañana de ese día en Tailandia (pero la noche del 1 de agosto en Colombia), el médico habla con familiares y amigos. Incluso cuando va en el ferri camino a la isla realiza alguna que otra historia para su Instagram y alguna que otra videollamada con sus allegados.

El día 2 no es para nada igual. Las horas van pasando y el nerviosismo va creciendo en torno a la familia de Arrieta porque Edwin no se ha puesto en contacto con ellos, algo impensable en él.

Su hermana Darling comienza a enviarle mensajes por la aplicación de mensajería instantánea WhatsApp: «¿Hermano, dónde estás?», «¿Por qué no llamas?». Los minutos se hacen eternos en estas situaciones, las horas pesan como losas que caen sobre la espalda, las agujas del reloj parece que no avanzan y, cuando esperas la llamada de un ser querido y esta no llega, la angustia comienza a apoderarse y el sentido común entra en conflicto con los sentimientos. «Le ha pasado algo, no, ¿qué le va a pasar? Seguro que se ha distraído con algo, pero él no es así, nunca deja de llamar. Bueno, puede que, al ser un sitio nuevo, se le haya ido el santo al cielo. No, tiene que haberle sucedido algo, nunca tendría a sus papás en esta situación».

Esa lucha interna se hace cada vez más intensa y, dentro de esa lucha, vienen las llamadas a los amigos: «Oye, mi hermano no me ha llamado, ¿no te parece extraño?». Luego alguna amiga te dice algo que puede darte alguna pista: **«Me dijo que viajaba con un grupo de amigos de España».** Entonces tu mente cae en que tienes un teléfono móvil que él te dio, uno antiguo, que era de su propiedad y que aún tiene abierta su sesión de Instagram.

La hermana de Arrieta coge ese teléfono y comienza a mirar en sus contactos. Es entonces cuando descubre que uno de sus amigos también está en Tailandia, justo en la misma isla. ¿Serían las publicaciones del Anantara las que delataron a Daniel? Resultaría muy paradójico. Sea como fuere, Darling decide escribir a este amigo. Ella no conoce al tal Daniel Sancho, pero poco sabría entonces que aquel sería uno de los nombres más importantes de su vida, y no en el buen sentido.

Finalmente, ella le manda una serie de mensajes a través de Instagram. A continuación tenéis las capturas de pantalla de parte de esa conversación, de parte de las angustiosas palabras que una mujer desesperada le escribió al que resultó ser el asesino de su hermano.

Después de esto, Darling insiste a Sancho para que acuda a la comisaría a presentar una denuncia. Se extraña de que pueda estar tan

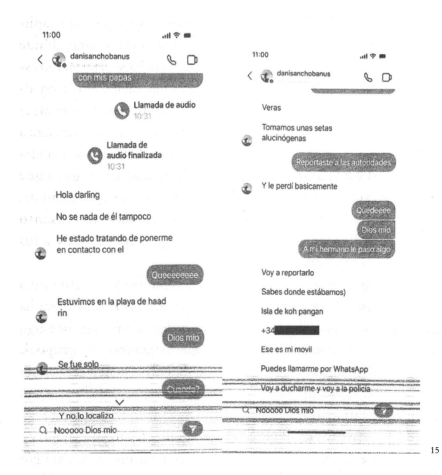

tranquilo después de haberlo perdido de vista y no saber nada de él. Durante el resto de la conversación, Sancho le habla de que ambos habían consumido setas alucinógenas, de que él se había marchado con todas sus pertenencias y le dice que se va a coordinar con unos amigos para buscarlo en las clínicas de la isla.

Independientemente de Darling, una amiga de esta, Viviana, sabía en qué hotel se alojaba Edwin, así que mandó el siguiente correo electrónico:

> Hola:
> Mi nombre es ▆▆▆▆▆ ... EDWIN ARRIETA ARTEAGA Llegó a Koh Phangan el 2 de agosto y tenía una reserva en su hotel. Necesito confirmar si se registró o no, porque está desaparecido desde el 2 de agosto a las 7 pm.
>
> ─────────
>
> Buenos días:
>
> Un afectuoso saludo desde el Panviman Resort.
> El Dr. Edwin no se registró con nosotros, solo lo hizo el invitado adicional que se indica a continuación.
>
> El huésped salió ayer por la mañana, no sabemos su viaje posterior.

Luego de distintas averiguaciones, consiguió saber quién era ese invitado adicional y el nombre al que Darling había llegado volvió a salir a la luz: Daniel Sancho.

Que la misma persona que decía no saber nada del doctor se hubiese hospedado en la misma habitación que este tenía reservada encendió todas las alarmas. Pero no solo eso. Además, él era la única persona que había dormido allí; el cirujano nunca puso un pie, ni en el Panviman, ni en la habitación 6404.

Otra cosa que hacía sospechar a familia y amigos que algo malo le había sucedido a Edwin eran las citas por videoconferencia que tenía concertadas en su clínica de Chile. Su hermana llamó a la chica que trabajaba en la recepción para ver si su hermano había dado señales de vida, pero esta acrecentó sus miedos al asegurar que no, que Arrieta había hecho algo que nunca hacía ni había hecho: faltar a todas sus consultas. Esto es algo inexplicable, pues la profesionalidad de Arrieta era un rasgo conocido por todos.

Con estos ingredientes, podéis haceros una idea de los sentimientos que iban creciendo en Lorica. El temor y el miedo se iban apoderando incluso de los más optimistas; estaba claro que algo había sucedido.

Darling seguía insistiéndole a Daniel para que fuese a comisaría a poner la denuncia.

En este ir y venir de llamadas y contactos, se consiguió, mediante una amistad, hablar con alguien que pudo poner a la familia en comunicación con la embajada de Colombia en Tailandia. Allí, según cuenta Darling, recibió un gran apoyo y ayuda. Darling le expuso sus inquietudes y, por supuesto, sus sospechas hacia este amigo que vagaba por la misma isla que su hermano, que había dormido en la habitación pagada y reservada por él, que lo había recogido del muelle y que, según sus palabras, tras consumir setas y alcohol, lo había perdido de vista. Ella no se creía estas excusas y rogó que lo vigilasen y que no lo dejasen salir de la isla hasta averiguar qué había pasado con su hermano o qué grado de implicación tenía ese español en todo esto.

Debido a la presión de Darling, parece ser que Sancho decidió acercarse a la comisaría de Koh Phangan y denunciar la desaparición de Arrieta. Lógicamente, suponemos que no imaginaba la posibilidad de que esas fueran sus últimas horas en libertad, ya que cuando llegó ante las autoridades no lo dejaron escapar.

Más tarde, llegaron noticias a Colombia de que habían aparecido unos restos humanos en el vertedero de la isla. El cuerpo vestía una ropa parecida a la que llevaba el cirujano, por lo que la peor de las pesadillas parecía hacerse realidad en el pueblito costeño: nunca más verían a Edwin Miguel Arrieta Arteaga con vida.

Nunca más volverían a ver a ese hombre risueño, cariñoso con sus allegados, que cada mañana les daba los buenos días con un mensaje. Ese hombre al que le daba miedo volar y lo hacía pegado a un rosario. Ese apasionado de su trabajo y aficionado al buen comer, afición que, sin saberlo, le acercaría, de forma irremediable, hasta su final.

Nunca más verían a ese doctor al que le encantaban las tardes de reuniones, la música, el baile, los viajes y el polo. Un hombre que soñaba con recorrer el mundo, conocer culturas, gentes y tradiciones, que anhelaba seguir escalando y consiguiendo metas en su vida, que soñaba con una historia mejor para su aún corta biografía.

En definitiva, jamás volverían a ver a su amigo, a su compañero, a su tío, a su hermano y a su hijo.

CAPÍTULO 6
ENTRE BASURA Y BOLSAS VERDES

El día 3 de agosto de 2023 amanecía, como un día más, en Koh Phangan. La gente acudía a sus puestos de trabajo, a sus quehaceres diarios con total normalidad. Entre ellos, se encontraba Auan, un joven de origen birmano que llevaba en Tailandia poco más de dos meses.

Auan trabaja en el vertedero; concretamente, en la zona de clasificación e incineración de basuras. Él es el encargado de tomar las bolsas que otros operarios clasifican y llevarlas hasta el incinerador, que se encuentra a una altura considerable.

La mañana de aquel 3 de agosto se presentaba como una más; una más entre basura, olores nauseabundos, vapores y una humedad a ratos insoportable. Pero ese día ocurriría algo que quedaría marcado en la mente de este trabajador para siempre.

Tal como él narra en su declaración a las autoridades:

«Ese día comencé a trabajar en el vertedero a las ocho de la mañana, desempeñando mis funciones en el horno de incineración, donde me encargo de llevar los desechos para ser incinerados. Aproximadamente a las 10.30, mientras me encontraba en el área del incinerador de basuras, una mujer de nacionalidad birmana, que es la abuela de mi madre, me llamó para que la ayudase a levantar una bolsa de plástico de color verde claro que estaba cerrada pero tenía un desgarro y un agujero. Olía muy mal. Ella me dijo que, probablemente, se tratase de carne de cerdo en mal estado, así que tomé la bolsa y la llevé al incinerador.

Cuando llegué a la zona de la base del incinerador de residuos, donde se deben levantar las bolsas hasta dicho incinerador (este se encuentra aproximadamente a unos 3 metros del suelo) colocamos la bolsa en el suelo y llamamos al supervisor para que viniera. Este llamó a los oficiales, que vinieron a ver las partes humanas».[17]

Lo que este hombre relata es el descubrimiento de un trozo de cuerpo humano. Él llama a su encargado y no tardan en contactar con las autoridades. Lógicamente, en ese momento nadie sabía de quién se trataba; es más, no existía nada que pudiese ser identificativo en aquella pieza del cuerpo, que pertenecía a la zona de la cadera y los genitales. Junto a ella, había otra bolsa llena de intestinos y vísceras.

El hallazgo macabro hizo que se organizase un grupo de agentes específico dentro de la policía para la investigación y resolución del caso. Al levantamiento del cadáver y la inspección ocular también acudió un médico forense que se encargó de realizar la primera toma de muestras para la futura identificación de la víctima.

El equipo de investigación no tardó en darse cuenta de un detalle curioso: las bolsas de color verde claro, empleadas para ocultar el cuerpo, solo se vendían en un establecimiento concreto, el Big C. En Tailandia, los Big C son una cadena de supermercados muy prolífera; por ello existen multitud de tiendas de esta cadena por todo el país, y concretamente en Koh Phangan había una.

Los investigadores se acercaron a dicho establecimiento y allí pidieron revisar las cámaras de seguridad (CCTV) remontándose a cinco días atrás. Al mirar las grabaciones, encontraron una que les llamó particularmente la atención (ver en la página siguiente).

En ella, se observaba a un hombre. La chica que lo atendía dijo a los agentes que era de origen extranjero. Estaba realizando una compra en la que había adquirido una gran cantidad de bolsas de basura (más de doscientas), un cuchillo de carnicero, multitud de guantes y productos de limpieza, pero, sobre todo, entre ese montón de bolsas se encontraban las del mismo modelo que habían sido empleadas para envolver las partes del cuerpo encontradas esa misma mañana en el vertedero.

Las imágenes no resultaban del todo claras y era imposible realizar una identificación precisa solo con la instantánea del individuo

1 de agosto de 2023, a las 17:02:57 (la cámara está adelantada 00:11:18). En la cámara de la tienda Big C, en el interior (Lat: 9.70907, Long: 100.00073), se observa a una persona que se asemeja a MR. DANIEL realizando el pago de varios artículos, entre los cuales se pueden identificar algunos tipos de productos, como una bolsa de plástico negra

3

dentro del establecimiento, así que los agentes siguieron mirando grabaciones y dieron con una que resultó ser crucial en todo este suceso y que los llevaría a saber quién era ese hombre rubio, alto y de aspecto atlético que aparecía en ellas.

La imagen (ver página anterior) mostraba con mucha más nitidez a la persona saliendo del establecimiento en una motocicleta. En dicha motocicleta había un distintivo que los llevaría hasta la tienda de alquiler, un local llamado Aungpow.

Los investigadores se trasladaron hasta allí y preguntaron a la propietaria por la moto que aparecía en la instantánea tomada por las cámaras de seguridad. La señora informó que esa motocicleta había sido alquilada por un joven de origen español el día 31 de julio de 2023 aproximadamente a la una de la tarde. El alquiler había sido por un periodo de diez días y había dejado su pasaporte como depósito y garantía del mismo.

Esto abrió un nuevo horizonte para la investigación, pues ya no solo tenían localizado al individuo, sino que poseían su documento de identificación y podrían trazar todos sus movimientos desde su llegada a Tailandia.

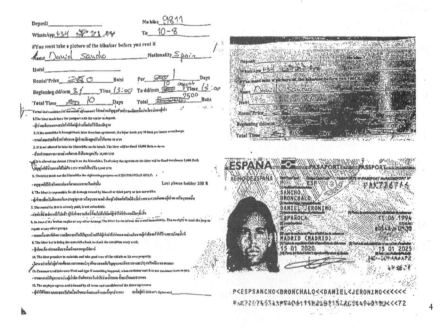

Desde la propia tienda se intentó idear un plan para hacer venir a ese ciudadano, que ya tenía nombre para la policía: Daniel Jerónimo Sancho Bronchalo.

Los agentes le pidieron a la dueña del negocio que lo llamase por teléfono al número que este había facilitado y que lo hiciese acercarse al lugar con alguna excusa. Cuando llamó al «chef», este dijo encontrarse en un lugar concreto de la isla, por lo que los agentes se desplazaron allí, pero no encontraron a nadie en esa localización. Después de realizar una segunda llamada y de que Sancho diese otro paradero distinto, el resultado fue el mismo y, según parece, después de una tercera llamada, el joven puso como excusa que la motocicleta se había estropeado y que se acercaría al establecimiento en cuanto pudiese.

Por otro lado, los inspectores cruzaron los datos reflejados en el pasaporte con los registrados en Inmigración y estos volcaron una información que haría saltar todas las alarmas (ver páginas siguientes).

Daniel Sancho Bronchalo ingresó en el Reino de Tailandia el día 30 de julio. Ese día llegó a Bangkok, pasó la tarde/noche en la capital tailandesa y cogió otro vuelo el día 31 con dirección a la provincia de Surat Thani. Al llegar, tomó un ferri que lo trasladó hasta la isla de Koh Phangan, donde, según los datos de dicho organismo, tenía alojamiento en el Panviman Resort Hotel.

Esto resultaría crucial para continuar atando cabos y averiguar que Sancho no había viajado solo al país tailandés, y que, aunque su llegada había sido en solitario, esperaba a un compañero para los próximos días.

Pero ¿cómo se llegó a esta conclusión?

Oficina de Inmigración
Detalles - historial de viajes
Buscar información de (pasaporte)

Nombre en inglés: DANIEL   Nombre en inglés: JERÓNIMO   Apellido en inglés: SANCHOBRONCHALO
Nombre en tailandés : -   Nombre en tailandés :-   Apellido en tailandés:-
Nacionalidad: España   Sexo: Masculino   Fecha de nacimiento: 11/06/1994

Información de viaje de entrada

Puesto de control: Oficina de Inmigración 2 / Puesto de Inmigración del Aeropuerto Suvarnabhumi / Trabajo de control de inmigración de entrada.   Imagen de la cara.

    Entrar
    Fecha de viaje: 30/07/2023 14:05
    Registro de vehículo: EX0376
    Tipo de vehículo: avión
    El tipo de documento de viaje: pasaporte.
    Número de libro de ruta: PAK XXXX
    Número de tarjeta de inmigración 6: TMXXXXX
    Tipo de visa: P. 30
    Fecha de vencimiento de la visa: 28/08/2023
    Tipo de permiso
    Fecha de vencimiento del permiso: -
    Provincia de residencia: Bangkok
    Registrado por: Teniente Coronel
    Fecha de registro: 30/07/2023 14:05:21
    Editor: -
    Fecha de modificación:
    Nota: -

Información sobre la solicitud de continuación (más reciente)   Reingreso (más reciente)
La unidad de trabajo está en curso:-   Entidad :-
Tipo de autorización:-   Tipo de autorización concedida:-
Fecha de vencimiento del permiso:-   Fecha de vencimiento del permiso: -
El número que sigue:-   Fecha de recepción del asunto:-
Fecha de recepción del asunto:-   Fecha de registro:-   Fecha de registro: -
Dirección:-   Dirección :

Información sobre la vivienda, artículo 38
Dirección :-
Fecha de entrada: -
Información sobre estancias de 90 días.
DIRECCIÓN:-

Fecha de notificación del alojamiento (90 días): -

18

Oficina de Inmigración
Información sobre los viajes de entrada y salida del Reino de Tailandia

Nombre: DANI Segundo Nombre: JERONIMO Apellido: SANCHO BRONCHALO
Nombre: - Nombre del subalterno: - Nombre y apellido: -
Nacionalidad: España Sexo: Masculino Fecha de nacimiento: 11/06/1994

Información de viaje de entrada

Punto de entrada: Control de inmigración puesto de control de inmigración del Aeropuerto Suvarnabhumi, Oficina de Inmigración 2.
Fecha y hora: 30/07/2023 14:05
Matrícula: EK0376
Tipo de vehículo: avión
Tipo de documento de viaje: pasaporte
Número de pasaporte: PAK7XXXX
Número de tarjeta de inmigración 6: FMXXXXX
Tipo de visa: Ph.30
Fecha de vencimiento del permiso (visa): 28/08/2023
Tipo de permiso: -
Día del Maestro, se establece permiso
Provincia de residencia: Bangkok
Registrado por: Teniente Coronel
Fecha de registro: 30/07/2023 14:05:21
Editor: -
Fecha de modificación: 30/07/2023 14:05:21
Nota: ~

Información sobre la última presentación de la solicitud	Re-entrada (última vez)
La agencia solicita continuar:	Agencia:
Tipo permitido:	Tipo de Licencia:
Fecha de vencimiento del permiso -	Fecha de vencimiento del permiso:
Número de dirección que solicita:	Fecha de recepción:
Fecha de grabación: Fecha de grabación:	Fecha de grabación:
DIRECCIÓN:-	DIRECCIÓN:-

Sección 38 información residencial
La dirección es: Panviman Resort Co., Ltd., 2/1 Soi M. 5, Calle 22/1, Grupo 5, Tambon Ban Hai, Distrito Koh Phangan, Provincia Surat Thani.
Fecha de entrada: 31/07/2023

Información sobre alojamiento de 90 días
Dirección:-
Día de notificación de alojamiento (90 días):

Funcionario que redacta el informe: Suboficial mujer Thasama Thongsut. Unidad: Oficina de Inmigración de la provincia de Surat Thani, Oficina de Inmigración 6.
Fecha de impresión: 04/08/2566 09:25

Los investigadores pusieron rumbo al citado hotel y allí preguntaron por el español que se había alojado días atrás. Fue entonces cuando descubrieron que no fue él quien realizó la reserva en el complejo hotelero, sino un ciudadano de origen colombiano llamado Edwin Miguel Arrieta Arteaga, que nunca se llegó a alojar en él. La única persona que realizó el *check-in* en el hotel fue el joven español, que ocupó la habitación 6404 en solitario y fue el día 3 a realizar el *check-out* y a retirar sus pertenencias.

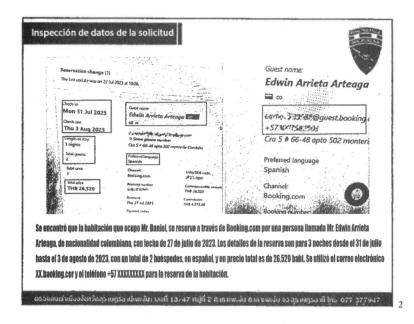

Tras este hallazgo, la investigación siguió adelante.

Ahora tocaba cruzar los datos de este tal Edwin Arrieta con Inmigración para comprobar si había entrado o no en el país y, de ser así, dónde se había alojado (ver en páginas siguientes).

Tal como pasó con Daniel, se descubrió que Arrieta había entrado por Bangkok el día 1 de agosto y se había alojado en un hotel de la capital, donde pasó la tarde/noche de ese día 1. Luego, como Sancho, cogió un vuelo que lo acercó hasta la provincia de Surat Thani. Y allí un ferri hasta Koh Phangan. Era el día 2 de agosto.

Oficina de inmigración
Detalles historial del viaje
Buscar información de (pasaporte)

Nombre en ingles: EDWIN   Segundo nombre: MIGUEL   Apellidos: ARRIETA ARTEAGA

Nombre en tailandés: Segundo nombre en tailandés: Apellidos en tailandés:

Nacionalidad: COLOMBIANA   Sexo: Masculino   Fecha de nacimiento: 13/03/1979

Información de viaje Entrada

Puesto de control: Oficina de Inmigración 2 / Puesto de Inmigración del Aeropuerto Suvarnabhumi / Trabajo de control de inmigración de entrada.

IMAGEN DE LA CARA

Entrar
Fecha de viaje: 01/08/2023 14:50
Registro de vehículo: EK0376
Tipo de vehículo: avión
El tipo de documento de viaje: pasaporte.
Número de libro de ruta: APXXXXX
Número de tarjeta de inmigración 6: TM2XXXX
Tipo de visa: Turista (60 días)
Fecha de vencimiento de la visa: 29/09/2023
Tipo de permiso
Fecha de vencimiento del permiso: -
Provincia de residencia: Bangkok
Registrado por: Teniente Coronel
Fecha de registro: 01/08/2023 14:50:4
Editor: -
Fecha de modificación:
Nota: - TR

PASAPORTE

Información sobre la solicitud de continuación (más reciente)
La unidad de trabajo está en curso:-
Tipo de autorización:-
Fecha de vencimiento del permiso:-
El número que sigue:-
Fecha de recepción del asunto:-   Fecha de registro: -
Dirección:-

Reingreso (más reciente)
Entidad :-
Tipo de autorización concedida:-
Fecha de vencimiento del permiso:-
Fecha de recepción del asunto:-
Fecha de registro: -
Dirección :

Información sobre la vivienda, artículo 38
Dirección :-
Fecha de entrada: -
Información sobre estancias de 90 días
DIRECCIÓN:-

Fecha de notificación del alojamiento (90 días): -

19

Oficina de Inmigración
Información sobre los viajes de entrada y salida del Reino de Tailandia

Nombre: EDWIN **Segundo Nombre:** MIGUEL **Apellido:** ARRIETA AETEAGA
Nombre: - **Nombre del subalterno:** - **Nombre y apellido:** -
Nacionalidad: COLOMBIANA **Sexo:** Masculino **Fecha de nacimiento:** 13/03/1979

Información de viaje de entrada

Punto de entrada: Control de inmigración puesto de control de inmigración del Aeropuerto Suvarnabhumi, Oficina de Inmigración 2.
Fecha y hora: 01/08/2023 14:50
Matrícula: E K0376
Tipo de vehículo: avión
Tipo de documento de viaje: pasaporte
Número de pasaporte: APXXXXXX
Número de tarjeta de inmigración 6: FMXXXXXX
Tipo de visa: Turista (60 días)
Fecha de vencimiento del permiso (visa): 29/09/2023
Tipo de permiso: -
Día del Maestro, se establece permiso
Provincia de residencia: Bangkok
Registrado por: Teniente Coronel
Fecha de registro: 01/08/2023 14:50:44
Editor: -
Fecha de modificación: 01/08/2023 14:50:44
Nota: --

Información sobre la última presentación de la solicitud	Re-entrada (última vez)
La agencia solicita continuar:	Agencia:
Tipo permitido:	Tipo de Licencia:
Fecha de vencimiento del permiso -	Fecha de vencimiento del permiso: -
Número de dirección que solicita:	Fecha de recepción:
Fecha de grabación: Fecha de grabación:	Fecha de grabación:
DIRECCIÓN:-	DIRECCIÓN:-

Sección 38 información residencial
Dirección: Courtyard by Marriott Bangkok, 155/1 Soi Mahatlek Luang Ratchadamri Road, subdistrito de Lumpini, distrito de Pathumwan, Bangkok
Fecha de estancia: 01/08/2023

Información sobre alojamiento de 90 días
Dirección:-
Día de notificación de alojamiento (90 días):

Funcionario que redacta el informe: Suboficial mujer Thasama Thongsut.   Unidad: Oficina de Inmigración de la provincia de Surat Thani, Oficina de Inmigración 6.
Fecha de impresión: 04/08/2566 09:25

19

Ahora ya se sabía que el colombiano había ingresado en el país y había llegado a la isla, pero nunca se había alojado en el hotel que reservó y pagó.

Se conocían las horas de llegada, por lo que los investigadores se pusieron a inspeccionar las cámaras de vigilancia sin perder más tiempo. En ellas vieron al cirujano montando y bajando del ferri a una hora determinada y, lo que llamaba más la atención, también se veía, en las cámaras próximas al muelle, al otro actor de este suceso: Daniel se acercaba en su motocicleta para, según parecía, recoger a Edwin tras su llegada.

Como se ha expuesto en capítulos anteriores, dichas cámaras registraron a Sancho y Arrieta juntos desde que el colombiano llegó. Se podía observar cómo ambos se dirigían al Bougain Villa en motocicleta justo después de la llegada del doctor alrededor de las 15.16 horas. Ambos terminan su viaje entrando en las instalaciones del hotel cercano a la playa de Haad Salad a las 15.37 horas.

El día 4 de agosto de 2023 volvían a llamar desde el vertedero a las autoridades, ya que por segunda vez aparecían lo que parecían ser partes de un cuerpo humano.

Los investigadores volvieron a acercarse al centro de clasificación e incineración de basuras. Descubrieron algo similar a la parte superior de una pierna y la parte inferior de la misma, envueltas en las mismas bolsas que las partes halladas el día anterior.

Esta vez no solo aparecían partes humanas; también lo hacían una serie de objetos que acrecentaban más la sospecha de que se trataba del mismo extranjero que había realizado una compra el día 1 de agosto en el Big C, ya que dichos objetos coincidían con muchos de los artículos comprados. Además de las bolsas de plástico mencionadas y de los restos humanos que se encontraban envueltos, se pudieron recuperar un envase de estropajo Scotch Brite, dos envoltorios de bolsas de basura, una camiseta negra de cuello redondo, unos pantalones cortos oscuros y un par de calzoncillos.

Cuando compararon esta ropa con las imágenes que las cámaras de seguridad habían registrado de Edwin Arrieta, tuvieron la sospecha de que eran exactamente las mismas prendas que este portaba en el momento en que se le perdió la pista, por lo que muy probablemente fuesen suyas las partes del cuerpo que se habían localizado.

El círculo se había estrechado muchísimo. Dos extranjeros (uno español y otro colombiano) viajan a Koh Phangan. El primero, tras realizar una serie de compras un tanto extrañas el día antes de la llegada del segundo, lo recoge en el muelle. Más tarde se les ve entrando en un complejo hotelero que no es el que tenían reservado y el que ambos habían dado como alojamiento durante su estancia en el país a los oficiales de Inmigración.

Se sabía que el joven de origen español seguía con vida, puesto que se intentó quedar con él varias veces por teléfono, pero del segundo no se sabía absolutamente nada, por lo que todo hacía apuntar que ambos debían de estar involucrados en este turbio asunto. ¿En qué medida? Ese era un dato que solo los protagonistas podrían esclarecer. Solo faltaba que, por lo menos, el que se encontraba con vida fuese localizado y sentado ante las autoridades para prestar declaración.

En un giro inesperado de los acontecimientos, el día 4, a las 00.45, Daniel Jerónimo Sancho Bronchalo entra por su propio pie y voluntad a la comisaría de Koh Phangan. Una vez que se identifica, solicita hablar con un inspector para informar sobre la desaparición de un amigo que ha viajado a la isla para celebrar la Fiesta de la Luna Llena, un amigo que resulta ser Edwin Miguel Arrieta Arteaga.

Después de que el joven se identificase, la policía cruzó los datos, por lo que desde el primer momento en que Sancho puso su culo en la silla de la comisaría se sabía que estaban ante el principal sospechoso, pero se callaron y no dijeron nada. Como se dice en mi tierra: «no levantaron la liebre»; dejaron que el «chef» contase lo que había venido a contar sin premura.

Ya lo tenían delante.

No podía escapar.

CAPÍTULO 7
Y EL PEZ MORDIÓ EL ANZUELO

Al llegar a comisaría, Daniel puso en marcha un relato para denunciar la desaparición de su amigo. Vamos a transcribirlo de forma literal como reza en el sumario. Lo primero que hace la policía, no solo en esta denuncia, sino en todas las declaraciones posteriores, es preguntar si entiende y habla el idioma tailandés. Sancho dice a los oficiales que no, que habla inglés y que necesita un intérprete de inglés a tailandés, por lo que se le pone uno para poder traducir sus palabras.

«Soy un turista español que llegó a Tailandia el 30 de julio de 2023 a través del aeropuerto de Suvarnabhumi. Tengo un pasaporte español con el número PAKXXXXXXXX. Mi permiso de estancia en el país finaliza el día 30 de agosto de 2023. Mi ocupación es trabajar como cocinero en eventos de boda en España».

El agente pregunta: «¿Qué viene a denunciar?».

«He venido a denunciar ante los oficiales de investigación que un amigo mío llamado Edwin Arrieta, de nacionalidad colombiana, que se encontraba de vacaciones en la isla de Koh Phangan, ha desaparecido. Por lo tanto, he venido a ver si pueden ayudarme en la búsqueda de dicho amigo».

El agente vuelve a preguntar: «¿Desde hace cuánto tiempo conoce al Sr. Edwin Arrieta y dónde lo conoció?».

«Conocí a Edwin hace un año en España, mientras estaba de fiesta en un club nocturno, en la ciudad de Madrid. Edwin tiene 44 años y trabaja como cirujano plástico, he mantenido contacto constante con él a través de WhatsApp y teléfono».

Pregunta: «¿Qué ha sucedido?».

«Edwin y yo, con anterioridad, habíamos acordado viajar juntos a Tailandia, yo me encontraba en España y él en Chile.

El 29 de julio, tomé un avión desde España a Tailandia, llegando al aeropuerto de Suvarnabhumi el 30 de julio de 2023. Posteriormente, el 31 de julio a las nueve de la mañana, tomé un vuelo de Bangkok Airways hacia el aeropuerto de Koh Samui y más tarde monté en un barco de Lomprayak hacia la isla de Koh Phangan, donde llegué alrededor de la una del mediodía.

Cuando llegué, me acerqué a un establecimiento de alquiler de motocicletas próximo al muelle, tomé una de las motocicletas y me dirigí hacia el hotel Panviman (reservado por el Sr. Edwin), desde el 31 de julio al 3 de agosto. Edwin fue quien pagó el costo de dicho hotel, tras realizar el registro.

Luego fui a un lugar donde se practica y enseñan muay thai, el Diamond Muay Thai Chinnaraj Muay Thai y Chanti Gym, que se encuentra cerca del bar Ámsterdam.

El 2 de agosto de 2023, alrededor de las 15.00, conduje mi motocicleta al puerto de Lomprayak en Koh Phangan para recoger a Edwin. Este, al llegar, se sentó en la parte trasera de la motocicleta y fuimos al Kiston Bar en la playa de Salad para comer. Llegamos al Kiston Bar alrededor de las 16.00 y estuvimos en el restaurante aproximadamente dos horas.

Luego, alrededor de las 18.00, conduje la motocicleta con Edwin sentado detrás y fuimos la playa de Rin, a un bar llamado Bob Marley, en la calle principal, donde bebimos.

Después continuamos bebiendo en un pequeño hotel de la zona de los alemanes. Más tarde, alrededor de la una y media de la mañana, dejé de ver a Edwin y no sabía dónde podría haber ido. Lo busqué, pero no lo encontré.

El 3 de agosto de 2023, alrededor de las tres de la mañana, conduje la motocicleta hacia el Kiston Bar en la playa de Salad porque pensé que Edwin podría haber regresado allí. Tardé aproximadamente una hora en llegar, pero cuando llegué ya estaba cerrado. Luego, alrededor de las seis de la mañana, decidí salir de la playa Salad y conduje la motocicleta hacia el restaurante Anantara, llegando aproximadamente a las 7.00. Hice una pausa para desayunar de, aproximadamente, cuarenta minutos y después, con la motocicleta, puse rumbo al hotel Panviman. Al llegar, entré a la habitación para descansar.

Más tarde, alrededor de las 9.00, salí del hotel con mi motocicleta y me dirigí hacia la playa Salad, donde aproximadamente a las 10.00 me registré en una habitación del hotel Bougain Villa. Realicé dicha reserva desde el día 3 al 6 de agosto.

Intenté contactar con Edwin durante todo el camino, a través de una llamada por WhatsApp, pero la comunicación fue inútil, así que, finalmente, decidí venir e informar a las autoridades».

El oficial preguntó: «¿**Cómo iba vestido su amigo?**».

«Edwin llevaba una camiseta de manga corta de color negro, un pantalón corto de deporte negro y una mochila pequeña de tela que se puede llevar de un solo lado, sin otros bolsillos».

Los agentes continuaron preguntando: «**¿Dónde fuiste el 1 de agosto?**». Lógicamente, ellos ya sabían dónde había estado Daniel; recordemos que habían tenido acceso a las cámaras del Big C, donde se le veía comprando y registrándose en el Bougain Villa.

«Almorcé en el hotel Panviman, alrededor del mediodía. Tras esto, fui en motocicleta a varios lugares para hacer turismo, visité el Ámsterdam Bar, el Diamond Muay Thai, la tienda Soho, el mercado Pantip Secret Beach y fui a ver una pelea de muay thai en el Chinnarat Muay Thai. Regresé al Panviman hotel a eso de la una de la mañana para descansar».

«¿**Conoce usted a algún familiar del Sr. Edwin o puede contactar con alguna persona que los conozca?**», preguntaron los investigadores.

«Conozco a la hermana de Edwin, Darling. Puedo llamarla».

Preguntan los agentes: «**El Sr. Edwin, ¿en qué hotel se iba a alojar en Koh Phangan? ¿Sabe si realizó el *check-in*?**».

«Edwin tenía que hospedarse en el mismo hotel y la misma habitación que yo, en el Panviman, pero no llegó a registrarse».

Los agentes, al observar que Daniel tiene unas heridas en los dedos de la mano, le preguntan: «**¿Cómo se hizo las heridas que presenta?**».

«**Me las hice caminando por la playa de Salad, al caer sobre las rocas me hice una herida en el dedo anular de la mano derecha**».[20]

Esta fue la denuncia que Daniel Sancho presentó en comisaría aquel 4 de agosto de 2023, cercana ya la una de la madrugada.

Lógicamente, la policía sabía que mentía en todo. En el recorrido que dice hacer con Edwin, en la fecha de registro del Bougain Villa, en lo que dice que hizo el día 1 donde no menciona las compras del Big C... Miente hasta en cómo se ha herido el dedo, pero miente y miente mal. A la chica del Panviman le comenta que la herida se la hizo mientras cortaba un coco y a la policía le dice que fue al caer sobre las rocas. Todo en su relato era un despropósito, fácil de rebatir y de dejar en evidencia, pero la policía aún no quería sacar sus cartas: pensaban que, muy posiblemente, fue en ese segundo hotel, el Bougain Villa, donde se produjo el crimen y el posterior descuartizamiento, así que, amablemente, pidieron a Daniel si podía acompañarlos a ese alojamiento y este accedió. En un principio, nada le hace sospechar que los ojos de los investigadores estén posados en él. Desconoce que han aparecido restos humanos en el vertedero y, por lo tanto, es incapaz de hilar que la policía lo tiene como principal sospechoso.

He de decir que, aun sin pruebas o evidencias, los investigadores de todo el mundo suelen situar como principal sospechoso a la última persona que vio con vida al desaparecido, por lo que en el caso de que no hubieran tenido nada contra Sancho, muy probablemente su exposición, al ir a interponer la denuncia, habría sido el detonante para ser investigado. Pero no fue el caso; ya tenían toda una investigación que respaldaba esta más que fundada sospecha.

Daniel y los agentes acuden a Bougain Villa. Cuando abre la puerta, los investigadores dicen que de su interior sale un fuerte olor a cadáver mezclado con productos de limpieza, por lo que piden permiso para entrar en la habitación, permiso que obtienen. También piden si puede entregarles el teléfono móvil para su posterior análisis.

Registro de consentimiento para la extracción de datos en teléfonos móviles y datos electrónicos según el artículo 80 de la Ley de Protección de Datos Personales de 2019

Ubicación: Habitación Número 5. BOUIGAN VILLA
Municipio: 8, Subdistrito Khao Phangan, Distrito Khao Phangan, Provincia Surat Thani
Fecha: 4 de agosto de 2023

Este documento se ha elaborado para mostrar que yo, el Sr. Daniel Jerónimo Sancho Bronchalo, con número de pasaporte P AK ●●●●●., de 29 años de edad, nacionalidad soy el propietario/poseedor/usuario de un teléfono móvil.

1. Teléfono móvil marca...IPHONE.. modelo. IPHONE 14Pro. color negro contraseña. 19XXXX
   IMEI................................Número......................Sistema..................
   IMEI................................Número......................Sistema..................

Se permite a las autoridades realizar investigaciones y recopilar información en teléfonos móviles, datos electrónicos como números de teléfono, listas de contactos, información de uso, mensajes, fotos, datos de aplicaciones de Line, datos de aplicaciones de Facebook, transacciones financieras electrónicas, correos electrónicos, redes sociales y otros.

Antes de proporcionar información, el funcionario encargado de la investigación me ha informado que la información que se utilizará será como testimonio y evidencia en el proceso de investigación, y yo doy mi consentimiento sin haber sido coaccionado, amenazado, engañado o inducido a sentir temor de que pueda haber un peligro para mi vida, integridad física, bienes, reputación o la de mis familiares de ninguna manera.

El oficial de policía leyó el registro en inglés y la persona que consintió pudo comunicarse en inglés adecuadamente, confirmando que era correcto, por lo que firmó como prueba.

Leelo y acepta si es correcto

(firma) .... El consentidor

(firma) .... Testigo

(....)

(firma) .... Registrar/ Leer

(....)

(Posición) ....

21

Una vez dentro de la estancia, los agentes son claros y le preguntan si ha pasado algo en ese lugar, a lo que Daniel contesta que no, que allí no ha pasado absolutamente nada.

Uno de los investigadores se acerca al baño, el cual está muy limpio, pero como suele suceder en estos casos, los asesinos olvidan que el agua usada para limpiar la sangre va al desagüe. El policía levanta el sumidero del baño y allí halla una prueba inequívoca de que en ese sitio alguien estuvo sangrando de forma profusa, pues estaba lleno de sangre y lo que parecían ser restos orgánicos, piel y pequeños huesos.

No sé qué cara pudo poner Daniel cuando observó lo que escondía la rejilla del suelo del baño, pero entiendo que debió de sentir cómo todo se hacía más y más pequeño, cómo los ojos y las miradas de los agentes se clavaban directamente en él y, por supuesto, todo su mundo se tuvo que derrumbar cuando los oficiales enumeraron una a una las pruebas que habían ido recopilando durante ese día contra su persona. Imagino que le hablaron del Big C, de su imagen en la motocicleta, de que sabían que no estuvo en los locales en los que decía haber estado, de que habían aparecido partes de un cuerpo con las bolsas que él había comprado y tirado en un vertedero, que poseían la hoja de reserva y el testimonio de la dueña del Bougain Villa y que dicha reserva no fue realizada el día 3, sino el día 1. Muchos se han preguntado cómo fue posible que el joven declarase tan pronto, que no negase el homicidio. Comentaron torturas, agresiones e incluso amenazas por parte de los miembros de la policía pero ¿realmente creéis que hizo falta? Sancho se derrumbó él solito: cayó en la trampa, mordió el anzuelo; fue dejando migas de pan que lo apuntaban directamente y, no contento con eso, se metió en la boca del lobo.

Pensó que tenía un plan que carecía de fisuras. Tal era su seguridad que no dudó en personarse en la comisaría y contar una serie de mentiras a la cara de quienes ya sabían o intuían lo que podía haber pasado. Sinceramente, creo que debió de sentirse un estúpido. O quién sabe, quizás mientras todos esos policías le rodeaban, él se dedicó a repasar su magnífico plan mentalmente para encontrar ese desliz que le había condenado.

Erró desde que decidió tirar restos de su víctima al basurero, falló desde el momento en que se registró en el Panviman, se equivocó cuando recogió a Edwin en el muelle y nunca debió personarse en comisaría como le sugirió Darling... Pero sobre todo falló desde el momento en que pensó y elaboró, quizás, uno de los planes más chapuceros para terminar con la vida de una persona.

CAPÍTULO 8
MEA CULPA

Una vez Daniel se derrumbó, realizó una confesión espontánea en el propio Bougain Villa. Allí declaró ser el culpable del asesinato de Edwin Arrieta, de su desmembramiento y de intentar hacer desaparecer su cuerpo.

A partir de ese momento, los agentes solicitan una orden de detención y envían a Daniel al hospital de Koh Phangan para que le realicen una serie de fotografías a las lesiones que presenta. Los investigadores entonces proceden a la recogida de pruebas que adjuntarán más tarde al informe.

Posteriormente, conducen a Sancho a la comisaría y es allí donde prestó la primera de sus declaraciones oficiales, la cual, aunque muchos han intentado negar lo evidente, se hizo asistida por una abogada y un intérprete que, como él pidió, le traducía del inglés al tailandés.

En este capítulo vamos a transcribir las declaraciones, las ampliatorias y la reconstrucción que el propio Daniel realizó durante los días 5 y 6 de agosto, donde admitió el crimen y la premeditación, y acompañó a los agentes a señalar todos los lugares en los que sucedieron los hechos, desde el bungalow del crimen hasta los cubos de basura donde se deshizo del cuerpo o, mejor dicho, de las partes del cuerpo.

Pero, como en todo en esta vida, existe un comienzo, y el principio de lo que vamos a narrar a continuación es la orden de detención de Daniel, emitida con fecha del 5 de agosto de 2023.

○ (DUPLICADO)
Orden de arresto

Se mostró la orden de arresto al acusado y se corroboró que es la misma persona mencionada en esta orden de arresto y que dicha orden, no había sido entregada con anterioridad.

Para uso del tribunal

En Agosto /2023

En el nombre de Su Majestad el Rey

Firma _____ Acusado

Tribunal de la provincia de Koh Samui

Fecha 5 mes Agosto Año 2023

Demandado por ▓▓▓ ▓▓▓ Orden de arresto

Teniente coronel ▓▓▓▓▓ ▓▓▓▓▓, subdirector de investigación de la estación de policía de Koh Phangan El solicitante

Referente al jefe de la estación de policía de la isla de Koh Phangan

Con el (Sr. Daniel Jerónimo Sancho Bronchalo).

Se debe investigar si se cometieron los delitos de homicidio intencional con premeditación y de ocultar, esconder, trasladar o destruir un cadáver para encubrir la muerte o la causa de la muerte.

En caso de que haya pruebas razonables de que el (Sr. Daniel Jerónimo Sancho Bronchalo)

☐ 1. Ha cometido o podría haber cometido un delito penal que tiene una pena de prisión de más de tres años

☐ 2. Ha cometido o podría haber cometido un delito y hay razones para creer que...

    ☐ 2.1 Escapar

    ☐ 2.2 Podría interferir con los testimonios de otras personas

    ☐ 2.3 Causar otros peligros

☐ 3. Otros

Por lo tanto, le pido que detenga al Sr. Daniel Jerónimo Sancho Bolchador

Pasaporte Con Número P A K X X X X X - ☐ ☐ - ☐   Raza Española

Nacionalidad Española   Ocupación Cocinero   Domicilio —   Grupo —

Calle —   Pasaje —   Cerca de —

Distrito/Subdistrito —   Ciudad Madrid   País España

Teléfono —   Dejar en Estación de Policía de la Isla Koh Phangan

Día 5   mes agosto   Año 2023   A fin de que

Se actúe de acuerdo a la leyno más haya de la fecha 5 mes Agosto Año 2023

Juez

(Dar la vuelta)

Se debe especificar el nombre, apellido y una descripción de las características físicas de la persona que será arrestada, siempre que se sepa, junto con esta orden

Oficina de la Policía Nacional
Descripción del perfil del delincuente

Completar los espacio en blanco ✓ · En ☐   Pueden marcarse varias casillas ☑
y marca la casilla

Entidad gubernamental / Estación de policía / Departamento Estación de Policía de Bo Phut Comisaría Provincial de Surat Thani

Orden de arresto ___ Agosto 2023 ___ Caso penal ___ 248/2566 ___

Fecha de envío del informe: agosto de 2023

Delito haber matado a otra persona intencionalmente y con premeditación, y enterrando, ocultando, trasladando o destruyendo el cadáver para encubrir la muerte o la causa de la muerte

Fecha, hora y lugar del incidente: dentro del hotel Bougain Villa, detrás de la casa 5, playa Salad, grupo 8, distrito de Koh Phangan, municipio de Koh Phangan, provincia de Surat Thani el 2 de agosto de 2023 por la noche y se encontraron partes de un cuerpo en el vertedero municipal de Koh Phangan, distrito de la isla de Koh Phangan, distrito de Koh Phangan, Provincia de Surat Thani. El 3 de agosto de 2023, a las 9:00 horas

Fecha de caducidad o plazo de prescripción para la imposición de penas 3 de agosto de 2023

Nombre y apellido (en tailandés) Señor Daniel Jerónimo Sancho Ballchalo   Sexo ☑ Hombre ☐ Mujer

Nombre y apellido (en inglés según el pasaporte) _____

Número de cédula de identidad / Tarjeta de identificación de funcionario público / Documento de identidad de extranjero / Pasaporte

Otro nombre Daniel   Otro apellido -
Fecha de nacimiento 11 de junio de 1994   Raza Española   Nacionalidad Española

Biografía
Nombre y apellido del padre Sr. Rodolfo   Lugar _____
Nombre y apellido de la madre Sra. Sinvia   Lugar _____
Nombre y apellido del esposo/esposa _____ Lugar _____
Pariente / amigo cercano _____ Lugar _____
Profesión Cocinero
Lugar de trabajo
Última dirección
Lugar de origen - Municipio de Madrid, España
Lugar habitual
Grupo o pandilla con quien se reune
Lista de personas en el grupo

descripción de forma   Alto 180 cm   Peso 80 Kg   Grupo sanguíneo -

Figura   ☑ Alto   ☐ Tamaño medio ☐ Bajo   ☐ Musculoso ☐ Gordo   ☐ Flaco
          ☐ Otros

Piel   ☑ Blanco   ☐ Blanco y Amarillo ☐ Negro ☐ Rojo   ☐ Arrugado ☐ Detallado
          ☐ Grosero   ☐ Español

Rostro   ☐ Redondo   ☑ Ovalada   ☐ Triangular ☐ Cuadrada ☐ En punta
          ☐ Otros

Yo   ☐ Pelo   ☐ Corta medio ☐ Calvo   ☐ Caballo recto ☑ Ondulado ☐ De punta
          ☐ Habla   ☐ Grueso   ☐ Delgado ☐ Oscuro   ☐ Blanco   ☐ Gris
          ☐ canas intermitentes ☐ Rojo ☑ Rubio
          ☐ Otras Cosas

22

Pasemos a transcribir la primera de las declaraciones. Como dijimos anteriormente, lo primero que se hace es ofrecerle a Sancho un traductor tailandés-inglés, ya que no conoce el idioma tailandés pero afirma poder comunicarse en inglés. Los investigadores ponen a su disposición a la señora Pimaprun, que será la encargada de realizar la mediación.

También se le pregunta si tiene un abogado o necesita ser asistido por uno de oficio. Al ser un delito que puede conllevar la pena de muerte, las leyes tailandesas obligan a que el acusado esté siempre asistido durante su declaración por un abogado. Daniel dice no tener abogado, así que durante esta primera declaración será atendido por una letrada de oficio, la señora N. S. Chutinta. Sancho dice no tener objeción alguna.

Anteriormente a esto, al detenido se le han leído sus derechos que, según la legislación tailandesa, son los siguientes:

1. Tiene derecho a no declarar, ya que cualquier declaración podrá ser utilizada como prueba durante un juicio.
2. Tiene derecho a que un abogado y una persona de su confianza estén presentes durante su declaración, dado que está acusado de un delito que puede conllevar la pena de muerte.
3. Tiene derecho a reunirse y consultar con la persona designada como abogado.
4. Tiene derecho a recibir las visitas que correspondan.
5. Tiene derecho a recibir atención médica rápida cuando esté enfermo.
6. Tiene derecho a una investigación rápida, certera y justa.

Cuando se le pregunta si conoce sus derechos y si ha sido informado de la investigación que está en curso y para la cual va a prestar declaración, el acusado responde:

«Reconozco mis derechos y entiendo las acusaciones, de las cuales he sido informado, por lo tanto, declaro que mi confesión

es voluntaria, sin ningún tipo de coacción, amenaza, engaño, tortura o promesa de ningún tipo para que confiese».[1]

Se le pregunta si, anteriormente a este caso, había sido condenado por algún otro delito, a lo que responde:

«Nunca he tenido problemas legales en Tailandia, pero en España tuve una pelea a los 23 años».[1]

Se le pide que haga un breve resumen de quién es:

«Soy un turista español que llegó a Tailandia el 30 de julio de 2023 a través del aeropuerto de Suvarnabhumi, tengo un pasaporte español con número PAKXXXXXX. Mi permiso de estancia en el país es hasta el 30 de agosto de 2023, mi profesión es trabajar como cocinero en eventos como bodas».[1]

La policía le dice ahora que cuente lo sucedido:

«Hace aproximadamente un año, conocí al Señor Edwin, el fallecido. Edwin vio algunas fotografías mías en Instagram y me mandó algunos mensajes en los que me hablaba sobre montar un restaurante. Nos encontramos en España, donde hablamos sobre este tema. Luego él me dijo que le gustaba y se sentía atraído hacia mí físicamente. Yo no sentía lo mismo, pero a pesar de ello mantuvimos una relación.

Posteriormente, sobre el mes de febrero o marzo de 2023, hablé con Edwin para poner fin a nuestra relación. Yo no quería seguir manteniendo relaciones sexuales con el fallecido. Sin embargo, Edwin no lo aceptó: me amenazó diciendo que si ponía fin a la relación él haría públicos los mensajes y fotografías que nos habíamos compartido y acosaría a mi familia y seres queridos; incluso llegó a amenazarme de muerte si, finalmente, llevaba a cabo la ruptura.

El 29 de julio de 2023 viajé en avión desde España hacia Tailandia, llegando al aeropuerto de Suvarnabhumi el 30 de julio de 2023. Me alojé en un hotel en Bangkok y el 31 de julio, alrededor de las nueve de la mañana, tomé un vuelo de Bangkok Airways hacia el aeropuerto de Koh Samui. Al llegar, tomé un barco en dirección a Koh Phangan, llegando a mi destino, aproximadamente, a la una de la tarde.

Cuando llegué, alquilé una motocicleta en una tienda de alquiler de vehículos cercana al muelle y conduje una de estas motocicletas en dirección al hotel Panviman, donde me alojé en la habitación 6404 (reservada por el Sr. Edwin). Después de registrarme, fui a un gimnasio de muay thai, ya que soy aficionado a este deporte, concretamente al Diamond Muay Thai, que está cerca del Ámsterdam bar.

El 1 de agosto de 2023 busqué online un nuevo alojamiento, ya que el hotel Panviman se encontraba bastante lejos de la ciudad, así que reservé la habitación número 5 del hotel Bougain Villa, en la playa de Haad Salad. Aproximadamente a las 17.00, conduje la motocicleta para ir a comprar algunas cosas al supermercado Big C, sucursal de Koh Phangan, donde compré varios artículos: un cuchillo, guantes, bolsas de plástico y otros utensilios de limpieza. Luego conduje mi motocicleta hasta una tienda de herramientas donde compré otras cosas tales como una sierra, preparándome así para desmembrar a Edwin. Con todo lo adquirido, me dirigí al nuevo alojamiento y guardé todo en la habitación del Bougain Villa, y regresé al Panviman Resort para descansar.

El 2 de agosto de 2023, alrededor de las 15.00 conduje la motocicleta hacia el muelle de Longprayah para recoger a Edwin. Al llegar, se sentó en la parte trasera de la motocicleta y viajamos al hotel Bougain Villa, en la playa de Salad. Una vez llegamos a dicho hotel, llevé a Edwin al dormitorio.

Alrededor de las 16.00, yo estaba sentado en la cama y Edwin se encontraba de pie frente a mí en la entrada del baño. Le comenté sobre la posibilidad de dejar nuestra relación. Él no aceptó y trató de mantener relaciones sexuales conmigo. Me negué. Entonces, me levanté y le di un fuerte puñetazo en la cara, lo que hizo que Edwin cayera y golpease su cabeza contra el lavabo con fuerza. Esto le provocó una herida y comenzó a sangrar, pero no perdió el conocimiento. Entonces, él me agarró y mordió fuertemente mi brazo derecho, después tomó mi brazo izquierdo e intento luchar. Logré atraparlo fuertemente contra el lavabo. Entonces él se desmayó y noté que había mucha sangre fluyendo por el suelo del baño. Esto me sorprendió y me detuve por aproximadamente una hora, hasta que estuve seguro de que Edwin había muerto. Arrastré, entonces, el cuerpo hacia la ducha, abrí el agua para lavar la sangre, tomé el cuchillo y lo usé para cortar la ropa. Luego tomé la sierra y otros utensilios que había comprado y tenía preparados para llevar a cabo el asesinato, desmembramiento y ocultación del crimen, ocultando el cuerpo.

Corté el cuello con la sierra hasta que se rompió. Después de eso, corté el cuerpo en catorce o quince partes, las coloqué en bolsas de basura y papel film con el que iba envolviendo las piezas para ponerlas, posteriormente, en el refrigerador que había preparado con anterioridad. Luego, limpié la zona del baño y otros lugares con agua y un paño pequeño.

Más tarde, alrededor de las 23.00, tomé las partes del cuerpo de Edwin que se encontraban en el frigorífico y las metí en una mochila negra que era propiedad del fallecido. Tras esto, salí de mi habitación para alquilar un kayak rojo a una mujer tailandesa, dejando un depósito de mil dólares, aproximadamente unos 32.000 bahts, y le dije a la dueña de dicho kayak que lo usaría durante tres o cuatro días y le pagaría el alquiler cuando se lo devolviese.

Luego remé mar adentro hasta una zona clara y tranquila, aproximadamente a unos quinientos o seiscientos metros. Allí abrí la bolsa y usé un cuchillo para cortar las bolsas que contenían las partes del cuerpo y vertí el contenido de estas al mar. Luego remé de regreso a la orilla.

El 3 de agosto de 2023, alrededor de la una de la mañana, saqué del refrigerador más partes. Estas eran la cadera y la pierna izquierda así como otras partes que ahora no recuerdo, y las coloqué en bolsas de basura de color verde y otras de color negro, aproximadamente dos o tres bolsas que luego metí en una mochila. Entonces, monté en mi motocicleta y fui a tirarlas a un basurero a la orilla de la carretera, no recuerdo exactamente dónde. Luego continué conduciendo hasta la playa de Haad Rin, en Koh Phangan, para deshacerme de la mochila de Edwin, en la que había metido su pasaporte, teléfonos móviles, billetera y otros objetos que no recuerdo y los tiré al mar frente a dicha playa.

El 3 de agosto, a eso de las tres de la mañana, regresé al hotel Bougain Villa, en la playa de Salad, donde me alojaba. Una vez allí, me dormí.

Aproximadamente a las seis de la mañana, me desperté y saqué de nuevo partes del cuerpo de la nevera envueltas en film y las introduje en la mochila negra que tenía en mi habitación. Me dirigí al kayak, monté y remé quinientos o seiscientos metros. Después abrí la mochila y utilicé el cuchillo para cortar las bolsas de plástico y verter las partes del cuerpo al mar. Tras esto, regresé remando a la orilla y volví a mi habitación.

A las siete de la mañana, después de haber regresado a la habitación, abrí el refrigerador y saqué una parte del cuerpo que no recuerdo ahora qué era. La coloqué en la mochila y volví al barco. Remé de nuevo los quinientos metros, luego abrí la bolsa con un cuchillo de punta larga y corté la envoltura que envolvía los restos para arrojarlos, posteriormente, al mar. Remé de regreso a la orilla y volví a la habitación.

A las ocho de la mañana, cargando la mochila que contenía un cuchillo de punta afilada usado para abrir las bolsas con los restos, monté en la motocicleta y marché rumbo al Anantara Resort, que está cerca del hotel Panviman Resort, para desayunar. Después de desayunar, volví a montar en mi motocicleta para ir al hotel Panviman, olvidando la mochila en el restaurante del Anantara.

A continuación, a las nueve y media de la mañana, entré a recoger algunas de mis pertenencias que estaban aún en la habitación 6404. Al terminar, hice el *check-out* en el hotel Panviman Resort.

Después de coger mis cosas, me dirigí de regreso al hotel Bougain Villa, en la playa Salad, donde permanecí en la habitación de dicho hotel hasta la noche.

A continuación, a las 23.00 del mismo día, tomé las partes restantes del cuerpo de Edwin que aún estaban en el refrigerador, las coloqué en una maleta de la marca Nike de color azul oscuro con asas, caminé hacia el kayak y remé, aproximadamente, quinientos o seiscientos metros, cerca del lugar donde dejé las partes por primera vez. Tras esto remé de camino a la orilla y volví de nuevo a mi habitación.

El 4 de agosto de 2023, aproximadamente a las 00.30 de la mañana, noté que había agentes de la policía siguiéndome. Me sentía confundido, así que decidí ir a la comisaría de Koh Phangan para informar de que el Sr. Edwin había desaparecido con el fin de desviar la atención sobre mi posible autoría en el asesinato y desmembramiento. Luego me sentí culpable por mis acciones, así que decidí decir la verdad a los agentes».[1]

Una vez que le mostraron la orden de arresto en la que figuraba su nombre y los cargos que se le imputaban (asesinato y ocultación del cadáver), le preguntan cómo se declara:

«Declaro que soy la persona que menciona dicha orden de arresto y que es la primera vez que soy detenido en referencia a dicha orden».[1]

Los investigadores preguntan por qué cometió el crimen:

«Sentía la necesidad y estaba angustiado por terminar con la relación, pero Edwin no lo aceptaba. Además, me había amenazado con enviar un vídeo que grabé desnudo con el fin de difamarme si decidía terminar con dicha relación. Edwin dijo que acosaría a mi familia y a las personas que me rodeaban porque él es una persona conocida y con poder en Colombia. Además, el cuñado de Edwin es una persona muy influyente».[1]

Luego de mostrarle una fotografía de Edwin, le preguntan si es la víctima:

«Confirmo que la persona de la imagen es el Sr. Edwin, la persona que maté».[1]

Los agentes le instan a que les acompañe para señalar e identificar los lugares donde se han producido los hechos:

«Deseo y consiento ir a señalar el lugar de los hechos, como parte de mi confesión, porque reconozco que soy culpable y deseo señalar:

1. El punto donde fui a recoger a la víctima en el muelle de Thong Salad.
2. El área dentro del supermercado Big C donde compré los cuchillos y otros utensilios.
3. El lugar de la tienda de herramientas donde compré la sierra.
4. El área del hotel Bougain donde ocurrió el incidente en el que golpeé y causé la muerte de la víctima, el lugar donde arrastré el cuerpo para la ducha, el lugar donde desmembré el cuerpo y el lugar donde metí el cuerpo en bolsas dentro del refrigerador.
5. El lugar donde alquilé un kayak para llevar las partes del cuerpo a desechar.
6. El punto donde deseché las partes del cuerpo en un basurero y el lugar donde me deshice de otros objetos, aunque no estoy seguro de si podré identificar este lugar claramente, así como otros puntos (si los hay)».[1]

La policía le pregunta dónde y cuándo ocurrió el incidente:

«Dentro del hotel Bougain Villa, ubicado en la playa Salad, grupo 8, Tambon Koh Phangan, distrito de Koh Phangan. Provincia de Surat Thani, el día 2 de agosto, alrededor de las 16.30.[1]

Se encontraron partes de un cuerpo en el vertedero municipal de Koh Phangan, Tambon Koh Phangan, distrito de Koh Phangan, provincia de Surat Thani, el 3 de agosto de 2023 alrededor de las diez y media de la mañana».[1]

Esta fue la primera declaración de Daniel, prestada el día 5 tras ser detenido. Como podemos observar, a grandes rasgos narra lo sucedido, pero si nos ponemos a analizarla y cotejarla con lo registrado en las cámaras de seguridad, encontraremos muchísimas cosas que no concuerdan. Por ejemplo, Sancho no va a comprar a la tienda de herramientas donde adquiere la sierra el día 1 tras salir del Big C, como dice en su testifical, sino que lo hace el día 2, mucho antes de ir a por Edwin al muelle, por lo que este punto es falso. También es falso lo que ello conlleva y narra. Según él cuenta, el día 2 sale directamente del Panviman a recoger al cirujano, pero sabemos que ese es el día que va a por la sierra y que, tras esto, vuelve al Bougain Villa a dejar de nuevo todos los artículos recién comprados, y que es desde este hotel donde sale para el muelle, no desde el Panviman.

Tampoco coinciden muchas de las horas con los actos que va realizando. Dice que alquila el kayak alrededor de las 23.00, cuando sabemos que es en torno a las 19.00 y que es, en ese momento, cuando comienza a deshacerse del cuerpo, pero también sabemos que comienza muchas horas antes. Luego habla de un rato en el que, supuestamente, se queda dormido, pero lo cierto es que, volviendo a las grabaciones, a esa hora seguía con su trasiego de idas y venidas.

No se aclara la causa de la aparición de la cabeza y las manos junto con uno de los brazos de Edwin. Los tira envueltos en bolsas sin desgarrarlas, como cuenta que hace cada vez que va al mar a deshacerse de partes del cuerpo.

No comenta las veces que va a la playa a no hacer nada, ni las caminatas o el tiempo que pasa sentado de madrugada mirando al mar.

Cuando vuelve del Panviman el día 3, dice que pasa el resto del día en la habitación del Bougain. Sabemos que esto también es falso; de hecho, pasa casi todo el día en la playa y, por lo que conocimos después, acompañado.

En fin, que si nos ponemos a desglosar toda su testifical, descubrimos que mintió, aunque no sabemos si lo hizo a propósito o simplemente estaba confuso y mezclaba días, horas y sucesos. Es cierto que en otros crímenes, como el de Pioz (perpetrado el 17 de agosto de 2016 en dicha localidad por Patrick Nogueira, de diecinueve años en el momento del crimen, cuando acabó con la vida de sus tíos y sus primos), hemos visto lagunas muy oportunas en el asesino para olvidar hechos concretos que podrían incriminarle más en el asesinato, pero en el caso de Sancho los olvidos o lagunas no parecen ser por este motivo: pueden ser fruto del estrés, el cansancio, los nervios o la tensión. Por mucho que uno pueda cometer un crimen o pueda llegar a ser un psicópata, el hecho de cometer un acto así posiblemente te haga perder la noción de ciertas cosas como, por ejemplo, el tiempo.

Luego de esta primera declaración efectuada el 5 de agosto, el día 6 Daniel pide realizar una ampliatoria.

En ella informa (ver páginas 153 y siguientes):

«Hoy 6 de agosto de 2023 he llevado a los investigadores a señalar el lugar de los hechos en relación con la confesión. Los puntos señalados son los siguientes:

1. El lugar donde estacioné la motocicleta en el muelle de Thong Salad y recogí al fallecido, que iba sentado en la parte trasera de la motocicleta, para dirigirnos al hotel Bougain Villa.
2. El lugar frente a la tienda Limpipong Home Mart donde entré a comprar una sierra, una tabla de madera y un cuchillo, con lo que preparé el desmembramiento del cuerpo.
3. Frente al supermercado Big C, donde entré a comprar un cuchillo con mango de plástico, esponjas para lavar platos, estropajos de acero y otros utensilios para preparar el desmembramiento del cuerpo.
4. Lugar donde me deshice de partes del cuerpo del fallecido.

5. En los basureros, a la orilla de la carretera, cerca de la tienda Cáscara de Playa.
6. Habitación número 5 del hotel Bougain, en la playa de Salad, pueblo n.º 8, subdistrito de Koh Phangan, distrito de Koh Phangan. Allí mostré la zona donde golpeé al difunto, donde este me mordió, donde levanté su cabeza y donde la golpeé hasta su muerte con el borde del lavabo. El lugar donde arrastré el cuerpo tras el fallecimiento, donde separé el cuerpo en diecisiete partes y el refrigerador donde las guardé para ir tirándolas, gradualmente, al mar y a la basura.

En el momento que se realizó la inspección en el hotel donde ocurrió el incidente se encontraron los siguientes objetos:

a) Dos rollos de papel film de plástico.
b) Dos esponjas para lavar platos.
c) Dos estropajos de acero.
Estos tres artículos fueron comprados en el Big C.

Se encontró una mochila apoyada al lado de la cama, en la habitación. Esta es la mochila que llevé para comprar los artículos dentro del centro comercial Big C. También se encontró un collar de oro que pertenecía a la víctima en una pila de ropa dentro de la habitación, el cual fue confiscado por el personal de investigación con mi consentimiento. También se encontró efectivo dentro del armario, veinte billetes de 1.000 bahts lo que suma un total de 20.000 bahts y noventa billetes de 100 dólares por un total de 9.000 dólares. Este dinero es mío y fue confiscado por el personal de investigación con mi consentimiento.

7. El área donde alquilé el kayak para deshacerme del cadáver.
8. El área del restaurante del hotel Anantara donde fui a desayunar y donde olvidé la mochila que usé para llevar las partes

del cadáver cuando las llevaba para tirarlas al mar. En ella había una pequeña venda que usé para cubrirme una herida. El personal de investigación confiscó estos objetos como parte del caso, me los mostraron y confirmé que, efectivamente, son mis pertenencias, tal y como he declarado anteriormente.

9. El área del hotel Panviman, donde la víctima alquiló una habitación para los dos y donde me alojé.[1]

El inspector le enseñó una motocicleta de la marca Honda, modelo Click 160, con número de matrícula provisional 9811.

«Confirmo que es la motocicleta que alquilé en la tienda de motocicletas cerca del muelle y la utilicé para ir a diferentes lugares. Como mencioné anteriormente, después conduje la motocicleta señalada para ir a la comisaría y denunciar la desaparición de Edwin. El investigador retuvo la motocicleta con mi consentimiento como parte del caso».[1]

A partir de aquí, el investigador va a mostrar algunas imágenes y Daniel tendrá que confirmar si se trata de él:

1

«Es una imagen mía, el 31 de julio de 2023, alrededor de la una de la tarde, mientras iba por el muelle de Phraya, subiendo al barco en el muelle del puerto de Amphoe Koh Phangan».[1]

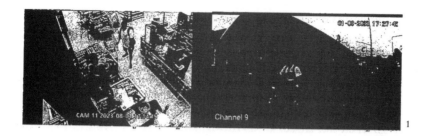

«La primera es una imagen mía mientras compraba en el supermercado Big C de Koh Phangan y la segunda es una imagen mía cuando salía de dicho supermercado montado en la motocicleta el 1 de agosto de 2023, aproximadamente, a las cinco de la tarde».[3]

«Es una imagen mía conduciendo la motocicleta por la carretera de entrada al hotel Bougain Villa llevando al fallecido como pasajero en la parte trasera de la misma hacia la habitación número 5, donde ocurrió el incidente».[3]

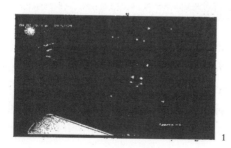

«Es una imagen mía en la que llevo una bolsa que contiene partes del cadáver saliendo del hotel donde ocurrió el incidente, pasando por el restaurante Cristal Day, hacia la playa, luego embarcando en el kayak para llevar dichas partes del cuerpo a desecharlas al mar, el día 2 de agosto de 2023, aproximadamente, a las 23.00».[3]

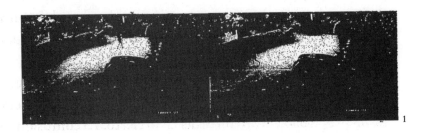

«Son dos imágenes mías. Pasaba por el restaurante Cristal Day en Haad Salad para ir a tirar restos humanos al mar el 3 de agosto de 2023 a las seis de la mañana, aproximadamente».[3]

«Es una imagen mía mientras conducía la motocicleta saliendo del hotel Panviman cuando fui a recoger mi ropa el 3 de agosto de 2023, aproximadamente a las diez de la mañana».

«Deseo añadir que los bienes del difunto que fueron desechados en la playa de Rin son un teléfono móvil, una billetera y dinero en un bolso manchado de sangre, los cuales tiré al mar. En cuanto al dinero encontrado en la habitación, es todo mío: ese dinero proviene de mi abuela en España, lo cambié en Bangkok y doy mi consentimiento para que las autoridades policiales lo retengan para su investigación».[1]

Una vez realizada esta ampliación, parece ser que Daniel no se quedó muy conforme y, finalmente, realizó otra ampliación de la testifical el día 7 de agosto. En ella, donde volvieron a leerle sus derechos, ponerle un intérprete de inglés a tailandés y un abogado, declaró lo siguiente:

«Quiero decir que lo declarado sobre el dinero que se encontró en la caja fuerte dentro de la habitación y que dije era de mi propiedad... Esto no es del todo cierto. La confusión se debe a que cuando declaré ante los investigadores, todavía me sentía muy confundido debido a los acontecimientos ocurridos el día del incidente. Después de conducir la motocicleta para recoger a la víctima y llegar al hotel donde ocurrió el hecho, la víctima dejó su equipaje y dinero que traía en billetes de dólares estadounidenses, aunque no sé cuántos eran ya que los guardó en la caja fuerte. En cuanto al dinero en billetes tailandeses de 1000 bahts, que eran un total de 20 de estos billetes, era el dinero que yo había cambiado y había guardado también en la caja fuerte. Tras ocurrir el asesinato, cogí 1000 dólares y los metí en mi bolsillo. Fueron los que utilicé como depósito para alquilar el kayak con el que me deshice de partes del cuerpo del difunto. Al collar, el día 2, mientras estaba en el lugar del incidente con el difunto, no le presté mucha atención: lo coloqué en una bolsa de tela y lo dejé dentro del hotel. Posteriormente, los oficiales de policía fueron a investigar y confiscaron dicha bolsa de tela que contenía el collar; yo no me opuse. En cuanto a la propiedad del dinero en billetes de dólares y del collar dentro de la bolsa de tela, son del difunto.

La causa por la que declaré haber terminado con la vida del fallecido es porque este no quería terminar su relación conmigo y amenazó con matarme a mí y a mi familia. No tengo ningún interés en los bienes de la víctima, ya que si esta siguiese con vida habría recibido más dinero y bienes que él estaba dispuesto a darme, que son más que los que tenía en el momento de fallecer. Además, después de matar al fallecido, no tengo intención de tomar el dinero y los bienes del mismo para mí».[1]

Según lo que hemos analizado, parece ser que Sancho recapacitó y no vio claro el hecho de apropiarse de los bienes de Edwin. Este gesto, imagino, pensó que podría dar a entender que el motivo del crimen fue económico, que su intención era robar esos diez mil dólares y la cadena de oro.

Sea como fuere, lo que estaba meridianamente claro era que Daniel, en estas primeras declaraciones, aceptaba los cargos y aceptaba el hecho de haber asesinado de forma premeditada a Edwin Arrieta. Si bien es cierto que la palabra «premeditación» nunca es recogida textualmente, decir que compró los materiales para preparar el descuartizamiento o los cuchillos para el crimen deja implícito este detalle.

Lo que parece increíble es que el caso terminase aquí. Muchos pensaréis, ¿cómo que el caso terminó aquí? Pues sí, así sucedió. No quiero decir que terminase para nosotros o que este libro toque a su fin, nada más lejos de la realidad, lo que quiero decir es que, para la justicia tailandesa, esta declaración fue el eje sobre el que pivotó todo. Eso significa que no solo fue la causante de la condena de Sancho, sino que, por otro lado, también fue su tabla de salvación. Si el «chef» no hubiera reconocido haber cometido el crimen ni hubiese ayudado en los primeros momentos, lo que hoy ha resultado en una cadena perpetua habría terminado con el español en el corredor de la muerte. Así que sí, el caso terminó con esta declaración, al menos para la justicia.

Fotografía que indica el lugar de los hechos junto con la confesión.   Página 1

Caso penal número 248/2566   Fecha 6 Mes Agosto Año 2023

caso entre _____ El demandante

Sr. Daniel Gerónimo Sancho Bronchalo (MR.DANIEL JERONIMO SANCHO)   Sospechoso

Acusado, delito De matar a otra persona de forma premeditada y luego ocultando el cuerpo o destruyendo el cadáver para encubrir la causa de la muerte o el motivo de la muerte.

Lugar del incidente Dentro del hotel Bor Kien (bo u g a i n), habitación número 5, Salad Village, pueblo número 4, subdistrito de Kamphaeng, distrito de Pha Ngan, provincia de Surat Thani.

La fecha y hora del incidente fue el 2 de agosto de 2023, durante el día y la noche, de manera continua.

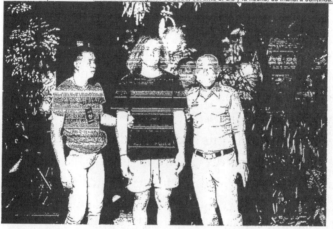

Descripción del hotel Pan Viman Resort, grupo 7, T. Ban Tai, A. Khao Phang, Provincia de Surat Thani. El Sr. Edwin Arrieta ha reservado una habitación el 27 de julio de 2023 a través de Booking, con una estancia de 4 días desde el 31 de julio de 2023 hasta el 3 de agosto de 2023. El Sr. Edwin Arrieta ha pagado directamente el costo del hotel a través de Booking.com y ha enviado un mensaje a la página del hotel indicando que el Sr. Daniel Jeronimo Sancho Bronchalo también se alojará en la habitación reservada.

Yo, el acusado Daniel Jerónimo Sancho Bronchalo, certifico que he llevado al investigador a señalar el resort Panviman de manera correcta y que coincide con la realidad en todos los aspectos.

Lee y acepta que es correcto

Fotografía que indica el lugar de los hechos junto con la confesión.   Página 2

Caso penal número 248/2566   Fecha 6   Mes Agosto   Año 2023

Caso entre _____   El demandante
          Sr. Daniel Sancho bronchalo (MR.DANIEL JERONIMO SANCHO)   Sospechoso

Acusado delito De matar a otra persona de forma premeditada y luego ocultando el cuerpo o destruyendo el cadáver para encubrir la causa de la muerte o el motivo de la muerte.

Lugar del incidente Dentro del hotel Bor Kien (bo u g a i n), habitación número 5, Salad Village, pueblo número 4, subdistrito de Kamphaeng, distrito de Pha Ngan, provincia de Surat Thani

La fecha y hora del incidente fue el 2 de agosto de 2566, durante el día y la noche de manera continua.

Descripción de la imagen del muelle municipal de la aldea de Koh Phangan, en el distrito de Koh Phangan, provincia de Surat Thani, donde el Sr. Daniel Jeronimo Sancho Bronchalo conduce una motocicleta para recoger al Sr. Edwin Arriata Artiga.

Yo, el Sr. Daniel Jerónimo Sancho Bolzador, el acusado, certifico que he llevado al investigador a señalar el lugar donde conduje la motocicleta para recoger al Sr. Daniel Jerónimo Sancho Bolzador en el puerto municipal, lo cual es correcto y coincide con la realidad en todos sus aspectos.

Lee con atención y acepta que es correcto.

Fotografía que indica el lugar de los hechos junto con la confesión.   Página 3

Caso penal número 248/2566   Fecha 6   Mes Agosto   Año 2023

Caso entre _____ El demandante
Sr. Daniel Sancho bronchalo (MR.DANIEL JERONIMO SANCHO)   Sospechoso

Acusado delito De matar a otra persona de forma premeditada y luego ocultando el cuerpo o destruyendo el cadáver para encubrir la causa de la muerte o el motivo de la muerte.

Lugar del incidente Dentro del hotel Bor Kien (bo u g a i n), habitación número 5, Salad Village, pueblo número 4, subdistrito de Kamphaeng, distrito de Pha Ngan, provincia de Surat Thani

La fecha y hora del incidente fue el 2 de agosto de 2566, durante el día y la noche de manera continua.

Imagen de la sucursal de Big C Koh Phangan, aldea número 1, distrito de Koh Phangan, provincia de Koh Phangan, Surat Thani, donde se encuentra el Sr. Daniel Geronimo Sancho Bolchador. Fue en motocicleta para comprar cuchillos, guantes de goma, bolsas de basura de plástico, equipos de limpieza y otros elementos para preparar su uso como equipo para desmembrar el cuerpo del Sr. Edwin Arriata.

Yo, el señor Daniel Jeronimo Sancho Bronchalo, el acusado, certifico que he llevado a los investigadores al lugar donde compré bolsas de plástico, utensilios de limpieza y otros artículos en la tienda Big C para prepararlos como herramientas para el descuartizamiento del señor Edwin Arrieta Arteaga, lo cual es completamente cierto en todos sus aspectos.

Lee y escucha, luego acepta que es correcto.

Fotografía que indica el lugar de los hechos junto con la confesión.   Página 4

Caso penal número 248/2566   Fecha 6   Mes Agosto   Año 2023

Caso entre _____   El demandante
Sr. Daniel Sancho bronchalo (MR.DANIEL JERONIMO SANCHO)   Sospechoso

Acusado delito De matar a otra persona de forma premeditada y luego ocultando el cuerpo o destruyendo el cadáver para encubrir la causa de la muerte o el motivo de la muerte.

Lugar del incidente Dentro del hotel Bor Kien (b o u g a i n), habitación número 5, Salad Village, pueblo número 4, subdistrito de Kamphaeng, distrito de Pha Ngan, provincia de Surat Thani

La fecha y hora del incidente fue el 2 de agosto de 2566, durante el día y la noche de manera continua.

Descripción de la imagen: La tienda Lim Pipong Home Mart, ubicada en el barrio 1 de la localidad de Koh Phangan, en el distrito de Koh Phangan, provincia de Surat Thani, donde el señor Daniel Gerónimo Sancho Bronchalo condujo una motocicleta para comprar una sierra y otros equipos para prepararse el asesinato y desmembramiento del señor Edwin Arrieta Arteaga.

Yo el Sr. Daniel Jerónimo Sancho Bolzador, el acusado, solicito certificar que he llevado a los investigadores al lugar donde Compré el cuchillo y otros utensilios en la tienda Limpipong Home Mart, con el fin de utilizarlos como herramientas para asesinar y desmembrar al Sr. Eswin Arieta Artiga, lo cual coincide con la realidad en todos sus aspectos.

Lea y acepta que es correcto

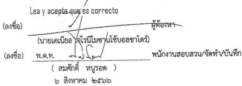

Fotografía que indica el lugar de los hechos junto con la confesión.   Página 5

Caso penal número 248/2566   Fecha 6 Mes Agosto Año 2023

Caso entre _____ El demandante
Sr. Daniel Sancho bronchalo (MR.DANIEL JERONIMO SANCHO) Sospechoso

Acusado delito De matar a otra persona de forma premeditada y luego ocultando el cuerpo o destruyendo el cadáver para encubrir la causa de la muerte o el motivo de la muerte.

Lugar del incidente Dentro del hotel Bor Kien (bougain), habitación número 5, Salad Village, pueblo número 4, subdistrito de Kamphaeng, distrito de Pha Ngan, provincia de Surat Thani

La fecha y hora del incidente fue el 2 de agosto de 2566, durante el día y la noche de manera continua.

Descripción de la imagen del hotel Bogean, habitación número 5, grupo 8, T. Koh Phangan, A. Koh Phangan, provincia de Surat Thani (lugar del incidente) donde el señor Daniel Jerónimo Sancho Bronchalo mató y desmembró al señor Edwin Arrieta Arteaga.

Yo, el Sr. Daniel Jerónimo Sancho Ballador, el acusado, certifico que he llevado a los investigadores al lugar de los hechos, y he mostrado la forma en que se llevó a cabo el asesinato y la desmembración del Sr. Ewin Arrieta Arteaga, de manera que coincide con la realidad en todos sus aspectos.

Lee con atención y acepta que es correcto.

Fotografía que indica el lugar de los hechos junto con la confesión. Página 6

Caso penal número 248/2566   Fecha __6__   Mes __Agosto__   Año __2023__

Caso entre _____ El demandante

Sr. Daniel Sancho bronchalo (MR.DANIEL JERONIMO SANCHO)   Sospechoso

Acusado delito De matar a otra persona de forma premeditada y luego ocultando el cuerpo o destruyendo el cadáver para encubrir la causa de la muerte o el motivo de la muerte.

Lugar del incidente Dentro del hotel Bor Kien (bo u g a i n), habitación número 5, Salad Village, pueblo número 4, subdistrito de Kamphaeng, distrito de Pha Ngan, provincia de Surat Thani.

La fecha y hora del incidente fue el 2 de agosto de 2566, durante el día y la noche de manera continua.

| Imagen 1 | Imagen 2 | Imagen 3 |
| Imagen 4 | Imagen 5 | Imagen 6 |

Descripción de la imagen: ocurrió un incidente dentro de la habitación.
Dentro de la habitación ocurrió un incidente.
Imagen 1: La mochila del señor Daniel Jerónimo Sancho Bronchalo.
Imagen 2: Las palabras de Edwin Arrieta Ateaga.
Imagen 3: La ropa del señor Edwin Arrieta Arteaga.
Imagen 4 y 5: Dinero en efectivo, billetes del gobierno tailandés de 1.000 baht, cantidad 20 billetes. Y billetes de 100 dólares estadounidenses, un total de 90 billetes, que se guardan en la caja fuerte.
Imagen 6: 2 esponjas para lavar platos, 2 estropajos de acero y 2 rollos de film para envolver palets.

Realizó la limpieza de la sala después de matar a la víctima.

Yo, el acusado Daniel Jerónimo Sancho Bronchalo, certifico que he llevado a los investigadores al lugar de los hechos, y que esto es correcto y coincide con la realidad en todos los aspectos.

Leé con atención y acepta que es correcto.

23

Fotografía que indica el lugar de los hechos junto con la confesión. Página 7

Caso penal número 248/2566   Fecha __6__ Mes __Agosto__ Año __2023__

Caso entre _____ El demandante
Sr. Daniel Sancho bronchalo (MR.DANIEL JERONIMO SANCHO)   Sospechoso

Acusado delito De matar a otra persona de forma premeditada y luego ocultando el cuerpo o destruyendo el cadáver para encubrir la causa de la muerte o el motivo de la muerte.

Lugar del incidente Dentro del hotel Bor Kien (bo u g a i n), habitación número 5. Salad Village, pueblo número 4, subdistrito de Kamphaeng, distrito de Pha Ngan, provincia de Surat Thani

La fecha y hora del incidente fue el 2 de agosto de 2566, durante el día y la noche de manera continua.

Imagen 1   Imagen 2
Image 3   Imagen 4

Descripción de la imagen: Imagen I: Bungalow en la playa de Coron. Ubicado en el área de Salad Beach donde el Sr. Daniel J. Foto 3 Foto 4 Daniel Sancho alquila un barco para transportar los restos del cuerpo para tirarlos al mar.

Fotos 2, 3 y 4 Sr. Daniel Geronimo Sancho Bronchalo Indica la dirección que tomo con el kayak para arrojar al mar los restos del Sr. Edwin Arrieta.

Yo, Sr. Daniel Gerónimo Sancho Bronchalo El imputado, certifico que ha conducido al investigador al lugar donde alquilé un kayak para llevar los restos del Sr. Edwin Arrieta. e indiqué donde tire dichos restos al mar mostrando la dirección correcta.

Lee con atención y acepta que es correcto.

Fotografía que indica el lugar de los hechos junto con la confesión.   Página 8

Caso penal número 248/2566   Fecha __6__ Mes __Agosto__ Año __2023__

Caso entre _____ El demandante
Sr. Daniel Sancho bronchalo (MR.DANIEL JERONIMO SANCHO)   Sospechoso

Acusado delito De matar a otra persona de forma premeditada y luego ocultando el cuerpo o destruyendo el cadáver para encubrir la causa de la muerte o el motivo de la muerte.

Lugar del incidente Dentro del hotel Bor Kien (bo u g a i n), habitación número 5, Salad Village, pueblo número 4, subdistrito de Kamphaeng, distrito de Pha Ngan, provincia de Surat Thani.

La fecha y hora del incidente fue el 2 de agosto de 2566, durante el día y la noche de manera continua.

Descripción de la imagen. En la playa de Ban Hin Kong, del grupo 4, en la isla Koh Phangan, provincia de Surat Thani, el señor Daniel Jeronimo Chanchos Bolzador llevó partes del cuerpo del señor Esvia Arieta Ahijka y las arrojó en un contenador de basura.

Yo, el señor Daniel Jerónimo Sancho Bronchalo, acusado, certifico que he llevado al investigador a señalar el lugar donde me deshice del cuerpo del señor Edwin Arrieta en un contenedor de basura, lo cual es correcto y coincide con la realidad en todos sus aspectos.

Lee con atención y acepta que es correcto

Fotografía que indica el lugar de los hechos junto con la confesión. Pagina 9

Caso penal número 248/2566   Fecha __6__ Mes __Agosto__ Año __2023__

Caso entre _____ El demandante
Sr. Daniel Sancho bronchalo (MR.DANIEL JERONIMO SANCHO) Sospechoso
Acusado delito De matar a otra persona de forma premeditada y luego ocultando el cuerpo o destruyendo el cadáver para encubrir la causa de la muerte o el motivo de la muerte.
Lugar del incidente Dentro del hotel Bor Kien (bo u g a i n), habitación número 5, Salad Village, pueblo número 4, subdistrito de Kamphaeng, distrito de Pha Ngan, provincia de Surat Thani
La fecha y hora del incidente fue el 2 de agosto de 2566, durante el día y la noche de manera continua.

Descripción de la imagen la aldea de Phahadrin No. 5, subdistrito de Ban To, provincia de Koh Phangan, provincia de Surat Thani Nai. Daniel Geronimo Sancho uso un bolso para meter el pasaporte, la billetera y el teléfono móvil del señor Edwin Arrieta Arteaga y tirarlos.
Yo, el Sr. Daniel Jerónimo Sancho Bronchalo, el acusado, certifico que he llevado a los investigadores al lugar donde me deshice del pasaporte, la billetera y el teléfono móvil del Sr. Edwin, de manera que coincide con la realidad en todos los aspectos.

Lee con atención y acepta que es correcto

Tras tomar declaración a Daniel, la policía se acercó al restaurante Anantara y recogió la mochila de la marca CAT que Sancho había olvidado. En ella encontraron un cuchillo de punta afilada y unas vendas que, al parecer, Daniel usó para cubrir las heridas que se había hecho en los dedos (ver página siguiente).

Foto 1. Mochila de la marca CAT de color negro
2. Cuchillo de punta afilada con mango de metal, marca PENGUINSTAINLESS STEEL.
3. Tela de gasa blanca, cantidad 1 hoja (similar a la tela de lienzo)

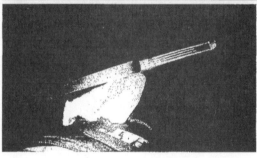

(Firma) .... Firma del empleado del resort Anantara/testigo en la inspección

Firmado por el Pol.Col. .... El investigador (.................)
Firma del oficial de policía .... Confisca (.................)
Firma del oficial de policía .... Confisca (.................)
Firmado por S.T.T. .... Confiscación/Registro (.................)

CAPÍTULO 9
EL TIEMPO TE DA VERSIONES

Una vez transcurridos varios días adaptándose a la vida penitenciaria, suele ser habitual en los reos rumiar sus primeras declaraciones, recapacitar sobre lo dicho e ir adaptando y urdiendo una nueva declaración que, bajo su punto de vista, pueda favorecer a su causa.

Es más común de lo que pensamos ver cómo los presos comienzan a dar multitud de versiones sobre sus crímenes. En nuestra literatura criminal tenemos buena cuenta de ello:

- Miguel Ricart, condenado por el asesinato de las niñas de Alcàsser, llegó a dar seis versiones diferentes.
- Miguel Carcaño, condenado por el asesinato de Marta del Castillo, lleva siete y aún sigue en prisión, por lo que no podemos descartar que ese número aumente.
- Rosa Peral, condenada por matar a su pareja junto con Albert Pérez (en el que se llamó «crimen de la guardia urbana»), dio tres versiones diferentes.

Como podéis observar, cambiar las testificales no es algo extraño. Y es que, conforme el tiempo va pasando, la mente del presunto asesino no para de dar vueltas sobre cómo adecuar el relato a sus propios intereses. Sin embargo, aunque esta práctica tenga cierto sentido, desde fuera dista de hacerte parecer menos inocente.

Como no podía ser menos, Daniel Sancho hizo lo propio: tras haber reconocido la autoría de no solo del crimen, sino de su premeditación, el 16 de agosto pidió volver a declarar. En esta ocasión, Sancho ya estaba asistido por un abogado elegido por su familia y con el tiempo jugando a su favor. Ofreció la que sería su tercera declaración, a la cual quiso agarrarse intentando que el fiscal, en un primer momento, y el juez más tarde, la tomasen por buena y descartaran las anteriores. Craso error habrían cometido si esto llega a suceder, pues, como vimos en el capítulo anterior, si no llega a ser por esas primeras declaraciones Daniel hubiese sido sentenciado a muerte.

Pero procedamos a transcribir esta declaración tal como hicimos con las anteriores. Luego analizaremos las diferencias y las explicaciones que intenta ofrecer.

Como sucede con las otras, en esta ocasión también se le leen sus derechos, se le pregunta si habla o entiende tailandés, a lo que responde lo mismo, que ni habla ni lo entiende y que necesita un intérprete de inglés a tailandés. En esta ocasión, a la respuesta de si necesita un abogado, rehúsa, ya que viene acompañado de uno, el señor Khun Anan. Más adelante conoceremos cómo terminó la relación de dicho letrado con el acusado y su familia.

Una vez que los investigadores le pidieron que revisara sus declaraciones de los días 6 y 7 de agosto, estos le preguntan si las confirma:

«El investigador me pidió que leyera la declaración original; yo confirmo la declaración original en la medida en que no contradiga o se oponga a la declaración de esta ocasión y solicito que se considere esta como parte de la declaración adicional como acusado».

Lo primero que le pregunta la autoridad es sobre el dibujo que realizó el día 6 de agosto de 2023 en el que anotó las partes en las que cortó el cuerpo de Edwin Arrieta. Le preguntan si esto es correcto:

«Dibujé y anoté el número indicando la posición en la que desmembré el cuerpo en diecisiete partes y lo firmé».

Entonces le preguntan si es correcto que el número de partes en las que desmembró a Arrieta fueron diecisiete:

«No recuerdo cuántas partes, tal vez entre diecisiete y veinte empaquetadas en aproximadamente ocho o nueve bolsas, pero no recuerdo qué órganos estaban en cada bolsa».

La policía se extraña y pregunta el porqué de no recordar en cuántas partes troceó el cadáver:

«En ese momento no podía controlar mis emociones, estaba lleno de miedo y confusión; no podía manejar mis pensamientos».

Los investigadores insisten en preguntar cuántas bolsas, cuántas partes del cuerpo y cuántas veces arrojó restos en la playa de Salad:

«Llevé en un kayak partes del cuerpo y las arrojé al mar aproximadamente cuatro o cinco veces, en total seis o siete bolsas, pero no recuerdo cuántas partes eran y no sé qué órganos iban en ellas».

A raíz de la pregunta sobre cuántas desechó en el mar, tocaba preguntar cuántas bolsas, partes y qué partes fueron arrojadas al basurero:

«Hice un viaje con bolsas de plástico, un total de dos o tres que tiré en un bote de basura, a la orilla de la carretera, en dos puntos diferentes donde se llevó a cabo la investigación. El personal me llevó a señalar el lugar donde ocurrió el incidente relacionado con la recepción de evidencias el día 6 de agosto de 2023, pero no sé a qué partes del cuerpo pertenecían».

La pregunta siguiente obtuvo una respuesta seca y que dejaba claro que la actitud de Daniel ya no era tan colaborativa como al comienzo de la investigación. Los agentes le preguntan sobre los restos aparecidos en el vertedero y en la playa de Haad Salad. La pregunta concreta es si puede confirmar que los restos encontrados pertenecen a Edwin Arrieta. Sancho es tajante y responde:

«Si ya lo saben, ¿por qué me lo preguntan?».

A pesar de lo seca y contundente que parece su actitud en esta respuesta, no podemos pasar por alto el cierto desinterés que trasluce en la siguiente, cuando la policía pregunta si la ropa encontrada pertenecía a la víctima:

«Imagino que serán las prendas que puse en una bolsa de plástico con las partes del cuerpo y luego arrojé a un bote de basura al costado de la carretera como dije. Ya se había mostrado esta evidencia».

«¿Es usted zurdo o diestro?».

«Soy diestro».

Esta respuesta hacía evidente cuál sería la siguiente pregunta: los inspectores querían saber con qué mano golpeó Sancho a Edwin y cuántas veces:

«Utilicé mi mano izquierda para golpear fuerte a Edwin en la cara dos o tres veces como se mostró en las fotografías en las que reproduje el movimiento del puñetazo mientras estaba en la recreación con un miembro del personal el día 6 de agosto».

Los agentes quieren conocer si los cuchillos fueron empleados para el crimen:

«No utilicé el cuchillo mientras Edwin aún estaba vivo, pero mientras estaba desmembrando el cuerpo el cuchillo no estaba suficientemente afilado. Esto me enojó y lo clavé en la zona de la cara».

Como era lógico tras el análisis de la camiseta que ya os puse en capítulos anteriores, la policía pregunta por los desgarros y cuchilladas que esta presentaba:

«Las marcas son cortes de un cuchillo que hice para rasgar la tela, pero como el cuchillo no estaba afilado utilicé unas tijeras que tenía a mano para cortarla».

«¿Dónde compró el cuchillo que usó en el desmembramiento?».

«Era de la propia residencia (Bougain Villa) que tras el incidente mencionado, aún seguía en el resort».

«¿Cómo era el cuchillo que empleaste para cortar el cadáver?».

«Es un cuchillo tipo Santoku que los chefs suelen usar para cortar carne, similar a la imagen de abajo el cual, después de cometer el acto, dejé en el fregadero. El día que se llevó a cabo la inspección, el cuchillo mencionado aún estaba en el fregadero».[12]

Tras mostrarle el cuchillo que se encontraba dentro de la mochila que Daniel había olvidado en el Anantara, le preguntan a quién pertenecía dicho cuchillo y para qué lo usó:

«Ese cuchillo era del Bougain Villa. Lo utilicé para abrir las bolsas donde llevaba las partes del cuerpo que deseché en el mar».[1]

«El 2 de agosto, alrededor de las 12.30, usted fue a comprar a la tienda Limpipong Home Mart, como se muestra en la imagen 1 y, según el recibo de la factura que se muestra en la imagen 2, ¿qué compró?»:
«En la imagen se muestra cuando fui a dicho establecimiento donde compré tres artículos: una sierra, un cuchillo con un pequeño orificio y una tabla de madera como se muestra en la siguiente fotografía».[12]

La policía pregunta entonces qué hizo con el equipo comprado:
«Compré estos artículos para grabar un vídeo para el canal de YouTube del que soy propietario, llamado Puro Disfrute. Es un canal que he comenzado hace poco».[1]

«El 1 de agosto de 2023, aproximadamente a las 17.00 horas, usted fue a comprar al centro comercial Big C, como se muestra en las fotografías a continuación. ¿Qué compró?»:[12]

«Esa imagen muestra el momento en el que fui a comprar al supermercado Big C, donde compré un total de veintidós artículos, como aparecen en el recibo».

Ahora los investigadores le piden que detalle para qué compró dichos artículos:

«Las bolsas de basura negras BHP de tamaño 18x20 las compré para tirar basura.

Las bolsas de basura negras BHP de 26x14 las compré para tirar las escamas del pescado al cocinar.

El cuchillo de 8 pulgadas marca Kiwi lo adquirí para preparar alimentos y picar chiles.

Las bolsas Poly para desescamar y limpiar el pescado.

Los guantes M PC para usarlos durante la preparación de alimentos.

La bolsa de tela Besico la compré para transportar la compra que adquirí en el Big C.

Los rollos de film transparentes de 30cm x 60m para usarlos como base al cocinar.

Los estropajos de acero inoxidable BHP para limpiar escamas del pescado.

Las esponjas de microfibra de la marca M las compré para la limpieza.

Las bosas de basura ecológicas para tirar basura».

Los agentes insisten y le preguntan si todos esos artículos fueron o no utilizados durante el desmembramiento:

«Tras cometer el hecho, utilicé esos objetos para desmembrar el cuerpo, pero no era el propósito para el cual los compré desde un principio».

Los agentes quieren saber si el cuchillo y la tabla de madera comprados en la ferretería fueron usados durante el asesinato y el descuartizamiento:

«Después de llevar a cabo el asesinato, utilicé la sierra para desmembrar el cuerpo y el cuchillo que compré para desgarrar la ropa de la víctima. En cuanto a la tabla de madera, no la usé para nada».

«Nos gustaría conocer los detalles del descuartizamiento».

«Empecé usando la sierra para cortar la muñeca izquierda del difunto. Luego puse la mano cortada en una bolsa de basura, los brazos y el cuello después, las partes que eran carne las corté con el cuchillo y las que eran hueso duro las corté con la sierra».

«Nos gustaría saber cómo se hizo las heridas de su cuerpo que aparecen en las siguientes fotografías»:[12]

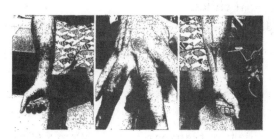

Imagen 1   Imagen 2   Imagen 3

«La imagen 2 muestra una herida que se realizó con un cuchillo, mientras procedía al desmembramiento. La imagen 1 y 3 fueron el resultado de la lucha, ya que antes de morir la víctima mordió mis brazos con sus dientes».

«¿Dónde y cómo arrojó el teléfono y los documentos de la víctima?».

«El teléfono estaba en la bolsa de la marca Louis Vuitton, propiedad del difunto. La tiré al mar, frente a la playa. En cuanto al pasaporte y otros documentos, los guardé en una bolsa de plástico junto con partes del cuerpo, pero no recuerdo si los tiré al mar o a la basura».

«¿Hay alguien más implicado en este crimen?».

«No, yo soy el único implicado en este caso».

«¿Deseas hacer alguna otra declaración o proporcionar algún tipo de información adicional?».

«No hay nada más. Quiero confirmar las declaraciones anteriores de los días 6 y 7 de agosto de 2023 en la medida en que no contradigan o se opongan a la declaración realizada en esta ocasión. Si hay alguna contradicción, yo confirmo la declaración realizada en esta ocasión».[12]

Como se ha demostrado, al llegar a este punto, Daniel ya no admite premeditación, pues aduce que nada de lo que compró el día previo al crimen y el mismo día tuviesen como fin la realización del mismo. Entra en escena por primera vez su canal de YouTube, un canal que contaba con poco más de trescientos suscriptores en el momento del asesinato, por lo que no estaba monetizado ni le proporcionaba ningún tipo de rédito económico. En el mismo, Daniel solo había compartido seis vídeos a lo largo del año 2022, uno cada mes, subiendo el último de estos en noviembre y abandonando el canal después para no volver a subir más material desde entonces. Aun así, quiere hacer creer que nueve meses después se traslada a Tailandia, realiza una inversión relativamente elevada de la que no va a sacar ningún beneficio y va a grabar unos vídeos para dicho canal abandonado.

Adicionalmente, ¿cuánto alimento se suponía que iba a preparar para necesitar más de doscientas bolsas de basura? Eso sin mencionar que la comida no se ve por ningún lado. Podría aducirse que pensaba comprarla más tarde, pero recordemos que la reserva del Bougain era solo hasta el día 4. Si pensaba cortar con Edwin el día 2 e ir a la Fiesta de la Luna Llena hasta la madrugada del día 3, ¿en qué momento pensaba cocinar una cantidad de alimentos tal que le era necesario ese despliegue de bolsas?

Además de comprar ciertos artículos que poco o nada se usan en cocina, como por ejemplo, una sierra, habla de pescado, de chiles y de verduras en su declaración, pero no veo ningún alimento en que tuviese que emplear dicha herramienta. Tampoco sé qué alimentos requieren su uso, pero dudo que entre ellos se encuentren los anteriormente mencionados.

Comenta que compra el papel film como base para cocinar, y podría ser cierto, he visto algunos alimentos que necesitan ser envueltos para su preparación, pero, claro, volvemos a lo mismo, ¿por qué compra tres rollos de 30cm x 60 metros, es decir, ciento ochenta metros de papel film? Esa compra no tiene ningún sentido en una cocina común, quizás para un banquete de mil comensales, pero ¿para cuánta gente pensaba cocinar Daniel en la pequeña cocina del Bougain Villa para justificar la compra industrial de dicho material?

Luego habla de que los guantes de látex los emplea durante la preparación de los alimentos. Si bien es cierto que muchos cocineros se ponen guantes para cocinar, luego de examinar los escasos seis vídeos que tiene en su canal de YouTube vemos que Sancho no es uno de ellos. Un hábito es algo que una persona hace por costumbre sin darse cuenta, algo que repite durante su vida profesional o personal, y si Sancho tenía el hábito de cocinar con guantes de látex los hubiese usado en los vídeos; de lo contrario, jamás los habría comprado con tal fin en el Big C.

Sinceramente, creo que donde únicamente no mintió fue acerca de la bolsa marca Besico que dice comprar para transportar la compra. Esto sí es cierto, ya que lo corroboró la dueña del hotel Bougain Villa cuando Daniel llegó; dijo que iba con una mochila a la espalda y una bolsa de tela en una de sus manos.

Esta es la última versión que Daniel da y que mantiene hasta el día del juicio, versión que su propia defensa protegió a capa y espada y que sería el pilar sobre el que erigirían multitud de argumentos para escudar la muerte accidental de Arrieta y la no premeditación. Pero, contra todo pronóstico, cuando llegó el juicio y Sancho se plantó frente al juez, cambió radicalmente esta declaración y contó en la sala un relato que contradecía las bases de todo lo cimentado durante más de ocho meses.

CAPÍTULO 10
TODO EXPLOTÓ

Finalmente, aquel 5 de agosto de 2023 todo explotó: la noticia ya había llegado a España y desde entonces comenzaría un espectáculo digno de hacer del caso Sancho el *true crime* más mediático y polémico de este siglo.

Aparecieron en escena, por un lado, Carmen Balfagón[1] junto a su socio Ramón Chipirrás, ambos del bufete de abogados B&CH (Balfagón y Chipirrás), que anunciaron ser portavoces de Rodolfo Sancho, padre de Daniel, y abogados del mismo. Por otro lado, el afamado abogado de las estrellas, Marcos García Montes,[2] aparecía como letrado con poderes de Daniel Sancho, algo extraño, ya que ningún abogado español podía representar al hasta entonces presunto homicida en tierras tailandesas, pues solo los nacidos allí pueden ejercer la defensa de los acusados. Dedicaremos un capítulo exclusivo en páginas venideras a la defensa y las estrategias que se emplearon en el proceso judicial.

En un extraño giro de los acontecimientos y rompiendo todas las reglas no escritas de la moral y la ética, se comenzó a dar voz en los platós sobre todo a Balfagón y a Montes, ambos unidos en una medida u otra con la parte del asesino. Resultaba raro ver cómo iban soltando argumentos para maquillar un crimen con descuartizamiento. Llegaron a decir que lo de desmembrar era lo de menos, que entendían que podía resultar un poco escandaloso para la opinión pública, pero que a nivel legal era algo casi insignificante. Intentaron hacer creer que cualquiera sería capaz de realizar dicha acción llegado el momento. Hablaban de cómo se sentía Daniel, de si estaba triste, alegre o deprimido; de cómo llevaba este terrible suceso su progenitor, el cual comenzaba a erigirse en una figura de padre coraje con un traje hecho a medida. He visto algunas veces dicha figura en algunas personas que han tenido que luchar por las injusticias perpetradas contra sus hijos, pero estos siempre se encontraban del lado opuesto al de Rodolfo: siempre habían sido los padres de los asesinados los que luchaban y los que recibían los halagos cuando demostraban una fuerza de voluntad inquebrantable para que la muerte de sus vástagos no hubiese sido en balde. Pero ver lo contrario... Ver cómo el mérito se lo llevaba el padre de una persona que había engañado a un hombre para atraerlo a Tailandia para terminar con su relación, matarlo, descuartizarlo y tirar sus restos al mar y la basura me resultaba algo que escapaba de toda lógica.

No tardaron en salir clubs de fans del joven asesino, no solo entre gente anónima que se batía el cobre contra cualquiera que defendiese lo lógico y lo razonable, sino también en televisión. Presentadores y tertulianos parecían librar una lucha encarnizada por ver quién le bailaba el agua mejor a la familia Sancho. Se decían verdaderas barbaridades y se cuestionaba en todo momento la figura de la víctima.

Cuando por un lado se pedía que prevaleciese la presunción de inocencia ante una persona que había confesado un crimen y un descuartizamiento, por el otro se le atribuían multitud de delitos aberrantes al difunto sin siquiera presentar una sola prueba confirmada. Se lamentaban del pobre «Dani», como hemos escuchado a más de una persona llamarlo en televisión, el cual se había cruzado con un «ser» como «el tipo ese»,[3] el tal Arrieta, que poco menos que lo engañó para que lo matase a golpes y lo partiese en trocitos.

Pero ¿cómo empezó todo este revuelo mediático? Mejor dicho, ¿cuándo comenzó?

Daniel terminó con la vida de Edwin el día 2 de agosto de 2023, pero en España la noticia no vio la luz hasta el día 5. Yo recuerdo perfectamente que estaba trabajando en ese momento. Netflix acababa de estrenar hacía unos días la polémica serie sobre la muerte del cámara Mario Biondo, quien fue pareja de Raquel Sánchez Silva. Me hallaba dentro de dicha polémica cuando mi mujer me comentó algo sobre el hijo de Rodolfo Sancho: al parecer había matado y descuartizado a una persona. A Sancho padre lo conocía por ser uno de los protagonistas de una serie de televisión que me gusta: *El ministerio del tiempo*. Pero al hijo no, por lo que lo primero que pensé fue «¿qué edad puede tener ese niño?» A Rodolfo no le echaba más de cuarenta y cinco o cuarenta y seis años. Luego me enteré de que rondaba los cuarenta y nueve, pero lo que más me sorprendió fue que tuviese un hijo de casi treinta. Diré a mi favor que no soy persona muy interesada en la vida privada de los famosos, por lo que tampoco era de extrañar mi desconocimiento al respecto.

Los compases iniciales del escándalo resultaron un poco confusos. Las primeras noticias de prensa que llegaban desde el país asiático hablaban de autoinculpación, de que Sancho había reconocido los hechos.

Poco después comenzaron a llegar imágenes. Veíamos a un hombre alto, rubio, fornido, con una mirada fría y penetrante caminando esposado en bermudas, camiseta, gorra y pelo largo. Iba acompañado por una multitud de policías que lo escoltaban por diferentes lugares de aquella, hasta entonces, desconocida isla.

Personalmente, lo que me parecía más significativo de esos paseos y esas idas y venidas grabadas para la posteridad fue la actitud que parecía tener el reo: se le veía altivo, con la cabeza en alto y la mirada desafiante. Era un hombre seguro de sí mismo que no se mostraba dubitativo ni agachaba la testa para ocultarse. No parecía sentir vergüenza, más bien era todo lo contrario: daba la impresión de que aquel era su momento, de que ahora todos los focos y atención estaban posados sobre él.

Consulté a psicólogos amigos, especialistas en psicopatía y sociopatía y coincidían en algo. Por su actitud, parecía tener rasgos, cuando menos, narcisistas, pero todo esto eran especulaciones; no sabíamos nada de él. Lo que sí conocíamos es que era hijo de un actor y eso, unido a que la noticia salió en verano, la época del año donde menos noticias hay, donde los programas de televisión aprovechan para finalizar temporadas y no sacar nada nuevo, hizo que tomase una magnitud nunca vista, era el filón del momento y, encima, tenía todos los ingredientes para que así fuese.

Estando ya detenido, el propio Daniel dijo en una llamada a uno de esos programas de televisión lo que podría resultar algo inédito. Hablamos de frases como «**me están tratando bien**», «**me han llevado a cenar al mejor restaurante de la isla**», «**lo maté, pero yo era su rehén; me tenía en una cárcel de cristal**» y su frase más mítica y que a mi parecer tomó cariz de premonición: «**No dejéis de hacer ruido: que mi caso suene para que me lleven lo antes posible a España**».[25]

Y así fue.

La televisión enarboló la bandera de los derechos humanos y, bajo esa premisa, todo valía para defender a capa y espada la imagen del asesino, haciendo creer que su defensa a ultranza era porque en el país asiático existía la pena capital, la cual llevaba años sin aplicarse en la práctica a nadie y mucho menos a un extranjero. Es más, suele ser conmutada en casi todas las ocasiones por cadena perpetua.

A los que llevamos años tratando con crímenes, nos producía cierta conmoción y hasta náuseas ver cómo se trataba de desprestigiar la imagen del doctor Edwin Arrieta con la excusa de trazar el perfil o la motivación del crimen. Se hablaba de una posible extorsión y amenazas contra Daniel (al cual tenía sometido a sus antojos sexuales) a cambio de perdonarle la vida y la honra por no desvelar su relación homosexual. La que después fue portavoz de su padre soltaba frases como «**hay que saber por qué la víctima ha llegado a ser víctima; hay que conocer su pasado**»[26] que, en su trasfondo, querían decir poco más que «algo muy malo habrá hecho para que Danielito tuviese que matarlo».

Este tipo de citas en particular me recordaban a la época en la que los jueces preguntaban a las víctimas de violación, abuso sexual o doméstico si la falda que llevaban era muy corta, o cuando se les solía decir algo así como «algo habrás hecho para que tenga que darte un par de bofetadas». La intención, o el veneno, de todo eso que se estaba cociendo a fuego lento y con descaro ante los focos y el brillo que dan las cámaras no era más que intentar culpar al muerto de haber provocado al asesino. Aún hoy me pregunto por qué el asesinado merecía morir y su ejecutor era poco menos que un cervatillo desvalido haciendo justicia.

Claro, todo esto chocaba si mirabas al homicida, pues la apariencia de Sancho distaba de ser la de un desvalido. Hablamos de un hombre atlético, fuerte y fornido; alguien que posiblemente se corone en la cima de la pirámide alimenticia.

Su actitud tampoco era la de alguien sumiso. En las imágenes que nos llegaban desde Tailandia veíamos a un Daniel seguro, frío y algo prepotente. De hecho, más tarde tuvimos conocimiento de que había comenzado algunas peleas donde tuvo que indemnizar a las víctimas.[121] Además, para aderezar todo esto, era aficionado y practicante de muay thai, el boxeo tailandés. En resumidas cuentas, no podemos negar que, aun existiendo víctimas con una apariencia dura y fuerte que resultan ser doblegadas moralmente y humilladas hasta el punto de perder casi su identidad para ser sometidas, seamos sinceros: esta no era la apariencia que ofrecía Daniel Sancho.

Por otro lado teníamos a Edwin, un hombre de cuarenta y cuatro años que apenas medía un metro setenta y pesaba poco más de setenta kilos. Él sí que no era muy agraciado físicamente. Sin embargo, contaba con una profesión destacada y unos ingresos económicos significativos. Según sus amistades, había comenzado a practicar deporte hacía relativamente poco y había perdido casi catorce kilos en un par de meses. Los que lo conocían me contaron que deseaba sentirse atractivo. Venía de una familia humilde que pudo pagarle unos buenos estudios y había conseguido llegar a la posición socioeconómica en la que se encontraba gracias a esfuerzo y tesón. Vamos, que su papel en la vida había estado más entre libros que entre pesas y testosterona. Pues precisamente este era el individuo que, según los medios, había conseguido someter a un tío que le sacaba cabeza y media y medio metro de anchura.

Los defensores sabían que cuando se empezase a compararlos física y socialmente se cuestionarían que el crimen fuese en defensa propia.

Entonces, ¿qué ocurrió? Pues se jugó la baza del narcotraficante mafioso; recordemos que Edwin era colombiano.

Comenzó a deslizarse la idea de que Arrieta tenía fuertes contactos y lazos con narcos superimportantes de Colombia, que provenía de una familia peligrosa, que su cuñado era poco más que la reencarnación de Pablo Emilio Escobar Gaviria.[117] Claro, el pobre Daniel poco o nada podía hacer porque su vida y la de toda su familia estaban en serio peligro, y si realmente Edwin era un gran narco con vinculaciones estrechas con los cárteles más importantes de Colombia lo más inteligente era quitarlo de en medio. Yo me imagino cómo esas mentes pensantes que se tragaron todo ese cuento repetían en su cabeza frases de series sobre la vida del Patrón del Mal como: «Voy a matar a tu mamá, a tu papá a tu abuelita y si tu abuelita está muerta, la desentierro y te la vuelvo a matar».[27] Realmente alguien que supiese mínimamente cómo funcionan estas organizaciones y el poder que tienen sus líderes se habría parado a pensar: ¿Qué habría pasado si el doctor fuese en realidad uno de ellos y al «chef» se le ocurre, como dicen coloquialmente los sicarios, *darle piso*?[28] ¿Creéis que habría quedado algún Sancho para contarlo?

Con el tiempo, no se pudo demostrar nada de esto. Ni cárteles ni mafias. Entonces, ¿qué hacemos ahora para justificar el crimen? Esta pregunta debieron de hacerse aquellos directores y regidores de programas que tenían que seguir alimentando a la bestia. Tras darle algunas vueltas, debieron de pensar que, como era cirujano plástico, seguramente cometió una mala praxis. Fue entonces cuando empezamos a ver a supuestas víctimas con mutilaciones que culpaban directamente al colombiano de haberles arruinado la vida, algo que chocaba con una realidad paralela. Edwin tenía una cuenta de Instagram pública (la de su trabajo como médico) donde daba los buenos días a sus pacientes y seguidores, los aconsejaba, mostraba su trabajo y alguna cosilla más. Contaba con más de veinte mil seguidores y no solo no había comentarios que pusiesen en duda su profesionalidad o rigor, sino que casi todos eran para halagar su buen hacer.

Este que escribe llegó a conocer a cuatro de esos pacientes personalmente. Mantuve largas conversaciones con ellos y ninguno tuvo una mala palabra contra él. Todos me hacían referencia a lo pendiente que había estado de ellos tras sus intervenciones, de cómo los llamaba, los atendía y los cuidaba, y no porque fuesen amigos o familiares, ya que muchos lo conocieron debido a la cirugía.

Siempre he dicho que si durante todo este tiempo alguien hubiese tenido algún problema, agravio o descontento con Edwin, no habría tenido reparo en sacarlo a la luz, pero se ve que las personas que salieron por televisión aquellos días, si no era bajo previo pago, no contaban su historia. Este punto me resultaba sospechoso. Tanto víctimas como supuestos socios dentro del mundo de la sanidad surgieron de forma misteriosa, sin mostrar un solo documento oficial que estuviese contrastado, ni una sola denuncia apostillada que tuviese validez legal; todo valía, documentos hechos a mano, que cualquiera podría haber falsificado, fotografías con personas sin identificar que supuestamente habían pasado por las manos de Arrieta... Pero ¿facturas a nombre de dichas intervenciones? ¿Para qué? Eso no interesaba, valía con la palabra de alguien que salía de espaldas y con la voz distorsionada contando vaya usted a saber qué historia.

Agotada la vía de la mala praxis, los pro-Daniel necesitaban algo nuevo, pero ¿el qué? Deudas, eso se les ocurrió: el muerto era un moroso que debía mucho dinero y, vuelta la mula al trigo, empezaron a sacar documentación de, aparentemente, facturas y denuncias por morosidad interpuestas contra el difunto. En este punto he de decir que yo sí conocí algunas deudas que Edwin contrajo, es cierto, o al menos todo lo cierto que puede ser algo que me contaron. Arrieta, en su día, compró un piso en Montería. Al parecer, cuando se traslada a la ciudad colombiana para abrir su negocio de cirugía plástica consigue algunos convenios y acuerdos con el Estado, el cual le hace llegar pacientes para cirugía reconstructiva, sobre todo heridos por quemaduras. En Colombia funcionan de la misma forma que en España: los trabajos realizados a organismos públicos se cobran con una carencia que suele variar entre tres y seis meses. Al parecer, el doctor no tuvo en cuenta este punto a la hora de adquirir su vivienda y, cuando esto sucede, los pagos de la hipoteca de la misma se le comienzan a acumular, por lo que tras demandar la entidad financiera el adeudo él llega a un acuerdo, entrega las llaves y salda sus deudas. Por lo tanto, ¿existía alguna demanda de alguna posible deuda? Sí, tuvo una reclamación por una vivienda, pero la pregunta es ¿deber dinero es un motivo para que una persona que no tiene nada que ver con el asunto termine con tu vida? Si esto fuese así, posiblemente más de la mitad de la población habríamos sido aniquilados.

Y ¿cómo no? Agotadas todas las vías anteriores, llegó a escena la estrella de todas las historias, supuestas víctimas de acoso y abusos producidos por Edwin Arrieta. A esto habría que haberle dedicado un capítulo íntegro con un título que podría haber sido:

Los que pudieron ser Daniel Sancho

Así nos lo intentaron vender en ciertos canales de televisión. Comenzaron por un tal Luis.[10] Es «un tal» porque nunca dio su nombre real ni pudimos ver su cara. Aparecía de espaldas, sentado en un plató, con la voz distorsionada, con música bucólica y melancólica de fondo, con la presentadora de turno mirándolo a la cara (ella sí le veía la cara) con gesto triste y compasivo. Aquello parecía el guion de una telenovela turca. Pero ¿qué tenía que contarnos ese tal Luis? Según su testimonio, conoció a Edwin cuando este tenía poco más de veinte años, es decir, cuando aún no era médico ni había terminado la carrera. De hecho, se suponía que en ese entonces todavía estaba estudiando en Bogotá.

Luis dijo que Edwin lo acosaba y le presionaba. El relato era calcado al que nos quería vender Daniel. Vamos, por coincidir, coincidía hasta en que durante una pelea Arrieta le agredió dándole un mordisco. Sí, un mordisco: el médico atacaba como un pastor alemán. Luis nos hizo ver esa imagen oscura, tétrica, manipuladora, obsesiva, agresiva y terrorífica de un chico de poco más de veinte años que ocultaba su homosexualidad en un país donde aún es complicado contar según qué cosas y siendo de una familia extremadamente religiosa. Vamos, que para estar en aquel momento evitando que nadie conociese su orientación sexual, la mejor opción para Edwin era ser un psicópata agresor. Puesto a ensuciar, ese tal Luis no intentó solo manchar la imagen de Arrieta: se atrevió incluso a decir que la madre del cirujano lo tapaba, que lo había llamado para que retirase la denuncia, la cual, por otra parte, ningún espectador llegó a ver. En fin, credibilidad cero. Uno se plantea si realmente a los medios les importaba dar información verídica o no, porque, visto lo visto, de todas formas no la iban a mostrar. Pero esto no termina aquí. También contaron que había denuncia pero no sentencia porque se llegó a un acuerdo y no pasó por el juez. No sé si estos programas saben que, cuando existe un acuerdo, para que se pueda considerar algo oficial, tiene que pedirse a un juez un auto de homologación o sentencia homologada de forma verbal (al menos aquí en España; desconozco cómo funciona este punto en Colombia, pero estoy seguro de que tiene que existir algo parecido). ¿Tenían esa sentencia homologada y apostillada en el programa? Permitidme dudarlo, aunque aún están a tiempo de sacarla y darnos con ella en la cara a todos los que la ponemos en duda.

Para rizar el rizo y hacer doble pirueta sin cuerdas ni paracaídas, a un solo día de comenzar el juicio llegó a los platós la que después sería una estrella mediática: Nilson Domínguez.[11] Este hombre hizo su aparición en televisión sin mostrar su identidad. Para disfrazar su voz le pusieron una voz robótica. La cuestión es que este tal Nilson dio un testimonio, de nuevo, calcado al de Sancho y al de Luis: acoso, agresión, miedo, amenazas, familia poderosa... Todo lo que nos habían contado se volvía a explicar de nuevo. La presentadora dijo que había una denuncia y que había sido corroborada. Por uno de esos giros que tiene el destino, esta vez sí pudimos verla y, tras observarla, llegué al convencimiento de que un documento así lo podría haber fabricado mi sobrina más chica en una de sus tardes de manualidades.

La propia defensa del acusado dijo que la corroboración de la denuncia presentada se encontraba en el hecho de que los abogados de Edwin no habían presentado querella alguna por difamación. Válgame el Señor, como diría alguno.

Este que ahora escribe preguntó directamente al abogado de la familia Arrieta, Juango Ospina, si iban a demandar a Nilson incluso antes de que tuviésemos acceso a ver ese trabajo escolar que era la denuncia. Él me comentó que si el difamador hubiese estado en España, sin dudar lo habrían hecho, pero que al tratarse de un ciudadano venezolano que habría supuestamente difamado o calumniado a otro colombiano que además ya había fallecido, tendrían que contratar a un abogado en Venezuela y los trámites legales se antojaban, cuando menos, largos y costosos. Teniendo en cuenta que el bufete Ospina Abogados corría con los gastos jurídicos de los Arrieta, no se plantearon embarcarse en esta vorágine legal con futuro incierto. En resumidas cuentas, que la no denuncia de la familia del doctor contra este individuo de dudosa credibilidad no era ninguna garantía de absolutamente nada.

En la página siguiente tenéis la denuncia. Aparte de faltas ortográficas como «siudadano» en lugar de «ciudadano» o de estar escrita a mano en pleno 2021 (supuesta fecha en la que se data el documento), este documento no recoge ni el nombre del agente que cursa el escrito ni ante el que se interpone la demanda. Otra de las cosas que echo en falta es que por ningún sitio ponga algo parecido a «como pruebas de estas amenazas, el denunciante aporta lo siguiente» como podrían ser mensajes de WhatsApp, mensajes de texto, grabaciones de audios, llamadas y un largo etcétera. Aquí en España no te recogen una denuncia si no aportas algo que le pueda dar credibilidad.

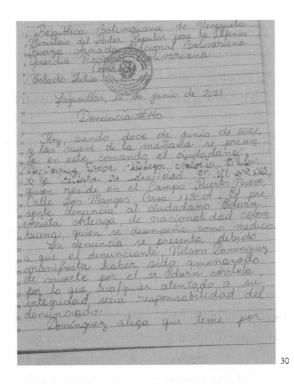

Pero lo mejor en cuanto al tema de estos supuestos agredidos por Edwin estaba por llegar; la tortilla iba a dar la vuelta y los huevos se romperían incluso antes de poder echarlos en la sartén. Al final, por dinero canta la rana, y vaya si Nilson cantó. Ya había terminado el juicio y nos encontrábamos en ese *impasse* que vivimos desde su fin hasta la lectura de la sentencia, y se ve que a este pobre hombre le hacía falta dinero (vaya usted a saber por y para qué), y claro, tenía en su poder cierta información un tanto jugosa de la que podía sacar provecho.

Apareció tal y como había aparecido cuando hablaba de Arrieta, de espaldas, voz distorsionada y haciéndose el penas ante los micrófonos, pero esta vez no cargaba contra el cirujano, sino contra aquellos que en un principio habían, o se suponía, que habían prometido ayudar contra la defensa de Sancho. ¿Qué estaba pasando? O como diría aquella: «¿Pero qué invento es este?». Curiosamente y contra todo pronóstico, este personaje, que carecía de

— 183 —

fotografía o cualquier otra cosa que pudiese vincularlo con el colombiano, supuestamente había ido grabando una serie de audios mantenidos con los abogados de Rodolfo Sancho y contra el propio Rodolfo.

Este venezolano que se decía amigo de todos los pro-Sancho, admirado por presentadoras empáticas con causas justas y «amigo íntimo casi hermano de Rodolfo», se había tornado de la noche a la mañana en el enemigo público número uno. Comenzó a sacar notas de audio en las que, según él, se escucharía al padre de Daniel decir cosas como:

«Nilson ¿cómo estás? Bueno, nada, oye, quería decirte que... si todo este proceso que estoy teniendo que vivir no me arruina, jeje, que voy camino de ello, espero poder hacerte algún tipo de regalito económico cuando vengas a Tailandia. A eso, ¿vale? Y te digo espero porque está siendo la ruina esto. Imagínate tener que viajar a Tailandia, abogados en España, abogados aquí, es demencial, ¿vale? Pero haré todo mi esfuerzo porque de verdad que te lo mereces y ya sabes que creo que eres un magnífico ser humano, así que haré todo mi esfuerzo para ello, ¿vale? Quería comunicártelo y quiero que lo sepas. Un abrazo».[31]

«Sobre todo eso, para ver si, si puedo ayudar yo aportar un poco a que compres esa casa que quieres comprar, ¿vale?».[31]

«Sí, Nilson, no te preocupes, no es una cosa de Venezuela, yo tampoco tengo, tengo normalmente abogado hasta que me ha llegado esta tragedia que, que estoy viviendo. No es que tenga un abogado fijo así, de hecho, les conocí hace dos meses a estos que son fantásticos, Ramón y Carmen, pero no, no, no, no es una cosa tuya, jajajajaja, yo tampoco tengo abogado fijo, por suerte, porque nunca ando, normalmente no tengo líos en mi vida, así que nada, una vez que hables con uno, que hablen entre ellos y ya se vería dependiendo de tus tiempos, cuando tú puedas y todo, cómo se coordinaría lo de la prensa, eso ya te digo que Carmen, que tiene mucho contacto con ellos, te lo puede coordinar y tú puedes hablar con ellos. En fin, lo vamos a hacer todo, todo para que tú te sientas cómodo y tranquilo. Un abrazo fuerte, Nilson».[31]

«Cuando llegue el momento, lo tendremos que hacer, ya veremos cómo, si a través de Carmen, Ramón o algo así, pero no puede parecer nunca que yo te estoy pagando para ser testigo. Eso es peligroso porque tu testimonio podría ser nulo».[31]

Estos son los supuestos audios que Rodolfo había enviado a Nilson; un «testigo» que lloraba en los platós de televisión hablando de lo cruel que era Edwin. El actor y su defensa lo niegan y han dicho que son audios manipulados o completamente inventados.

Si te paras a leer los mensajes, su contexto es algo muy absurdo, ya que parece mentira que a alguien se le ocurra dejar constancia escrita de algo así.

Porque seamos sinceros, ¿no es extraño que hubiese dicho cosas como **«lo que no puede parecer es que te estoy pagando»**, **«te voy a ayudar a que compres esa casa»** o **«espero poder hacerte un regalito económico cuando vengas a Tailandia»**? Mandar supuestamente este tipo de cosas a un desconocido que lo único que le ha mostrado es un papel escrito donde dice, poco más o menos, «tengo miedo de un tal Edwin» es algo que no podemos pasar por alto. Porque él no sabía si era la misma persona: no hay descripción física ni número de identificación o de teléfono. Nada.

¿Quién iba a dudar de una persona que te está pidiendo dinero desde el minuto uno? ¿Quién iba a dudar de una persona que aparece como por arte de magia y ofrece un testimonio que ahora dice no corresponderse con lo que vosotros supuestamente queríais que contase?

Según Nilson, Edwin nunca abusó de él, nunca lo agredió ni le hizo nada de lo que los Sancho decían que había hecho a Daniel. Según este «casi hermano de Rodolfo», lo único reprochable de Arrieta fue el acoso telefónico que ejerció cuando cortaron su relación, acción que Nilson denunció a las autoridades con el objetivo de ponerle fin. Mala suerte que el pobre no tenga a mano los registros de las llamadas para demostrar este punto, ya que podrían haber sido muy útiles si la denuncia llegaba al juzgado y requerían de pruebas concluyentes. Quizás, como decía Chiquito de la Calzada, «una etiqueta de Anís del Mono y hasta luego Lucas», que fue poco más o menos lo que les habría dicho a estos tres cuando se quedaron esperándolo en Tailandia.

¿Qué podemos opinar del dúo Balfagón y Chipirrás, abogados y criminólogos? Siendo ella decana del Colegio de Criminólogos de Madrid, ¿qué consejos le dieron? Y si finalmente lo aconsejaron, ¿cómo supuestamente cayeron ellos mismos en la misma torpeza?

Ramón habría dicho cosas como:

«Nilson, esto es algo grave: primero, porque nos jodes; segundo, porque si lo quieres filtrar en prensa española, hay una transferencia hecha de Carmen y mía. Nilson, Nilson eso es muy grave, por eso esta cara nos pueden joder a ti y después a nosotros. Es lo que hay. Un abrazo».[31]

Balfagón supuestamente también le mandaba audios a Nilson. A fin de cuentas, era «el amigo de todos»:

«Nilson, buenos días o buenas tardes para ti. Por favor, ponte en contacto con nosotros; tenemos que hablar de temas muy serios, Nilson, y no sabemos la forma de localizarte. Si puedes, nos llamas lo antes posible».[31]

Hay algo aquí que no entiendo. Después de hacerle transferencias, comprarle el billete y prepararle toda la documentación, ¿no saben cómo localizarlo? ¿No tenéis una dirección, algún sitio al que acudir? No sé, yo no pasaría casi diez mil euros a esta persona y depositaría en ella tanta confianza como parece ser pusieron. Definitivamente, no me pondría a enviarle audios ni transferencias comprometidas para luego ni siquiera poder localizarla.

Resumiendo el tema, hubo dos testigos que se pasearon por los platós de televisión, fueron presentados como víctimas del cruel y macabro Edwin, pero, al final, con el juez más justo que existe, que es el tiempo, descubrimos cómo esos testigos se iban transformando en seres esperpénticos que se subieron al barco pensando que podrían sacar tajada del sufrimiento ajeno.

No puedo poner un punto final al tema de los testigos porque en el capítulo dedicado a la defensa probablemente tengamos que hacer referencia a ellos de un modo u otro.

Ya habíamos tenido de todo en televisión: narcotráfico, mala praxis, deudas, gente vendiendo sus miserias falsas... Cada día se las ingeniaban para traer algo nuevo y malo de Edwin Arrieta. Cuando llevaron a la hermana de la víctima a un plató de televisión, el abogado de la defensa salió diciendo en uno de esos programas matutinos de variedades algo así como: **«Lo siento mucho por ella, pero tiene que aceptar que su hermano era un violador»**.[32] Estos eran los mismos a los que se les secaba la boca pidiendo que se respetase la presunción de inocencia. ¿Acaso no era válido para el caso de Arrieta? Ellos tenían testimonios que ya sabemos de dónde venían y con eso se valían para calificar a alguien de ser un agresor sexual sin una sentencia judicial o un juicio, para ellos ya lo era. De hecho, con Daniel ya sentenciado y condenado por asesinato en primera instancia con premeditación, aún hoy se sigue diciendo que posee dicha presunción de inocencia.

Doble vara de medir, doble rasero, o simplemente, no tener vergüenza, catalogadlo como deseéis.

CAPÍTULO 11
HISTORIAS DE POLICÍAS

El 15 de agosto vimos cómo bajaba de un helicóptero la que sería la estrella del caso Sancho durante varios meses. Hablamos del subdirector de la policía: un agente mediático, polémico, con pinta de tipo duro y que después de ese despliegue que recordaba a películas de los ochenta se ponía ante los micrófonos para dar la primera rueda de prensa oficial de las autoridades tailandesas.

Se trataba de un tal Big Joke.[33] Puede parecer un nombre extraño, pero en Tailandia es común conocer a los ciudadanos por sus apodos y no tanto por sus verdaderos nombres. Además, a los medios occidentales facilitó enormemente que este personaje tuviese ese apelativo, ya que su verdadero nombre, Surachate Hakparn, aparte de ser menos vistoso, era más complicado de aprender y escribir.

A mí lo que más me llamó la atención cuando vi las primeras imágenes fue que en lugar de parecer un cuerpo policial parecía más bien un escuadrón militar, ya que lucían uniformes verdes, condecoraciones y hasta emblemas. A este que escribe eso ya le iba dando algunas pistas de dónde se encontraban y cómo actuaban. En otras palabras, no estábamos ante un cuerpo de seguridad enfocado meramente en lo civil, sino que nos hallábamos ante una policía que parecía fuertemente militarizada a simple vista; creo que muchos no se percataron de ese detalle.

Llegó el momento de recibir a los periodistas dentro de un gran salón. Como era de esperar, había prisa, nervios y estrés por conseguir las primeras declaraciones, por ser los primeros en preguntar. Tal era la expectación que Big Joke ya estaba siendo rodeado de micrófonos cuando ni siquiera se había sentado. Fue en ese momento cuando nos dimos un golpe de realidad y el idioma entró en juego.

Big Joke hablaba tailandés, pero su intérprete traducía torpemente. Los periodistas, por su lado, preguntaban en inglés, pero como era la misma intérprete la que traducía del tailandés al inglés la encargada de hacerlo a la inversa era evidente que se presentaban muchas dificultades. Imaginad lo que el agente de policía terminaba entendiendo.

Los periodistas se empezaron a hacer un lío con los cuchillos desde el principio, que si había uno, que si había dos, que si uno era de carnicero, que si una sierra de corte... A pesar de que nadie entendía nada, los reporteros insistían:

«Pero ¿usó los cuchillos para matarlo?».

«Sí, los dos».

«¿Qué dos?».

«El de carnicero y el otro que ha aparecido».

«Y ¿dónde está ese cuchillo?».

«Es una sierra, usó una sierra».

Solo con este pequeño extracto ya uno se da cuenta de que el oficial no se está enterando de la pregunta y el reportero o reportera se está haciendo un lío con las respuestas. Para más inri, nadie ponía un poco de orden y tranquilidad para poder mantener una conversación estructurada y fluida.

Le preguntaron a Big Joke si la investigación policial ya había concluido. Este parecía decir que sí, pero no era cierto, ya que la investigación no terminaría hasta un mes y medio después.

Hubo un periodista que preguntó si existían pruebas que pudiesen indicar si habían participado otras personas, a lo que el número dos de la policía dijo que no, que no había participado ninguna persona más en el crimen. El periodista volvió a insistir con frases como: **«En España hay expertos que dicen que es imposible que alguien cometa ese crimen y le dé tiempo a limpiar toda la escena del crimen».** A mí, que estaba viendo en directo dicha rueda de prensa a través de la televisión y no soy experto de nada, me llamaba la atención esa pregunta. La razón es sencilla: en ese momento todavía no disponíamos de ningún informe que nos marcase la cronología del suceso.

¿Cómo podían entonces unos supuestos expertos saber si daba tiempo o no a realizar ninguna acción? No teníamos documentación que nos dijese qué había hecho Daniel con Edwin; solo había cuatro fotografías filtradas con las que era imposible dilucidar el tiempo que empleó o tardó Sancho en concluir el crimen. Muy osado por parte del que hiciese esa afirmación con los datos que teníamos sobre la mesa.

La policía dejó bien claro que no había nadie más. Existían grabaciones que aseguraban este punto y no había aparecido material genético perteneciente a otra persona que no fuese Daniel o Edwin.

En esta primera parte de la rueda de prensa, ante la pregunta de si ellos tenían constancia de si Daniel había empleado un cuchillo para matar al cirujano, la policía contestó que el acusado primero le dio un puñetazo y después lo golpeó contra el lavabo para terminar usando el cuchillo una vez hubo fallecido. Fue el propio Big Joke quien lo afirmó. Es más, tras decir cómo falleció, los periodistas insistían en si pudo ser un accidente, pero el agente confirmó de forma rotunda que fue un asesinato premeditado:

«No, no fue un accidente. Estaba planeado desde antes».

Las cosas comenzaban a complicarse conforme pasaban los minutos. Se notaba que la chica encargada de la traducción no se enteraba muy bien o no entendía con precisión las preguntas de los periodistas, sobre todo las que incluían palabras técnicas como «forense» o «autopsia». La cuestión es que se intentó preguntar y se repitió la misma pregunta estructurándola de formas distintas varias veces para lograr la comprensión. Dicha pregunta era acerca de cómo falleció Arrieta: si tenían resultados forenses concluyentes o solo se basaban en lo que Daniel había contado. No sabemos muy bien qué pudo entender Big Joke, pero respondió:

«Él ha confesado, lo sabemos porque él ha confesado y porque los análisis forenses así lo avalan».

Volvieron a realizar la misma pregunta, imaginamos que esperando una respuesta diferente y la respuesta fue la misma y más rotunda si cabe:

«En primer lugar, hay una confesión, y en segundo lugar un examen forense».

Y volvieron a preguntar:

«Perdona, pero queremos que quede claro. Daniel ha dicho que fue un accidente, ¿han encontrado algo que indique que no fue un accidente?»

A lo que la policía volvió a responder:

«No ha sido un accidente, estaba todo planeado».

Para todos los que nos seguís y habéis usado nuestro canal como medio de información para este caso, sabéis que diferentes expertos y personas autóctonas como Two Yupa, que nos han acompañado en varias ocasiones, siempre nos hablaban del pragmatismo tailandés, de cómo no les gusta repetir las cosas y que, si ya lo han dicho una vez, no entienden por qué hay que repetirlo más veces. Comprendiendo este punto, imaginad qué iba pasando por la cabeza de los investigadores conforme pasaban los minutos en esta rueda de prensa.

Aun así, insistían:

«Pero ¿han encontrado en el cuerpo de Edwin alguna pista que les haga pensar que ha muerto de esa manera? Queremos conocer el resultado de la autopsia porque para nosotros es muy importante, ya que es la única forma de averiguar si se trata de un accidente o no; no se trata de la declaración de Daniel, sino del resultado de la autopsia».

«Ya hemos dicho que se ha realizado una confesión y posteriormente se han realizado análisis forenses».

Luego de estos primeros quince minutos de batiburrillo y de estar de pie con multitud de micrófonos, a alguien se le ocurrió poner algo de orden y, por fin, sentarse y emplear los servicios de un intérprete que al parecer podía traducir un poco mejor del inglés al tailandés. Lo primero que dijo nada más sentarse fue lo siguiente:

«En este caso la policía está segura de que no ha sido un accidente. Ha sido un asesinato premeditado porque antes de que ocurrieran los acontecimientos el asesino tenía ya un plan para comprar material de antemano. Antes de la llegada de la persona que fue asesinada, ya había comprado material. En la parte derecha del pecho tenía marcas de apuñalamiento».

«Esa es la causa de la muerte», asegura algún periodista, a lo que Big Joke dice que no.

Entonces, los policías se levantan, cogen una tableta y enseñan una fotografía donde se ve una camiseta que parece presentar una cuchillada.

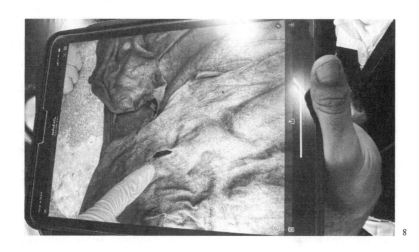

8

«Hemos visto en la camiseta de Edwin que hay marcas de apuñalamiento y por esto creemos que no es un accidente, es un intento de asesinato».

«¿Esta es la causa de la muerte?», se preguntó a la policía, y entre el lío de preguntas y respuestas, Big Joke dijo:

«Eso es».

Seguidamente, el periodista preguntó: «Y ¿Daniel se lo dijo a ustedes?».

«Esta es la causa de la muerte, efectivamente». «La primera vez dijo que había sido un accidente y después sí confesó que había sido así».

Hagamos una parada técnica en este punto y expliquemos algunas cosas.

Al parecer, la policía tenía en ese momento varias vías abiertas en la investigación con respecto a la causa de la muerte. Aunque en la rueda de prensa parecen asegurar con rotundidad que fue la cuchillada, minutos antes aseguraban que había muerto debido a los golpes contra el fregadero. Esto no solo lo aseguraba Daniel, sino el propio análisis forense. Entonces, ¿con qué nos quedamos? Cuchillada, golpes... Sinceramente, tras haber transcrito dicha declaración a mí me parece evidente que no es posible afirmar nada debido a la gran confusión que existía entre las traducciones y la tensión del momento. A mi corto entender, me decanto a creer que lo que la policía intentaba explicar era que la causa de la muerte aún estaba siendo investigada pero que el accidente quedaba descartado porque existían indicios que demostraban la premeditación de Sancho. Es más, si repasamos la investigación y la propia declaración del acusado, es al día siguiente de esta rueda de prensa cuando realiza su tercera y última confesión antes del juicio. En ella, los policías le preguntan directamente si usó o no el cuchillo en el asesinato y Daniel responde que no. Entonces los agentes preguntan precisamente por los agujeros que presenta la camiseta y es aquí y no en ninguna declaración anterior cuando el propio asesino afirma que esos agujeros son producto de su intento de desgarrar la prenda para quitársela al fallecido. Por lo tanto, mirando el sumario y lo que allí se recoge, lo más probable es que esas conclusiones fuesen producto de malos entendidos por el caos, las prisas y las malas traducciones o simplemente la policía se precipitó en dar conclusiones de una investigación que tardaría aún un mes y medio en concluir y en la que aún podían, como así fue, cambiar muchas de las hipótesis iniciales.

Mirad esta declaración que añade la policía:

«Primero le dio una puñalada en el pecho. Esto provocó que se desmayase. Entonces cayó y se golpeó la cabeza contra el lavabo del baño».

Posiblemente faltó añadir que esta era tan solo una de sus hipótesis, ya que esto que mencionan no está en el informe final, así que no fue más que una hipótesis descartada. Si de verdad hubiese sido una certeza, lo habrían reflejado en su informe, y si esta rueda de prensa hubiese sido en España, sin traducciones y todos hablando el mismo idioma, probablemente lo habríamos comprendido así.

Lo que resulta incierto es que después de esta afirmación los periodistas dijeron:

«Es importante que usted nos diga si Daniel ha confesado que apuñaló a Edwin», a lo que la policía contestó:

«Sí, Daniel ha confesado que apuñaló a Edwin en el pecho».

Esto también es falso. En ninguna de las declaraciones, al menos oficiales y por escrito, Sancho confiesa haber apuñalado al doctor, por lo tanto la policía mintió en este punto. Y no lo dijeron solo una vez:

«Daniel ha confesado que lo apuñaló, se cayó, golpeó la cabeza y murió».

Pero, acto seguido, la policía dijo:

«No se puede asegurar aún si Edwin murió por la puñalada o el golpe en la cabeza. Daniel tardó tres horas en descuartizar el cuerpo y luego se quedó una noche más en la habitación para limpiarlo todo».

Como podéis ver, la policía no tiene nada claro cuál fue la causa de la muerte. Sin embargo, ha asegurado dos causas en menos de treinta minutos, lo que hace sospechar que algo se nos estaba escapando. Posiblemente, todo tuvo que ver con los problemas con el idioma o el desconocimiento aún profundo de todo lo sucedido por parte de la policía debido a, como dijimos al principio, hacer una rueda de prensa a diez días de cometerse el crimen.

Lo que sí dejaron claro a la pregunta de «¿Cuánto dinero se encontró en la habitación?» es que fueron **«Nueve mil dólares estadounidenses»**. Entonces los periodistas preguntaron:

«¿Y por qué trajo Edwin ese dinero a Tailandia?».

«No sabemos la razón».

Tampoco tenía que darlas: viajaba con diez mil dólares, el importe legal justo con el que se puede viajar sin tener que ofrecer ningún tipo de explicación.

Los periodistas siguen con las preguntas:

«¿Daniel tiró todas las cosas de Edwin menos el dinero?».

«El dinero estaba en la caja fuerte de la habitación de Daniel».

«¿En el hotel del pueblo (Bougain Villas) o el hotel de cinco estrellas (Panviman Resort)?».

«En el Bougain Villas».

«¿Se sabe ya si murió de la puñalada?».

«Eso no lo sabemos aún; estamos investigando. Bueno, no se sabe aún si murió por la puñalada o murió al cortarle el cuello; la causa de la muerte se está investigando si fue durante el apuñalamiento o al descuartizar el cuerpo Daniel».

Como era lógico, la prensa no iba a dejar pasar la oportunidad de preguntar si en el teléfono móvil de Sancho se habían encontrado mensajes. Lo que se buscaba en esa respuesta era saber si realmente existían esas amenazas que se dijo el acusado había mandado.

«Se habían enviado mensajes entre ambos, pero aún no podemos hablar sobre los detalles de esta conversación».

Los reporteros querían conocer la causa que motivó el crimen. Preguntaron a los investigadores si lo que contaba el reo sobre que la víctima lo quería obligar a tener sexo era cierto. La policía insistió nuevamente en que no podían hablar sobre los detalles del caso.

Les preguntan si han encontrado el reloj o la documentación de Edwin, a lo que la policía contesta que saben que Daniel ha tirado cosas del doctor que aún no han podido hallar.

A la pregunta de si se había encontrado el arma homicida, la policía dice que no. La policía también confirma que se le hicieron pruebas a Sancho para comprobar si había consumido alcohol o drogas y afirmaron que no había consumido nada.

Los reporteros preguntan a los investigadores si tienen conocimiento de algún negocio ilegal que Daniel o Edwin pudiesen tener en Tailandia y la policía responde que no, que en las investigaciones no han descubierto nada referente a eso.

La última pregunta que se aceptó en la rueda de prensa fue: «¿Van a pedir pena de muerte?».

«Sí, la condena ha de ser pena de muerte al tratarse de un crimen premeditado».

Bajo mi punto de vista, fue una rueda de prensa improvisada y montada para la prensa y el público en general. Imagino que en Tailandia están acostumbrados a hacer este tipo de cosas y después, cuando la investigación continúa, ningún medio cuestiona si la policía dijo algo erróneo. Creo que no calcularon la magnitud de este caso y deberían haber esperado más tiempo y hablar una vez todo estuviese más cerrado. También diría que el idioma fue clave: las traducciones, las malas interpretaciones y los malos entendidos jugaron un papel muy importante y esto es un punto que descubrimos durante todo el proceso. Incluso una vez comenzó el juicio, estos «deslices» trajeron muchos quebraderos de cabeza que resultaron no ser lo que la prensa diría, como aquello de la premeditación y el fiscal que abordaremos cuando llegue el momento.

Pienso que la policía intentó meterse a la prensa en el bolsillo gracias a su ánimo colaborativo, pero no contaron con el efecto halo, la hibristofilia y el gran show que es la televisión en España, que no tardaría en montar cruzadas contra cualquier cosa que fuese contra el pobre Dani. En resumidas cuentas, esta rueda de prensa no le hizo un gran favor a la imagen de la policía tailandesa. Lo interesante es que a la policía en especial, y a Tailandia en general, lo que pensasen redactores, productores, tertulianos, portavoces y hasta el sursuncorda,[34] poco más que les daba exactamente igual, por lo que esa mala imagen y ese supuesto daño a la institución era de los Pirineos hacia abajo; para los ciudadanos tailandeses, Daniel Sancho y su club de fans eran simplemente la nada.

CAPÍTULO 12
PAPÁ EN KOH PHANGAN

Mucho se especuló cuando Rodolfo Sancho, el padre de Daniel, viajó a Koh Phangan en los siguientes días. En ella ya estaba desde casi el principio la madre, Silvia Bronchalo, que llegó sola y sin hacer ruido. El primer día que visitó a su hijo no hizo ninguna declaración. Imagino que la primera toma de contacto tuvo que ser demoledora, ya que fue al segundo día cuando finalmente se acercó a los micrófonos y prestó sus escuetas primeras declaraciones:

«Os agradezco muchísimo el interés, el respeto, la empatía que estáis mostrando, sobre todo ayer, que para mí ha sido muy difícil, y comentaros que Daniel está bien, está bastante mejor, está tranquilo, lo están tratando muy bien y, bueno, solo espera que se resuelva todo con mucha tranquilidad.

Yo no soy del medio, no soy mediática, no tengo ningún interés en salir en televisión, creo que lo sabéis y, bueno, pues que os agradezco muchísimo, que... Bueno... Lleva diez días. Está bastante mejor dentro de lo que cabe y, bueno, que ya se resolverá la situación.

Nadie está preparado para recibir una noticia así, no nos prepara nadie para esto, ¿sabes? Muchísimas gracias».[35]

Se mantuvo en la posición donde se suelen mantener los familiares de los presuntos asesinos, los familiares que, sin ser culpables de nada, entienden que ese es su lugar. Bajo mi humilde opinión, se comportó con cordura, ética y moral. Lógicamente tenía que estar sintiendo dolor y sufrimiento por lo sucedido y por su propio hijo; al final una madre siempre es una madre, pero estuvo a la altura y demostró ser una señora, cosa que aún a día de hoy sigue haciendo.

Pero el comportamiento de Bronchalo distaría muchísimo de lo que íbamos a ver en el momento en que Rodolfo y sus abogados pusieron pie en Koh Samui.

Sancho padre hizo de rogar. Según se decía, tenía que preparar documentación y una serie de pormenores que le impedían viajar de inmediato. Finalmente, el 3 de septiembre, un mes después del horrendo crimen cometido por su hijo, llegó.

Y vaya si llegó.

El día 6 de septiembre, tras visitar a su hijo por primera vez, Rodolfo Sancho se acercó a los micrófonos y dio sus primeras declaraciones:

«Lo primero, dar mi sentido pésame a la familia Arrieta. Segundo, decir que mostramos respeto a las autoridades tailandesas, que creemos en la justicia y en cómo funcionan las cosas, y no solo eso, sino decir que mi hijo ama, por eso venía, profundamente a este país, su cultura, su gente... En tercer lugar, agradecer el apoyo de toda la gente, que recibo mil mensajes todos los días de gente apoyándome y agradecer a esa, a esa parte de la prensa que muestra respeto Y SE PORTA BIEN. Y, por último, en cuanto al proceso judicial, decir que estamos esperando el informe de la fiscalía y, hasta que llegue, en realidad no podemos hacer nada más.

El que piense que yo estoy tirado por los suelos llorando... Ese no soy yo, ¿vale? Hay dos formas de tomarse cuando vienen las cosas en la vida: como una desgracia o como un reto. Creo que he dicho suficiente, ¿vale? No van a conseguir lágrimas de mí. Gracias».[36]

Como hemos podido ver, Rodolfo fue escueto, conciso y dejó caer algunas cosas que en ese momento no entendimos muy bien pero que con el pasar de los meses veríamos a qué hacían referencia. Yo me quedaría con la frase «la prensa que se porta bien», lo que me hace preguntarme ¿qué es para Rodolfo «portarse bien»?

Con Rodolfo viajaron también, como dije anteriormente, sus «abogados». Bueno, mejor dicho, los abogados españoles que iban a representar a Daniel Sancho pero que no podían representarlo porque los abogados que no son tailandeses no pueden ejercer como tales en el país asiático. Estos eran Marcos García Montes y su hijo, y, como es habitual en Montes, que le gusta más una cámara y un micrófono que a un tonto un lápiz, no tardó en coger al toro por los cuernos a su manera y dar sus primeras declaraciones nada más salir de visitar a Daniel. Parecía una estrella mediática. Al menos tuvo la deferencia de dejar que Rodolfo hablase primero:

Pregunta de la prensa:

«Bueno, ya nos ha dicho Rodolfo que aún no tenéis el informe de la fiscalía, pero imaginamos que ya habéis planteado cómo vais a actuar».

«Lo primero es formar un equipo de abogados como en su día hicimos nosotros en el caso de Joaquín José Martínez en el corredor de la muerte con abogados americanos, hicimos en el caso Guantánamo, hicimos un equipo de abogados, americanos y españoles e hicimos un equipo de abogados en el caso Ruiz Mateos, es decir, que en temas de estos, en los que influyen jurisdicciones distintas, en este caso tenemos un equipo de abogados y lo tenemos formado ya. No podemos revelar a quiénes tenemos: aquí tenemos a una asesora absolutamente de nuestra confianza, una ciudadana tailandesa; el equipo funciona bien. Hoy era nuestra primera entrevista con Daniel; telefónicamente sabía que veníamos. La embajada se ha portado muy bien, absolutamente bien, nos han facilitado todo. Por si acaso alguien tenía alguna duda, tenemos derecho desde las nueve de la mañana hasta las tres de la tarde los abogados a entrevistarnos con él. Hemos quedado con el director, que se ha portado muy bien, todos los días, miércoles, jueves y viernes de 9.00 a 12.00 para no interrumpir las comunicaciones que vengan a prisión, que son de 13.00 a 14.00. Esta tarde iremos a la policía y a la fiscalía para que nos den copia del procedimiento; en principio al padre tienen derecho a hacerlo. Nos ha efectuado él unos poderes tailandeses, con nuestra asesora a favor nuestro. La embajada vendrá esta semana con el consulado para hacernos los poderes ya judiciales. La defensa está ya empezando a funcionar; tenemos muy claro cómo tiene que ser. La entrevista de Marcos hijo y Marcos padre con nuestro cliente, fantástica; como tiene que ser. Evidentemente, no vamos a revelar nada porque cometeríamos un delito por la obligación de secreto.

Lo importante es conseguir las fotocopias del procedimiento para la estrategia que ya tenemos formada en base a las filtraciones de la policía. Suponemos que serán unas filtraciones creíbles y auténticas, pues ahora contrastarlas con las fotocopias del procedimiento y empezar a trabajar».

«¿Qué pensáis de cómo ha actuado la policía tailandesa? ¿Y de la reconstrucción?».

«Hombre, sorprende a un ciudadano de inteligencia media que el abogado que tenían aquí no tenga fotocopias y que, sin embargo, la policía esté filtrando permanentemente el atestado.

El tema de esa supuesta reconstrucción que han hecho. Para mí, es absolutamente nula, ABSOLUTAMENTE NULA. Además de prueba ilícita puede haber ahí un delito de revelación de secretos, eso ya lo veremos tranquilamente».

«¿Veis ahí incluso algún resquicio legal para poder ayudar a Daniel?».

«Yo, de la estrategia de defensa no voy a hacer ninguna declaración porque yo tengo obligación de secreto. Como cuando defiendo a un periodista o cuando a un periodista le pregunta un juez ¿usted revela su fuente? Ustedes dicen que no. Así que no me preguntéis sobre la estrategia de defensa, que no voy a decir nada. Entre otras razones, porque está diseñada en base a la policía y no tenemos las actuaciones. Entonces estamos con ello».

«Entonces, ¿han podido ustedes ver las imágenes que se han retransmitido sobre las reconstrucciones?».

«Hombre, las ha visto hasta mi tía María en el pueblo. Las ha visto todo el mundo y no sabemos cómo han salido. Tenemos nuestras sospechas y evidentemente sería revelación de secretos, pero sobre todo, el secreto sería un delito, pero lo importante es el contenido que, para mí, es totalmente ilícito, totalmente ilícito».

«¿Por qué?».

«Hombre, usted las ha visto: la policía induciendo cómo va el tema, etcétera, etcétera. Además, en todo caso, no solamente vale lo que haga la policía, sino que esté controlado por el juez, que es el que manda. Ese es posiblemente el papel».

«¿Cuánto tiempo se van a quedar aquí en Tailandia con Rodolfo?».

«Nos quedamos hasta el sábado».

«¿Este sábado y ya se marchan?».

«Si Dios quiere».

«¿Saben en qué punto está ese informe policial que, de momento, aún no estaba cerrado?».

«No tenemos nada, no sabemos nada, nadie nos ha informado de nada, y menos la embajada y el consulado, que se han portado magníficamente bien, y ellos, claro, en el tema judicial no pueden entrar. Están, digamos, ahí la fiscalía y la policía para que nos den acceso a ese procedimiento sobre el que tenemos derecho junto, sobre todo, el padre y la propia asesora nuestra, que está también facultada con un poder que hemos firmado ahora y cuando tengamos esto, prepararemos nuestra estrategia de defensa».

«¿El objetivo principal de la defensa cuál es? ¿Que sea trasladado a España para ser juzgado allí?».

«No, no, eso cómo va a ser, eso es una extradición. Está la gente confundiendo extradición con traslado de presos. El objetivo nuestro, que no estrategia, es una condena de prisión que sea susceptible de que en cuatro años esté en España, porque esa es la línea que llevamos y la línea que, en principio, tenemos desarrollada, salvo y siempre condicionada al tema de las fotocopias».[37]

Esta fue la primera declaración de Marcos García Montes tras su primera visita a Daniel Sancho. Hago esa distinción de «tras su primera visita» porque antes de ser cliente de Sancho, Montes ya hizo algunas declaraciones a las que haremos referencia en líneas futuras.

Pero ahora vayamos a analizar esta primera minirrueda de prensa, porque mirándola en retrospectiva no tiene desperdicio ninguno y podemos sacar muchísimas conclusiones.

A lo primero que hace alusión es a la formación de un equipo de abogados que dice ya estar armado, pero ¿cuál era ese equipo? Hasta donde alcanzamos a vislumbrar en las semanas siguientes, Khun Anan abandonó la causa a los pocos días de estas declaraciones (un poco más adelante explicaremos el porqué), por lo tanto con él no contaban. Como es sabido, no tenían otro abogado en Tailandia, ya que estuvieron meses buscándolo hasta quedarse finalmente con uno de oficio. Así que ese equipo no era tailandés a excepción de su «**asesora de plena confianza y con poderes firmados por Daniel**», que imagino todos sabéis ya de quién se trata. Sí, es Alice, esa extraña mujer de origen tailandés que tomaría un estatus y un cariz cuando menos extraño en los meses venideros. Al parecer, ya formaba parte del caso desde el 6 de septiembre, y no solo eso: sin ser abogada ni haberse reunido nunca con Daniel, ya gozaba de muchísima más confianza con todo su entorno que el propio abogado que lo había estado asistiendo y aconsejando hasta el momento.

Es decir, que el equipo de abogados estaba formado por Marcos García Montes, su hijo Marcos García junior y la tal Alice básicamente porque no había nadie más. Unas semanas después el propio García incluiría a Carmen Balfagón y a Ramón Chipirrás en ese selecto club, pero lo que me sorprende es que ya desde el primer día García afirmaba que el equipo funcionaba bien. Echando la vista atrás, ahora me doy cuenta, no funcionaba bien ocho meses después, durante el juicio y con todo el tiempo para analizar y trabajar en el caso, así que imaginad cómo funcionaba a un mes del suceso y sin un solo papel sobre la mesa.

Otra cosa que me ha llamado la atención es que dice que los abogados pueden entrar tres horas con su cliente, pero parece no darse cuenta de que él allí no es abogado de nadie. Es más, entró con visa turista y esto le acarreó algunos problemas que le impidieron poder volver a Tailandia en los meses siguientes. De hecho, esta fue la única y última vez que García Montes pisó la isla hasta el día de la sentencia: no apareció ni durante el juicio en el cual se suponía que había diseñado la línea de la defensa.

Luego se pregunta, o más bien critica, la labor del abogado tailandés; Montes lo acusa de no tener ni un solo papel cuando la policía ha filtrado parte del atestado. Bien, vamos a explicar un poco lo que dice el sumario con respecto a esto porque sí, en el sumario viene reflejado. Montes y Rodolfo no se reunieron con Anan, algo extraño si este era el abogado contratado para la defensa de su hijo. En el juzgado luego pondrían una queja haciendo alusión a que dicho abogado se había negado a aportarles la documentación requerida y, lógicamente, el juzgado llamó a Khun Anan. Cuando este se personó, se le preguntó por dichos documentos y por qué no se los había entregado a sus clientes. El abogado respondió que la documentación requerida ya había sido entregada a su cliente, Daniel Sancho, y que el mismo Sancho se sorprendió de que su padre hiciese esta reclamación cuando él ya la tenía. Lógicamente, tras esto, este abogado fue cesado de la defensa del «chef». Anan especificó haber recibido injerencias externas.

En lo personal, pienso que sacar a Anan del tablero de juego fue parte de la estrategia fijada por Alice, ya que este lucharía con las reglas tailandesas y no iba a dejarse manipular por agentes externos. Un buen abogado se debe a su prestigio (y más en Asia), por lo que no iba a permitir tirar su nombre y su carrera por un capricho español.

Comenta Montes que la línea de la defensa está basada, de momento, en las filtraciones que la policía ha ido haciendo desde el 5 de agosto hasta ese 6 de septiembre. Craso error que al parecer mantuvieron hasta el final del procedimiento, ya que viendo los informes presentados por esta defensa vemos que podrían haberse basado en esas filtraciones en lugar de en el propio atestado o sumario. Y recordemos, estas filtraciones podían incluso estar manipuladas o creadas para tener a la prensa distraída mientras se llevaba a cabo la investigación. Si hubiesen escuchado a gente de allí, habrían entendido cómo trabajan los tailandeses, capaces de tenerte un día entero dando vueltas de una cárcel a otra porque te dicen que el preso ha sido trasladado cuando en realidad no se ha movido. Además, como hemos dicho, se estaban basando en unas filtraciones que pertenecían a una investigación inconclusa, ya que hasta un mes después de que Montes comentase este punto a las puertas del centro penitenciario de Samui, la policía no concluyó su informe. Lo justo hubiese sido decir que se estaban basando en el borrador que filtró la policía sin haber concluido la investigación. Ahora entiendo muchas cosas.

Otro punto que toca es lo importante que es el trabajo del juez. Lo que digan la policía y la fiscalía cuenta, pero el que manda es, como hemos dicho, el juez. No le falta razón, al menos en España, donde los casos los lleva el juez instructor. No obstante, en Tailandia la instrucción la lleva la fiscalía. La policía hace un informe, esta lo manda al fiscal y el fiscal realiza el suyo con las pruebas que haya recabado para luego elevarlo al juez, quien, con ese informe, toma la decisión y pone fecha de juicio. Si hubiesen entendido este punto desde un principio, nunca se les habría ocurrido insultar o faltar al respeto a la policía como hicieron desde el momento en que se acercaron al primer micrófono, donde los acusaron de filtrar informes (punto que no tenían contrastado) y de filtración de secretos por la reconstrucción, cuando en Tailandia siempre que un caso es importante y mediático, la prensa es autorizada a grabar dicha reconstrucción. Por supuesto, también existe el derecho de tachar de ilícita la susodicha reconstrucción, en este caso, acusando a las autoridades de guiar a Daniel a que representase en ellas lo que ellos querían que representase. Y todo esto lo dice ahí Montes, plantado frente a los periodistas y en la misma puerta de la prisión. Yo me preguntaría si desconocían el poder de la policía en Tailandia o si pensaron que se encontraban en España; muchos barajaron que este fue el detonante para que no pudiese volver al país durante un tiempo.

Para finalizar, él ya tenía claro que Daniel debía ser condenado a una pena que favoreciese su traslado en cuatro años sin tan siquiera haber leído un solo papel del informe. Menos mal que en quince días (estando de vacaciones, eso sí) le dio tiempo a leerse la legislación tailandesa. Al menos se la leyó, según dijo, cientos y cientos de veces, pero otra cosa es que llegase a entenderla. Eso sí, hay que reconocerle que descubrió que Tailandia estaba inscrita en el tratado de los derechos humanos y esto lo dejó muy tranquilo, aunque si leemos detenidamente la sentencia, nos damos cuenta de que ninguna de las acciones tomadas por la defensa sirvieron de nada a su cliente.

A diferencia de lo que comenté en el capítulo referente a la rueda de prensa de la policía tailandesa y el daño a la imagen de la institución que podría haber sufrido por su causa, en este caso, opino lo contrario. Un abogado extranjero que no puede ejercer en ese país, llega con ínfulas de saber más que nadie y se planta en la puerta de una prisión ante un gran número de periodistas, y no se le ocurre otra cosa que menospreciar a las autoridades locales y ofender el trabajo de uno de los abogados más respetados del país. Eso por no mencionar lo referente a la pena, pues ya hemos visto cómo adopta el papel de salvador al decir que en cuatro años Daniel podría estar en España. ¿Cómo tuvo que sentar todo esto en un país donde el respeto y las formas juegan un papel vital? Que un don nadie como Marcos García Montes se creyese con la autoridad moral de juzgar y con la superioridad intelectual de tirar por tierra todo el trabajo realizado por las autoridades locales imagino que no sentó muy bien, algo que, por supuesto, no ayudaba ni a la familia de Sancho ni a su «equipo de abogados».

CAPÍTULO 13
SOLO LO DESCUARTICÉ

Entre los días 19 y 25 de octubre, Daniel es solicitado por la corte de Koh Samui: se le ha llamado para una ampliación en la declaración y una nueva lectura de cargos. Hasta este momento, era acusado de homicidio premeditado y de descuartizar un cuerpo con el fin de hacer desaparecer un cadáver y ocultar el crimen, pero aún había otro cargo del cual el fiscal entendía que era culpable.

Como en todas las declaraciones que realizó previamente, se le hacen las mismas preguntas. En esta ocasión, ante la pregunta de si habla tailandés, si lo entiende o si necesita un intérprete, Daniel pide un traductor que hable su lengua materna, pues es la herramienta que tiene para expresarse que domina por completo. Como dijimos en su día, está en su derecho de solicitar ser traducido en su lengua, pero la corte le ofrece un traductor por videollamada y Sancho lo rechaza. Esto provoca que la vista sea pospuesta hasta el día 25, cuando, finalmente, ya hay un intérprete en la sala. A pesar de esto, en la contestación del reo a la misma pregunta dice lo siguiente:

«No hablo tailandés, por lo que no quiero ayuda del personal de la oficina de servicios, puesto que no confío en nadie y no deseo declarar».[38]

Su actitud era clara, pero quedaría aún más remarcada ante la siguiente pregunta planteada: si tenía abogado. En caso contrario, se le asignaría uno de oficio que lo acompañaría durante esta declaración. Recordemos que Daniel había rechazado a su letrado Khun Anan, por lo que la corte le puso uno de oficio. Sin embargo, vale la pena citar la contestación del «chef»:

«No tengo abogado; los funcionarios me han facilitado uno de oficio para asistirme durante la declaración, concretamente el abo-

gado Sushi, con número de licencia 1XXX/2561, que desea actuar en mi nombre. Yo no deseo declarar ante los investigadores y rechazo la asistencia del señor Sushi como abogado; él no es mi abogado personal».[38]

Un acusado puede declarar o no (al final es su derecho procesal), pero esto no impide que se le puedan leer los cargos y proceder con la orden del día. Él puede o no intervenir, pero lógicamente va a escuchar lo que le tienen que decir y para lo que ha sido requerido por la audiencia, por lo que la lectura continúa de la siguiente manera:

Lectura de cargos por los funcionarios de justicia:

«Según lo informado por los investigadores, se notificó al sospechoso sobre los hechos y las acusaciones. El 3 de agosto de 2023, dos camiones de recolección de basuras del municipio realizaron un recorrido para recoger la basura y llevarla al vertedero de la isla de Koh Phangan, donde el personal se encargaría de clasificar y quemar los desechos. Posteriormente, alrededor de las diez y media de la mañana de ese mismo 3 de agosto del 2023, mientras el personal clasificaba la basura del primer camión, encontraron partes de un cuerpo humano masculino (la zona de la cadera, con el órgano sexual masculino adjunto) en la pila de basura del municipio, por lo que informaron a las autoridades policiales. Luego, el 4 de agosto de 2023, alrededor de las ocho y media de la mañana, el personal de clasificación de basura separó los desechos del segundo camión de recolección (que había recogido la basura el día 3 de agosto del 2023) y encontró dos partes de la pierna de un cadáver, una camiseta negra de cuello redondo, un pantalón corto negro y un par de bóxers que se encontraban juntos en una bolsa, todos pertenecientes al individuo llamado Edwin Arrieta Arteaga, de nacionalidad colombiana.

De la investigación y recopilación de pruebas, se ha determinado que el acusado y el fallecido, el Sr. Edwin, habían mantenido una relación amorosa homosexual durante aproximadamente un año. El acusado intentó terminar y poner fin a dicha relación, pero el fallecido no lo aceptó y amenazó con revelar los mensajes y fotografías que ambos se habían compartido a otras personas además de muerte a la familia del acusado.

Posteriormente, el acusado y el fallecido acordaron encontrarse en la isla de Koh Phangan. El acusado planeó matar al fallecido. Para ello, viajó antes a la isla. El 1 de agosto de 2023, aproximadamente a las 17.00 horas, el acusado condujo una motocicleta hasta el supermercado Big C, en la sucursal de Koh Phangan, donde compró varios artículos como un cuchillo, guantes de goma y bolsas de basura de plástico, así como productos de limpieza entre otros. Después condujo en la motocicleta hasta una tienda de herramientas donde compró una sierra, preparándose así para desmembrar el cuerpo del Sr. Edwin. Tras esto, llevó los diferentes utensilios para guardarlos al hotel Bougain Villa, habitación número 5 del grupo 8 del distrito de Koh Phangan, en la provincia de Surat Thani, lugar donde el sospechoso planeaba cometer el acto.

El 2 de agosto de 2023, alrededor de las 15.00 horas, el acusado condujo la motocicleta para recoger a la víctima en el muelle de Thong Sala. La víctima se sentó en la parte trasera de la motocicleta y juntos se dirigieron a la habitación del Bougain Villa. Posteriormente alrededor de las 16.00 o 16.30 horas, mientras el acusado estaba sentado en la cama, la víctima estaba de pie frente a él junto a la entrada del baño. El acusado comenzó entonces a hablarle sobre dejar la relación, a lo que la víctima se negó y trató de tener relaciones sexuales con él, cosa a lo que el acusado se negó, se levantó y golpeó con fuerza la cara de la víctima, lo que provocó que esta cayera hacia atrás golpeando su cabeza contra el borde del lavabo con mucha fuerza, lo que le ocasionó una herida y un sangrado aunque no perdió la consciencia. Entonces, la víctima agarró con fuerza el brazo izquierdo del acusado y lo mordió una vez. El acusado agarró entonces la cabeza de la víctima y la golpeó varias veces con fuerza contra el borde del lavabo, lo que provocó que quedase inconsciente y sangrase profusamente.

Después de, aproximadamente, una hora, el sospechoso se aseguró de que el Sr. Edwin había fallecido, por lo que arrastró su cuerpo hacia la ducha, abrió el agua para lavar la sangre y utilizó un cuchillo para rasgar y quitar la ropa. Luego utilizó un cuchillo y una sierra para cortar el cuerpo y desmembrarlo en un total de catorce o quince partes, las cuales fue envolviendo en papel film y colocándolas en bolsas de basura que guardó en el refrigerador.

A las 23.00, el acusado comenzó a sacar las partes del Sr. Edwin que se encontraban en el refrigerador. Las colocó en una mochila negra que era propiedad de la víctima. Tras esto, salió de la habitación y fue a alquilar un kayak a la playa que se encontraba a una distancia aproximada de trescientos metros. Tras alquilarlo, remó frente a la playa de Salad unos quinientos o seiscientos metros. Una vez allí, abrió la mochila, tomó un cuchillo de punta afilada y cortó las bolsas que contenían partes del cadáver, vertiendo estos restos al mar. Después remó hasta la orilla.

El 3 de agosto de 2023, alrededor de la una de la mañana, el sospechoso sacó la parte de la cadera y la pierna izquierda, así como otras partes del cuerpo de la víctima del refrigerador, y las colocó en dos tipos de bolsas diferentes: unas verdes y otras negras. Las metió en una mochila y, tras esto, condujo la motocicleta hasta un basurero a la orilla de la carretera, donde se deshizo de ellas. También se llevó los documentos de identificación de la víctima, el Sr. Edwin, del lugar de los hechos. El sospechoso informó a los investigadores de que "no había otra persona involucrada y que había planeado ocultar o deshacerse del cuerpo para encubrir la muerte o la causa de la muerte".

El acusado tomó el pasaporte del Sr. Edwin Arrieta Arteaga, de nacionalidad colombiana, con número APXXXXXXX. Esta acción es considerada un delito adicional por dañar, destruir, ocultar, hacer perder o inutilizar documentos de otra persona, de manera que pueda causar daño a otros o a la sociedad. El acusado está al tanto de los hechos y de los cargos adicionales que se le han notificado. ¿Cómo se declara?».

A lo que Daniel contestó:

«Me declaro no culpable».

Entonces los investigadores le preguntaron qué es lo que negaba en este caso, a lo que Sancho respondió:

«No quiero hacer ningún tipo de declaración, no voy a firmar con mi nombre: se me ha informado sobre los cargos adicionales, pero no deseo declarar ni firmar. Solo declararé únicamente ante la Sra. Alice, de la cual no deseo proporcionar ningún tipo de detalles ni contacto».[38]

Tal como habéis observado, todo cambió: ya no estaba dispuesto a hacer declaraciones, rechazaba a los abogados de oficio y lo dejaba todo en manos de Alice. Su futuro estaba depositado en una extraña contratada por el padre de Daniel y su defensa cuando llegó a Koh Samui aquel 3 de septiembre en el que no se reunieron con el bufete de abogados elegido previamente y estaba llevando el caso, el de Kuhn Anan. Es más, salieron tirándose los trastos a la cabeza con este letrado, pero...

¿Quién es esta tal Alice? ¿De dónde salió? ¿Quién se la presentó? ¿Qué les ofreció para depositar todo en sus manos? Su nombre, aquí en España, no sonó hasta que el periodista Joaquín Campos[2] puso el punto de mira sobre su figura. Él contaba cosas que, de ser ciertas, encendían todas las alarmas.

Se hablaba sobre que esta mujer era un enlace entre el poder y los Sancho, que tenía muy buenos contactos y que podía hablar con quien nadie más podía.

Hoy sabemos que tuvo un papel más que relevante incluso en el mismo juicio. También sabemos que el primer día se enfrentó al juez y fue expulsada de la sala, aunque, a diferencia de alguno más que fue expulsado, ella pudo volver a entrar al poco tiempo. Es más, durante el proceso, Daniel contó con un intérprete de tailandés a español (que fue lo que pidió) no solo para el juicio en sí mismo, sino para que el argumento por parte de la defensa sobre que Daniel había hecho sus primeras declaraciones en una lengua que no dominaba cobrase cierta fuerza. Pues bien, Alice hablaba y traducía del tailandés al inglés para el padre del reo y, en un momento dado, casi al principio del juicio, el «chef» rechazó a su intérprete de español y pidió que fuese sustituido por Alice, ya que decía ser la única persona de la que se fiaba.

Mirando con retrospectiva, podemos ver a esta señora en todo momento acompañando a Rodolfo al subir y bajar las escaleras. Incluso en alguna grabación se la escuchó decir al resto de la comitiva que lo acompañaba, Balfagón y Chipirrás, básicamente, que se parasen y le dejasen ser el héroe.

Era la directora de orquesta, por lo que a día de hoy podemos observar, ver y conocer, cosas que se pueden y cosas que no se pueden contar, porque os aseguro que hay muchísimas cosas que ojalá algún día vean la luz y así pueda ponerse de manifiesto realmente quién era Alice.

¿Sospechas fundadas o certezas probadas? A día de hoy me atrevería a decir que yo tengo más o menos claro el papel que jugó, la figura de ajedrez que representaba y la mujer que se escondía tras ese sobrenombre, porque no, ese no es su verdadero nombre.

CAPÍTULO 14
RUEDA DE PRENSA DEL TRÍO JURÍDICO

Vamos con uno de esos incidentes que merecen un capítulo propio. Será un poco extenso, ya que desgranaremos la rueda de prensa ofrecida el día 12 de enero de 2024 por la defensa de Daniel Sancho alrededor de la una de la tarde.

Contexto: Carmen Balfagón, Ramón Chipirrás y Marcos García Montes habían convocado a los medios en el despacho de este último para dar unas declaraciones oficiales que sorprenderían no solo a los españoles sino a buena parte de la población mundial, ya que, al parecer, habían conseguido tirar por tierra toda la acusación montada en Tailandia contra Daniel.

Este que escribe no entendió muy bien la finalidad de dicha convocatoria, pues el juicio se suponía iba a ser en tierras asiáticas y que era allí donde tenían que hacer valer sus hipótesis y teorías. No solo eso, sino que era allí durante el juicio cuando debían sacar lo que se suponía que tenían en ese momento. Pero bueno, en un giro de acontecimientos que acabé por denominar «Caso Peonza», debido a los giros radicales que la prensa se encargaba de poner como titulares día sí y día también, aquel 12 de enero «el equipo de abogados» comenzó una exposición contraria a las primeras declaraciones de Montes.

La primera en romper el hielo cual maestra de ceremonias fue Carmen: dio las gracias por la asistencia y agradeció la cobertura mediática dada al caso, no solo en su nombre, sino en nombre de la familia de Daniel. Quedaos bien con este fragmento: **«gracias por la cobertura mediática que habéis dado al caso»**, ya que, al parecer, cuando las cosas comenzaron a torcérseles y la prensa descubrió que les habían estado vendiendo la moto durante ocho meses, ya no estaban tan agradecidos. Es más, escuché a la propia Carmen decir que la cobertura de este caso merecería un estudio sociológico. En fin, no puedo estar más de acuerdo con estas palabras de la señora letrada.

Como mencionamos antes, Carmen empezó con la rueda de prensa. Lo primero que dijo fue:

«**Nuestra intención, tanto la de Marcos García Montes, como la mía y de mi compañero Ramón como portavoces de Rodolfo, es que podáis conocer algo que nosotros ya conocemos**».

Admito que yo ardía de deseo por conocer eso que solo ellos conocían y el resto no. ¿Quién no? Continuamos:

«**Voy a decir dos titulares. El primero, que la actuación de la policía tailandesa en el caso de Daniel Sancho ha estado llena de irregularidades. Vamos a contar algunas de esas irregularidades. Y, además, que la policía tailandesa, y esto lo quiero dejar muy claro porque hablamos de la policía tailandesa, engañó a Daniel Sancho en esos primeros momentos de su detención**».

Y se quedó más ancha que larga. Después de cinco meses estudiando el caso y cómo funcionan las cosas en Tailandia (luego descubrimos que este segundo aspecto paso de lo más desapercibido durante dicho «estudio»), lo primero que se le ocurre soltar a esta mujer en una rueda multitudinaria es que la policía tailandesa lo hizo muy mal, que incluso llegó a cometer delitos y a engañar a su cliente. La cosa prometía. Seguimos:

«Llegaron hasta el extremo de redactar y realizar documentos falsos que le pusieron a la firma. Quiero dejar muy claro que es una actuación de la policía tailandesa lo que nosotros ahora podemos denunciar porque siempre habéis sabido que nosotros, cuando hemos acudido como portavoces a distintos programas, siempre hemos dicho que no teníamos la documentación para poder pronunciarnos. Ahora tenemos la documentación con lo cual podemos asegurar lo que os estamos diciendo. Y quiero centrar el tema en la policía tailandesa; no quiero hablar del sistema judicial tailandés, ni meter aquí al sistema judicial tailandés, que no tiene nada que ver y desde luego podemos asegurar que estamos muy satisfechos con la actuación de la justicia en Tailandia. Lo que no podemos es estar satisfechos con lo que hemos descubierto. Hemos detectado y podemos acreditar las irregularidades que hizo la policía en Tailandia con Daniel Sancho».

Con tan solo este comienzo y después de ver cómo se desarrollaron los acontecimientos luego, podríamos escribir cuatro libros. Hablaban de acreditar irregularidades, de cosas que habían descubierto; algo oscuro y turbio... Pero no adelantemos acontecimientos. Vamos a seguir y a ir comentando punto por punto:

«Hay una serie de declaraciones que realiza Daniel en los primeros momentos que, además, hay que saber primero por qué las realiza. Todo el mundo ha visto y además algunas personas han criticado que Daniel era una persona muy fría, que estaba muy tranquilo. ¿Por qué estaba tranquilo Daniel? Ahora lo sabemos: a Daniel, desde el minuto uno, se le promete una deportación y él ve que lo van a deportar.[1]

> Respuesta   Reconozco mis derechos y entiendo las acusaciones de las investigador me ha informado. Por lo tanto, declaro mi confesión de manera voluntaria, sin ninguna coacción, amenaza, engaño, tortura o promesa de

Primera declaración de Daniel justo antes de comenzar a declarar, tras la lectura de derechos.[1]

Le ponen a la firma una serie de documentos en los que él admite que lo van a deportar en un plazo de cuarenta y ocho horas. Por lo que le dicen que, si él colabora mañana, pasado como muy tarde, está en España. Pongámonos cualquiera de nosotros en esa situación».

Se suponía que estas personas letradas y estudiadas se habían pasado cinco meses con el caso entre sus manos. Se suponía que estaban al tanto del comportamiento de la ley tailandesa. Por ello, es lógico pensar que también sabían que en Tailandia existe una ley que castiga a cualquier sospechoso de un delito con la revocación de su visa y la retención en el país hasta su expulsión o hasta que se investigue el crimen del cual es acusado. En caso de ser expulsado, se emitiría una orden de detención. Esto, sin ir más lejos, es lo que se hizo con Daniel y lo que el personal de Inmigración declaró en el juicio haber hecho con él. Y es curioso, porque estos dos agentes fueron propuestos precisamente por la defensa para que testificaran. Ellos y no otros.

Pero dejando a un lado la cuestión de si lo iban a deportar o no, lo que Carmen no entendía es que se criticaba la actitud fría de Daniel no por cómo se comportaba si le hubiesen prometido algo, sino por cómo se comportaba tras haber matado y descuartizado a un conocido suyo. Esto es inapelable y no tiene vuelta de hoja; tan solo hay que ver la imagen que publicó cuando desayunó en el Anantara tras haberse pasado la noche tirando restos de Edwin. ¿Recordáis lo que ponía aquel cartel? Os refresco la memoria (ver página siguiente): «Un coco al día mantiene al doctor en la lejanía».

No sé yo si cualquiera de vosotros sería capaz de comportarse de esta manera tan solo por una promesa de deportación en cuarenta y

14

ocho horas. Para mí, esto es propio de un ser que carece de cualquier atisbo de empatía; lo veo como un acto maquiavélico. Pero sigamos leyendo lo que Carmen tenía que contarnos acerca de esos descubrimientos en la documentación llegada desde Tailandia.

«Daniel declara desde el minuto uno lo que allí había pasado: que había habido una pelea, que había habido un intento de agresión sexual, que él se defendió y como resultado de esa pelea falleció la víctima. Eso lo dice desde el minuto uno y ¿por qué sabemos que lo dice desde el minuto uno? Porque hay grabaciones que así lo aseveran. Sin embargo, ¿qué transcribe la policía en la declaración de Daniel? Todo lo contrario: que él había comprado una serie de elementos para desmembrar a la víctima y que él lo mató».

Aquí Carmen empezó a mezclar churras con merinas. ¿Qué declara Daniel en su primera declaración con respecto a la muerte de Edwin?

«Alrededor de las 16.00-16.30, mientras yo estaba sentado en la cama y el señor Edwin estaba de pie frente a mí, en la entrada del baño, hablé con él sobre la posibilidad de terminar con nuestra relación. Sin embargo, el Sr. Edwin no aceptó y trató de tener relaciones sexuales conmigo, Pero yo me negué. Entonces me levanté y le di un fuerte puñetazo en la cara a Edwin, una vez. Lo que hizo que Edwin cayera golpeándose la cabeza contra el lavabo con fuerza, lo que le provocó una herida en la cabeza y comenzó a sangrar, pero aún no había perdido el conocimiento. El señor Edwin entonces me agarró del brazo y me mordió con fuerza.

En ese momento el cogió mi brazo izquierdo e intentó luchar, logré atraparle y lo golpeé. En ese momento él se desmayó y noté que había sangre fluyendo en el suelo del baño, eso me sorprendió y me detuve durante aproximadamente una hora, hasta que estuve seguro de que Edwin había muerto.

Arrastré el cuerpo hacia la ducha y abrí el agua para lavar la sangre. Tomé el cuchillo y lo usé para cortar la ropa de Edwin. Después tomé la sierra y otras cosas que compré y tenía preparadas para llevar a cabo el asesinato, desmembramiento del cuerpo y ocultación del crimen».[1]

Pues declaró lo mismo que dice Carmen, no veo la contradicción entre lo que ella dice que cuenta Daniel y lo que transcribe la policía. Que quede claro: Sancho mató a Edwin. Que la defensa del «chef» trate de demostrar que fue de forma involuntaria es una cosa, pero al final el hecho es el mismo: Daniel mató a Edwin. Según afirma Sancho en su primera, segunda y tercera declaración, también es cierto que dijo que hubo una pelea y que la víctima trató de abusar sexualmente de él, y ahí la policía no manipula nada acerca de este hecho, ni siquiera acerca de una de las declaraciones de Sancho en la que afirma haber comprado las herramientas.

«Aproximadamente a las 17.00 conduje la motocicleta para comprar cosas en el supermercado Big C, sucursal de Koh Phangan, donde compré varios artículos, como cuchillos, guantes, unas bolsas de plástico y otros utensilios de limpieza. Luego continué conduciendo hacia una tienda de herramientas donde compré una sierra preparándome para desmembrar al Sr. Edwin. Después de eso, regresé a mi alojamiento con las cosas que había comprado y las guardé en el hotel Bougain Villas, de Haad Salad. Y después volví a descansar al hotel Panviman Resort».[1]

En resumen: una cosa no quita la otra. Estaba claro que, de momento, los titulares que había dado al inicio se le estaban quedando un poquito flojos, pero bueno, vamos a ver si la defensa empezó a coger fuerza a partir de aquí o voló en picado hacia un abismo lleno de errores:

«Esas son las tremendas irregularidades que la policía tailandesa comete en el caso de Daniel».

Vaya, pues según parece esto era lo que estaba mal. Habrá que revisarse la comprensión lectora porque como hemos visto la policía no la contradice a ella, ni ella a la policía. Vamos, que no sé dónde estos abogados ven esas tremendas irregularidades. Sigamos:

«La tranquilidad de Daniel, y ahora os voy a dar un documento gráfico para que lo veáis, pues porque le dicen: "No, tú confiesa todo lo que ha pasado. Aquí han aparecido los restos de una persona. Desde luego seguimos mandando todas nuestras condolencias a la familia, como no puede ser de otra manera, pero tú confiesa lo que ha pasado". Daniel confiesa lo que ha pasado, pero no es lo que transcribe la policía en la declaración policial, y eso estamos en condiciones de aseverarlo».

«Nada, hemos encontrado unos restos, tú confiesa, que ya si eso te perdonamos». Poco y más que esto fue lo que, según Carmen, tuvieron que decirle a Sancho para que este confesase. No veo que se plantee el hecho de si lo hizo o no, sino de cómo dijo que lo hizo, y creo que la transcripción es fiel no ya a lo que dijo Daniel, sino a lo que dice la propia Balfagón que dijo.

«Las grabaciones dicen otra cosa, tú confiesa, no te preocupes, no vas a pasar por el tribunal tailandés y te vas a ir a España. Además, mira la orden de deportación que se le exhibe y que se le pone a la firma y que está firmada por Daniel».

A continuación veamos el documento y analicemos qué de cierto hay en las palabras de la abogada:

Aquí tenéis el original en tailandés y en la página siguiente, el texto traducido.

Volumen 0011/2023   Oficina de la Policía Nacional   Historia 0099

Informa diariamente sobre el caso de la Comisaría de Koh Phangan   Documento principal página 1 de 1

Policía Provincial de Surat Thani, Policía Regional 8

caso penal

Orden	Día Mes Año Hora	ARTÍCULO

No 303 K

El Subteniente de Policía Kiatkachorn Amloisawan (Investigación) de la estación de policía de Koh Phangan informó que mientras cumplía con sus funciones como investigador de casos penales en la estación de policía de Koh Phangan, recibió un aviso del Teniente Coronel Sirivath Somwang, Subjefe de la Policía de Inmigración de Surat Thani, para llevar a cabo acciones de acuerdo con el documento de la Policía de Inmigración de Surat Thani número 00 29.73 (6)/6924, fechado el 4 de agosto de 2023, sobre la solicitud de detención de un extranjero a la espera de su deportación (en el caso de ser revocado).

El caso del extranjero, el Sr. Daniel Sancho Bronchalo, de nacionalidad española, portador del pasaporte número, fue aprobado para la revocación de su estancia en el Reino de Tailandia como una medida temporal. El personal de la Policía de Inmigración de Surat Thani localizó al extranjero mencionado y notificó a la Policía de Inmigración 83, así como a la Policía de Inmigración 35.

Se debe mantener en cuarentena en la comisaría de Koh Phangan mientras se espera su repatriación fuera del reino, de acuerdo con las regulaciones.

El teniente coronel Kiatkachorn Amlai, jefe de la unidad de investigación de la comisaría de Koh Phangan, ha recibido al Sr. Daniel Sancho Bronchalo, de nacionalidad española, portador del pasaporte número [número de pasaporte]. Se le ha mantenido bajo custodia mientras se espera su repatriación fuera del reino, por lo que se le ha solicitado que firme como prueba. Posteriormente, se ha entregado al Sr. Daniel Sancho Bronchalo, de nacionalidad española, portador del pasaporte número [número de pasaporte], a los oficiales de seguridad para que lo registren. No se encontraron objetos prohibidos durante la revisión, por lo que se le ha llevado a la sala de control según las regulaciones.

Firma S.T.T.

(Jesadakorn Aongsut)   El registrador, funcionario,   (Kiatkachorn Amlai)   Investigador

Firma T.A.

(K. Siriwat Somwang)   firma P.O.T.   Firma del señor   El detenido

Estación de policía: 12-1/2014   (Daniel Sancho o MR. DANIEL SANCHO BRONCHALO)

Fecha de impresión: 4 de agosto de 2023 a las 22:07.
Impresor: Subteniente Jezzakorn Ongsut."

Lo primero en lo que Carmen miente es en que Daniel no firma absolutamente nada. Ese documento no está firmado por él pero tampoco es necesario, ya que no es ningún parte de deportación, sino un simple informe del caso; una especie de entrada de diario donde los agentes van apuntando lo realizado todos los días durante la investigación del caso. En esta ocasión, lo que nos encontramos es lo que ya hemos explicado: un informe en el que se revoca el visado del sospechoso de forma temporal mientras se investiga, por lo que queda retenido y bajo custodia policial ¿Por qué se hace esto? Pues para poder apresar a una persona que posiblemente ha cometido un delito mientras se espera la orden de detención, que normalmente tarda un poco más de tiempo. Por lo que vemos aquí, no existe ninguna irregularidad de actuaciones según el Código Penal tailandés, todo se hace en base a la legalidad vigente en el país.

Aquí tenéis el artículo 54 del Código Penal de Tailandia de la Ley de Inmigración en el que se detalla este punto.

Artículo 54
Todo extranjero que entre o permanezca sin permiso o cuando dicho permiso espire o se revoque, el funcionario lo deportará fuera del Reino.

Lo dispuesto en el artículo 19 y 20 se aplicará *a mutatis* en el caso de que deba realizarse una investigación para la deportación a que se refiere el apartado de este artículo.

En el caso de que exista una orden de deportación para el extranjero, mientras espera que el extranjero sea deportado, el funcionario puede ordenar al extranjero que permanezca en cualquier lugar prescrito o puede ordenar que se presente ante él (o el funcionario competente) de acuerdo con la fecha, hora y lugar prescritos con seguridad o con seguridad y fianza. El funcionario competente también puede detener al extranjero en cualquier lugar determinado tantas veces como sea necesario.

Los gastos de detención correrán a cargo del extranjero.

> La disposición de esta sección no se aplicará a los extranjeros que entren y establezcan su residencia en el Reino antes de la entrada en vigor de la Ley de Inmigración BC 2480 (1937).[42]

Sigamos viendo que nos tiene que contar Carmen:
«¿Estaba la policía tailandesa en condiciones de presentarle esta orden de deportación a Daniel?».

Creo que la respuesta ha quedado más que clara.

«La policía tailandesa no tenía capacidad, ni legal ni jurídica, para presentarle una orden de deportación porque las órdenes de deportación en Tailandia las firma el ministro del Interior. Y ahora mismo, en estos momentos, nosotros no tenemos ninguna orden del ministro del Interior declarando la expulsión del Reino de Tailandia y la revocación de la visa de Daniel».

Es evidente que no conocen los documentos que tienen entre sus manos ni mucho menos a qué artículos se acogen las autoridades tailandesas para llevar a cabo estos cometidos. Pero esto es normal: se acogieron a un abogado de oficio del que todos supimos después, durante el juicio, que este caso le importaba poco o nada (básicamente porque se quedaba dormido y el propio Daniel le admitió a la abogada Beatriz de Vicente que era un abogado de pega y que él llevaba su propia defensa), así que si al que consultaban era al propio Daniel, mal íbamos. Es cierto que también contaban con Alice, quien seguramente sabría muchas cosas que yo no pongo en duda, pero de leyes, viendo cómo estos abogados se exponían ante las cámaras asegurando cosas desde el total desconocimiento, dejaban entrever que lo que menos les importaba era conocer en profundidad la legislación del país donde se jugaba el futuro su cliente.

«Se ha estado diciendo que Daniel Sancho había confesado. Evidentemente, y todos hemos sabido desde el 5 de agosto, cuando sabemos que había confesado, que Daniel había confesado todos los extremos de lo que la policía quería que confesara. Pero es que eso no fue lo que confesó Daniel: Daniel confesó lo que dijo desde el minuto uno. En la declaración del 5 o 6 de agosto ya figura la relación de los instrumentos que compra, porque le preguntan: "¿Para qué compra estos instrumentos?". Evidentemente porque iba a hacer unos vídeos, que ya se verá en su momento, en el juicio. En el hotel Bougain Villas iba a hacer unos vídeos de cocina. Él no compró nada para matar al señor Arrieta; allí hubo una pelea y eso se desarrolló y eso se dijo por parte de Daniel desde el minuto uno».

Aquí Carmen vuelve a mentir. Esto nos indica dos cosas: o que no se ha leído el sumario que le han dado y por eso no sabe salir con la verdad, lo cual sería algo muy grave, o miente simple y llanamente a sabiendas porque… Vaya usted a saber por qué.

Es cierto que Daniel hace un inventario de lo que compra y dice que es para sus vídeos de YouTube, pero no lo dice desde el minuto uno ni lo dice en la primera declaración, sino el 16 de agosto en su tercera y última declaración.

12

En el documento de la página siguiente tenéis donde dice comprar dichos artículos para grabar vídeos de su canal. También aparece el inventario que Daniel hace de todos los productos comprados, y sí, esa es su tercera declaración, como vimos anteriormente; en las dos primeras deja bien claro que lo compró para preparar el desmembramiento.

«Él iba a colaborar, iba a decir lo que hizo con los restos de la víctima porque le prometieron que lo iban a deportar».

Esta frase realmente me parece demoledora: admitir que lo normal hubiese sido no decir lo que hizo con los restos de una persona que has descuartizado es algo que todavía no concibo. Básicamente, lo que Carmen quiere decir en esta frase es que si a Daniel no le hu-

> Pregunta Bolsa de basura color negro BHP tamaño 18 x 20, bolsa de basura tamaño 26/14, cuchillo de tamaño 8 pulgadas marca KW, guantes de látex P OLY, guantes M o PC, bolsa de tela básica, bolsa de spunbond, Papel film tamaño 30 x 60, estropajo de acero inoxidable BHP, esponja de fibra de limpieza en paquete doble marca M, bolsa de basura con asas reciclables que compraste en el supermercado Big C. Quisiera saber para qué compraste estos productos.
> Respuesta - Bolsa de basura negra BHP tamaño 18x20 para guardar basura.
> - Bolsa de basura netra BHP tamaño 26x14 para las escamas del pescado al cocinar.
>
> Declaración Jurada de Sr. Daniel Gerónimo Sancho Bronchalo sospechoso Hoja 17
>
> - Compré un cuchillo de 8 pulgadas de la marca KI WI para preparar alimentos y picar chiles.
> - Bolsa de POLY para usar al limpiar el pescado y desescamarlo.
> - Los guantes M PC se utilizan para la preparación de alimentos.
> - Bolsa de tela de Besico, bolsa de Spunbond para llevar las compras del supermercado Big C.
> - Film estirable de tamaño 30cmx60m para usar como base al cocinar.
> - Estropajo de acero inoxidable BHP para limpiar escamas de pescado.
> - Esponja de fibra de limpieza en paquete doble marca M, utilizada para la limpieza.
> - Bolsa de basura con asas ecológicas para poner basura.
> Pregunta ¿Se utilizaron bolsas de basura de color negro BHP tamaño 18x20, bolsas de tamaño 26 x 14, cuchillos de 8 pulgadas marca K W, guantes de goma POLY, guantes M o PC, bolsas de tela de tipo básico, bolsas de spunbond, film estirable tamaño 30x60, estropajos de acero inoxidable BHP, esponjas de fibra de limpieza en paquete doble marca M y bolsas de basura con asas ecológicas en este caso de desmembramiento o no?
> Respuesta Después de cometer el hecho utilicé esos objetos para desmembrar el cuerpo en este caso, pero no era el propósito para el cual los compré desde un principio.
> Pregunta El cuchillo y la tabla de madera que compró en la tienda Lim Pipong los utilizó para cometer este asesinato y desmembrar el cuerpo. ¿o no?
> Respuesta Después de llevar a cabo el asesinato, utilicé una sierra para desmembrar el cuerpo y un cuchillo que compré para desgarrar la ropa de la víctima. En cuanto a la tablá de madera, no la utilicé en absoluto.
> Pregunta Quisiera saber los detalles del proceso de descuartizamiento
> Respuesta Empecé usando una sierra para cortar la muñeca izquierda del difunto y luego puse la mano cortada en una bolsa de basura. Los brazos y el cuello. Las partes que eran carne las corté con un cuchillo, y las partes que eran huesos duros las corté con una sierra, cortándolas en pedazos.

biesen dicho que lo iban a deportar, no habría dicho dónde tiró las partes de Edwin. Sinceramente, el trasfondo me parece lamentable, ¿cómo vamos a pedir a estas personas que se pida perdón por lo cometido? Es imposible.

«¿Cómo es posible que Daniel, si analizamos alguna declaración de él, pueda decir que él conoce perfectamente el número de licencia de la abogada que le asiste cuando declara?».

Durante su testimonio, él señala que la abogada tiene el N.º de licencia XXX/2566: «Es la abogada asignada para mi defensa», dijo. ¿Que rece en el documento su número implica que Daniel lo sabía? En absoluto. Lo más verosímil sería imaginar que la propia policía le pide sus datos y los anota durante el interrogatorio. Para hacernos una idea con un ejemplo, no van a escribir si Daniel dice: «Sí, mi abogada es la chica esta». En lugar de transcribir «la chica esta», la policía le pregunta a ella su nombre, su número de licencia y listo. Pero claro, es mucho más lógico pensar en una conspiración masónica contra el «chef» que en una forma rutinaria de hacer las cosas.

«Abogada que nunca participó, ni tomó la palabra en ninguno de los testimonios que hizo Daniel».

¿En qué momento durante la declaración de una persona tiene que tomar la palabra? Ella podrá aconsejar a su cliente, decir o no decir algo, pero participar o tomar la palabra durante su testimonio no sé yo si es algo muy habitual.

«Qué casualidad que en la primera declaración que realiza Daniel el día 16 en la prisión de Koh Phangan, donde sí está asistido por un letrado, ahí sí hay otra traductora distinta a la que le asiste en comisaría».

¿Qué ilegalidad o irregularidad puede existir en que las dos declaraciones en comisaría sean asistidas por una intérprete, que además es intérprete jurada y que cuando luego se desplazan a la prisión de Koh Samui, sea otra? Para empezar, como bien ha dicho, la primera es en la comisaría en Koh Phangan y la otra, la tercera, en Koh Samui, a ciento quince kilómetros. Para llegar hay que coger el ferri y se tardan unas cuatro horas ya sea ida o vuelta. Imagino entonces que en la primera se encargaría el personal de la comisaría de Phangan y en la tercera, el personal de la comisaría de Samui; dudo que se pongan a desplazar a los traductores de un lado a otro. Como dije antes, no es cuestión de confabular para fastidiar a Sancho; yo lo veo y lo entiendo más bien como un problema de logística.

«Solamente se le leen los derechos a Daniel en la última declaración que se le toman, ya dentro de la prisión de Koh Samui. Cuando está asistido por el letrado que se designó por parte de la familia, solamente es cuando se le advierten de sus derechos. En ninguna declaración anterior figuran los derechos que le asisten a Daniel. ¿Qué? ¿A lo mejor entendía la policía que no era necesario porque él estaba declarando, colaborando y no había que advertirle de sus derechos?».

Carmen volvió a mentir y lo hizo a sabiendas siempre y cuando fuera cierto que había leído las declaraciones de Daniel.

Primera declaración de Sancho con los derechos firmados por él.[1]

Antes de comenzar dicha declaración, le vuelven a preguntar si se los han leído y él afirma que sí, que los reconoce y que entiende a la acusación. Repito: esta es la primera declaración.[1]

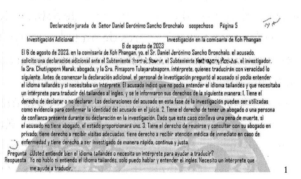

Segunda declaración. Como podéis ver, también figura la lectura de derechos.

> Declaración Jurada de Sr. Daniel Gerónimo Sancho Bronchalo sospechoso
> Investigación adicional
> 16 de agosto de 2023
>
> Yo, el Sr. Daniel Jerónimo Sancho Ballador, el acusado, solicito una investigación adicional ante el Subteniente Policial Chakkrit Intharak, el Teniente Coronel Seksak Sri Somo y el equipo de investigadores. Mi abogado y el intérprete, el Sr. Thana Don, traducirán con precisión lo siguiente: el Sr. Anan Chai Prabhan, antes de comenzar a tomar la declaración adicional, el investigador preguntó al acusado si podía hablar y entender el idioma tailandés y si necesitaba un intérprete. El acusado declaró que no hablaba ni entendía el idioma tailandés y necesitaba un intérprete de inglés a tailandés. se ha informado de sus derechos al acusado de la siguiente manera: 1. Tienen el derecho a proporcionar o no proporcionar declaraciones, y las declaraciones que hagan pueden ser utilizadas como evidencia para confirmar la identidad del acusado en el proceso judicial. 2. Tienen el derecho a que un abogado o una persona de confianza esté presente durante el interrogatorio. Dado que este caso conlleva una pena de muerte, si el acusado no tiene abogado, el estado proporcionará uno. 3. Tienen el derecho a reunirse y consultar con su abogado en privado, así como el derecho a recibir visitas según lo consideren apropiado. Tienen derecho a recibir atención médica de manera oportuna en caso de enfermedad y a ser interrogados de manera rápida, continua y justa."
>
> Pregunta ¿Usted entiende bien el idioma tailandés o necesita un intérprete para ayudar a traducir?
> Respuesta Yo no puedo hablar ni entender el idioma tailandés, solo hablo y entiendo inglés. Necesito un intérprete para ayudarme a traducir.

Tercera y última declaración. Lo mismo. En todas, absolutamente todas, al acusado le fueron leídos sus derechos.

No sé muy bien qué buscaba la defensa en esta rueda de prensa mintiendo sobre algo tan fácil de demostrar, pues basta con sacar el sumario y comprobar las declaraciones.

«Daniel nunca confesó que él había matado al señor Arrieta. Nunca. Y eso tenemos las pruebas hoy en día: confesó que había habido una pelea, evidentemente, confesó desde el minuto uno, colaboró en la recuperación de los restos y en que había procedido a desmembrarlo. Nada más».

¿Nada más? Y aún le parecerá poco.

Vamos a ver, esto que cuenta no tiene sentido ninguno. En todas sus declaraciones, Sancho confiesa haber matado a Edwin, en todas y cada una de ellas. No se discutía si lo había hecho o no, sino si lo hizo de forma premeditada o involuntaria. Pero que lo había matado, lo había matado, y que lo había confesado, lo había confesado; no se puede negar lo evidente. Me parece absurdo que una abogada diga tamaña barbaridad y se quede tan tranquila.

«La policía, en todas las declaraciones, han sido declaraciones que ellos mismos han confeccionado y eso, desde luego, lo vamos a llevar a juicio. Ya se conoce en Tailandia y para nosotros es un auténtico escándalo, un escándalo en el que tenemos que apoyar como primera medida a una persona que está, vamos a ver, ¿que ha cometido un ilícito penal o no?, pero que, de momento, no se ha actuado en cuanto a sus derechos como se debía de haber actuado. Nadie tiene derecho a cambiar una declaración, eso no pasa, además, gracias que esas declaraciones están grabadas, eso nos ha llevado a decir no, no, él no está diciendo eso».

¿Qué se puede contestar a esto? Creo que ya ha quedado más que demostrado que no se le vulneró ninguno de sus derechos: siempre fue asistido por abogados, siempre tuvo intérprete, siempre se le leyeron sus derechos y siempre firmó que declaraba libremente sin coacciones, torturas, etc. A todo eso hay que unir que firmó todas sus declaraciones aceptando lo declarado y no negó ninguna de ellas incluso cuando en la tercera fue y volvió a corroborar las anteriores delante de Kuhn Anan, el abogado puesto por la familia. Ahora, uno no puede más que reírse al escuchar sandeces como «**esto ya lo conocen en Tailandia**».

«Todas esas personas que ya habían condenado a Daniel como asesino confeso estaban equivocados, estaban equivocados. A Daniel se le juzgará y tenemos plena confianza en el tribunal de Koh Samui, la justicia tailandesa. Lo que entendemos que es una vergüenza es la actuación de la policía».

Parece ser que sí, que estaban todos equivocados. Esperemos que sigan pensando lo mismo de la justicia tailandesa. Veamos:

«¿Esas irregularidades son lógicas en un procedimiento de estas características? Eso evidentemente nosotros lo denunciamos donde corresponde ahora, que es ante todos vosotros, a los medios de comunicación aquí en España, pero no dudamos en denunciarlo a través de otros medios que tengamos a nuestra disposición, porque así no se trata a un súbdito español».

No sé muy bien qué buscaban denunciando ante la opinión pública. Si fuesen ciertas todas estas acusaciones, lo normal hubiese sido que hubiesen ido a Tailandia y lo hubiesen denunciado allí, donde correspondía. Dicho de otra manera, lo que buscaban era crear una imagen totalmente distorsionada del proceso porque o no denunciaron nada de esto ante la corte o, si lo hicieron, el juez hizo lo normal: pasar de este montón de absurdeces y falsedades. Lamentable y triste que jugasen con la gente y que la prensa les bailase el agua, no solo en la rueda de prensa, sino a lo largo de todos los meses hasta la lectura de la sentencia.

Ahora tocaba el turno de García Montes; Carmen le cedía la silla y la palabra.

«Nosotros hemos estudiado desde el primer día toda la legislación del Código Penal tailandés, es decir, que desde el primer día hemos estado trabajando en unión con los asesores tailandeses. Mi intervención en este procedimiento se produce el día 15 de agosto. Desde esa fecha yo he estado absolutamente callado, escuchando cosas que me sorprendían porque, sin haber conocido el sumario, no se puede estar a lo que te vayan filtrando personas interesadas, y cuando hablo con Rodolfo, que por cierto tiene absoluta empatía él y su hijo con Carmen y con Ramón, y con mi hijo, Marcos García Ortega, que por cierto, hoy no puede estar aquí porque tiene actuaciones en Barcelona, absoluta empatía y confianza, es decir, que no ha habido ninguna quiebra. Están no contentos, sino encantados; nosotros con ellos y ellos con nosotros.

El día 21 de agosto, fecha de mi cumpleaños, contactamos con Rodolfo y ya lo he dicho, comentándole que ha pegado un giro copernicano este procedimiento. Después de haber escuchado a la policía filtrando de forma interesada actuaciones policiales al margen del juez y del fiscal, reconstrucción de hechos que ni los hermanos Marx harían tan mal, pues escuchamos que la policía mantiene que ha habido pelea, con lo cual se da un giro copernicano al destrozar la supuesta premeditación».

El bueno de Montes se leyó la legislación tailandesa estando de vacaciones, pero parece ser que no la entendió muy bien. Vuelve a mencionar las irregularidades sobre la policía, pero reconoce una cosa que contradice a Balfagón: que la policía admite que hubo pelea.

Según Carmen, la policía transcribe lo contrario en las declaraciones de Daniel. Entonces, ¿en qué quedamos? Y lo mejor de todo es que el hecho de que exista una pelea es para García Montes un sinónimo de que no hubo premeditación. Ya sabéis, si os van a matar, no se os ocurra defenderos, porque como os defendáis fuerte y montéis una pelea evitando la muerte, ya no hay premeditación. No, vosotros quedaos quietos y dejad que os maten.

Eso sí, lo que ha quedado claro es que Rodolfo y Daniel estaban encantados con ellos. A mí esto me suena a lo mismo que dijo cuando bajó las escaleras tras la sentencia y aseguró que el juez había halagado el trabajo realizado por ellos.

«Con lo cual, ya en principio, había quedado descartada la famosa pena de muerte».

No sé, para mí esta afirmación, en ese momento, ya me parecía bastante osada. Mirándola con cierta retrospectiva, no me parece osada, sino un disparate.

«**En la primera comparecencia, una vez comenzamos nuestro trabajo, el presidente de la sala, con absoluto respeto a los derechos humanos, estamos encantados con él porque estamos completamente seguros de que se va a hacer un juicio justo y con todas las garantías, recibe la comunicación de Daniel indicándole que quería un letrado de oficio, es decir, que no quería a ninguno de los anteriores, y que tiene derecho a que se le dé traslado de la acusación del fiscal, en el idioma español, que es el idioma vernáculo, el idioma propio, al que tiene derecho todo ciudadano conforme con la normativa de la ONU y de los derechos fundamentales, es decir, su idioma es el español. Podemos aquí contrariar nuestra opinión de por qué motivo él habló inglés con una supuesta intérprete y con la policía si tiene un inglés de andar por casa, tema de sus apariciones en televisión, de sus asuntos profesionales y poco más, pero cuando una persona se enfrenta a un proceso judicial, tiene derecho a hablar y escuchar en el idioma que entienda perfectamente conceptos jurídicos y conceptos policiales**».

El 12 de enero, García Montes estaba encantado con todo, y aseguraba que sería un juicio justo y con todas las garantías procesales. Espero que siga pensando lo mismo. En cuanto a que Daniel no habla inglés... No sabría qué decir, pero entra un poco en contradicción con la propia actuación del reo durante el juicio: recordemos que rechazó a su intérprete de castellano y lo reemplazó por Alice, que lo traducía del tailandés al inglés, así que no sabría yo que decir a este respecto.

«¿En qué hemos trabajado? Pues hemos trabajado sobre la actuación de la policía. Hasta la fecha ha habido otra involución clara, y me refiero a todo lo que la policía ha ido filtrando. La policía ha ido filtrando desde que hubo una pelea que realmente no fue una pelea, sino que fue una agresión, y la policía filtró, y está en los medios de comunicación, las lesiones que tenía Daniel.

Lo que ocurre es que la policía, desde un primer momento, filtra que es una pelea y que Daniel tenía lesiones. Las lesiones no son de una pelea, son de una agresión, que es bien distinto, porque son lesiones de defensa, alguien le está agrediendo».

Vayamos a ver las lesiones de Daniel que figuran en el sumario y las lesiones que tenía Edwin en la cabeza (hablo solo de la cabeza porque, por desgracia, el torso, que seguramente tendría más lesiones, no pudo ser recuperado):

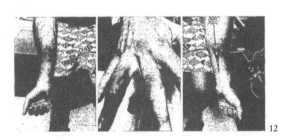

Imagen 1   Imagen 2   Imagen 3

En el sumario (página siguiente) se recogen las dos mordeduras en los antebrazos de Daniel y las lesiones de los dedos que él mismo se provocó durante el descuartizamiento.

Instituto de Medicina Forense del Hospital de la Policía, Oficina de la Policía Nacional.
492/1 Henri Dunant Road, subdistrito de Wang Mai, distrito de Pathum Wan, Bangkok Tel. 022076 08-1 ext.

Informe de examen del cadáver B

ที่ 03203/2566 **Fecha: 9 de agosto A.E. 2023**

ศพ Mr.EDWIN MIGUEL

44 años, hombre Nacionalidad colombiana, etnia colombiana, religión.
Enviado desde la comisaría provincial de Koh Phangan, Surat Thani

Fecha de envío	Día 8	El mes de agosto	Año 2023	tiempo 16:00 น.
Fecha de recepción del cuerpo	Día 9	El mes de agosto	Año 2023	tiempo 07:30 น.
Tiempo	Día 9	El mes de agosto	Año 2023	tiempo 10:05 น.

Estado externo del cadáver

Las partes del cuerpo enviadas para su análisis corresponden a tejido y órganos humanos.
un total de 5 partes, que son las siguientes:

1. cabeza con cabello castaño oscuro, negro y grueso.
2. zona del codo derecho unida al brazo derecho, parte superior y parte inferior del brazo derecho,
con un tamaño de 18x14x8 cm, cortada con bordes relativamente lisos.
3. zona del extremo del brazo derecho, con un tamaño de 17.5x9x8.5 cm, cortada con bordes bastante lisos.
4. mano derecha, con un tamaño de 21x10.5 cm, cortada con bordes bastante lisos.
5. mano izquierda, con un tamaño de 24x10 cm, cortada con bordes relativamente lisos.

Resumen Dentadura El diente superior derecho, el diente número 8 aún no ha salido o está ausente,
el diente superior izquierdo, el diente número 8 aún no ha salido o está ausente,
el diente inferior derecho, el diente número 8 aún no ha salido o está ausente,
el diente inferior izquierdo, los dientes número 7 y 8 aún no han salido o están ausentes

Las heridas externas aparecen de la siguiente manera

1. Herida desgarrada en la ceja derecha de aproximadamente 2.8 cm de largo y 1 cm de ancho,
con características de contusión alrededor del ojo derecho.
2. Herida desgarrada en el puente de la nariz de aproximadamente 2 cm de largo y 0.7 cm de ancho.
El cartílago de la punta de la nariz está fracturado y deformado.
3. Herida contusa alrededor del ojo izquierdo.
4. Herida desgarrada con bordes lisos desde el lóbulo de la oreja derecha hasta la punta de la mandíbula
del lado derecho, de aproximadamente 11 cm de largo y 3 cm de ancho.
5. Herida lacerante en el borde del área de la nuca del lado izquierdo,
de aproximadamente 0.7 cm de largo y 0.3 cm de ancho.
6. Herida en la palma, rasguño en la parte central de la mano izquierda,
con un tamaño de aproximadamente 2 cm de largo y 0.3 cm de ancho.
7. Herida desgarrada con bordes lisos en la articulación media del dedo medio de la mano izquierda
en la palma, de aproximadamente 1.2 cm de largo y 0.2 cm de ancho.

Instituto de Medicina Forense del Hospital de la Policía, Oficina de la Policía Nacional
492/1 Henri Dunant Road, subdistrito de Wang Mai, distrito de Pathum Wan, Bangkok Tel. 022076 08-1 ext.

autopsia
cabeza
Se encontraron contusiones debajo del cuero cabelludo en la parte posterior, coincidiendo con una herida externa de 9 cm de largo y 5 cm de ancho. En la parte frontal derecha, la herida mide 7 cm de largo y 5.5 cm de ancho, y en la parte superior derecha, mide 3.5 cm de largo y 3 cm de ancho.

- El cráneo no presenta fracturas; las suturas comienzan a fusionarse parcialmente
- El cerebro es mayormente de un color gris blanquecino y se observa una mancha de color rosa rojizo en la parte superior derecha del cerebro, cerca de la corteza cerebral.

cuello
- lengua normal
- La columna vertebral en la región cervical fue cortada de manera uniforme a nivel aproximadamente de la segunda vértebra cervical.
- El tejido en la zona del cuello ha sido cortado, con un borde limpio cerca de la parte superior del cuello
- El hueso de la base de la lengua ha sido cortado, el corte presenta bordes lisos. La parte restante no muestra signos de fractura.

Informe de resultados de la inspección del objeto de prueba número Ch. 03550/2566.

Se realizó la búsqueda de material genético (ADN) en las uñas de las manos, pero no se encontró material genético (ADN) de otra persona en las uñas de la mano derecha e izquierda del cadáver

Se realizó un análisis de (ADN) de los huesos del antebrazo derecho, que se ha conservado

Se realizó un análisis de ADN a partir del hueso del codo derecho, que se ha conservado

Se detectó material genético (ADN) de un hueso" se ha realizado la detección de material genético (ADN) de un hueso de la mano derecha, que se ha conservado

Se ha detectado material genético (ADN) de un hueso. Se ha extraído material genético (ADN) del hueso de la muñeca izquierda y se ha conservado

Se ha detectado material genético (ADN) de hueso. Se ha extraído material genético (ADN) de dos huesos cervicales y se ha conservado.

Causa de lmuerte   No se observan causas de muerte claras a partir de los restos

พ.ต.อ.

— 236 —

De acuerdo con el informe de la autopsia, se puede concluir que Edwin tenía la cabeza destrozada, la cara llena de golpes y un ojo colapsado. Lo peor es que estas lesiones eran previas a la muerte.

Ahora vamos a hacer un ejercicio. Vamos a contraponer las heridas o lesiones que Daniel Sancho presentaba en su cuerpo con las que presentaba Edwin, pero antes debo decir que este estudio no lo he hecho yo, sino Borja Moreno, quien se ha basado en la documentación de la autopsia y del sumario para hacerlo. Muchos ya lo conocéis, pero para los que no, Borja es médico forense, director del Instituto Legal y Medicina Forense de Ceuta, profesor asociado de la Universidad de las Islas Baleares, imparte clases de Medicina Legal y Toxicología en el grado de Medicina, doctorado en la investigación médico-legal en España sobre temas relacionados con la psiquiatría o sexología forense y, en su poco tiempo libre, voluntario médico en Tanzania.

Borja nos hizo una exposición en la que nos contaba que, cuando a una persona la agreden, suele recibir golpes en la cara o el pecho mientras que el agresor, por su parte, sale represaliado con heridas o hematomas en dedos y nudillos. Además, nos explicó que cuando alguien se defiende y las fuerzas menguan, cuando el agresor se aproxima suele intentar morder. Digamos que esto sería su último recurso (de ahí viene la frase «se defendió con uñas y dientes»), por lo que la persona que suele presentar las mordeduras suele ser el agresor.

En el caso de Daniel, es muy fácil discernir quién es víctima y quién es agresor. Todas las lesiones que presentaba el cuerpo de Sancho reflejaban que agredió a alguien con fuerza; de ahí que estas se hallasen en la zona de los dedos, tal como indicó Borja.

Si ahora analizamos las lesiones de Edwin, comprobamos que todas se corresponderían con las de una persona que está siendo agredida, puesto que los golpes se hallan en la cara, ambos ojos amoratados, uno de ellos colapsado, el hueso de la nariz roto, cortes en las cejas y otras muchas que, como habéis podido ver, vienen enumeradas en el informe de autopsia.

Además, no hay que ser muy inteligente para imaginar una escena en la que alguien te ataca a mordiscos y tú pones los antebrazos para defenderte pero la parte interna de los mismos para que te los muerda. Con respecto a las lesiones de sus antebrazos, Sancho dijo que Edwin lo mordió cuando estaba en el suelo, por lo que Daniel lo agarró de la cabeza para golpearlo. En ese momento, según contó en la reconstrucción y sus declaraciones, el «chef» dice que Arrieta se revuelve y lo muerde. Esta explicación podría ser la verdad, pero resulta un poco complicado pensar cómo te dejas morder ambos brazos. Además, la postura es un poco complicada para dejar expuesta, exactamente, la zona que fue mordida. Para esta cuestión, el criminólogo Félix Ríos hizo una exposición bastante interesante. En ella nos mostraba cómo se producen los mordiscos en los asesinatos: nos contó y nos enseñó gráficamente que este tipo de lesiones las suelen presentar por lo general los agresores. Se producen casi siempre cuando el agresor agarra al agredido por la espalda y entonces deja el interior de los antebrazos justo a la altura de la boca para que puedan ser mordidos.

En resumidas cuentas, y siempre según las valoraciones de los expertos, las lesiones que presenta el cuerpo de Daniel Sancho son las típicas de un agresor y las que presenta la cabeza de Edwin Arrieta se corresponden con las del agredido por mucho que García Montes intentase hacer ver lo contrario.

«La línea que nosotros hemos organizado, pues, en primer lugar, la absoluta confianza en el presidente y en los magistrados de la audiencia provincial que en su día nos dieron copia del procedimiento. Le entregaron a Daniel copia del procedimiento, posiblemente en la primera comparecencia, es decir, se hace una segunda comparecencia en la que ya Daniel conoce de qué se le acusa y en esta comparecencia es en la que se fijan los motivos y la estrategia de defensa que se ha diseñado, en nuestra opinión, magníficamente bien y pendiente de que por parte del tribunal que ha admitido estas pruebas así se practiquen.

Problemas que se plantean a lo que mi compañera y amiga (Carmen Balfagón) y también Ramón han denominado irregularidades, bueno, eso tiene una transcripción, como sabe mi compañera, al derecho mundial, que son unas irregularidades que se transforman en pruebas ilícitas, pruebas realizadas, contraviniendo la normativa internacional de derechos humanos».

Esperemos que García Montes siga opinando exactamente lo mismo de la audiencia provincial aun cuando esta no se ha creído ni uno de los alegatos formulados por la defensa, y de que esas pruebas ilícitas y contra los derechos humanos que decían haber presentado, el juez (o mejor dicho, los jueces) ha dado validez nula a lo expresado por el trío jurídico español.

En cuanto a la primera comparecencia a la que hace referencia el letrado, se produce el 22 de septiembre. Esto contradice totalmente lo expresado por él. En esta misma rueda de prensa, cuando dice que a Daniel se le leen las nuevas acusaciones a las que se enfrenta en la prisión de Koh Samui y él se niega a firmar, esto no sucede en la prisión, sino en otra de esas comparecencias cuando ellos ya habían o estaban diseñando su línea de defensa. Las fechas son dos: una el 19 de octubre, cuando Sancho se niega en redondo a hablar porque no hay un intérprete de su lengua materna, y el 25 de ese mismo mes, cuando incluso con intérprete en sala Daniel se vuelve a negar a firmar y se declara inocente de todos los cargos excepto del descuartizamiento. No solo eso, Daniel también deja claro en esa comparecencia que todo debe pasar por manos de Alice.

«Primer tema, interrogatorio policial, una abogada de oficio, cuya licencia nuestro cliente no sabe ni que es una licencia, a lo mejor piensa que es una licencia para taxi, ¿no? Y eso la policía recoge hasta el número de la licencia. Esta señora, con una intérprete que nunca hemos sabido si era jurada o no, era una intérprete jurada, supuesta intérprete que actuó como tal ante la policía, pues resulta que está llena de policías la sala y ella se dirige directamente a la policía y la policía está contestando algo que nuestro cliente no entiende. No crean que estamos contando una película de ciencia ficción, es que firma documentos en tailandés. El interrogatorio ante esta abogada y en inglés, en un inglés que no entendía absolutamente nadie, evidentemente queda al margen».

Esto no tiene desperdicio. Habla de una abogada de oficio, como si ser de oficio le otorgase menos credibilidad. Pues he de recordar que el abogado que representó a Daniel durante el juicio, que es muchísimo más importante que un interrogatorio ante la policía era, por decisión del propio Daniel, su equipo jurídico y su padre, un abogado de oficio.

Lo del número de licencia no lo voy a volver a decir. Lo de jurada o no, aunque ya lo expliqué, vuelvo a dejar a continuación la parte en la que lo dice durante su primera declaración. A Montes le habría bastado con leerse esta declaración, o mejor dicho, entender esta declaración, porque lo del número de licencia se le grabó a fuego, pero que la traductora juró traducir fielmente, parece que se lo pasó por alto cuando está justo un párrafo por encima de eso.[1]

pregunta	¿Usted entiende bien el idioma tailandés o necesita un intérprete para ayudar a traducir?
Respuesta	No hablo ni entiendo el idioma tailandés, solo entiendo el inglés. Necesito un intérprete que me ayude a traducir. La Sra. Pimpha━━━ ━━━━━━ será la intérprete que le ayude a traducir, quien ya ha prestado juramento de que traducirá el mensaje de manera fiel a la realidad.

Y, por si a García Montes o a Balfagón se les ha pasado, justo al final de dicha declaración tienen las identificaciones de la abogada y la de la intérprete (ver páginas siguientes). De nada.

copia correcta
Teniente coronel de policía
(Decho Khongsuk)
Policía de la isla Koh Phangan

Copia correcta
Teniente coronel de policía
(Decho Khongsuk)
Policía de la isla Koh Phangan

En cuanto a que esta declaración, como dice Montes, «evidentemente queda al margen», deberían estarles agradecidos, ya que, gracias única y exclusivamente a ella, a Daniel se le ha conmutado la pena de capital a perpetua. Esto está recogido en la sentencia.

En cuanto a que la intérprete se dirigía a la policía, me encantaría saber cómo se hace. Vamos a ver, Sancho le habla a la intérprete en inglés, la cual lo escucha y, lógicamente, luego tendrá ella que responder en tailandés mirando a la gente que le está hablando en esa lengua. Resulta gracioso porque dice algo así como que la policía se pone a decir cosas que él no entiende. Lógicamente, para eso está la intérprete; para luego contárselas en una lengua que él comprenda. Y una última cuestión, en cuanto a la traducción, para no entender nada el asesino y nada la intérprete, es muy precisa, detallista y exacta, y no solo en cosas que podrían ser o no conocidas por los investigadores, sino en detalles que nadie más que el propio homicida podría conocer.

Les resulta también muy extraño y sospechoso y demuestra que todo estaba confabulado para que Daniel fuese declarado culpable que en Tailandia, donde su lengua oficial es el tailandés, los documentos oficiales estén escritos en esta lengua.

«Cuando llegamos a Tailandia, Marcos García Ortega (su hijo) y yo nos entrevistamos en sesiones de cinco horas todos los días durante una semana con Daniel; nos cuenta todo lo que pasó. Evidentemente, estamos obligados al secreto profesional, pero evidentemente todo esto se conecta con el engranaje de lo que estamos haciendo. Fue todo absolutamente irregular, no se le lee ningún derecho fundamental a que nombre abogado, se le pone de oficio por parte de la policía, se le lleva por un largo peregrinaje por todas las diligencias que ellos van investigando. Por supuesto, en ese peregrinaje, el abogado de oficio ni aparece y, finalmente, pues hace esa presunta reconstrucción cavernícola y esperpéntica, en la que la policía le está diciendo lo que él tiene que decir en inglés; en fin, creo que hablar de esto sería un insulto para la inteligencia».

Bueno, vayamos nosotros a retar a la inteligencia.

Hablemos primero de la mentira inicial. Ellos llegan a Tailandia el día 3, pero no se reúnen con Daniel hasta el día 6 y llegan a España el día 10. Como hay un día de viaje salen de Tailandia para el regreso el día 9, lo que suman tres días de visitas a Sancho. Él, por el contrario, habla de sesiones de cinco horas todos los días durante una semana. ¡Qué semanas más cortas debe de vivir este hombre!

Sigamos profundizando. Dice que a Daniel no se le leen sus derechos fundamentales de asignar abogado:

Pregunta: «¿Tiene usted abogado? Si no, el Estado le proporcionará un abogado que lo acompañe durante el interrogatorio».

Respuesta: «No tengo abogado, el investigador me ha designado a la Sra. XXXXXXXX XXXXX, como abogada con número de licencia XXX/2566, para que me acompañe durante el interrogatorio. Lo cual me satisface y no tengo ninguna objeción contra esta abogada».[1]

Primera declaración. Creo que deja bien claro que se le pregunta si tiene abogado, a lo que él mismo contesta que no. Las autoridades le ponen uno de oficio para que se preserven sus garantías procesales exactamente como pasa aquí, en España.

Ahora vamos a ver ese peregrinar por la isla. Porque hay algo muy interesante: Montes dice que lo hace sin abogado. ¿Será cierto? Miremos algunas fotografías.

11

Podríamos seguir poniendo imágenes de ese peregrinar que cuenta Montes en las que se ve en todo momento a la abogada.

Y, por si os lo estáis preguntando, la otra chica que acompaña a la letrada es la intérprete. La identificación de ambas las tenéis unas páginas más atrás, tal y como figuran en la primera y segunda declaración de Daniel.

La facilidad con la que se desmienten todas y cada una de las palabras de los abogados de la defensa con el sumario en la mano me haría preguntarme muchísimas cosas, pero sobre todo me cuestionaría si realmente se leyeron el sumario con cierto rigor. Quiero creer que no, porque si lo hicieron sería muy triste que se plantasen delante de catorce cámaras de televisión, multitud de periodistas y millones de espectadores para contar las cosas como las contaron, imagino que con la esperanza de que ese sumario al que hacían referencia no cayese en manos de nadie que pudiese traducirlo y analizarlo.

Después de todo esto, se atreve a decir que la reconstrucción es un insulto para la inteligencia:

«A mí ha habido algo que, desde el principio, me ha sorprendido. Me imagino que será por ignorancia de buena fe, me supongo que, es decir, que Marcos García Montes y mi compañera no formábamos un equipo jurídico, bueno, Donald Trump con Rudy Giuliani, pues tienen un equipo de nueve abogados que colaboran todos en la defensa. Caso Digy Simpson, hablaban nada más y nada menos que de el *Dream Team* legal; tenía doce abogados. Cuando nosotros intervinimos en el caso de Joaquín José Martínez en el corredor de la muerte, afortunadamente con declaración de no culpabilidad, María José Carrascosa y otros de personas más anónimas, pues a los abogados del equipo jurídico que forman parte de la confianza del cliente, que son abogados de confianza, no los contratados, se nos deja, por lo menos, intervenir en el asesoramiento, por lo menos, el día del juicio sentarnos junto al abogado que lleva el asunto. En este caso, el abogado de oficio, que por cierto, lo está haciendo muy bien, y hay que agradecerle su intervención, y colaborar en la defensa, es decir, esto es un equipo de abogados. No vamos a entrar más en el tema del equipo jurídico porque yo he escuchado auténticos disparates».

Esta parte es magistral. Resulta que el 12 de enero, el propio Marcos deja bien claro que Balfagón y Chipirrás pertenecen al equipo jurídico y los compara a los abogados del expresidente de los Estados Unidos, Donald Trump. La estima en la que se tienen es inconmensurable, pero tristemente el tiempo terminaría poniendo a cada uno en su sitio. No obstante, dentro de todo, lo peor no es que se crean más o menos buenos: lo malo de verdad es que a la hora de confeccionar un informe por un equipo de criminólogos lo hacen los propios componentes de la defensa del reo. Esto puede parecer algo baladí o sin importancia, pero no lo es. A un perito de parte se le exige o se le debe exigir que, aun siendo contratado, como bien dice el nombre, por una de las partes, que se mantenga neutral. ¿Alguien puede explicarme la neutralidad que puede llegar a presentar un informe, no ya de un perito de parte, sino de un perito que es portavoz del padre del acusado y que, por boca del propio Montes, forma parte de la defensa del mismo?

No hay que olvidar que Marcos decía que al formar parte del equipo de asesores de la defensa se les dejaría, por lo menos, asistir al lado del abogado titular a las sesiones del juicio. Debatir esta cuestión no hizo falta, ya que ninguno de los tres se presentó en Tailandia durante dicho juicio, a excepción de la última sesión. Así pues, después de casi un mes aparecieron por la corte de Koh Samui Carmen y Ramón. Llegaron antes de que comenzase esa jornada y después de subir las escaleras del juzgado que, déjenme decirles, me recordaban a las de la película *Kung fu Panda*, largas e interminables. Al llegar arriba del todo, no los dejaron entrar, por lo que solo pudieron asistir a la declaración de Daniel. No sé muy bien por qué sucedió esto, ya que Juango Ospina, junto con su equipo adheridos al fiscal como coacusación, no tuvieron problemas en entrar en las primeras sesiones y otras tantas de mediados del proceso. Se ve que Montes, Balfagón y Chipirrás se creían más importantes de lo que en realidad eran. Y no solo eso: el mayor de los ridículos fue el representado por el trío jurídico el día de la sentencia. Después de volver a subir aquellas interminables escaleras y ya contando con la presencia del propio Marcos García Montes, llegan los tres arriba acompañando a Rodolfo y a Alice para finalmente quedarse fuera. No los dejaron ni cruzar el umbral de la puerta; se tuvieron que sentar en un banco de piedra del patio. Imagino el sentimiento de humillación que debieron de experimentar aquellos que se comparaban con los abogados de un expresidente de los Estados Unidos.

«Hay otro punto de inflexión fundamental, y es una entrevista que hacen el Equipo de Investigación de La Sexta al fiscal jefe de la zona, en la que dice, literalmente, que hay que estar a lo que se practique a presencia judicial y que, si España pide, con cumplimiento de tercera parte, venir a España, que vendrá a España a cumplir. Bueno, ha habido hasta comparecencias de otros abogados o subabogados, o juristas o pseudojuristas que han confundido extradición con traslado de presos, que no tiene nada que ver, pero ha habido abogados que a mí me daba vergüenza ajena cuando los estaba escuchando».

Aclarar a Marcos que Daniel no solo tiene que cumplir la tercera parte de su condena, sino que existe otra serie de requisitos que debe llevar a cabo para venir a España. El primero e ineludible, pedir perdón real. Básicamente porque tiene cadena perpetua y no hay terceras partes de la misma, por lo que tiene que pedirlo para que le rebajen la pena a cincuenta años y que con el paso del tiempo dicha condena vaya bajando para que en el mejor de los casos regrese tras ocho o diez años en Tailandia. Aunque también he de añadir que para acceder a ese perdón debe mantener una buena actitud en prisión exenta de infracciones, pues para acceder al traslado debe contar con una cartilla de comportamiento impoluta. Otro de los requisitos es abonar la indemnización impuesta a favor de la familia de la víctima, que, en este momento asciende a 106.000 euros, más unos 5.300 euros de los intereses del último año, ya que se le suman un 5 por ciento por cada año que pase sin pagarla, a contar desde aquel 2 de agosto de 2023. Por lo que para ver a Daniel por tierras españolas aún quedan algunos años y algunas acciones que tendrán que llevar a cabo si quieren traerlo.

Lo de la vergüenza ajena de Montes escuchando a según qué abogados o juristas es un tema para dejar aparte; no me quiero imaginar a «según qué abogados y juristas» escuchando durante estos meses al trío jurídico.

«Se han planteado una serie de pruebas para plantear los puntos de la estrategia de defensa, y los puntos basculan entre cinco:

Primero. Nulidad de las actuaciones policiales al no estar refrendadas con la Normativa de Derechos Humanos, que por cierto, Tailandia, en estos 20 días, que yo durante vacaciones me tuve que trabajar el tema junto con Carmen, con Rodolfo y, por supuesto, con Ramón y con mi hijo, me traje seiscientos folios. En estos folios, lo primero que hice, además de estudiarme la legislación penal y procesal tailandesa, fueron las adhesiones del Reino de Tailandia a los derechos humanos y está adherida en todo momento. Me consta, además, que los tribunales de Tailandia son muy respetuosos y muy garantistas con los derechos humanos, con lo cual, estamos tranquilos. Desde luego agradecer al presidente del tribunal la cortesía que ha tenido con el padre y con nosotros en dejarnos entrar en todo el procedimiento y en manifestarnos que ellos van a actuar conforme con esta normativa, con lo cual estamos muy tranquilos.

Relativo al tema del Código Penal tailandés, recordar que la sección, allí llaman sección a los artículos 289, habla de asesinato con premeditación y el 290, que es el más importante, habla que la muerte de una persona con lesiones tiene pena de tres a quince años; el homicidio simple. Yo comprendo que, desde el punto de vista mediático, es muy imaginable, muy publicable el tema del posterior descuartizamiento, pero si no hubiera habido descuartizamiento, que es un delito de profanación de cadáver, que tiene pena de un año, ¿qué pasa? ¿Que no hubiera ocurrido nada? Es lo que más produce reproche, evidentemente, pero que no tiene que ver nada con la calificación de homicidio o asesinato; olvidémonos de ese tema».

Vamos por partes. No debemos olvidar que estudió el Código Penal estando de vacaciones y además en su cumpleaños: eso es fundamental para el procedimiento y para el caso; debe serlo porque lo nombra cada vez que tiene ocasión. Dejando esto a un lado, ellos querían que las actuaciones policiales se anulasen, no ya por los derechos humanos, sino porque les venían muy mal, ya que en ellas se demostraba que Daniel era el único culpable de un homicidio premeditado. Lo bueno de esto es que el juez les echó la misma cuenta que cuando llegaron arriba de la escalera el día de la sentencia y los mandaron al banco de piedra, es decir, ninguna. Y deberían estar agradecidos porque fue lo único que salvó a Daniel de la pena capital.

Lo de que hay que olvidar el tema del descuartizamiento es básicamente lo mismo que quieren hacer con las actuaciones policiales, y tienen el mismo problema: es imposible olvidar cómo una persona parte en trozos a otra, coge sus vísceras, las mete en bolsas, las guarda en un frigorífico, las tira al mar y la basura para, posteriormente, irse tranquilamente a desayunar. Esa imagen, señor García, es inolvidable.

«¿Qué dicen estos artículos? Si se comete con negligencia, pena no superior a diez años o una multa de 20.000 bahts. Además, dice que si ha habido homicidio imprudente será castigado con penas de tres a veinte años, es decir, que estamos en un marco máximo sin circunstancias atenuantes de entre ocho y diez años; esta es la normativa. En derecho hay una cuádruple dimensión en todos los procedimientos, demandas, etc. El *factum*, que es el hecho; el *probatum*, que es la prueba; el *judicium*, que es el derecho aplicable; y el *resolutum*, que es la sentencia. Vamos a verlo de forma concreta y casi telegrama:

Los hechos, diseñados por la policía, y no se podrá cuestionar: pelea que luego resulta que es una agresión. Por el reportaje fotográfico no consta pelea ninguna de nuestro defendido, sino que el defendido se defendió. Ha dicho que había un intento de violación grave, tema muy grave, porque hay una legítima defensa».

¿Cómo vamos a cuestionarnos que los hechos han sido diseñados por la policía? Fue a los investigadores a los que se les ocurrió que Sancho llegase a la isla dos días antes que Arrieta, alquilase un hotel alejado y en el que solo metió una compra con cuchillos, sierras y productos de limpieza, llevase allí al doctor, lo matase, lo descuartizase y estuviese día y medio tirando sus restos entre el océano y los contenedores de basura. Esto no es lo que dice la policía: esto es lo que muestran las grabaciones de las cámaras de seguridad, los registros de Inmigración y las reservas hoteleras. Señor García, la policía no diseñó nada: fue su propio cliente quien tuvo a bien realizar la planificación y ejecución del crimen con su mente criminal privilegiada.

«Segundo punto. Si hay agresión y todavía no sabemos ni la data de la muerte porque el humor vítreo de los ojos no se ha podido establecer, la temperatura anal es anacrónica, eso es como lo de la famosa prueba de la parafina en los disparos, eso quedó fuera hace veinte años. Entonces estamos en que los forenses no saben la fecha de la muerte, pero sí que sabemos que hay una lesión en el cráneo que pudiera o no ocasionar esta muerte, es decir, que estamos en esa línea porque tampoco se sabe cuál es la causa de la muerte o la etiología. Aquí en Derecho hay que andar con certezas, no con posibilidades. ¿Dónde estamos? Estamos en que no sabemos cuándo murió pero sí que sabemos que hubo una agresión y una lesión en el cráneo, en la parte del occipital».

Aquí se ve que el subconsciente le traicionó y dijo la única verdad de toda la rueda de prensa: Edwin sufrió una agresión por parte de Daniel que le provocó una lesión en el occipital.

«A partir de aquí, todo son dudas y estamos en que todos estos hechos, probados o no probados, darían lugar a un homicidio imprudente que, inclusive en España, estaríamos en la hipótesis de un accidente. Me están intentando violar, me están mordiendo, yo me defiendo, se cae y se produce el tema. No tendría ninguna responsabilidad penal. Pero llegando al límite extremo estaríamos en una condena con la que creemos que Daniel podría estar en España en tres o cuatro años».

Se ve que sigue su propio consejo y se basa, como dijo anteriormente, en certezas. Me gustaría saber qué certeza hay sobre lo de que el cirujano intentó violar al «chef».

«Y, finalmente, dar el pésame de nuevo a la familia sin que eso suponga aceptar que Daniel ha causado esa muerte y agradecer a los medios de comunicación el interés que han tenido en este procedimiento. Y agradecer también la rigurosidad, en cuanto a que nosotros hemos estado callados hasta que hemos conocido la acusación del fiscal, hemos presentado nuestras pruebas y de verdad, dar de nuevo las gracias al equipo tailandés, que se han portado magníficamente bien y al abogado de oficio. Y no podemos olvidar otro punto, que yo de verdad, después de cincuenta y dos años, estoy totalmente sorprendido, casi irascible. A nuestro cliente han ido a verle, además de abogados con la policía ofreciéndole firmar la cadena perpetua, a lo que se ha negado, sin que él los llamara. Hasta un policía, últimamente, después de regresar de Tailandia con otro abogado que se lo quería ofrecer. Eso en cualquier país del mundo es un escándalo. Entonces tenemos que denunciarlo públicamente, porque España tiene que conocer lo que ha pasado con la policía y con algún abogado de muy poca moralidad, de ir con la policía para que firme un señor al que ni conoce ni lo ha llamado. Y finalmente, dar las gracias, como ha dicho Carmen, al procedimiento judicial tailandés, al Reino de Tailandia, a las autoridades, al director de la prisión y funcionarios, que se han portado magníficamente bien».

Parece ser que Montes estaba segurísimo de que Daniel iba a estar cuatro años en Tailandia como mucho. Resulta insultante cómo se dirige al hecho de la muerte, cómo da por sentadas cosas que son imposibles de demostrar como el intento de violación, del cual solo podemos tener constancia por la palabra del acusado; el único que tiene derecho y puede mentir (al menos aquí en España; en Tailandia la cosa es diferente y la mentira está muy mal vista). Asegura que, incluso en España, esto estaría en la hipótesis del homicidio imprudente. En este país, señor Montes, a la policía judicial o la UCO (Unidad Central Operativa de la Guardia Civil) le habría durado Daniel Sancho el tiempo de echarle la mano encima.

En cuanto a la tan importante data de la muerte, Marcos dictamina que no existe porque los forenses son incapaces de determinarla con los restos aparecidos. Aunque es cierto que lo mejor sería tener una hora exacta, gracias al análisis del cuerpo *post mortem*, en multitud de crímenes esto es imposible. Es más, existen sucesos en los que el abanico horario en el que fijar el momento del deceso es de días e incluso semanas. Lo que olvida Montes es que se puede datar la muerte, aproximadamente con otras cuestiones, como la investigación policial. En este crimen no es tan complicado y no lo es gracias a las grabaciones de CCTV. En ellas queda registrado cuándo Daniel Sancho entra con Edwin en la villa y cuándo sale solo por primera vez. Ambos llegan en la motocicleta a las 15.37 y se le ve salir por primera vez y solo a Sancho a las 19.17, es decir, tres horas y cuarenta minutos después. Teniendo en cuenta que confiesa terminar con la vida de Edwin entre las cuatro y las cuatro y media (tiempo al que hay que sumar lo que se puede tardar en descuartizar), es fácil dictaminar que Arrieta muere alrededor de esa hora.

No existe una sola prueba en todo el sumario que respalde la agresión sexual más allá de las palabras del reo. Nada. Si fuese abogado, me daría vergüenza decir que las lesiones del «chef» son fruto de haberse defendido de una agresión porque él, al igual que yo, ha visto cómo tenía la cara Edwin Arrieta; cómo su defendido le reventó los dos ojos, le partió la nariz, le rajó las cejas a base de puñetazos o patadas (esto nunca quedó claro) y encima después lo partió en trocitos y lo tiró a la basura y al mar. Es capaz de hablar de letrados con poca moralidad después de haber dicho tamaña barbaridad. Vergüenza también del pésame que da a la familia de la víctima en el que no admite que Daniel matase a Arrieta. Señor mío, usted no está en ese momento hablando en nombre de Sancho. Si está dando un pésame a título personal, qué le importa la forma en la que murió, lo da con respeto, lamenta la muerte y punto, no aprovecha este recurso para seguir ahondando en el dolor y quitando culpa a un asesino, que tiene todo el derecho a una defensa justa, pero que no deja de ser un asesino.

Me hizo reír la parte en la que dice que han estado callados hasta el momento de tener la acusación del fiscal cuando los llevábamos escuchando todos los días en platós de televisión contando historias que ni George R. R. Martin podría pergeñar. Sobre todo a él y Balfagón, que hablaban de dobles por la isla, de cocos y chubasqueros... Un disparate que merece un capítulo en sí mismo.

Y por último tuvimos la breve intervención de Ramón Chipirrás:

«Lo importante que tenemos hoy es lo que os hemos trasladado: que Daniel fue ilegalmente arrestado cuarenta y ocho horas hasta que llegó la orden de detención. Cuarenta y ocho horas ilegalmente arrestado mediante unos documentos que se presentan que son falsificados por la policía de Tailandia, en tailandés, sin abogado y sin intérprete, y sin leerle sus derechos. Eso es lo que hoy os hemos venido a contar y en lo que radica, sobre todo, esta intervención por nuestra parte».

22

Bueno, Daniel va a denunciar la desaparición de Edwin el día 4 aproximadamente a las 00.45, y la orden de arresto es del día 5. No veo yo las cuarenta y ocho horas que dice Chipirrás. Pero no penséis que está únicamente este documento como muestra de que es arrestado ese día: Ramón Abarca, corresponsal de la agencia EFE en Asia, reconoce en el documental de HBO Max que le informan de que ha sido oficialmente detenido ese sábado 5 de agosto de 2023. Él personalmente y textualmente dice **«todo cambia el sábado (5 de agosto). Hablamos con la comisaría y nos confirman que ha confesado y que ha sido detenido oficialmente. Y nos mandan el pasaporte»**.

El hijo del actor Rodolfo Sancho, detenido en Tailandia por el asesinato de un colombiano

Aquí podéis observar la fecha de la noticia publicada en la web de la agencia.

Teniendo en cuenta que ya mienten en lo de las horas de detención, hay que decirle a Chipirrás que también miente en lo de que sea ilegal retener a Daniel, ya que en Tailandia existe el recurso de la revocación del visado mientras se investiga un suceso. Para esto se basan en el artículo 54 de la Ley de Inmigración, en el cual se estipula que la policía puede retener al sospechoso de un crimen. Que no se aplique o no exista algo igual en España no implica que esto sea recogido en la legislación de otro país y que dicho punto atente contra algún derecho fundamental. Creo que les habría ido mucho mejor si, llegados a ese punto, hubiesen intentado saber o imaginar dónde se iba a juzgar a su cliente.

Lo de la lectura de derechos, los abogados y los intérpretes ya lo hemos desmentido varias veces a lo largo de este libro. Lo de que en Tailandia los documentos se redacten en tailandés, tiene que ser algo muy extraño; de todos es sabido que en España, cuando un ciudadano chino va a la policía, los documentos se redactan en chino.

Pero lo más importante de esta rueda de prensa es que han venido a denunciar ante los medios españoles estas irregularidades, y yo me pregunto: ¿con qué fin? ¿Qué se supone van a hacer los medios españoles contra el Reino de Tailandia, en qué se supone que van a influir estos medios en el país asiático? Si tienen algo que denunciar, alguna irregularidad, atentado contra los derechos humanos o cualquier otra cuestión judicial o procesal, lo normal es interponer una denuncia en la propia Tailandia ante la embajada española o ante los organismos internacionales competentes. Pero ¿qué sentido tiene ponerlo en conocimiento de la opinión pública en España? Más allá de querer sacar rédito con sus asistencias a platós después de esta, con seguir manteniendo el caso caliente para que continúen llamándolos y facturando. Sinceramente, no encuentro otro motivo. Bueno, sí: intentar que la imagen de su cliente sea la de un pobre chico desvalido experto en boxeo tailandés de más de un metro ochenta, ochenta kilos de peso y con masa en los músculos al que intentó violar de forma atroz un hombre quince años mayor de poco más de metro setenta y que no llegaba a los setenta kilos. Que todo esto fue un acto de defensa propia y sin querer. Y lo del descuartizamiento… Bueno, eso fue un momento de disociación tonta que todos podemos tener.

Imagino que esas fueron las cuestiones que llevaron al trio jurídico a congregar a los medios de comunicación aquel 12 de enero en ese despacho que incluso a través de la televisión olía a naftalina.

CAPÍTULO 15
TRAS LA LÍNEA DE DEFENSA

Es difícil entender lo que esta defensa hizo si no vemos cómo llegaron a ser portavoces y letrados no solo del reo, sino también de su padre.

El caso había saltado a los medios, como bien sabemos, el día 5 de agosto, mismo día en que se produjo la detención oficial de Daniel por mucho que la defensa intente negar este punto.

Rodolfo no tarda en buscar abogados. Por mediación de un amigo común entre Carmen Balfagón y él, estos entran en contacto. Como nos contó Joana Morillas, periodista y compañera de YouTube en su canal, este amigo en común (al parecer vinculado a un partido político) había coincidido con la letrada cuando ella también militaba y trabajaba en alguna función en la comunidad autónoma donde gobernaban. Ella y su compañero de bufete Ramón Chipirrás son contratados como portavoces por Rodolfo. Desconozco el contrato que firmaron, pero por sus actos y acciones parece ser que este se encontraba estrechamente vinculado a las apariciones de ella en la televisión; vamos, que sus honorarios (o parte de los mismos) seguramente saldrían de los bolsillos de las agencias publicitarias que sostienen dichos programas. Un abogado me contó el caché que solían cobrar este tipo de tertulianos y rondaban los 400 euros. Si tenemos en cuenta que Balfagón se hacía un plató por la mañana, uno a medio día y otro por la tarde, estaríamos hablando de 2.000 a 6.000 euros semanales; una cifra nada desdeñable. No digo con esto que ese fuese el trato o el importe que estas personas cobraban: es simplemente lo que a mí personalmente me dicen que se suele cobrar; que cada uno saque sus propias conclusiones viendo cómo han actuado.

La cuestión es que el fenómeno fue imparable y, lógicamente, ya no bastaba con Carmen, por lo que fue Balfagón quien aconsejó a

Rodolfo para que contratase a Marcos García Montes según me dicen algunas fuentes. He de decir que hay otras fuentes que me dicen que es el propio Marcos quien se ofrece, por lo que al final es muy complicado saber con exactitud cómo llegan unos u otros a formar parte de todo esto. Sea como fuere, al poco empezamos a ver también a Montes, el letrado de los famosos, por los platós.

Con la fama, las luces, las maquilladoras y los micrófonos llegaron las hipótesis y las diferentes líneas que la defensa iba contando frente a las cámaras.

Este que escribe al principio de todo escuchó a la propia Balfagón hablar de que en la isla había un doble que se parecía a Daniel que podría tener algún tipo de implicación en el crimen. A finales de agosto nos sorprendió diciendo: «**He hablado esta mañana con Rodolfo y luego con Silvia y me han pedido que me hiciera cargo del caso, que intente averiguar cómo está el expediente judicial. Me han comentado que les habían llegado muchos mensajes diciendo que me habían visto en algún programa defendiendo esa teoría, que la dije desde un primer momento, que yo entendía que aquí había participado alguien más**».[47] Como podéis ver, sin ningún tipo de expediente, sin haber siquiera hablado con Daniel y solo conociendo lo que la policía dijo en la rueda de prensa y lo que se iba filtrando a los medios, una abogada que empezó a formar parte de la portavocía de los padres decía que Daniel no pudo hacerlo solo.

Carmen comenzó a contarnos que Rodolfo estaba devastado, que no sacaba ni al perro, imagen que después chocó con la que el propio Rodolfo intentó dar en HBO.

También nos contaba lo buen chico que era Daniel. Comenzaba en este punto el blanqueamiento y lavado de imagen del asesino confeso. En diferentes platós de televisión contaba:

«**Dicen que el doctor Arrieta lo tenía amenazado y no solo contra su integridad, sino que lo había hecho extensivo al resto de su familia**».[48]

Estas palabras se las achacaba la letrada a confesiones que, según ella, le habían hecho amigos de Daniel, los cuales nunca llegaron a declarar, aunque habían sido propuestos por la propia defensa, por lo que la credibilidad de esas declaraciones, e incluso de si en algún momento le dijeron algo a Balfagón, a estas alturas del partido, permítanme ponerla en entredicho.

«Lo que tengo claro por amigos de Daniel es que los últimos meses estaba tremendamente mal, estaba hecho una mierda, no atinaba a nada, muy mal, no parecía ni él, lo estaba pasando muy mal y decía que le estaba haciendo la vida imposible».[48]

No contenta con esto, criticó a las autoridades tailandesas por no contar con estas declaraciones de los amigos: «Yo citaría a todos esos amigos, no van a citar a ninguno en Tailandia, si estuviéramos en España pediríamos que lo ratificaran delante de un juez».[48] Como dije, tuvieron la oportunidad de hacerlo y o esos amigos le dieron la espalda o simplemente nunca existieron.

Hemos leído anteriormente, en la rueda de prensa del día 12 de enero, al propio García Montes diciendo que le daba vergüenza cuando escuchaba, y cito textualmente: «Bueno, ha habido hasta comparecencias de otros abogados o subabogados, o juristas o pseudojuristas, que han confundido extradición con traslado de presos, que no tiene nada que ver, pero ha habido abogados que a mí me daba vergüenza ajena cuando los estaba escuchando».[49] Imaginamos que se refería a su compañera, la que tenía sentada justo al lado, la misma que a mediados de agosto decía: «Evidentemente es una vía que tenemos que explorar porque hay posibilidad de extradición con Tailandia. Claro que habrá que explorar, pero ahora mismo, en el momento que estamos, que no sabemos nada porque sabemos lo que vosotros nos habéis contado los compañeros que han estado allí, nosotros no sabemos nada. Necesitamos saber, ver y conocer qué es y qué instrucción policial se ha hecho de este caso».[50] Yo entiendo lo que Montes sentía por este tipo de letrados porque es exactamente lo mismo que sentimos una gran parte de los ciudadanos de este país tras escucharlos.

Con la llegada de Rodolfo y los dos Marcos a Tailandia, todos sabemos que el abogado hasta ese momento de Daniel, Khun Anan, fue cesado. Muchos se preguntaron por qué y la propia Balfagón contó lo siguiente: «**Rodolfo y Khun Anan no han tenido ninguna discusión; Daniel Sancho ha decidido prescindir, en ningún caso dudando de su capacidad profesional, que es muy alta, porque la línea de la defensa que tenía planteada era diferente a la que él pensaba. Es un ejercicio que cualquiera de nosotros podemos realizar cuando estamos en una situación tan seria como la que atraviesa Daniel Sancho. Rodolfo tiene que respetar la firme decisión de su hijo, que es el cliente**».[51] Parece ser que se le olvidó mencionar lo que sí viene en el sumario: que cuando el padre del reo llegó a Koh Samui, este puso una queja en el juzgado contra Anan por un desacuerdo con una documentación. Esto ya lo expliqué en un capítulo anterior. Tras esta queja, llaman a Khun ante la corte. En ella debe contar su versión. A continuación cito textualmente dicho documento:

Fecha: 11 de septiembre de 2023
Oficial de investigación criminal, comisaría de policía provincial de Surat Thani.
N.º F XX/ 2 5 6 6
1 2023
Sr. Daniel Jerónimo Sancho Bronchalo este caso es considerado por el juez a las 9.00 horas.
     Existe una cita para consultar con el imputado y el abogado que comparecerá a través del sistema Google Meet.
     Al ser el acusado extranjero y no entender el idioma tailandés, se le proporciona en Koh Samui al Sr. Chachin, que será el intérprete junto con la Sra. Sasita, traductora judicial y al Sr. Sonchoni, funcionario penitenciario experta, como testigo.
     El imputado fue informado y aceptó la solicitud de fecha 8 de septiembre de 2023, la cual su padre firmó como peticionario y la Sra. Thotsantanat como funcionaria testigo.
     El abogado del acusado fue informado y no se opuso a ser reti-

rado como abogado. Por lo tanto, se permitió al acusado retirar al Sr. Anan Chuay Prabhat de su puesto de abogado.

En cuanto a los documentos del tribunal que el acusado solicitó al Sr. Anan, el Sr. Anan fue interrogado y afirmó que los documentos, cuya fotocopia se solicita y que incluyen la solicitud de orden de detención y los documentos adjuntos presentados al tribunal por los investigadores, junto con la primera solicitud de detención, son del momento en el que el acusado tenía otro abogado. Dichos documentos son los mismos del que había pedido hacer fotocopias y al recibirlos del tribunal, fueron entregados y examinados por el acusado.

El abogado declaró que mucha gente entró e interfirió con su trabajo, haciéndole sentir incómodo y aun así no se retiró.

El padre del acusado ha hablado con su hijo sobre este asunto.

El acusado entendió la historia y no le dio importancia. Cuando su padre procedió de este modo, ni le sorprendió ni se opuso.[52]

Como decía, se ve que a Carmen se le olvidó este punto y muchos otros a lo largo de este proceso. Rodolfo llega a Tailandia el día 3 de septiembre y no se reunió con Khun Anan. Él va a ver a su hijo a la prisión por primera vez el día 6 de dicho mes, momento en el que Anan le firma los poderes para poder representarlo jurídicamente. El día 8, el padre del reo pone una queja y la solicitud de cese del hasta entonces letrado de su hijo. Hace esto aludiendo a una documentación que este no les había entregado. Sin embargo, parece ser que Anan ya había dado dicha documentación a su cliente, que es Daniel Jerónimo Sancho Bronchalo. Existe una cosa muy curiosa en el testimonio del abogado tailandés, más específicamente en la parte en la que dice que interfirieron con su trabajo. Si analizamos los hechos posteriores, la difícil labor que han tenido los Sancho en encontrar asistencia jurídica —hasta el punto de haber tenido que conformarse con un abogado de oficio— hace pensar que dichas interferencias lo que realmente querían era que el letrado que finalmente representase al «chef» lo hiciese desde el exterior (entiéndase por exterior a los abogados españoles). Es decir, querían tener a un monigote cuya única tarea fuese firmar, pues recordemos que en Tailandia no existe la posibilidad de que una persona extranjera ejerza la defensa de un acusado. Como bien dijo el propio Daniel a la periodista Beatriz de Vicente, su abogado era un abogado «de pastel».

Carmen continuaba yendo de plató en plató y claro, eso desgasta. No solo desgasta, sino que corres el riesgo de quedarte sin material con el que avivar la llama del suceso, cosa que no podía ocurrir.

«La familia se encuentra, como nos podemos imaginar... Intentando apoyar a su hijo. Ya tenemos que centrar un poco el caso. Hay bastantes versiones que no se corresponden con la realidad».

«Daniel Sancho va a ser defendido por un abogado tailandés. En Tailandia, lo hemos dicho, no se admite otra figura que no sea la figura de un abogado tailandés. La defensa de Daniel deberá ser hecha por un abogado tailandés, a veces nos olvidamos de que estamos en Tailandia».[53]

Viendo estas frases con el paso del tiempo, a uno le hacen cuestionarse cosas como quién olvidó realmente que a Daniel lo tenía que defender un abogado tailandés y no uno español. Tened en cuenta que todas estas declaraciones son de antes de aquella esperpéntica rueda de prensa narrada en el capítulo anterior. Esto es para que vayáis entendiendo qué tipo de personajes iban a idear la estrategia y línea de defensa que narraremos a continuación. Como dije anteriormente, resultaría imposible entender cómo llegaron a las conclusiones a las que llegaron sin conocerlos primero.

«Ahora lo importante es conseguir la fotocopia del procedimiento para que la estrategia que ya tenemos formada en base a las filtraciones de la policía, que suponemos serán unas filtraciones creíbles y auténticas, poder contrastarla con la fotocopia del procedimiento y empezar a trabajar».[37]

No diréis que no resulta algo inverosímil basar tu línea de defensa en filtraciones las cuales suelen ser más o menos interesadas dependiendo de quien las filtre. No me extraña que todo tomase los derroteros que llegó a tomar y que los informes que presentaron fuesen más propios del guion de un monólogo para *El club de la comedia* que una pericial de un juicio.

«Estamos preparando pruebas muy interesantes y estamos trabajando fuerte. Falta que el tribunal se posicione y sea más empático con nuestra línea que con la del fiscal, ahí estamos... Tenemos el problema de que no tenemos el sumario. Parece que esta mañana, creo, lo vamos a tener, pero tenemos otro problema y es que hay que traducirlo. Hay que ser valiente, tenemos muy buena imagen entre los abogados tailandeses, la justicia tailandesa y en todo».[37]

Estas declaraciones son del 10 de septiembre; hacía cuatro días que Marcos García Montes se había reunido con Daniel en Tailandia. No tenían el sumario aún, por lo que desconocían realmente todo lo que había sucedido. Durante esas fechas un servidor había estado presente en multitud de debates, vídeos de YouTube y pódcast. Siempre que me preguntaban por cronología, disparidad en los horarios de las cámaras, contradicciones en versiones policiales y demás decía lo mismo: «Me es imposible en este momento profundizar en los pormenores del crimen hasta no tener documentación oficial, y cabría recalcar lo de oficial, no me atrevería a dar una valoración». Pues parece ser que la prudencia que demostramos muchos sin ser tan siquiera letrados brilló por su ausencia en los responsables directos de la defensa del asesino. No solo eso, sino que cuando el 12 de enero se sientan ante los medios, tienen la cara dura de decir, por boca de Marcos García Montes, que ellos han estado en silencio hasta tener la documentación de la investigación y analizarla.

Al ser la portavoz de Rodolfo, Balfagón seguía por los platós haciendo las delicias de presentadores y tertulianos. Cuando hablaba era como escuchar realmente la opinión del propio padre del reo, así que continuó agitando el avispero mediático:

«No deja de sorprenderme que la reconstrucción es caótica. Sobra mucha gente, hay demasiada. Además, le van cortando mientras lo va contando. No le da tiempo a responder a las preguntas. Creo que faltaba la pregunta de cómo sabía que Edwin estaba muerto».[54]

Hablando de la cantidad de personas que había en dicha reconstrucción, no sé muy bien a cuántas recreaciones habrá acudido Carmen Balfagón (entiendo que, como abogada penalista, habrán sido bastantes).

Creo que es comprensible que un neófito en estos menesteres otorgara cierta credibilidad a los letrados de la defensa cuando decían cosas como que había gente sobrante en las recreaciones. Sin embargo, no podemos dejar de recordar cuando casi no se cabía en una cocina como la del crimen de Pioz, o en un pasillo como el piso de Miguel Carcaño, asesino de Marta del Castillo. Tampoco podemos dejar de pensar en la marabunta de profesionales que acompañaron a Albert López o Rosa Peral, tanto en el chalet de esta como en el pantano donde se deshicieron del cuerpo. Cómo olvidarnos de aquel José Bretón rodeado de policía judicial, letrados y más durante su recreación en el parque donde dijo haber perdido a sus hijos o de El Chicle cuando llevó a los investigadores al lugar donde se deshizo de Diana. Con esto tan solo quiero aclarar que no es extraño ni reseñable la cantidad de personas que asistieron a la reconstrucción en el caso de Daniel Sancho; poco importara que fuera en Tailandia.

En cuanto al hecho de que no esté un juez presente, sinceramente desconozco si había alguien perteneciente a la partida judicial en ese momento, ya que por desgracia no hablo tailandés ni bajo las imágenes de cada uno de los que aparecen sale un cartel que indique quiénes son y qué papel desempeñan. Aun así, viendo que los mismos que afirman este punto se han pasado ocho meses diciendo que tampoco había abogado o letrado de Daniel, permítanme dudar de si ellos mismos conocían este supuesto.

Aun así, he de decir que no todas las legislaciones funcionan del mismo modo respecto a quién o quiénes tienen que asistir en diferentes momentos del proceso judicial. Os pondré un ejemplo. Aquí, en España, antes era obligatorio que a los levantamientos de cadáveres asistiesen con la partida judicial un juez, un secretario y un forense. A día de hoy, el juez ya no está obligado a asistir y el forense ocupa su lugar como pasó, por ejemplo, en el caso de Mario Biondo. En países cercanos a nosotros como lo es Suecia tampoco es necesaria ni la presencia del forense para dicho levantamiento; basta con los agentes de la policía judicial. Por lo tanto, asegurar quiénes tienen que estar o no en una reconstrucción en un país con una legislación completamente distinta a la nuestra me resulta cuando menos osado.

Estas son algunos ejemplos de lo que los representantes legales de la familia Sancho iban contando por los platós de televisión y la prensa escrita. He querido hacer una pequeña muestra para que así resulten más comprensibles los informes y la línea de defensa que iban a llevar durante los meses previos al juicio y que más tarde cambiaron radicalmente durante dicho juicio. Pero vayamos poco a poco.

Lo primero que se les ocurrió fue intentar centrar la defensa en el miedo insuperable. Recordemos aquella frase de Daniel en la que dijo: «**Soy culpable, pero yo era el rehén de Edwin. Me tenía como rehén. Era una jaula de cristal, pero era una jaula. Me hizo destruir la relación con mi novia, me ha obligado a hacer cosas que nunca hubiera hecho**». Y ahora vamos a lo del miedo insuperable. ¿Qué es? Pues un «**miedo que, anulando las facultades de decisión y raciocinio, impulsa a una persona a cometer un hecho delictivo**». Esto se considera eximente en muchos códigos penales, por lo que es normal que la defensa se aferrara a ello como una buena baza que usar en el proceso. Según sus primeras hipótesis, Daniel se encontraba en una jaula confeccionada por el cirujano. Este le exigía que hiciese cosas que, según las propias palabras del reo, «**nunca pensó que podría llegar a hacer**». El problema real es que demostrar este punto iba a resultar muy complicado; la apariencia del reo y su propia forma de expresarse jugaban en contra de este argumentario y eso sin contar que Daniel había llegado a Tailandia mucho antes que Edwin y se había dedicado a comprar una serie de artículos para perpetrar el crimen. Además, no debemos olvidar los mensajes que los dos se intercambiaron: a Sancho se le ve muy cariñoso con Edwin y no solo eso, sino que el cirujano viajó al país tailandés por petición del propio «chef»; recordemos ese mensaje donde Edwin le dice **«Chiqui tengo que quererte mucho para esta travesía»** cuando estaba próximo a su encuentro con su homicida en el muelle de Koh Phangan.

Si analizamos la propia frase de Daniel, hay cosas que no se sostienen. Habla de que Edwin le obligó a destruir la relación que mantenía con su novia Laura. Se conoció tiempo después que ella no cortó con el «chef» por culpa de Arrieta. Según llegamos a saber, ellos dejaron dicha relación porque Daniel le había sido infiel con otra chica y, al parecer, no era la primera vez que esto ocurría. En las semanas previas al asesinato, se supo también que Daniel y Laura habían comenzado un nuevo acercamiento y se podía vislumbrar que iban a retomar su idilio. De hecho, Laura se encontraba en Vietnam en el momento del crimen, en un viaje programado meses antes. Iba acompañada de su madre y un grupo estrecho de amigos. En un momento dado, durante dicho viaje, fueron a Tailandia, donde se encontró con Sancho para introducirlo de nuevo en su círculo social, retomando así la relación de lleno. Por lo que no, Edwin no fue el causante de la ruptura con su novia, pero sí posiblemente el obstáculo a salvar para poder regresar con una chica de una familia muy pudiente y que, a todas luces, parecía todo un braguetazo.

La defensa quería respaldar esta línea con las declaraciones de la propia novia y de algunos amigos del «chef». Esto se vino abajo como un castillo de naipes: nadie iba a viajar al país asiático a dar la cara por Daniel sabiendo que en Tailandia mentir es un delito que puede terminar con tus huesos entre rejas. Lo cual hace suponer que se lo pensaron muy bien antes de contar según qué cosas en según qué sitio.

Aun así, había que conseguir testimonios que ensuciasen la imagen del doctor. La propia Carmen Balfagón en otra de sus apariciones estelares en televisión dijo **«tenemos que conocer por qué la víctima ha llegado a ser víctima»**.[55]

De esto ya hablamos antes. Querían hacer caer sobre los hombros de Arrieta la culpa de su propia muerte. Aparecieron entonces ciertos personajes lúgubres, oscuros y de los cuales no quedaban claras sus intenciones. Ahí llegaron el tal Luis, Nilson y un ser raro, extraño e inquietante llamado Iván Velasco. De los dos primeros supimos de qué pie cojeaban cuando contaron un relato calcado a la declaración de Daniel para hacer ver que Edwin tenía un *modus operandi* para abusar y extorsionar a los jóvenes. No obstante, el tercero era más desconcertante aún, pues había aparecido meses antes en un canal de YouTube en el que defendía a capa y espada al asesino. Este hombre también se arrastraba por los comentarios de los vídeos publicados intentando que alguien le hiciese caso. En sus primeros mensajes en dicho canal decía lo siguiente:

56

Primero de todo y sin cuestionar que fuese o no psicólogo (también era reverendo o algo así, ya que iba con un alzacuellos), me parece que sería bueno aclararle a Iván y a sus acólitos, qué es el *grooming*. «El *grooming* es una práctica en la que un adulto se hace pasar por un menor en internet o intenta establecer un contacto con niños y adolescentes que dé pie a una relación de confianza, pasando después al control emocional y, finalmente, al chantaje con fines sexuales».

No sé yo muy bien si esto encaja en la relación de Daniel y Arrieta, ya que no veo que ninguno fuese niño o adolescente ni que el cirujano tuviese que hacerse pasar por ninguno de ellos para entablar relación con Sancho, pero bueno, qué sabré yo; él es el psicólogo y el especialista. Otro de los puntos importantes de este mensaje, es que dice conocer a una familia que vivía en la misma calle que Arrieta y que no tiene buena imagen del mismo. Parece cuando menos extraño que sea la única persona que ha encontrado a alguien de la calle, el barrio o el pueblo de Edwin que opine eso del cirujano porque, hasta donde yo sé, los que han aparecido ensuciando su imagen viven a cientos y miles de kilómetros de distancia con respecto a su lugar de residencia.

Tras retocar su discurso, apareció con otra versión. Dijo que pertenecía a una organización internacional (INCA) y que llevaban investigando a Edwin desde 2016. Decía poseer denuncias de jóvenes y adolescentes en contra del médico, denuncias que, al parecer, solo vio él. Aún estamos a la espera de ver dichas pruebas, pero bueno, qué se puede esperar de una persona que va por los chats del canal de YouTube de Axel Blaze16 diciendo cosas como:[56]

> Ivan Velasco ⊗ Más asco me da la hermana lucrando con la muerte de su hermano, cuando en vida se odiaban

En fin, tras ayudar económicamente al dueño de dicho canal (como él mismo dijo en una entrevista que más tarde tuvo que ser eliminada por la cantidad de barbaridades que este personaje soltó por la boca), entró en contacto con la familia Sancho, y parece que su relación y lo que contaba al propio Rodolfo debía de ser de su agrado, ya que lo llevaron como testigo ante el juez, el cual lo mandó por el mismo lado por el que había venido. Aun así, por lo visto el padre del reo y él establecieron una bonita relación, ya que se les pudo ver a ambos en un restaurante de Koh Samui el día de la lectura de la sentencia.

Recapitulemos.

Hasta ahora, la defensa quería hacer ver que Daniel tenía un miedo insuperable que lo llevó a cometer el crimen. Para ello, deseaban basar los pilares de su estrategia en declaraciones y testimonios de personas que narraban hechos pasados con el cirujano, pero parece ser que a nadie se le pasó por la cabeza que a la persona a la que se juzgaba era Sancho y no Arrieta, y que se le juzgaba por lo sucedido aquellos días en Koh Phangan, no por lo que pasó hace años con unos desconocidos. Esto que parece tan evidente a los ojos de cualquiera no quedaba del todo claro para aquellos que se comparaban con los abogados que habían representado al expresidente de los Estados Unidos de América.

La defensa se encontraba con otros problemas que complicaban todo aún más. Aquí es donde entra en juego la premeditación. ¿Cómo podían convencer al tribunal de que aquello fue un accidente, un incidente nada planeado? Para ello realizaron informes y declaraciones que rozaban lo absurdo, aunque a esa conclusión ya debe llegar cada uno por su cuenta. Así, juzgad vosotros mismos.[5]

¿PARA QUE COMPRÓ DANIEL LA SIERRA QUE EXHIBE LA POLICÍA?

IMAGEN 17
La utilización de este tipo de sierras en cocina es muy amplia   57

Esta imagen está sacada de uno de los informes de la defensa.

Dentro de las muchas aplicaciones, en cocina, tal y como se ve en la imagen anterior (IMAGEN 18), el cuchillo, la sierra y la tabla también se usa para tratar con el "durian" o abrir cocos, entre otros.

IMAGEN 19

El cuchillo de carnicero, que es el que compró Daniel, querían hacer creer que fue adquirido con la finalidad de cortar cocos. Lo mismo dijeron de la sierra.

Los letrados intentaron por todos los medios de hacer ver que esa compra de materiales del «chef» estaba orientada únicamente a la cocina. Pero ¿qué hay de las bolsas? ¿Cómo podrían explicar la cantidad de bolsas de basura tan enorme que Sancho compró? Fue entonces cuando surgió la imagen que más ampollas ha levantado. Observen ustedes, que no tiene desperdicio.

IMAGEN 18

— 272 —

¿Qué es un chubasquero?, preguntaban algunas personas de países donde no se le da ese nombre a esta prenda de ropa. Un chubasquero es un impermeable, un complemento que se pone sobre la ropa para evitar que esta y tú mismo te mojes. Así que, aunque resulte increíble y a todas luces absurdo, a Carmen Balfagón y Ramón Chipirrás, que eran los encargados de hacer y firmar dicho informe, lo mejor que se les ocurrió fue decir esto. Ojo, no olvidemos que nos encontramos ante la decana del Colegio de Criminólogos de Madrid.

Para aquellos que piensen que estas explicaciones e instantáneas eran lo peor de lo presentado por la defensa, dejadme decir que no.

Lo verdaderamente sangrante y reprochable para unos profesionales fue coger imágenes del sumario y ponerlas con una descripción o causa totalmente distintas de lo que este recogía, básicamente porque aquí no hablamos de elucubraciones o ideas, hablamos de hechos y grabaciones. Para que lo podáis entender, os lo voy a mostrar gráficamente:

Según la Policía, Daniel recoge a Edwin en el Muelle de Ko Pha Ngan el día 2 de agosto de 2023. Hasta ahora, no hemos visto ninguna imagen de Daniel y de Edwin en el Muelle juntos.

Minutos más tarde, a las **15:16:28 h**, la Policía nos muestra la siguiente imagen:

IMAGEN 21

Daniel y Edwin, **supuestamente**, almuerzan juntos en un local de comida (Son las 15:16 horas del día 2 de agosto de 2023). En la parte inferior izquierda, se pueden ver las zapatillas blancas de Edwin y otras zapatillas de color negro. La persona que está frente a Edwin, al que no se le ve la cara, es una persona con una camiseta negra sin mangas. Los brazos se corresponden con una persona de piel caucásica:

57

El traductor que ofrece Google no es una herramienta muy fiable en estos menesteres, pero dentro de su poca eficacia opino que hubiesen sabido en un instante lo que ponía en esa imagen. Es más, invito a todos a realizarlo.

En la parte superior pone: «**Revisando las cámaras de circuito cerrado de Tha Rue Lom Phraya, Koh Phangan**».

Y en la parte inferior:

«Encontramos al Sr. Daniel recogiendo al Sr. Edwin en el muelle de Lomprayah, Ban Thong Sala, subdistrito de Koh Phangan, provincia de Surat Thani. El señor Daniel se dirige a su motocicleta».

Nada que ver con la gente que, dice la defensa, está comiendo en su interior. No os preocupéis, que ahora os pongo la imagen en el sumario y su descripción en los papeles oficiales, pero antes sigamos con la investigación de la defensa: [57]

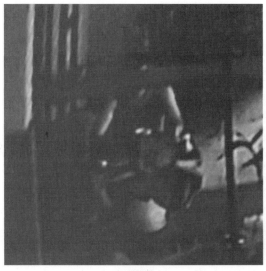

IMAGEN 22   57

Muestran incluso imágenes ampliadas de esos comensales para que veáis bien de cerca al supuesto Daniel.[57]

Minutos más tarde, en concreto a las 15:37 horas, es decir, **21 minutos más tarde de la imagen anterior**, la Policía nos vuelve a enseñar una nueva imagen en la que Daniel y Edwin están llegando a Hotel BOUGAIN VILLAS – Cabaña 5.

IMAGEN 23

Entre la imagen de las 15:16 y la imagen de las 15:37 hay un hecho que nos llama mucho la atención:

En la imagen de la MOTO:

Edwin va vestido con ropa de color negro (pantalón corto y polo con mangas) y zapatillas blancas

Daniel va vestido con ropa de color blanco (camiseta con mangas anchas) y zapatillas negras

En la imagen del almuerzo:

Las zapatillas blancas que se ven, coinciden con las zapatillas blancas que lleva Edwin en la imagen de la moto, pero la persona que está con una camiseta sin magas, no coincide con la ropa que lleva Daniel, 21 minutos después en la moto, por lo que, al no tener imagen de Edwin y Daniel en el Muelle y tener certeza de las zapatillas blancas de Edwin en ambas imágenes, **creemos que Daniel no era la persona con la que Edwin está almorzando.**

57

Como podéis ver, hablan de que la persona que comía con Edwin no podía ser Sancho porque lleva una camiseta diferente y que las zapatillas de Edwin coinciden en el color con la persona que estaba dentro del restaurante pero que la vestimenta del «chef» no tiene nada que ver, por lo que llegan a la conclusión de que la persona que almuerza con el cirujano no es su defendido.

Ahora, ¿qué hacemos con esto? ¿Cómo podemos explicar algo que pueda justificar tamaña metedura de pata por parte de estos prestigiosos criminólogos? Por parte de una letrada y un equipo jurídico de tal envergadura, me cuesta hacerlo, pero tengo que decirlo. Puedo asegurar que la persona que comía en ese momento con Edwin no era Daniel, pero básicamente porque Edwin tampoco era Edwin. Dicho de otra forma, esas eran dos personas que estaban dentro degustando algún alimento en el momento en que ellos pasaban por fuera del establecimiento. Parece ser que no había nadie más en la isla con unas zapatillas de color blanco. Y no lo digo yo, que conste, lo dice la propia descripción de la imagen dentro del sumario:[3]

2 de agosto de 2023, a las 15:16:31 (la cámara está 3 segundos atrasada respecto al tiempo real), la cámara de la tienda Dot Café (Lat: 9.71088, Long: 99.98583) captó imágenes de dos personas que se parecen a MR. DANIEL y MR. EDWIN caminando juntos desde el muelle de Koh Phangan.

Creo que lo dice bien claro y para aquellos que necesiten que se lo expliquen con dibujitos los señalan con un círculo; dos personas que parecen ser Edwin y Daniel caminan juntos desde el muelle de la isla de Koh Phangan.

Yo comprendo que exista alguien que piense que tengo alguna animadversión hacia la defensa de este caso o hacia las personas que lo representan, pero nada más lejos de la realidad. Vosotros mismos estáis viendo las imágenes, las deducciones y las hipótesis. ¿De verdad creéis que se trata de algún sentimiento dañino contra ellos? Creo que ellos mismos se ponen en evidencia y uno no hace más que intentar rebatir con pruebas y documentos aquellas cosas que dan a uno ganas de arrancarse los ojos.

Para seguir intentando desmontar la premeditación, seguían aportando datos, y digo datos porque no había prueba alguna.

Dijeron que Daniel se había matriculado en un gimnasio para todo el mes en Koh Phangan. Nunca vimos ni el recibo de dicha matrícula ni escuchamos a ningún dueño de ningún gimnasio apuntalando esta afirmación.

Aseguraron que Daniel pidió permiso a la dueña del Bougain Villa para poder cocinar, lo cual es un poco absurdo: ¿qué necesidad hay de pedir permiso si el propio bungalow está equipado con cocina? Es más, la propia dueña dijo que cuando conoció al joven «chef» este le contó que había viajado a la isla para aprender muay thai; en ningún momento hizo referencia a la cocina o a cocinar aun cuando en el momento del encuentro ya iba cargado con todos los artículos del Big C.

El propio padre mencionó que Daniel le había dicho que posiblemente alargaría su estancia, la cual terminaba el 4 de agosto. Rodolfo Sancho aseguró que su hijo no era la persona que había realizado la reserva, lo cual es fácilmente demostrable con la documentación del sumario:

A diferencia de lo que dijo el padre del asesino en el documental realizado a su medida en HBO Max, nosotros sí tenemos las pruebas de que Daniel fue quien reservó el Bougain Villas y que dicha reserva duraba hasta el 4 de agosto (ver página siguiente).

También se cuestionó la premeditación del crimen aduciendo que, en ese caso, ¿por qué iba Daniel a alargar la fecha de salida de Koh Samui cambiando su billete de avión? Volvemos a lo mismo: nadie ha visto dicho billete. No digo que no exista, simplemente que no está o yo no he tenido el gusto de verlo ni en la documentación oficial ni en el documental de HBO.

Se alega que el hecho de encontrarse una estancia tan limpia y carente de vestigios de ADN es indicativo de la falta de premeditación. Yo, sinceramente, entiendo que esto es prueba de todo lo contrario: el haberlo dejado todo inmaculado hacen ver que Sancho

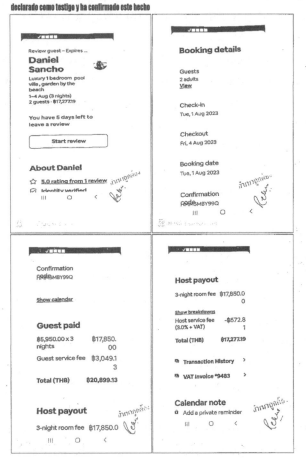

pensó muy bien cómo ocultar (o intentar ocultar) las huellas de su crimen.

Comentan que la compra del kayak fue algo improvisado porque la realiza el mismo día del crimen, pero en el sumario se recoge que el homicida tarda solo quince minutos desde que sale de la habitación hasta que regresa una vez alquilada la embarcación, y que el día anterior había estado más de treinta minutos por esa zona, por lo que, posiblemente, en ese momento se empapó bien de dónde y por cuánto podría realizar la acción.

Después van a lo esperpéntico diciendo que las partes de Edwin aparecidas en el vertedero estaban en bolsas verdes, negras (las que Daniel adquirió en el Big C) y de saco; esas que se usan en jardinería. Esto es FALSO, una mentira que entiendo dicen desde el desconocimiento que da no haber leído el sumario. En dicho sumario no aparecen esas bolsas. Tampoco aparecen en el inventario de pruebas recogidas ni en las inspecciones oculares ni en ningún otro sitio. Solo se ven unas bolsas que podrían cuadrar con estas en las fotos realizadas en el vertedero, cerca de las partes del cuerpo del cirujano. Pero señores, hablamos de un basurero; que en una foto aparezcan esos sacos próximos a lo que se está fotografiando no indica que pertenezcan a la causa. Menos mal que no se les ocurrió decir que la gente que aparece en las fotografías también iba dentro de las bolsas porque salen en dichas capturas. Bastaba con leer un poco para observar que no tenían absolutamente nada que ver. Volvemos a encontrarnos con el mismo problema que tuvieron con la imagen del muelle, NO LEEN, y si leen, no entienden lo que está escrito.

La verdad es que la defensa no pudo dar en ningún momento un argumento de peso para contrarrestar la premeditación. Fue incapaz de explicar una causa o motivo por el que su cliente hizo aquella compra o por qué razón alquiló una segunda habitación cuando ya contaba con alojamiento en un hotel de lujo.

Faltaban aún algunos aspectos del crimen que necesitaban ser explicados como, por ejemplo, el descuartizamiento y de qué o cómo murió Edwin.

Para lo primero, el trío jurídico lo tenía claro: disociación. Debido a un pico de pánico, Daniel sufrió un momento de disociación en el que comenzó a descuartizar a Edwin sin ser consciente de lo que hacía. Para este argumento recurrieron incluso a un psicólogo español para que en la corte explicase a jueces y presentes cómo esto fue lo que le pasó a Sancho. Hay problemas para sostener esta teoría. El primero es el tiempo: para descuartizar a una persona se necesitan varias horas (sin contar lo que se tarda en deshacerse de los restos), por lo que en algún momento tuvo que volver de dicha disociación y ser consciente de lo que acababa de hacer. Por otro lado, cuando uno vuelve de una disociación no suele recordar lo que realizó durante la misma; Sancho lo recordaba todo con pelos y señales. Por último, tenemos otra de esas cosas que hacen un poco difícil pensar en que no sabía qué hacía. Recordemos que tras protagonizar una carnicería tan violenta y ocultar las pruebas inculpatorias, Daniel se va a desayunar como lo haría cualquier otro turista. Él, tan tranquilo, hace fotografías y las sube a Instagram. Y no mencionamos precisamente lo que subió porque ya lo hemos comentado. En definitiva, el propio homicida hacía difícil su defensa; una vez más el propio Daniel fue el peor enemigo de Daniel.

Hablamos ahora de la causa de la muerte. Según el informe de la autopsia, esta es indeterminada. Es cierto que Edwin contaba con lesiones que podían haber terminado con su vida, pero no se podía asegurar. Pese a ello, los letrados defensores contrataron a un forense que aseguraba que el golpe en la cabeza de Edwin fue la causa de su muerte. Comenzaron a hablar o, mejor dicho, Montes comenzó a hablar de duramadre, líquido amniótico y un hueso occipital que estaba fracturado hacia fuera, lo que indicaba que su rotura era por una caída y no por una agresión. Sinceramente, explicar todo esto es muy complicado. Ellos se basaban en que el cirujano había fallecido tras caerse y golpearse la nuca contra el borde del lavabo por accidente. El propio facultativo que llevaron a Tailandia comentó que la muerte fue casi inmediata, cinco minutos máximo, cosa que el propio reo se encargó de volver a tirar por tierra cuando dijo que Arrieta no perdió el conocimiento con el primer golpe, que tuvo que rematarlo con muchos más y, aun así, esperó un periodo indeterminado de tiempo en el que la víctima estuvo convulsionando. En resumidas cuentas, si Edwin murió de dicho golpe, no fue inmediato y tampoco fue de uno solo, sino de varios que fueron dados con tanta fuerza que llegaron a fracturar las primeras vértebras cervicales.

Reconozcámoslo: intentar defender lo indefendible y cuestionar lo incuestionable es muy difícil. Hay mil maneras de salvaguardar a un presunto homicida, pero creo que lo más lógico era aceptar los hechos y tratar de buscar atenuantes que pudiesen encajar con la versión definitiva de los mismos y así conseguir, al menos, una pena menor. Pongo como ejemplo el crimen de Pioz. En él, la abogada encargada de la defensa, Bárbara Royo, no negó el crimen porque era imposible hacerlo. Sin embargo, en este suceso, la letrada hizo o siguió una línea de defensa, a mi corto entender, inteligente. Luego puede salirte bien o mal, pero no quita que fuese algo coherente, sin aspavientos ni ridiculeces. Planteó que su cliente tenía un cerebro enfermo, contrató a un buen equipo de psiquiatras forenses y neurólogos y estos, sirviéndose de pruebas diagnósticas de última generación, intentaron dar fuerza a esta línea defensiva. Como dije, puede salir bien o no para el detenido, pero al menos no dejas tu prestigio como abogado en el camino.

Hablar de cocos, chubasqueros, duramadres, líquido amniótico, occipitales rotos hacia afuera, violación, agresiones a mordiscos en las partes internas de los antebrazos, dobles por la isla, complots de la policía, engaños y más chorradas por el estilo solo contribuyó a que la causa concluyese de la única manera posible: mal. Eso sí, por el camino y durante meses, pusieron algo de humor a un suceso tan triste y desgarrador como el asesinato de una persona a manos de su pareja.

CAPÍTULO 16
EL JUICIO QUE VIMOS

Después de ocho meses y con una espera relativamente corta para los ciudadanos de un país habituado a pasar años anhelando el inicio de un juicio, se estableció el 9 de abril como fecha clave para dar comienzo al proceso judicial.

Las dudas que se habían generado durante semanas finalmente quedaron despejadas: el juicio se llevaría a cabo a puerta cerrada. Ni extraños, ni periodistas, ni ninguna persona ajena al proceso tendría acceso a la sala. Hay que decir que esto se gestó durante algún tiempo; conozco a periodistas que llamaban con antelación para asistir como público y a otros que se les decía que contactasen con sus embajadas para conseguir los permisos. Se les dio una de cal y otra arena hasta el día anterior al comienzo de todo. El rumor se hizo realidad. Por un momento, el tribunal contempló la posibilidad de permitir que ciudadanos tailandeses asistieran a las audiencias, pero la relevancia de esta medida provisional llevó al presidente del tribunal a tomar una decisión firme: prohibir la entrada a todos, incluido locales. Pero ¿por qué fue tan drástico al censurar hasta a sus propios ciudadanos? La razón fue que los medios de comunicación y periodistas empezaron a contratar a personas tailandesas para que fueran y tomaran nota de lo que sucedía en el interior. Esto provocó un descontrol, ya que cada vez más personas se congregaban con la esperanza de conseguir un asiento privilegiado en el juzgado.

Finalmente ocurrió lo que era inevitable: solo pudieron entrar los padres del acusado, los dos abogados defensores, Alice (como intérprete y asesora de la defensa), los dos fiscales, los dos abogados adheridos a la acusación contratados por el bufete de Ospina, el propio Ospina, su compañera Beatriz Uriarte y Miguel, su encargado de prensa.

Ospina pidió permiso para que Beatriz de Vicente pudiese asistir como observadora y en calidad de letrada al menos durante la primera semana. Se le concedió.

El cónsul o vicecónsul español, en realidad, siendo vicecónsul realizaba las funciones de cónsul, y el primer día también accedió un periodista.

No podemos hablar de si hubiesen dejado entrar al trío jurídico porque ninguno de ellos se acercó a Koh Samui; como pedía el propio Montes, debían estar en la rueda de prensa del día 12 de enero sentados junto a los abogados foráneos que llevaban la defensa y prestándoles su asesoría.

Llegó el 9 de abril. La incertidumbre crecía y el acceso a la corte, justo bajo las escaleras, estaba abarrotado de periodistas con una gran expectación.

Comenzaron a llegar actores implicados: los abogados del bufete Ospina, los fiscales y el trío jurídico.

El reo vino en un coche con cristales tintados y entró en el juzgado por la puerta trasera. La prensa no iba a conseguir la tan ansiada fotografía de Daniel; esa imagen se haría de rogar.

Y entonces llegó Rodolfo. Se bajó de un SUV junto a Alice y algunos compañeros que lo acompañarían a partir de entonces día tras día: los camarógrafos del documental que estaba filmando con HBO Max (del cual hablaremos en un capítulo futuro). Al pasar junto a las cámaras, sus primeras palabras fueron breves. Ante la pregunta de los periodistas sobre qué esperaba del juicio, respondió escuetamente: **«Que salga todo bien, bien, bien, gracias por el interés que enseñáis por el caso».**[58]

En ese primer día se echó en falta a una persona que, a pesar de no haber sido mediática, siempre estuvo acompañando a Daniel. Me refiero a Silvia Bronchalo, su madre. Los medios se hicieron eco de que se encontraba indispuesta y por lo tanto no asistiría a la primera sesión.

Según rumores que llegaban del interior de la sala y que hoy podemos confirmar que eran ciertos, esa primera jornada comenzó de forma tormentosa. Las fuentes consultadas me dijeron que, al parecer, el juez dejó claro desde un primer momento que no se iba a consentir ningún tipo de desacato dentro o fuera. No solo prohibió la entrada de personas ajenas, sino la salida de información al exterior. Es decir, si cualquiera de los asistentes contaba lo sucedido dentro de la sala de juicio, se podía enfrentar a pena de cárcel. El hermetismo iba a ser máximo, casi asfixiante.

Pero volviendo a esa primera jornada, el juez sospechó que una persona tenía escondida una cámara o una grabadora. Tuve la oportunidad de hablar con quien fue acusado de dicha acción y he de decir que sus palabras narrándome lo sucedido eran las de una persona que había pasado verdadero terror. Habló de un momento donde se vio arrestado y enfrentándose a una acusación grave. La policía militarizada le dio un pánico indescriptible. Me explicaba que, por su experiencia laboral, había estado en situaciones muy complicadas y me hacía ver que nunca en su vida había sentido tanto temor. Finalmente, al parecer, solo fue una prueba de fuerza.

Al inicio del juicio, se produjo un incidente entre el juez, Alice y la parte acusadora que dio como resultado la expulsión de esta de la sala. Sin embargo, más tarde se le permitió regresar. En cambio, al periodista que había sido previamente autorizado se le expulsó y no se le permitió volver a entrar.

El hermetismo del que hablábamos tuvo un efecto nefasto en la información. Lo poco que se filtraba era parcial, lo cual generaba numerosos problemas. Lógicamente, si las filtraciones provenían de la acusación eran favorables a demostrar la premeditación. En cambio, si provenían de la defensa o su entorno, presentaban un panorama completamente diferente.

En esas estábamos cuando comenzaron a aparecer cosas en prensa. Se hablaba de la apariencia de Daniel. Al parecer iba rapado y engrilletado de pies y manos con cadenas pesadas que arrastraba haciendo ruido cada vez que se movía.

Y entonces llegó una información un tanto inaudita. Gracias a la legislación tailandesa, el homicida tenía el derecho a preguntar a los testigos como si de un abogado se tratase. Aquí estaba la clave de la defensa; aquí estaba en lo que se basaba toda la estrategia. No se habían preocupado en contratar un buen bufete de abogados en Tailandia y del porqué se iban a valer única y exclusivamente de un abogado de oficio. Este no tendría que realizar defensas, como contó Beatriz de Vicente. Tras regresar a España y sentirse liberada de la limitación de no poder desvelar información, explicó que dicho abogado se pasaba las sesiones durmiendo y toda la defensa recaía sobre los hombros de Daniel. Al parecer, su padre hacía las funciones de ayudante o asesor, cargado de papeles y documentos entre los que buceaba cuando su primogénito le pedía uno concreto para respaldar alguna pregunta o cuestión. Todos los días, al «chef» le pasaban una hoja con las preguntas que debía realizar. Nunca sabremos si dichas preguntas eran dictadas directamente por García Montes o por Alice, pero lo cierto es que no eran ideadas por el homicida.

Por parte de la acusación, el abogado Juango Ospina comentó que la actitud de Daniel era arrogante, ya que se dirigía al juez y a los testigos con cierta prepotencia. Incluso se llegó a hablar de que alguna que otra testigo se asustó al ver acercarse a Sancho encadenado e, imaginamos, chapurreando preguntas en un idioma extraño para la persona que estaba sentada en el banquillo de testigos.

Por su parte, Beatriz de Vicente describió un escenario dantesco en el que el acusado se enfrentaba prácticamente solo a un proceso que ponía en juego su vida. Durante un receso para comer, tuvo la oportunidad de hablar a solas con Daniel, quien le confesó que llevaba su propia defensa y que su abogado era «de pastel».

El segundo día comenzó como el primero: abarrotado de periodistas y los actores principales llegando antes de que diera comienzo la sesión. Esta vez sí asistió Silvia Bronchalo, la cual no faltaría a ninguna jornada más.

Al igual que el día anterior, Rodolfo irrumpió en escena junto a los camarógrafos de HBO Max. Sin embargo, en esta ocasión, el actor se acercó a los periodistas y pronunció unas palabras que, bajo mi humilde opinión, sonaban desafiantes:

«Os voy a decir una cosa: yo os trato con educación y respeto, y espero lo mismo de vosotros, ¿vale? Así que, por favor, no me cerréis el paso, dejadme pasar, no me empujéis, no me pongáis zancadillas, no me piséis, no me persigáis por la isla. Os lo pido por favor. En este país está prohibido grabar a la gente en público y hacerle fotografías. No tengamos un problema, ¿de acuerdo?». Ante la insistencia de los periodistas, volvió a repetir: «Os he pedido que me dejéis pasar, por favor».[59]

Entiendo que la presión que Rodolfo estaba viviendo en ese momento era abrumadora. Sin embargo, es justo mencionar que en ninguna de las imágenes que he visto se observa a los reporteros pisándole los pies, empujándolo o poniéndole zancadillas; esa parece ser su impresión. Me resulta un poco hipócrita que afirme que en ese país está prohibido grabar y que no quiere tener problemas mientras está acompañado por un equipo de documentalistas de HBO Max, quienes, lógicamente, le están pagando por ello. Además, se supone que llevaban ocho meses luchando por los derechos humanos y fundamentales; en esos derechos debería incluirse también el derecho a la libertad de prensa. Y aunque parece ser que en Tailandia este no está recogido y pueden hasta meter en prisión a alguien que grabe en público, me resulta cuando menos curioso que los defensores de esos mismos derechos para Daniel ahora amenacen a gente que está haciendo un trabajo posiblemente mal pagado que se les manda desde las redacciones de los mismos programas que han estado frecuentando Carmen Balfagón, Chipirrás y Montes. Vamos, que siempre es el eslabón más débil de la cadena —en este caso el *currela* que está a pleno sol echando horas— quien paga el pato de la prepotencia de algunos.

La primera semana transcurrió y la radiografía que nos llegaba desde Tailandia indicaba que todo iba según lo previsto. Los testigos propuestos por la fiscalía desfilaban uno tras otro confirmando lo que ya habían declarado en sus informes. Incluso se mencionó un incidente que luego el propio Juango Ospina confirmó en nuestro canal de YouTube. Aunque no puedo relatar exactamente las palabras de Daniel y del juez, el incidente se narraba de la siguiente manera: según nos contaron, Daniel cuestionó dónde se encontraban los cuchillos y provocó un conflicto al respecto hasta que el juez lo interrumpió y le replicó algo parecido a: «¿Cuál es el problema que tienes con los cuchillos si todos sabemos para qué los utilizaste?». Quiero aclarar que no puedo citar la frase exacta, ya que las interpretaciones pueden variar con el idioma, pero según lo que me confirmaron se asemeja bastante a lo que acabo de describir.

Incluso se mencionaba que el juez le había dicho a Daniel que no hiciera preguntas que ya habían sido respondidas. Le advirtió que si no sabía formular sus preguntas o insistía en lo mismo le retiraría la palabra y tendría que preguntar su abogado.

Estas eran las informaciones que nos llegaban durante la primera semana.

La representación del escenario planteado parecía un campo de batalla hostil para el reo y, según se percibía, él tampoco lo estaba facilitando.

Recibimos información contradictoria para quienes habíamos seguido el caso desde el principio. Al parecer, en un momento dado, alguien le hizo ver a Daniel que la traducción que estaba recibiendo del intérprete asignado por el juzgado no era tan fiel como debería. Esto causó desconcierto y el reo tomó una decisión extraña: solicitó al presidente del tribunal que cambiara de intérprete proponiendo a Alice para ese puesto.

Podréis preguntaros: ¿cuál es el problema? Este radicaba en que Alice interpretaba del tailandés al inglés y viceversa. En el pasado, el propio acusado había retrasado alguna sesión en el juzgado y había solicitado la nulidad de ciertas acciones argumentando que no hablaba ni entendía el inglés con fluidez y que necesitaba un intérprete de su lengua materna, lo cual es lógico y comprensible. Sin embargo, su decisión en este momento ponía en entredicho una de las líneas de su defensa. De hecho, fue advertido sobre esta acción. Beatriz de Vicente también le hizo notar la situación.

En los días siguientes a esta noticia, vimos a Montes en los platós de televisión defendiendo este cambio tan radical. Alegaba que Daniel había logrado perfeccionar su inglés durante su tiempo en prisión. Sé que pensáis que esto es absurdo, pero ¿qué no lo es en esta defensa?

Sin embargo, algo sucedió la semana siguiente. A pesar de que los testigos seguían siendo los de la fiscalía, la información que llegaba desde Koh Samui indicaba que la defensa había logrado dar la vuelta a la situación. Los testimonios, que inicialmente favorecían a la acusación, terminaron respaldando al acusado y su equipo jurídico parecía estar desmontando la idea de premeditación haciendo que todos comprendieran que Daniel era una víctima más en este proceso.

Pero analicemos qué ocurrió realmente esa semana y por qué los aires que soplaban desde Tailandia ahora parecían favorecer a Sancho.

Siendo sinceros, creo que la respuesta es bastante sencilla: en la segunda semana, Ospina y su equipo ya habían abandonado la isla, incluida Beatriz de Vicente. Por lo tanto, los únicos que podían filtrar información y manejar el relato eran Rodolfo y sus allegados, entre los que se encontraban algunos periodistas.

Parece ser que fue a partir de ese momento cuando se comenzó a gestar la operación «victoria de defensa ausente». La defensa, a pesar de no estar presente en el juzgado de Koh Samui, estaba logrando resultados, a pesar de la adversidad de contar con un abogado que, en palabras de Balfagón, no dormía, sino que meditaba como budista —eso sí, meditaba intensamente— y de un Daniel completamente neófito en leyes llevando su propia defensa.

Eran tan buenos que, incluso desafiando la famosa frase atribuida a Abraham Lincoln —«quien se defiende a sí mismo tiene un tonto por cliente y un imbécil por abogado»—, estaban logrando una hazaña que, a todas luces, parecía imposible.

Según su versión, lograron demostrar que el cuchillo en el que se encontraba el ADN de Daniel y Edwin había sido manipulado y que la policía había mentido. Narraban historias sobre un juez enojado con sus investigadores, dando tirones de orejas a diestro y siniestro. Álvaro, un periodista de Telecinco, sacó a la luz una noticia de última hora que resultaba inaudita e increíble: «había aparecido un tórax y la policía lo había ocultado». Una mala transcripción en una diligencia de septiembre que mencionaba esta parte del cuerpo sirvió para sembrar la duda y volver a despotricar en los medios contra la policía tailandesa, que se convirtió en el blanco de todas las críticas.

Afirmaban que el propio juez, muy enfadado, llegó a exigir aclaraciones sobre este punto. No sé si esto es cierto o no, que cada uno decida la credibilidad que otorga a quienes informaron sobre esto. Sin embargo, lo que sí es cierto es que en ninguna de las más de cuarenta páginas con las que cuenta la sentencia se hace referencia a este episodio, por lo que en el juicio importó poco o nada.

Balfagón, ya envalentonada, salía en los medios de comunicación a más de diez mil kilómetros de donde estaba su cliente pasando por un proceso judicial diciendo que la culpable en mayor medida del sufrimiento de la familia Arrieta era la policía tailandesa; el asesino de Edwin era inocente de ese sufrimiento.

Tras varias semanas de testigos de la fiscalía, llegaba el momento de que testificasen los propuestos por la defensa. Una veintena de ellos tendría que pasar por la corte y poner sobre la mesa una línea de defensa que terminaría por asestar ese golpe de efecto que parecían estar consiguiendo. Pero entonces pasó algo extraño: los testigos comenzaron a caerse como peras maduras; los amigos y novia del acusado ni fueron ni se les esperaba. Balfagón comentaba que no eran necesarios sus testimonios. Un famoso psiquiatra forense que Manu Marlasca desveló en *TardeAR* —el Dr. Gaona— también declinó el ofrecimiento. Un famoso periodista llamado a declarar y del que no trascendió su nombre tampoco apareció por Koh Samui. A Rodolfo Sancho, propuesto como testigo, el juez le preguntó sobre su testimonio y en qué estaría basado. Al parecer este respondió que en lo que su hijo le había contado. Entonces, según parece, el presidente del tribunal le dijo que para explicar lo que su hijo iba a contar mejor que fuese este quien testificase y él se limitase a seguir en su papel de padre.

Todos los testigos protegidos, incluido Iván Velasco, fueron rechazados por el tribunal al entender que sus testimonios no aportaban nada a la causa que estaba siendo juzgada.

Carmen Balfagón y Ramón Chipirrás, los cuales elaboraron el cuando menos curioso informe de la defensa, tampoco obtuvieron el permiso del tribunal para declarar en calidad de peritos criminólogos.

El psicólogo experto en abuso sexual también fue rechazado y el experto en sierras y cocina tailandesa no es que fuese rechazado, sino que no se presentó el día del juicio, según contaron, porque su jefe no lo dejó salir para testificar.

De todos los propuestos por el trío jurídico solo se aceptaron los siguientes: dos policías de Inmigración; los que compartían con fiscalía, como la dueña del Bougain Villas, la dueña de la tienda de alquiler de motocicletas o la dueña del negocio de kayak; un forense español que contó que la muerte fue producto de la caída; un psicólogo que explicaría al tribunal las diferentes cuestiones por las que una persona puede descuartizar un cuerpo sin ser homicida y creo que no me olvido de nadie más. Básica y realmente, cuatro de los muchos propuestos, y de esos cuatro dos de ellos eran agentes de Inmigración tailandeses. No sé muy bien en qué momento pensaron que estos les iban a dar un testimonio favorable; es más, de los testigos presentados ante el juez de los únicos que hay referencia en la sentencia es de estos dos, y no es precisamente para darles la razón.

Por otro lado, tenemos a la coacusación. Ospina había propuesto que la familia Arrieta Arteaga declarase mediante videoconferencia haciendo alusión a la edad avanzada de los padres y a la mala situación financiera que estaban atravesando debido a la muerte de su único sustento: la víctima del caso. Esta petición fue rechazada: se indicó que no existían los medios técnicos para hacerlo de forma eficiente, por lo que se pidió que un familiar o representante de la familia declarase en persona. Entonces se propuso que fuese el propio Juango quien realizase esta acción.

Juango nos contó que fue un momento difícil en su carrera, que el aire acondicionado no funcionaba y que tuvo que responder muchas preguntas de la defensa. Estas preguntas estaban enfocadas sobre todo al tema económico, ya que su testimonio se centraba en el daño moral y socioeconómico que habían sufrido por el asesinato de su familiar. El calor y la presión hicieron mella y parece ser que resultó algo duro para el letrado.

Hacía unos días que la agencia EFE se había hecho eco de unas supuestas palabras del fiscal en las que afirmaba que iba a ser muy difícil demostrar la premeditación. Según contaban varios periodistas, esto lo habría comentado al bajar las escaleras junto a las intérpretes que algunos habían contratado. Recuerdo perfectamente cuándo ocurrió este momento.

Ahora quiero compartir un hecho del que no he hablado hasta ahora y que dado el tiempo transcurrido y la verdadera trascendencia de lo sucedido no creo que a la persona implicada le moleste que lo narre.

Esta noticia sale a la luz el mismo día que Ospina había prestado su declaración, el miércoles 24 de abril. Yo llamé a este a Tailandia al poco de terminar su intervención en la corte para que me contase lo que pudiese sin saltarse las restricciones del juez. Me habló lo que todos conocéis: que hacía calor, que había sido duro y básicamente lo que os he dicho más arriba; poco más. Tampoco creo que hubiese mucho más que contar, pero en ese momento yo aproveché para hacerle una pregunta. Haciendo referencia a las palabras del fiscal, recuerdo que le dije: «Tú que has estado dentro de la sala, has visto lo que se cuece y tendrás información de tus abogados tailandeses, ¿cómo dirías, en términos de porcentaje, que la premeditación va a quedar acreditada?», a lo que él me contestó: «Yo diría que ahora mismo nos encontramos en un 80/20, 80 % de que va a quedar acreditada, 20 % de que se resuelva el asunto como un homicidio doloso sin premeditación».

En ese momento no me parecían malos números; me extrañaba conociendo cómo suelen resolverse los casos allí en Tailandia, pero tampoco me parecía algo radical.

No obstante, me quedé sorprendido cuando, durante el directo de la tarde-noche que realizaba todos los días comencé a recibir comentarios en el chat que me preguntaban si había visto las declaraciones de Juango en el programa *TardeAR*. Yo no las había visto, así que pregunté a qué se referían. Me dijeron que el abogado estaba muy molesto y afirmaba haber observado cosas extrañas que indicarían anomalías o irregularidades en el proceso.

Dado que unas horas antes había hablado con él y se había mostrado tranquilo y sereno durante nuestra conversación, me pareció extraño. No le di importancia y lo atribuí al calor y la presión que había enfrentado tras su declaración. Sin embargo, al terminar mi programa, decidí investigar qué había dicho realmente. Cito:

«Yo creo que esto es parte de la cultura tailandesa, de su forma de actuar. Por un lado tenemos una corte que ha impuesto un cerrojo informativo y nos ha apercibido de no informar de nada de lo que se celebra en el plenario y, por otro lado, tenemos una policía que no es la primera vez que hace ruedas de prensa en donde explican su actuar. Yo creo que esto es algo muy propio de este país y no puedo hacer ningún juicio de valor más que añadir que lo comprendo dentro de esa cultura, en donde por un lado te dicen que no digas nada, pero por otro lado son ellos quienes se exponen con toda la argumentación de la investigación que se ha producido para terminar arrestando a Daniel Sancho».

Esta era la respuesta de Juango ante la pregunta de Ana Rosa Quintana sobre una extraña rueda de prensa que la policía tailandesa había ofrecido ese mismo día, entre rumores de que la defensa estaba dando la vuelta a la tortilla.

«Ha sido un día largo, duro e intenso. No quiere decir que los otros no lo hayan sido, yo siempre lo he dicho, hay que venir a entender cómo se desarrollan los juicios en Tailandia, estando en Koh Samui en una corte, con los bancos de madera, y con un juez que te ha apercibido de meterte en prisión si cuentas algo de cómo se desarrolla el juicio oral y con unos policías dentro que están pendientes y te cachean para que cumplas con la normativa. Ha sido un interrogatorio muy intenso. He respondido a las preguntas, por un lado de la acusación, por otro lado de la defensa. La defensa ha analizado punto por punto, documento por documento y he intentado estar concentrado en dar la respuesta más precisa respecto, por un lado, a la parte económica de los ingresos de Edwin en Colombia y en Chile; por otro lado, y que para nosotros era lo más importante, el lado humano de cómo han quedado los padres de Edwin de setenta y cinco y setenta y ocho años: con unas dolencias en su salud bastante complicadas, y esto he tenido la oportunidad de decírselo al tribunal».

Como veis, nada que no me hubiese relatado a mí en la conversación que comenté. Sigamos.

«El interrogatorio de la defensa hoy ha sido muy pormenorizado. Ha cogido documento por documento preguntándome, este gasto a qué se refería, este qué país, esto qué significaba, los estatutos de la sociedad, el IRPF, las declaraciones... Yo me he limitado a responder, dentro de la obligación que tengo a decir la verdad y con la mayor tranquilidad y normalidad. Ha habido alguna pregunta un poco simpática. Por describirla, hemos aportado la factura de la tumba de Edwin y me preguntó por qué no aparecía el nombre de Edwin en esa factura. Es difícil que un muerto en esta causa, pues pudiese pagar la propia factura, cosas que se desarrollan en el acto del juicio oral y que yo creo que las preguntas de Daniel no iban a aportar luz a lo que yo estaba diciendo».

Aquí Juango respondía a la pregunta de por qué, a pesar de que Daniel había interrogado a todos los testigos que pasaron por la sala a él no le había preguntado. En ese momento, Juango hace alusión a algo que hace saltar todas las alarmas:

«Lo que sí me gustaría, Ana Rosa, es comentar en referencia a la rueda de prensa de la policía. Yo sí que siento cierto nerviosismo y ciertas cosas extrañas en la isla durante los últimos días por parte de la propia policía, con la que tenemos contactos como abogados de la acusación y donde hay una buena relación. Cosas extrañas, yo no sé si la policía se siente defraudada o se siente también un poco sorprendida por ese giro de información que ha salido en los medios de comunicación, porque, para ellos, entendiendo a los tailandeses, lo esencial del caso estaba resuelto; lo habían resuelto con un gran éxito. Por eso yo creo que el motivo de esa rueda de prensa no fue dar datos nuevos sino justificar algo muy importante que habéis dicho en el programa: que fue un juez el que avaló la orden de arresto. Como diciendo "oiga, nosotros hicimos nuestro trabajo bien y al final un juez ha dicho que se acabó deteniendo al sospechoso"».

Ante la pregunta de Ana Rosa sobre si había escuchado las declaraciones que algunos medios atribuían al fiscal en las que afirmaba que le iba a resultar difícil demostrar la premeditación, Juango respondió:

«Algo muy cultural en Tailandia, por un lado, te dicen que no hables y por otro lado te hacen una rueda de prensa; por un lado, te dicen que no hables nada, pero el propio fiscal, bajando las escaleras, a varios medios de comunicación les dice lo que tú acabas de referir. Por eso te estoy diciendo que están ocurriendo cosas extrañas en la isla: están habiendo movimientos un tanto misteriosos, estamos detrás de ellos, movimientos en la dirección de atacar la versión oficial, en perder contundencia en ciertas manifestaciones y expresiones, en buscar una alternativa a esa premeditación, es decir, algo que es insólito, no conozco a ninguna fiscalía, al menos en mi país, que cuando la policía ha dicho con contundencia que han hecho un trabajo encomiable el fiscal lo ha ratificado y ha comenzado el juicio oral, pues casualmente, sin que haya nada nuevo. Esto es importante decirlo, todos se han venido a ratificar en lo que hay, pues toma una posición un tanto pasiva, un tanto cercana a los medios de comunicación».[60]

Cosas extrañas, movimientos raros, un fiscal que se vuelve pasivo; todo esto me pilló por sorpresa. Comencé a indagar y a buscar información. De diversas fuentes comenzaron a llegarme datos difíciles de explicar: se hablaba de posibles influencias dentro de la corte y de presuntos pagos aunque no se sabía a quién.

En medio de todo esto, al día siguiente, jueves 25 de abril todo saltó por los aires. Comenzaron a circular rumores de que a Juango se le había prohibido el acceso a la sala. Su compañera Beatriz Uriarte negó este hecho afirmando que no existía ningún auto del juez que indicara tal cosa y que su compañero decidía regresar a España al ver que se había suspendido la declaración de Daniel.

Porque sí, aquella mañana en la corte fue caótica. Achacando una avería en el conducto del aire acondicionado —una avería que ya existía el día anterior y que no impidió la declaración del abogado de la coacusación— el juez suspendió la jornada. Pero no solo suspendió la del jueves; la del día siguiente también fue suspendida. El juicio no se reanudó hasta el lunes de la semana siguiente.

Esto, en lugar de apaciguar las especulaciones, hizo que fueran en aumento. Apareció un artículo del periodista y amigo Joaquín Campos en el que dejaba entrever sospechas muy graves. Hablaba de posibles contactos entre la defensa y la fiscalía, de cenas del fiscal con el abogado defensor y del poder de Alice. Sí, Alice, esa que se suponía que solo era traductora y asesora de la defensa, se comentaba que tenía más influencia de la que se le atribuía al inicio llegando incluso a doblegar opiniones (presumiblemente).

El rumor de un presunto pago por una sentencia favorable para el reo comenzó a fraguarse y a inundar foros, publicaciones y algún que otro programa. La defensa se mostraba indignada ante tal acusación. Lo cierto y real es que esto no se pudo demostrar, pero, por otro lado, aquel jueves 25 el juez paró máquinas. Desconozco el motivo, pero las paró. Decidió detenerlo todo y poner el marcador a cero, y lo que parecía una cosa, se tornó en lo contrario.

Durante ese fin de semana tuve la oportunidad de hablar con multitud de personas, muchas que incluso ni imaginaríais, y me contaron algunas situaciones un tanto rocambolescas. Sin embargo, dentro de todas esas conversaciones hubo una que me llamó especialmente la atención. Alguien me dijo: «en el supuesto caso de haber pagado por la compra de favores, te puedo asegurar que, si esto fuese cierto, cosa que nunca se probó y por lo tanto no pasó, pero en el caso hipotético de que hubiese sucedido, ese dinero lo habrían perdido». Podrían haber pasado tres cosas en ese supuesto, me dijo. Primera, si hubiese pagado al tribunal, este se queda el dinero y ve tú a pedirle explicaciones acusándoles de estafa. En segundo lugar, si han pagado puede que en un giro de los acontecimientos el tribunal los acuse de intento de soborno. Y en tercer lugar, si el dinero ha sido dado a un intermediario, este se queda con él y desaparece, y volvemos al principio: en caso de que alguna vez haya ve y denuncia. Sea como fuere, ese dinero, en caso de que alguna vez haya existido, se habría esfumado.

Como he mencionado, nunca se pudo probar nada ni se pudo dar por verdadera ninguna de las acusaciones que se barajaron en esos días. Sin embargo, lo cierto es que el lunes 29 algo había cambiado. Lo primero que llamó la atención fue la llegada del coche que transportaba a Daniel a la corte. A diferencia de todas las semanas anteriores, los cristales ya no eran tintados, lo que permitió a la prensa conseguir, por fin, su tan ansiada fotografía. Este giro supuso otra oleada de especulaciones acercándose ya el final del juicio.

Los problemas con el aire acondicionado continuaron durante la jornada del lunes, por lo que declararon los policías de Inmigración propuestos por la defensa y el martes 30 de septiembre fue el día elegido para que Daniel Sancho declarase al fin.

García Montes había estado horas antes pidiendo un receso en la declaración del reo y daba casi por sentado que la misma se produciría no el martes 30, sino el jueves día 2, pero esta petición no prosperó, así que el homicida subió al estrado el día señalado.

A partir de este momento, todo cambió. Daniel y su defensa habían pasado nueve meses y habían ofrecido tres declaraciones previas en las que aseguraban que él y Edwin mantenían una relación algo tormentosa. Sancho, junto con Balfagón y Montes, había repetido hasta la saciedad que cuando el «chef» decidió poner fin al idilio la situación se tornó tóxica. El motivo es que fue amenazado por el cirujano con desvelar las fotografías que ambos se habían compartido y después con la muerte, amenaza que, según contaba, se hacía extensible a su familia. Sin embargo, este punto ya no existía. Según el testimonio que se prestó durante su declaración en la sala, ni habían mantenido una relación ni Daniel conocía las intenciones de Arrieta de mantener relaciones sexuales con él.

Pero, por desgracia, el contenido de esa declaración no llegamos a conocerlo hasta la entrega de la sentencia por parte del tribunal. Teníamos algunos retazos y sospechábamos que esto había sido así gracias a los alegatos de la coacusación que tuvimos en nuestro poder. En ellos se podían leer cosas como:

«El acusado declaró que no sabía si la víctima estaba interesada románticamente en él y que antes del incidente nunca habían tenido relaciones sexuales».[61]

¿Cómo era esto posible? Ahora resulta que ni Edwin presionaba a Sancho ni este sabía que el doctor se sentía atraído sexualmente por él. ¿Dónde quedaban frases como… **«me tenía en una jaula de cristal», «yo era su rehén», «me había amenazado con hacer públicas las fotografías que yo le envié».**

¿Qué caras se les quedarían a Ramón Chipirrás y a Carmen Balfagón, que pocas horas antes llegaban a la isla para asistir a la última jornada del juicio? Imagino que ellos sabían exactamente lo que el «chef» iba a contestar; supongo que fue otro giro en esa línea curva de defensa que habían diseñado. ¿De qué servía, entonces, haber llevado a Koh Samui a testigos que avalaran la hipótesis del acoso y el abuso previo? ¿Qué podía decir ahora Iván Velasco, quien venía contando historias sobre cómo Sancho era víctima de *grooming*? Y todos esos programas de televisión, canales de YouTube y periódicos que habían defendido esta hipótesis a capa y espada basada únicamente en la palabra de Daniel Sancho, ¿cambiarían ahora y volverían a creer al acusado? Defender a un mentiroso es lo que tiene: al final, cuando cambia la versión, te deja con el culo al aire.

El día 2 el juicio llegó a su fin. En el camino quedaron multitud de imágenes curiosas, hipótesis extrañas y juegos de trileros que pretendían desviar la atención de la bolita.

Daniel volvió a tomar la palabra para sus alegatos finales. En ellos, y según las filtraciones que se volvían a producir, el «chef» decía: **«Siento que se haya perdido una vida y que unos padres hayan perdido a un hijo. Siento que su familia no haya podido enterrarlo en condiciones. Siento lo que hice después de la muerte. En un momento dado me gustaría resarcir a la familia por el daño causado al ocultar el cadáver».**[62] Esto lo he citado textualmente según lo recogido en prensa.

Cuarenta y cinco minutos duró esta intervención en la que decían que Daniel lloró y se mostró arrepentido de ciertas acciones. Lógicamente, no por matar a Edwin, ya que seguía manteniendo su inocencia al respecto; se sentía arrepentido, según él, por descuartizar y tirar los restos del cirujano al mar y la basura.

Y, finalmente, el juicio quedó visto para sentencia, la cual ya tenía fecha de lectura: 29 de agosto de 2024, más de tres meses después.

Las partes tenían ahora hasta julio para entregar sus alegatos, ya que en el país asiático estos se realizan por escrito y no de viva voz, como suele hacerse en España. Serían unos meses largos y con un papel de la prensa muy interesante, que narraremos con detalle en el próximo capítulo.

Silvia Bronchalo fue de las primeras en abandonar la sala. Lo hizo con una expresión seria y apresurada por llegar al coche y conseguir así alejarse de los focos y la prensa. Sin embargo, a pesar de su premura, dejó una frase que presagiaba lo que finalmente ocurrió: «**Eso preguntádselo a su padre**»,[63] dijo cuando le preguntaron cómo había ido todo. Con ello, dejaba claro que se desmarcaba de los derroteros tomados por la defensa durante el proceso.

Los letrados del trío jurídico, sin Montes, hicieron sus declaraciones. Chipirrás comentó que las sensaciones eran muy buenas.

Rodolfo Sancho bajó las escaleras, se detuvo ante los micrófonos y se mostró molesto. Cuando los periodistas le preguntaron si podía ofrecer una valoración sobre el juicio, el actor respondió:

«**Solo quiero comentar una cosa: que no sé por qué hay gente que, que está diciendo que soy inhumano, que nunca he dicho que sentía nada por la familia, que no he presentado mis condolencias. Es una absoluta mentira. Es lo primero que hice cuando saltó todo esto, fue efectivamente eso, y la gente que lo sabe, lo sabe y los que no, no se han informado bien. Simplemente eso, ¿vale? Muchas gracias**».[64]

Un periodista le preguntó si estaba satisfecho, a lo que él respondió que sí lo estaba.

«Al César lo que es del César», fue lo que dijo Jesús de Nazaret cuando intentaron hacerlo caer en una trampa al presentarle una moneda romana. Rodolfo ha expresado su pésame a la familia Arrieta; de hecho, lo ha hecho cada vez que se ha acercado a un micrófono. Parece que ha confundido conceptos, ya que la opinión pública no consideraba que fuera inhumano por no dar el pésame. Posiblemente, esa percepción surgió a raíz de la manera en que se refirió al cirujano como «el tipo ese» en el capítulo cero del documental de HBO.

Sin embargo, es importante mencionar algo que no hemos comentado todavía. Al día siguiente de que todo esto estallara, Rodolfo envió un mensaje a Darling a través de Instagram en el que expresaba sus condolencias. Hablaba de su pesar por lo sucedido, de que no entendía qué pudo haber pasado por la cabeza de su hijo para actuar de esa manera y de que ambas familias estaban destrozadas. Estas palabras lo hacían parecer humano.

El problema con este mensaje fue que, a las pocas semanas, Carmen Balfagón, quien actuaba como portavoz de Rodolfo, negó su existencia. Más tarde, la misma Balfagón sí la reconoció, lo que supone un intento de mostrar, nuevamente, ese lado humano que decidieron ocultar durante unos meses.

La propia Carmen Balfagón, que seguía a Rodolfo por las escaleras en esta última jornada, respondió a las preguntas de los periodistas:

«**El traductor es malo**», comentó.

Los reporteros le preguntaron qué había pasado con el «chef», ya que habían escuchado que había estado llorando. Ella respondió:

«**No es verdad, lo digo yo**».

Al preguntarle cómo había ido todo, contestó:

«**Bien, bien**».

Luego, los reporteros hicieron una pregunta interesante sobre por qué el «chef», experto en sierras y comida tailandesa, no había asistido a esta última jornada. Le preguntaron concretamente:

«¿Qué ha pasado con el "chef", Carmen?».

Ella respondió:

«**Nada, que no ha podido venir**».

«¿Conocíais esto antes?».

«**Sí, sí**».[65]

Con mucha dificultad, se montó en el coche junto a su compañero de bufete y Rodolfo.

Así terminó todo en la isla de Koh Samui. Todo quedaba en suspenso hasta dentro de casi tres meses cuando finalmente conoceríamos el futuro de Daniel.

Sea como fuere, todos habían tenido la oportunidad de explicarse y ser escuchados en sala. Bueno, todos los que el juez dejó; hay muchos a los que les dijo la frase que tanto usamos en nuestros directos: «***Chan mí de nai***».[66]

CAPÍTULO 17
EL JUICIO DESDE DENTRO. LO QUE NO TE CONTARON

Hemos narrado en el capítulo anterior lo que pudimos ver o conocer del juicio a Daniel Sancho, debido al cerrojazo informativo que se impuso desde Tailandia.

Dicho juicio se celebró a puerta cerrada y fue imposible dilucidar que ocurría dentro de la sala. ¿Qué se preguntaba?, ¿qué respondían los testigos?, ¿había sido más beneficioso para la defensa tal o cual testifical?, nada, solo teníamos alguna información que las partes filtraban, lógicamente siendo información de parte, era muy complicado saber si lo contado era fiel a lo ocurrido, sobre todo viendo los antecedentes de este caso, en el que ya estábamos más que acostumbrados a la forma de torcer ciertas cuestiones para hacerlas encajar en según qué relatos.

A diferencia de esa información sesgada que nos llegó durante abril y mayo, lo que vas a leer a continuación son las actas originales del juicio, en ellas se recogen las respuestas de los testigos que los días del juicio pasaron por la sala de vistas. No hay manipulación de parte ni ocultación.

He de especificar al lector lo siguiente, todo texto entrecomillado o en cursiva que leerá a continuación es tal cual figuran en dichas actas, lo resaltado en negrita es, además, lo dicho textualmente por los testigos.

Podrá observar que, las preguntas, en su mayoría, no están entrecomilladas, el motivo es porque las preguntas no son recogidas casi nunca en estas actas, que solo reflejan las respuestas, por lo que al estar basadas en dichas respuestas, unas pueden coincidir con lo preguntado realmente y otras posiblemente sean una aproximación atendiendo a las respuestas dadas y a la lógica.

Algunos nombres de personas que no han aparecido en público ni en los medios de comunicación, han sido cambiados para preservar su intimidad, no así, sus cargos o responsabilidades en el proceso, estos son tal cual se narran.

Espero que al leer las páginas que vienen a continuación, se sienta realmente en el interior de la sala y se llegue a comprender por fin, lo que allí pasó.

Para haceros una idea, nos encontramos en una habitación relativamente pequeña.

En el frente, hay un estrado elevado a un metro y medio aproximadamente sobre el resto en el que se sientan dos jueces protegidos por una mampara, estos jueces llevan mascarilla, por lo que sus rostros no son apreciables.

Mirando desde la entrada de la sala y teniendo en el frente a los jueces, a mano derecha de estos tenemos una pantalla proyectora donde se mostrarán aquellas pruebas que precisen de este medio para ser visualizadas.

Siguiendo por la derecha encontramos al abogado de la defensa y su asistente, sentados en un lateral con relación a los jueces.

Si seguimos por la derecha y sentados en paralelo mirando a los jueces, nos encontramos con Daniel Sancho (el acusado), acompañado por dos policías a su izquierda; tras él, su padre con su traductor y tras su padre, su madre, a la izquierda de Silvia se sienta el vicecónsul y a la izquierda de este su traductor.

En la parte izquierda partiendo desde los jueces y sentados en el lateral mirando de frente a los abogados de la defensa, tenemos al secretario judicial y el oficial judicial, a la derecha de estos se hallan sentados los dos fiscales y, tras ellos, el o los abogados de la coacusación.

Yendo a los bancos que quedan en la derecha, pero de frente al juez, como pasaba en el lado izquierdo donde comenzábamos por Daniel, la primera y segunda fila; están copadas por los abogados españoles del bufete de Ospina, imaginamos que esto solo fue durante las primeras jornadas y algunas de mediados de juicio cuando el propio Ospina prestó declaración.

Y tras estos, se sientan los testigos que van a prestar declaración en cada sesión.

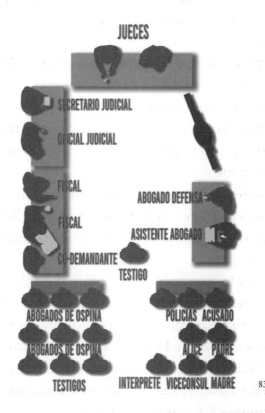

17.1. DECLARACIÓN DE DANIEL[83]

Y entonces llegó el momento más esperado, el momento de la declaración del acusado, del presunto asesino: la declaración de Daniel Jerónimo Sancho Bronchalo.

El día había amanecido como los anteriores, caluroso y húmedo, los problemas con el sistema de aire acondicionado aún no habían terminado de solucionarse, pero en contra de lo propuesto por la defensa del reo, el juez no pospuso su declaración. No quedaba otra, tendría que declarar.

Imagino el nerviosismo no solo del acusado, sino de su padre, que hasta el momento había sido su fiel escudero, su asistente, su mentor. A su lado Alice, quiero imaginarla guiñándole un ojo y haciendo el gesto de disparar con una pistola con los dedos de la mano y diciendo algo así como «vamos, que tú puedes». Tras ellos, Silvia, su madre, intuyo que deseosa de escuchar lo que su vástago tenía que contar, acompañada en todo momento del hasta el momento cónsul o vicecónsul y su intérprete.

Al ser el acusado, fue el abogado de Daniel quien comenzó preguntando, le dijo que contase lo sucedido, digamos que le pidió que contase la historia de nuevo, esa que ya conocíamos por sus tres declaraciones anteriores, con sus diversos cambios y adecuaciones según fue meditándolas. ¿Podría el homicida sorprender al personal asistente? ¿Convencería a los jueces de su inocencia con lo que iba a narrar? La pelota estaba en su tejado, y se ve que, haciendo acopio de sus genes de actor, comenzó su puesta en escena con una frase que yo guardaría para la posteridad:

«**No profeso ninguna religión. Aunque mis acciones puedan ser consideradas un pecado o mis palabras no sean verdaderas, no temo a Dios, pero tengo amor y compasión por mis semejantes**».

Después de esta oda acababa de poner el listón muy arriba, había captado la atención de propios y visitantes. Si en ese momento había alguien dando una cabezada en la sala, seguramente abandonó los brazos de Morfeo para poner todos sus sentidos en las palabras que a continuación saldrían por la boca de Sancho:

«Conocí a la persona fallecida aproximadamente 9 meses antes de que ocurriera este incidente, a través de la aplicación Instagram. La persona fallecida me contactó para preguntar sobre unas inversiones sobre restaurantes por mensajes privados de la aplicación.

Antes de viajar a Tailandia, ya había conocido en persona al fallecido, pero no sabía que le atraían sexualmente los hombres. Sin embargo, hasta donde sabía, tenía una novia que se llamaba Viviana».

No quiero ser mal pensado, pero entiendo que Viviana era el único nombre que le sonaba como amiga de Edwin. ¿Y por qué le sonaba o conocía dicho nombre? Pues porque esa chica, Viviana, que en realidad es más amiga de Darling que del cirujano, cuando este desaparece es la que ayuda a su hermana a intentar encontrarlo, y en su intento de búsqueda intercambia mensajes por Instagram con Daniel, mensajes en los que le insiste en que vaya a denunciar la desaparición de su amigo colombiano.

«Antes del incidente, la víctima nunca había solicitado tener relaciones sexuales conmigo».

¿Dónde había quedado lo de «yo era su rehén», o lo de, «me tenía en una cárcel de cristal»? Y no olvidemos aquella apoteósica frase de: «me obligó a hacer cosas, que nunca pensé que haría». Pues según esta nueva declaración, todo eso, todo lo que habían intentado hacer creer a la opinión pública, era mentira.

«En este viaje a Tailandia no intentaba incitarlo a tener relaciones sexuales, sino que se dio el caso de que la persona fallecida supo que iba a viajar a dicho país, por lo que decidió seguirme hasta aquí. Yo le informé de que viajaría a Tailandia para hacer turismo, y él reservó una habitación en el hotel Panviman Resort como regalo para mí.

Viajé desde España solo, pero al llegar a Tailandia me encontré con unos familiares que residían en el país, y un amigo de Vietnam que se unió a mí. Me encontré con mis familiares en la isla de Koh Samui y más tarde viajé a la isla de Koh Phangan solo».

Al menos para todas aquellas y aquellos que sufren porque el pobre Daniel esté solito en esas cárceles crueles y despiadadas, sin nadie que pueda ir a visitarlo, no sufráis. Según parece, Sancho tiene familia que reside cerca y podrá llevarle tabaco.

«El difunto me dijo que llegaría a la isla de Koh Phangan el 2 de agosto de 2023 y me pidió que lo fuera a recoger. Tanto el difunto como yo habíamos hablado y acordado los lugares que visitaríamos juntos. Esto se puede ver en la conversación entre el difunto y yo, según el documento número J.17 y el documento número J.37, página 5, en el primer mensaje de la izquierda, donde el difunto me escribió que le gustaba mucho viajar conmigo en esta ocasión, lo cual podría significar que me amaba mucho».

Bueno, de esos mensajes también extraemos que Daniel Sancho, a las personas con las que pretende hacer negocios y mantiene solo una relación profesional, las trata de «chiqui», y de ellos recibe frases como, «mucho te tengo que querer para venir hasta aquí».

Opinen ustedes mismos si los que aparecen en la página siguiente son los mensajes que intercambiaríais con un socio laboral.

«Cuando llegó la hora acordada, yo conduje la motocicleta para recoger al fallecido en el muelle y luego conduje la motocicleta con él como pasajero hasta el hotel Bougain, como se muestra en la fotografía marcada como 36. Yo fui quien condujo la motocicleta, dirigiéndome directamente del muelle al hotel Bougain, llegando al hotel a las 15.48 horas». En realidad, la hora a la que llegaron al hotel Bougain Villas fue a las 15.37.

«Mientras estaba en la habitación del hotel, el fallecido me dijo que si quería que me ayudara con mis asuntos financieros, tendría que permitirle tocar mis genitales. Pero yo rechacé la propuesta del fallecido y también le hice un gesto para que saliese de allí. Hice que el fallecido saliera de la habitación, porque yo era el inquilino de la misma. No salí a pedir ayuda a otras personas.

La víctima amenazó con revelar un secreto mío antes de que entrara en un estado en el que intentó estrangularme. El secreto que la persona fallecida decía que iba a revelar no tenía que ver con una relación sexual entre nosotros, ni con el hecho de que le enviara una foto sin camiseta, sino que amenazaba con contarle a mi pareja sobre unas fotos que tomé con dos mujeres. Además,

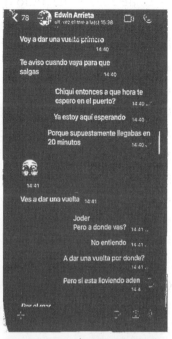
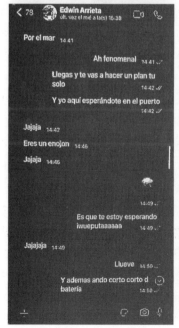
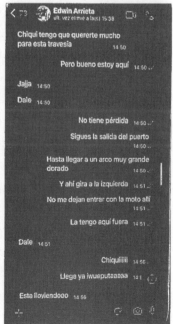

la persona fallecida amenazó con matar o hacerle daño a mi hermana, así como a mi pareja.

La foto que tomé junto a otra mujer no es una imagen de carácter sexual ni es una foto pornográfica de ninguna manera.

Mientras la víctima se acercaba para intentar estrangularme, yo le di un puñetazo con la mano izquierda (soy diestro). Después de eso, la víctima perdió el equilibrio y cayó, golpeándose la cabeza contra el lavabo y cayendo al suelo».

Resulta que ya no estaba sentado en la cama, ya no le proponía cortar ninguna relación y para rematar, Edwin no le proponía relaciones sexuales. Directamente ya, lo que Arrieta iba a hacer es estrangularlo y abusar sexualmente de él. Claro está, de esto lo único que Daniel puede aportar al tribunal es su testimonio, porque pruebas físicas, ninguna más que su palabra.

«Después de esto, la víctima intentó levantarse del suelo. Yo me acerqué a ella para intentar sacarla de la habitación, sin pensar en pedir ayuda a otras personas. En ese momento, la víctima aún tenía fuerzas para luchar contra mí. Me mordió en la muñeca, así que utilicé mi mano izquierda para golpearlo nuevamente. Tras eso, se levantó y trató de acercarse a mí, así que lo empujé y su cabeza golpeó el lavabo una vez más. Al caer, la víctima comenzó a tener convulsiones. La razón por la que no salí a pedir ayuda a otras personas fue porque estaba asustado.

Y más tarde no pedí ayuda a nadie más porque anteriormente la víctima me había dicho que tenía influencias, así que sentí temor hacia ella y pensé que en ese momento la víctima estaba inmóvil y que probablemente había muerto.

El fallecido tenía una complexión más grande que la mía. Yo resulté herido con marcas de mordedura en ambos brazos y presentaba signos de haber sido golpeado contra una puerta en la parte posterior. No tenía marcas de rasguños en el cuerpo. Según el informe de la autopsia, documento número J.45, página 2, que detalla lo que el médico examinó y opinó, las lesiones número 1 y 2 fueron causadas por mí al desmembrar el cuerpo del fallecido, mientras que las lesiones del número 3 al 9 fueron resultado de la lucha con el fallecido».

Aquí podéis ver cómo miente cual bellaco. Como pudisteis leer en la declaración del forense que examinó las heridas presentadas por Daniel en su cuerpo, hacía mención a que los rasguños y lo que él pretendía hacer pasar por mordeduras, eran rasguños ocasionados con las uñas de una persona que luchaba por salvar su vida.

Por cierto, Edwin pesaba unos 70kg y medía aproximadamente 1,70m, Daniel mide más de 1,80m y pesa más de 80kg, pero bueno, según él, Arrieta era mucho más grande.

«Solo utilicé la sierra de calar comprada en el centro comercial Big C, así como el cuchillo del hotel Bougain, para desmembrar el cadáver. Nunca utilicé el cuchillo comprado en el centro comercial Big C.

Las bolsas de plástico compradas en el supermercado Big C las utilicé para colocar el cuerpo del fallecido y llevarlo a desechar.

Después de eso, para descuartizar el cuerpo del difunto, no salí a comprar equipos ni otros objetos.

Las manos y la sierra que compré las tiré junto con el resto de las partes del cuerpo del difunto. El fallecido tenía dos teléfonos móviles. Después de que la víctima falleció, tiré ambos teléfonos móviles al mar. Vi el pasaporte del difunto, pero no recuerdo si lo tiré junto con las partes del cuerpo del difunto o no».

Lógicamente, con esta declaración e intentando ignorar si se deshizo del pasaporte, quería evitar enfrentarse al cargo de destrucción de documentos.

«Toda la ropa y los bienes del difunto los he llevado a desechar junto con las partes del cuerpo del difunto.

Yo trabajaba como cocinero antes del incidente, durante aproximadamente 5 años, y tengo experiencia en el uso de cuchillos. Tengo habilidad en el corte de carne, así como en la manipulación de órganos de animales que tienen una forma similar a la de un cuerpo humano.

He dejado la mayor parte de los restos del difunto en tierra dentro del distrito de Koh Phangan, y algunas partes las he arrojado al mar. Después de limpiar la habitación, me dirigí a la estación de policía de Koh Phangan para reportar la desaparición de una persona, según el documento número J.38, y después de eso, he declarado ante el oficial de policía y el investigador, según se indica en los documentos números J.39, J.40 y 1.41.

El 19 de octubre de 2023, cuando el investigador se trasladó a interrogarme en la prisión del distrito de Koh Samui, de acuerdo con el documento de citación n. 42, ese día había un oficial de policía, una intérprete mujer y un señor un tal Sushi, quien afirmó ser el abogado que mi padre había contratado para mí.

El día en que el oficial de policía me llevó a hacer un registro en el lugar de los hechos como parte de mi confesión, según el documento número J.43, fui a hacer el plano de manera voluntaria debido a la manipulación del policía llamado James Bond. La víctima me había dicho que su familia era muy influyente en Colombia, pero nunca mostró signos de ser una familia influyente como lo había mencionado».

¿En qué quedamos? ¿Edwin era o no influyente? Primero dice que esto fue lo que le hizo ir a declarar, y ahora resulta que nunca vio ningún indicio de que Arrieta fuese una persona poderosa o tuviese amigos influyentes.

«Registro de la declaración en la fase de investigación de mi parte, según los documentos J.39, J.40 y J.41. Los detalles de la declaración fueron elaborados en su totalidad por el funcionario de investigación. No son el resultado de mi declaración».

Y aquí es donde lógicamente hace referencia a que las tres primeras declaraciones no se ciñen a sus palabras, sino que fueron elaboradas por la policía. Anteriormente, intentaban convencer de que las dos primeras, las concernientes a los números J.39 y J.40, eran las manipuladas, ¿por qué solo hablaba de estas? Pues porque en ellas, la abogada que le asistía fue de oficio y no contratada por él o su padre, y la que consta en el documento J.41 la hizo con Khun Anan como letrado contratado por la familia Sancho. De modo que, ¿cómo iba a admitir que le habían engañado con su propio abogado? Parece ser que esto tan lógico, que hasta él llegó a entender durante el proceso de investigación, ahora no tenía importancia, ahora todos los abogados, de oficio o privado, habían formados parte del complot contra él. Imagino que a estas alturas y tras leer estas actas, Sancho también pensó que todos los que las firmaron, incluido él mismo, estaban contra él.

El fiscal le pregunta si conoce a la familia de Edwin, a lo que el reo responde:

«He oído y conozco los nombres del padre, la madre y la hermana del difunto, pero nunca los he conocido. Sé que la hermana del difunto se llama Darling y que su pareja se llama Viviana. No conozco los nombres de los padres del difunto. Nunca me he encontrado antes a la señorita Darling, la hermana del difunto, pero durante este viaje a Tailandia, llevé a cabo una conversación con Darling, la hermana del fallecido, a través de la aplicación de Instagram.

El fallecido se había encontrado con mi novia en dos ocasiones.

El difunto había viajado a España para verme 3 veces. Yo y el difunto habíamos ido de viaje juntos, y durante esos viajes, el difunto se hizo cargo de los gastos y me dio regalos. El difunto nunca me dio dinero».

Parece mentira lo inocente que es el pobre Daniel, una persona que no conoces de nada, llega de Colombia, te colma de regalos y tú no llegas a sospechar en ningún momento que tenga ningún interés contigo. Lo hace porque es un filántropo altruista al que le encanta invertir en el bienestar de un joven parásito.

«La razón por la que no traje a mi pareja a visitar Tailandia es porque mi pareja está de viaje con su familia en Vietnam».

Los abogados de la parte demandante le preguntaron qué sintió cuando se sentó en la cama tras el fallecimiento de Edwin si, según él, no había sido su culpa.

«En realidad me sentía triste por lo sucedido, pero nunca sentí que yo fuese el culpable».

Cargo de conciencia cero.

Los abogados del demandante le preguntan si sus padres o él han ayudado o expresado sus condolencias a la familia de la víctima, a lo que contesta:

«Después del incidente, no sé si mi familia expresó sus condolencias a la familia del fallecido, ni si hemos podido ayudar de alguna manera a dicha familia. En realidad, después de este suceso, me siento triste por lo ocurrido, aunque nunca le he dicho a mi padre que ayude a la familia del fallecido, ya que no soy culpable de su muerte».

Los abogados de la familia Arrieta, los codemandantes, le preguntan sobre el dibujo que él mismo hizo de un cuerpo, con las partes que cortó y un orden específico:

«Según el documento número J.40, hoja 12, yo no fui quien dibujó la figura del cuerpo, pero sí fui quien escribió sobre él las partes del ser humano y asigné números en el documento mencionado. Sin embargo, los números en dicho documento surgieron debido a que el investigador me preguntó cuántas partes del cuerpo del fallecido había cortado, y yo no había pensado en ello antes de desmembrar el cuerpo según el orden de los números mencionados».

Anteriormente en su declaración, Daniel había dicho que la víctima nunca le había dado dinero, pero en este momento, los abogados contratados por Ospina le mostraron unos documentos de transferencias realizadas por Edwin a su nombre. Quiero imaginar cómo reacciona uno cuando con documentación te desmontan una de las tantas mentiras que llevas diciendo a lo largo de toda tu confesión. Las anteriores se habían desmontado solas con las declaraciones de los testigos anteriores, pero en esta ocasión pudieron darle en la cara con estos papeles, lo que le obligó a decir lo siguiente:

«El documento que el abogado del demandante presentó para su revisión es un registro de transferencia de dinero que el difunto transfirió a mi cuenta como pago por publicidad en mi canal de You-

Tube». El abogado del demandante afirma que esto se presenta como parte del interrogatorio. El tribunal lo ha aceptado como prueba.

Ahora volvía a ser el turno del abogado de la defensa, de su abogado, y este le preguntó si profesaba alguna religión:

«El hecho de que yo no profese una religión no significa que yo sea una mala persona».

Su defensa le pregunta entonces si otras personas de su entorno conocieron a Edwin:

«Algunas veces cuando comí con la persona fallecida en España, había otras personas que viajaban con nosotros, incluyendo a mi pareja. La persona fallecida y mi pareja se comunicaban a través de Instagram».

Dato curioso el de que Laura, su expareja durante su relación con Edwin, se intercambiase mensajes con el colombiano. ¡Qué pena que la chica desestimara el llamamiento, haciendo oídos sordos a la propuesta del trío jurídico para que fuese a declarar a Tailandia!

Entonces su abogado le pregunta por qué fue a Tailandia con Edwin:

«La razón por la que quedamos en visitar Tailandia es porque la persona fallecida era alguien agradable y bien educado».

Parece ser que, para compartir un viaje con Daniel, solo bastaba ser educado y agradable, y eso te daba pie a compartir habitación, eso sí, siempre y cuando fueses tú quien la pagase.

«Yo y el fallecido hablamos sobre la posibilidad de realizar una inversión en la isla de Koh Phangan».

Entonces su abogado le pregunta: si no tenías ninguna relación con la víctima, ¿por qué ibas a compartir habitación de hotel con él?

«Acababa de enterarme, al llegar a Tailandia, de que el fallecido había reservado el hotel Panviman Resort antes de viajar al país. No había planeado en qué hotel me quedaría».

¡Vaya, qué casualidad! Él viajó sin hotel y cuando llegó, se llevó la inmensa sorpresa de que su amigo amable y agradable Edwin, que nunca le ha pedido nada por los muchos favores y dinero gastado en él, había tenido a bien regalarle una estancia en uno de los hoteles más lujosos y caros de toda la isla, y claro, no iba el joven «chef» a hacerle el feo de no registrarse.

Su abogado le preguntó sobre el tiempo transcurrido desde que comenzó la pelea y Edwin quedó inmóvil.

«Desde el momento en que el fallecido me pidió que le realizara una felación, hasta que el fallecido quedó inmóvil, transcurrieron aproximadamente 3 minutos, según el registro de mi declaración durante la investigación».

Como es lógico, su abogado le pregunta, entonces: ¿Por qué declaraste algo distinto en la fase de instrucción?

«En realidad, solo en lo que respecta a mi declaración de que estaba sentado en la cama, hubo una discusión y una pelea con el fallecido, es real, lo demás fue elaborado por el personal de investigación. En cuanto a los equipos o artículos que compré en el centro comercial Big C y otras tiendas, no los compré para usarlos como armas para desmembrar el cuerpo o para desechar las partes del cuerpo del fallecido».

Bueno, al final se ciñó al plan del trío jurídico. Todo lo que no le convenía y estaba plasmado en declaraciones anteriores había sido escrito y elaborado por la policía, que prevaricó contra él, imaginamos que por algún plan macabro y masónico que llevaba irremediablemente a culparlo como cabeza de turco.

«Según el registro de la identificación del lugar de los hechos, junto con la confesión, el documento número J.1 de la policía indica que el individuo llamado James Bond me engañó diciendo que, si colaboraba en la identificación del lugar de los hechos, así como en proporcionar otras declaraciones, me permitirían salir del país».

Nada, al final lo de siempre: la culpa es de los demás, he sido engañado y coaccionado para ofrecer mi declaración.

Por último, su abogado le preguntó si quería pedir perdón:

«La razón por la que no siento que esté en falta es porque mis acciones fueron en defensa propia, por lo que no tengo que compensar a la familia del fallecido. Sin embargo, lamento lo ocurrido en esta ocasión».

Pues ya está. No hizo nada, no mató a nadie y solo lo descuartizó, no entiendo cómo, después de cambiar su versión 4 o 5 veces y contando, ahora sí, «su verdad, verdadera», el juez no lo ha mandado a casa, absuelto y con honores.

Quiero creer que en algún momento tocará dejar de mentir, dejar de contar historias, películas y admitir sus actos y ser consecuente con sus acciones. En algún momento debería pensar en los demás y dejar de pensar en sí mismo, no solo ya por Arrieta o su familia, sino porque seguro va dejando más cadáveres a su paso y muy posiblemente incluso entre personas que lo quieren.

17.2. DECLARACIÓN DE LA EMPLEADA DEL VERTEDERO QUE DESCUBRIÓ LAS PARTES DE EDWIN[84]

En esta ocasión es el turno de la mujer que encontró entre la basura los restos del cuerpo de Edwin Arrieta.

Comenzamos con las preguntas del fiscal.

«Mi nombre es Khloi, trabajo como contratada en la separación de residuos del municipio de Koh Phangan. Comencé a trabajar en esta tarea desde septiembre de 2022 hasta la fecha actual, desempeño mi función desde las 4 hasta las 17 horas.

Sobre este caso, el 3 de agosto de 2023, mientras yo trabajaba como hago habitualmente, en la planta de separación de residuos del municipio de Koh Phangan, un camión de basura de dicho municipio trae desechos para que yo los separe, dos veces al día: la primera a las 9 de la mañana y la segunda a las 8 de la noche todos los días. (La testigo explicó además que trabaja a las 4 de la mañana, lo que implica que separa los residuos de la ronda que el camión de basura dejó a las 8 de la noche del día anterior, antes de que la testigo comience su jornada laboral cada día). **Mientras yo trabajaba, sobre las 9 de la mañana, un camión de basura trajo desechos para ser separados a esa hora, dejando la basura en puntos diferentes pero cercanos. Los residuos de cada ronda se separan en montones distintos. En ese día, yo separé la basura que el camión trajo a las 9 de la mañana, pero no recuerdo a qué hora exactamente separé ese montón de basura.**

Ese día, mientras yo realizaba mi labor de clasificar basura como de costumbre, encontré una bolsa de plástico de color negro. Al levantarla, la bolsa de plástico exterior se rasgó, y descubrí que dentro había otra bolsa de plástico de color verde. Dentro de la bolsa de plástico verde, encontré una pieza fría de carne.

En ese momento pensé que se trataba de carne de cerdo, ya que tenía una longitud de aproximadamente 30 centímetros y presentaba la apariencia de un trozo de carne con un olor desagradable.

No saqué el contenido de la bolsa para verlo, pero llamé a algunos hombres que estaban trabajando en la separación de basura para que vinieran a ver el objeto en cuestión.

El hombre que se acercó se llama Nono. Cuando Nono llegó y abrió la bolsa de plástico, me llamó para que fuera a ver. Dentro de la bolsa de plástico encontramos partes humanas, incluyendo los genitales de un hombre que estaban adheridos a una de las piezas, que parecía ser una parte de la cadera de un ser humano. Después de eso, continué trabajando en la separación de basura como de costumbre».

¿Podría usted decirnos si la parte de cuerpo que encontró pertenecía a un extranjero o a un tailandés?

«No sé si la pieza del órgano en cuestión pertenece a un extranjero o a un tailandés».

¿Usan algo para proteger sus manos durante el desempeño de su trabajo?

«Mientras se separa la basura, yo y las personas que trabajamos en la separación de residuos usamos guantes».

¿Quién fue a la planta de clasificación de residuos tras la llamada a las autoridades?

«Ese día, un oficial de policía llegó a la planta de clasificación de residuos del municipio de Koh Phangan».

¿Cuándo fue usted a prestar declaración sobre lo ocurrido?

«El mismo día, yo fui a declarar ante el investigador como testigo. Los detalles se encuentran en el acta de mi declaración durante la investigación que el demandante me mostró. Se menciona en el expediente del tribunal, número J.54».

Los codemandantes declinan realizar preguntas, por lo que es el turno del abogado defensor.

¿Podría decirnos qué conductor de camiones trajo los restos?

«Yo nunca he ido con un conductor de camión de basura y no conozco a ningún conductor de camión de basura».

¿Qué nos puede decir de esta fotografía?

«Según la fotografía marcada como J.5, hoja 10, en la imagen donde señalo la bolsa de plástico en el lugar de separación de residuos, es una indicación que el investigador me pidió que señalara».

¿Reconoce a las personas en esta fotografía?

«Según el documento número J.5, página 13, la persona que lleva una camiseta azul es quien encontró partes del cuerpo humano escondidas en una bolsa de plástico. Esta persona se llama Nini y es de nacionalidad birmana.

La persona que llevó los fragmentos de órganos humanos y los apiló como se muestra en la fotografía marcada como J.5 en el mapa, no es Chuh. Chuh pudo haber sido quien entró con la bolsa de plástico y luego vio los órganos humanos tal como aparecen en la fotografía marcada como J.5 en el mapa 4».

¿Es usted la persona que aparece señalando las partes humanas?

«No soy la que señala las partes humanas, como se muestra en la fotografía número 5, mapa 15».

Y, para terminar, vuelve a tomar la palabra el fiscal.

¿Quién fue la primera persona que descubrió las partes del cuerpo y qué sucedió después con ellas?

«Yo fui la primera persona en encontrar una bolsa de plástico negra, dentro de la cual había una bolsa de plástico verde escondida. Después de eso, llamé a otras personas para que abrieran dicha bolsa de plástico. En cuanto a lo que sucedió después, no sé quién llevó las partes del cuerpo humano a otro lugar».

17.3. JEFE DE LA INVESTIGACIÓN COMISARÍA DE KOH PHANGAN[85]

Dentro de todas las declaraciones de oficiales de policía de distintos cuerpos, esta es quizá la más importante, ya que se trata del oficial al cargo de la investigación de la policía donde Daniel fue a denunciar la desaparición de Edwin Arrieta.

Como testigo de la acusación, el fiscal es quien comienza con el turno de preguntas.

«Mi nombre es Somsak Nartot, he estado sirviendo en la comisaría de policía de Koh Phangan desde el año 2007 hasta la fecha, actualmente ocupo el cargo de subdirector de investigación y tengo la responsabilidad de investigar todos los casos penales.

Sobre este caso, el 3 de agosto de 2023, alrededor de las 12.00 horas, mientras estaba cumpliendo con mis funciones, recibí un aviso del centro de eliminación de residuos de que un empleado de separación de basura del municipio de Koh Phangan había encontrado partes humanas en el vertedero del municipio de Koh Phangan.

Junto con los oficiales de policía y un médico del hospital de Koh Phangan, me dirigí al lugar. Al llegar, encontramos partes humanas de la zona de la cadera, que estaban envueltas en una bolsa de plástico negra y cubiertas con otra bolsa de plástico verde. Las partes humanas encontradas incluían un órgano sexual masculino. Debido al tamaño de la parte de la cadera, se sospecha que podría pertenecer a un extranjero. Por lo tanto, elaboré un informe sobre la inspección del lugar de los hechos, según el documento número J.1.

*E*l 4 de agosto de 2023, alrededor de las 8.30 a.m., se recibió un aviso por parte de un empleado de recolección de basura sobre el hallazgo de partes humanas ocultas en una bolsa de plástico, que habían sido desechadas en un vertedero. Cuando yo y otros, junto con un médico forense, llegamos al lugar, encontramos dos partes humanas escondidas en una bolsa de plástico negra, que estaban mezcladas con ropa, pantalones, ropa interior y envases de Scotch-Brite. Por lo tanto, elaboré un registro de la inspección del lugar del crimen, según el documento número J.2.

El 5 de agosto de 2023, alrededor de las 5.00 p.m., recibí un aviso del líder de la aldea de que se habían encontrado partes humanas en una bolsa de plástico, arrastradas por las olas del mar y depositadas sobre unas piedras en la playa de la localidad de la aldea 4, en el distrito de Koh Phangan, provincia de Surat Thani.

Un grupo de médicos se trasladó al lugar mencionado. Al llegar, encontraron cinco partes humanas: una cabeza, una mano izquierda, una mano derecha y dos brazos, escondidos en una bolsa de plástico negra. Además, dentro de la bolsa de plástico también había un sobre que contenía una funda de cuchillos. Se elaboró un registro de la inspección del lugar del crimen, según el documento número J.3. Después de eso, hice un mapa esquemático que muestra el lugar del incidente, según el documento número J.4, y tomé fotografías para complementar el caso, según el documento número J.5.

Desde el descubrimiento de la primera parte humana, se cree que podría tratarse de restos de un extranjero.

Posteriormente, yo y otros, incluidos los investigadores, llevamos a cabo una reunión para investigar el caso, asignando a cada grupo la tarea de buscar información. Los investigadores se enfocaron en obtener datos sobre las bolsas de plástico de color negro y verde, que estaban apiladas en un total de cinco bolsas en el lugar donde se encontraron los restos humanos.

Se descubrió que la bolsa de plástico verde solo se vende en el supermercado Big C de Koh Phangan, que es el único en el distrito de Koh Phangan. Por lo tanto, el equipo de investigación solicitó revisar las cámaras de seguridad del supermercado y encontraron que, aproximadamente cuatro o cinco días antes, había personas que compraron bolsas de plástico verdes, entre dos y tres personas, una de las cuales era un extranjero. En las imágenes de las cámaras de seguridad se puede ver al extranjero llegando en motocicleta y estacionándose frente al supermercado, y luego entrando a comprar productos dentro del establecimiento.

El hombre llegó, y la imagen de la cámara de seguridad muestra claramente su rostro.

Se trataba de un extranjero que compró 22 artículos en el supermercado Big C. Después de eso, salió del supermercado en una motocicleta, y su rostro fue claramente visible.

Sin embargo, los agentes de la policía de investigación no pudieron ver el número de matrícula del vehículo, aunque sí observaron claramente la etiqueta que estaba pegada en la parte frontal de la misma, indicaba el número 54.

Posteriormente, se verificó que la etiqueta pertenecía a una motocicleta de un negocio de alquiler llamado AungPaw, que se encuentra cerca del muelle municipal de Koh Phangan.

Los agentes de la policía de investigación se dirigieron a dicho negocio, y al mostrarle al propietario la imagen de la cámara de seguridad, este confirmó que la motocicleta era de su tienda. Se verificó que se había realizado un contrato de alquiler de la motocicleta, y el extranjero que alquiló la motocicleta dejó su pasaporte en la tienda como garantía del alquiler. Se supo que el nombre del inquilino era Daniel.

Después de eso, se verificó en la Oficina de Inmigración y se obtuvo información de que había ingresado al Reino de Tailandia el 30 de julio de 2023 a través del aeropuerto Suvarnabhumi, y había reservado una habitación en el hotel Panviman, en el distrito de Ban Tai, en el municipio de Koh Phangan, provincia de Surat Thani. Por lo tanto, los agentes de la policía de investigación comenzaron a investigar y descubrieron que el señor Daniel se alojó en el hotel mencionado el 31 de julio de 2023. Los detalles y el historial de viaje del señor Daniel al ingresar al Reino de Tailandia se encuentran en el documento número J.9.

Después de eso, los investigadores se dirigieron al hotel Panviman, donde descubrieron que la persona que reservó el hotel se llamaba Sr. Edwin. Esto generó la sospecha de que las personas relacionadas con los restos humanos en cuestión podrían ser el Sr. Daniel y el Sr. Edwin, y que podrían pertenecer a una de estas personas.

Tras encontrarse partes humanas el 3 de agosto de 2023, se inició una investigación que generó sospechas de que el señor Daniel podría estar relacionado con dichas partes humanas. Por lo tanto, se comenzó a buscar al señor Daniel, pero no se logró encontrarlo.

De la investigación se ha determinado que solo el Sr. Daniel se alojó en el hotel Panviman, y que el Sr. Edwin no se hospedó allí.

El testigo declaró adicionalmente que, después de obtener la información del Sr. Daniel, el equipo de investigación de la policía buscó información en Instagram y se encontró con una imagen clara del rostro del Sr. Daniel, el cual coincidía con la foto del pasaporte que se había presentado como garantía para el alquiler en la tienda de alquiler de motocicletas.

El 4 de agosto de 2023, alrededor de la 1 de la mañana, mientras yo continuaba cumpliendo con mis «deberes», recibí un aviso de un oficial de policía de que el Sr. Daniel había llegado a la estación de policía de Koh Phangan para reportar una persona desaparecida. Así que me encontré con el Sr. Daniel, quien es el acusado en el caso.

(El testigo identifica al acusado en la sala de juicio). Por lo tanto, he colaborado con el teniente coronel Natthopun y un intérprete para interrogar al acusado sobre la denuncia de una persona desaparecida. Esto se refleja en el acta de declaración del Sr. Daniel en calidad de testigo, según el documento número J.38. A partir del interrogatorio del acusado, se supo que la persona desaparecida se llama Sr. Edwin.

Para buscar información sobre el Sr. Edwin en la fecha mencionada, se asignó a un oficial de policía turístico la tarea de verificar la información en el teléfono móvil del acusado. Esto se documenta en el acta de consentimiento para extraer datos del teléfono, documento marcado como J.16. Posteriormente, el oficial de policía que realizó la extracción de datos envió un informe sobre la verificación de la extracción de datos en el teléfono, el cual se encuentra en el documento marcado como J.17. El contenido extraído del teléfono del acusado, al ser traducido al tailandés, revela que se trataba de una conversación entre el acusado y el Sr. Edwin, en la que se acordó encontrarse en el distrito de Koh Phangan. El acusado llegó primero y sería quien recogería al Sr. Edwin. Los detalles se encuentran en el informe de extracción de datos del teléfono del acusado, documento marcado como J.17.

De acuerdo con la revisión de la información sobre el historial de viajes del Sr. Edwin, se encontró que ingresó al Reino de Tailandia el 3 de agosto de 2023. Los detalles se presentan a continuación. Historia del viaje, documento número 10.

Y cuando se descubrió que el Sr. Edwin había desaparecido, se empezó a creer que las partes humanas encontradas podrían ser partes del Sr. Edwin. El Sr. Edwin es un extranjero de nacionalidad colombiana.

Después de eso, procedí a elaborar un documento para solicitar una muestra de ADN de los familiares del Sr. Edwin a través de la Oficina de Relaciones Exteriores, como se indica en el documento de solicitud de muestra de ADN, documento número J.8. Además, también solicité las huellas dactilares del Sr. Edwin a través del Consulado de la República de Colombia en Tailandia para su verificación, como se menciona en el documento de solicitud de verificación de personas desaparecidas o fallecidas, documento número J.7, el cual fue enviado posteriormente por el consulado.

Posteriormente, se designó un equipo de investigadores y se me nombró como investigador de acuerdo con la orden de nombramiento del equipo de investigación, documento número J.6.

Mientras el acusado declaraba sobre el tema de la persona desaparecida, yo no le conté sobre el hallazgo de partes humanas, permitiendo que el acusado narrase los eventos por sí mismo. Sin embargo, después de eso, se le asignó a un oficial de policía para llevar al acusado a su habitación, pero resultó que el acusado no se dirigió al hotel Panviman, sino que lo llevó al hotel Bougain. Esto hizo evidente que el acusado había reservado habitaciones en dos hoteles, siendo él quien abrió la habitación en el hotel Bougain por su cuenta.

A continuación, cuando surgió la hipótesis creíble de que los restos humanos podrían pertenecer al Sr. Edwin y que probablemente fue asesinado en el hotel Bougain, el 4 de agosto de 2023, yo, junto con los oficiales de la policía del Centro de Pruebas de Evidencia 8, participamos en la inspección en el hotel Bougain. Según el informe de los resultados de la recolección de pruebas documentales, en el que se menciona que durante la recolección de pruebas se estableció una cinta de seguridad como barrera.

Posteriormente, los oficiales de la prueba de evidencia 8 elaboraron un informe de la inspección que me fue entregado, como se indica en el documento mencionado.

El 4 de agosto de 2023, día en que se recogieron las pruebas, el acusado no estaba bajo la custodia de las autoridades policiales.

Se solicitó el consentimiento del acusado para tomar muestras de material genético, el cual fue otorgado según el documento de referencia J.14, página 8.

He elaborado un inventario de las pruebas en el caso penal, que incluye partes humanas, bolsas de plástico, envases, camisetas, pantalones, ropa interior, hisopos con manchas y otros objetos de prueba, como se detalla en el documento número J.35.

Ordené que se enviasen las partes humanas completas para su análisis en el Instituto de Medicina Forense del Hospital de Policía, de acuerdo con el documento de referencia J.18, y que se enviasen las pruebas de materiales para su análisis al centro de pruebas de evidencia 10 provincias de Yala, según los documentos de referencia J.20 y J.24, y se enviaron las huellas dactilares del fallecido al Centro de Pruebas de Evidencia 8 en la provincia de Surat Thani, según el documento de referencia J.27.

Los resultados de la verificación de las huellas dactilares del Sr. Edwin coinciden con las huellas dactilares encontradas en el cadáver, según el informe de los resultados de la verificación de las huellas dactilares de la víctima, documento número J.31. Por lo tanto, se puede confirmar que la parte humana pertenece al Sr. Edwin, quien posteriormente recibió un certificado de defunción emitido por la oficina del distrito de Koh Phangan, según la solicitud de mi parte. Los detalles se encuentran en el documento número J.33.

Además, se han enviado la camiseta y los pantalones que fueron encontrados en una bolsa de plástico junto con un trozo de carne para ser analizados en el Centro de Pruebas de Evidencia 10, con el fin de compararlos con las marcas de las manos. Posteriormente, el personal del Centro de Pruebas de Evidencia 10 elaboró un informe notificando los resultados de la prueba de las evidencias, el cual me fue entregado según el documento número J.28. En este informe se encontró que las marcas de la camiseta negra, según las fotografías del documento J.28, páginas 10, 11 y 12, presentaban signos de haber sido cortadas por un objeto afilado.

Además, se realizó una revisión de las huellas dactilares en la habitación del hotel Bougain, y se encontró que no había huellas dactilares, pero sí se hallaron marcas de la palma de la mano del acusado dentro de la habitación del hotel Bougain. «Esto se indica en el informe de resultados de la verificación de las huellas dactilares del documento número J.25.»

A partir de la recopilación de pruebas, tanto de pruebas materiales como de la investigación, se puede creer que el sospechoso en este caso es el acusado.

Los agentes de la policía de la unidad de investigación interrogaron al acusado, quien admitió haber asesinado al Sr. Edwin dentro del hotel Bougain y, después de eso, desmembró el cuerpo y arrojó las partes al mar.

Esto se documenta en el registro de declaraciones de la investigación del acusado, documento número J.39.

Posteriormente, se solicitó la aprobación del tribunal de la provincia de Koh Samui para emitir una orden de arresto contra el acusado. El tribunal emitió la orden de arresto el 5 de agosto de 2023, como se indica en el documento número J.37, página 3. Así, se procedió a la detención del acusado el 5 de agosto de 2023, informándole de sus derechos, proporcionándole un abogado y un intérprete.

En la fase de investigación, se le notificaron los cargos al acusado por el delito de asesinato premeditado. El acusado confesó, y los detalles se encuentran en el registro de la notificación de cargos según la orden de arresto, documentos número J.37, páginas 1 y 2».

«El testigo explicó que desde el primer día que se encontró con el acusado, este hablaba inglés bastante bien».

Posteriormente, antes de que se llevara a cabo el interrogatorio, se le informaron sus derechos al acusado, organizando la presencia de un abogado y un intérprete de inglés para él.

Durante el interrogatorio, se le notificaron los cargos al acusado por homicidio con premeditación, ocultación y encubrimiento del cadáver, así como por ocultar la causa de la muerte. El acusado confesó, y los detalles se encuentran en el registro de su declaración, documento número J.40, el cual fue elaborado el 5 de agosto.

El 7 de agosto de 2023 se llevó a cabo una investigación adicional del acusado, después de que se realizaran dos investigaciones previas.

En la investigación del acusado el 5 de agosto de 2023, se llevó a cabo un interrogatorio en el que se le pidió al acusado que relatara los detalles de los eventos ocurridos y que señalara el lugar de los hechos como parte de su confesión, a lo cual el acusado accedió de buena voluntad. Los detalles se encuentran registrados en el acta de señalamiento del lugar de los hechos que acompaña a la confesión, documento número J.43.

A continuación, el personal de investigación fue a interrogar al acusado en la prisión del distrito de Koh Samui. Los detalles se encuentran en el acta de declaración de la investigación adicional, documento número J.41.

La razón por la que se llevó a cabo una investigación adicional del acusado en la prisión del distrito de Koh Samui es que, después de que el investigador enviara el expediente al fiscal, este ordenó investigar al acusado nuevamente por el cargo de apropiación indebida de documentos de otra persona. Se dispuso la presencia de un abogado y un intérprete para participar en la investigación. Sin embargo, se observó que en ese día el acusado no firmó el acta de la declaración de la investigación adicional, según lo que se indica en el documento número J.42.

En la investigación, el acusado fue interrogado por el funcionario de investigación a través de un intérprete, permitiendo que el acusado narrase los eventos pregunta por pregunta. Una vez que el intérprete tradujo, el funcionario de investigación registró las respuestas una por una.

No se realizaron promesas, amenazas o engaños para que el acusado declarase. El acusado consintió voluntariamente en declarar.

El acusado fue el protagonista que voluntariamente señaló el lugar de los hechos para la verificación de los restos humanos, en colaboración con los médicos del hospital de Koh Phangan, quienes elaboraron los resultados de la verificación según los documentos números J.46, J.47 y J.48. Posteriormente, se enviaron los restos humanos para una nueva verificación al Instituto de Medicina Forense del Hospital de Policía, como se indica en el documento número J.32.

El resultado de la autopsia de los restos humanos realizado por el Instituto de Ciencias Forenses informó de que son partes de la misma persona, según el documento número J.30.

Las evidencias fueron enviadas para ser examinadas en el Centro de Pruebas de Evidencia 10. Se recibió posteriormente la notificación de los resultados de la prueba, que aparecen en el documento número J.39-1:23-1:23-1:25-1:26-1:28 y J.29.

Además, también fui el encargado de interrogar a los testigos junto con otros funcionarios de investigación. Los detalles se encuentran en las declaraciones de los testigos, documentos números J.49 a J.60.

El 4 de agosto de 2023, después de que el acusado informara sobre una persona desaparecida, observé que el acusado tenía heridas en ambas manos y que en el dedo anular de la mano derecha había una cortadura. Por lo tanto, envié al acusado para que se le realizara una autopsia de las heridas, según el documento número J.45.

En cada interrogatorio del acusado había un abogado proporcionado por el Estado y otro que el acusado contrató por su cuenta, y siempre había un intérprete presente. Sin embargo, el acusado sigue insistiendo en confesar.

Además, se han recopilado pruebas materiales que son imágenes de cámaras de seguridad que muestran los momentos en que el acusado se trasladó a diferentes lugares, y se han guardado estas imágenes como evidencia en el expediente. A partir de las pruebas materiales y los testigos que se han investigado, se hace creíble que el acusado mató a la víctima con premeditación».

¿Pudo confiscar la policía el cuchillo de punta afilada, el cuchillo de carnicero, la sierra y la tabla de madera?

«El oficial de policía no pudo confiscar el cuchillo de punta afilada, el cuchillo de carnicero, la sierra y la tabla de madera como evidencia. Además, no se encontró el teléfono móvil de la víctima ni se halló el pasaporte de la víctima».

¿Fue arrestado al acusado antes del día 5 de agosto de 2023?

«Desde el 4 de agosto de 2023 a la 1.00 hasta la fecha en que se presentó la acusación contra el acusado según la orden de arresto, no hubo detención del acusado como sospechoso».

¿Por qué se retuvo al acusado si no estaba detenido?

«Debido a la investigación realizada, la Oficina de Inmigración creyó que el acusado era una persona que debía ser deportada, por lo que se le revocó su estancia en el Reino de Tailandia. Posteriormente, se procedió a su detención para ser deportado. Durante este tiempo, siempre hubo un oficial de policía con el acusado, pero no se utilizaron medios de restricción contra él».

«El testigo explicó que si la Oficina de Inmigración revoca la estancia en el Reino, esa persona deberá ser detenida para ser deportada fuera del Reino, pero si el investigador necesita realizar una investigación o interrogatorio, puede llevar a esa persona a diferentes lugares».

Ahora el testigo responde a los abogados del demandante conjuntos.

¿Encontró el testigo signos de lucha dentro de la habitación número 5 del hotel Bougain?

«Dentro de la habitación del hotel Bougain donde ocurrió el hecho, no hay daños en los materiales u objetos dentro de la habitación».

¿Recuerda el testigo si dentro de los artículos comprados por el acusado hay alguno para cocinar?

«No recuerdo si entre los 22 artículos que compró el acusado hay alguno que se usase para cocinar».

¿Sabe el testigo si el acusado cocinó en la habitación del Bougain Villas?

«Dentro de la habitación mencionada hay una cocina, pero no se sabe si se cocinó o no».

¿Qué sabe de la víctima y de su relación con el acusado?

«Se sabe que la víctima era un médico cirujano. Según la investigación, se supo por el acusado que él y la víctima tenían una relación como amantes».

Ahora es el turno del abogado de la defensa.

¿Estaban las partes humanas encontradas en el vertedero envueltas en papel film?

«Las cuatro partes del cuerpo humano no estaban envueltas en film transparente».

¿Qué distancia hay entre el hotel Bougain, el vertedero y la playa donde aparecieron restos humanos?

«El vertedero del municipio de Koh Phangan se encuentra a unos 4 kilómetros del hotel Bougain, mientras que el hotel Bougain está a aproximadamente 100 metros de la playa Salad. Las partes del cuerpo humano que se encontraron en la playa Salad estaban a unos 200 metros del hotel Bougain».

¿Se encontró en el teléfono de mi defendido algún mensaje que pudiese hacer pensar que entre él y la víctima existía alguna disputa?

«Según el informe de la extracción de datos del teléfono móvil del acusado, no se encontró que el acusado tuviera una disputa con la víctima».

¿Cuántas veces ha estado el difunto en Tailandia?

«Esta fue la primera vez que el difunto visitaba Tailandia».

¿Fue el primero en llegar al hotel Bougain?

«El 4 de agosto de 2023 supe que había un oficial de policía que se dirigía al hotel Bougain antes de que yo y el personal del Centro de Pruebas de Evidencia 4 fuéramos al lugar de los hechos. Llegué al hotel Bougain alrededor de las 12.00. Informé de la verificación del Centro de Pruebas de Evidencia».

¿Qué recoge el mapa 2?

«El mapa 2 indica que el 7 de agosto de 2023 se realizó una inspección adicional en el lugar de los hechos».

¿Hay cocina en el hotel Panviman?

«El hotel Panviman Resort no tiene cocina en las habitaciones, mientras que el hotel Bougain sí tiene cocina y utensilios de cocina, pero no recuerdo qué hay exactamente».

¿Hay cámaras de seguridad en el hotel Bougain?

«La entrada del hotel Bougain tiene cámaras de seguridad».

¿Qué os contó la propietaria del hotel Bougain?

«Se supo por el propietario del hotel Bougain que el acusado llamó para reservar una habitación en el hotel Bougain. No se sabe si el propietario del hotel Bougain grabó un vídeo mientras el acusado entraba en la habitación».

¿Sabe si el acusado compró o alquiló el kayak?

«El propietario del kayak testificó que el acusado pidió comprarlo, pero el propietario no lo vendió. El acusado dejó un depósito de 1.000 dólares y se llevó el kayak».

¿Reconoce a la persona de la fotografía?

«Según la fotografía marcada L.7, el hombre que lleva una camiseta roja es un oficial de policía en la estación de policía de Koh Phangan, conocido como el señor Pon, quien puede comunicarse en inglés con extranjeros».

¿Qué muestra la siguiente fotografía?

«Según las fotografías marcadas L.6 a L.8, son imágenes de cuando se organizó la salida para que el acusado señalara y elaborara una reconstrucción en relación con su confesión».

¿Qué se encuentra dentro de la habitación y el baño donde ocurrió el incidente?

«El área dentro de la habitación donde ocurrió el incidente, al levantarse de la cama, entre el baño y el final de la cama, antes de llegar a la ducha, hay un inodoro separado, como se muestra en la fotografía número...

Según el registro de la evidencia del caso penal, el documento número J.15, página 4, desde el ítem 49 hasta el 53, se refiere a la incautación realizada dentro de la habitación del hotel Bougain.

¿Confiscaron todos los artículos relacionados con el caso o el acusado?

«Los artículos de evidencia enviados para ser examinados según el documento número J.27 no fueron confiscados, excepto en el hotel Bougain. Solo se confiscó el artículo número 7.3, que es un cuchillo de acero inoxidable de la marca Kiwi, y fue el único que se confiscó en el hotel Bougain. El investigador envió el cuchillo de evidencia para su análisis posteriormente, habiendo sido confiscado a los 10 días».

¿Por qué no se deportó fuera del Reino al acusado durante la cuarentena tras la revocación de su visado?

«**Durante la cuarentena por la revocación del permiso para permanecer en el Reino, no se realizó dicha deportación al tratarse de un sospechoso**».

«Según el informe diario sobre el caso de la estación de policía de Koh Phangan que el abogado del acusado presentó, el incidente llevó a la revocación de la licencia de residencia del acusado en el Reino. El abogado del acusado afirmó que envió el informe diario sobre el caso para respaldar el contrainterrogatorio. El tribunal lo aceptó como prueba L.12».

«La sala de control, según se indica en el informe diario, documento número L.12, es la sala de control del sospechoso de la estación de policía de Koh Phangan. El testigo explicó que cuando a una persona extranjera se le revocada su visa, la Oficina de Inmigración no tenía un lugar para detenerla y deportarla fuera del Reino, por lo que se asigna a los investigadores de cada área su control. Sin embargo, en ese periodo, la persona en cuestión aún no había sido acusada».

¿Era sospechoso el acusado cuando fue enviado al hospital para inspeccionar sus heridas?

«**Cuando se envió al acusado para la autopsia de las heridas según el documento de la orden judicial n. 45, el acusado aún no era sospechoso**».

¿Tuvo el acusado un abogado o una persona de confianza durante el periodo que fue testigo y no sospechoso?

«**Antes de que se detuviera al acusado según la orden de arresto, aún no tenía un abogado, y la persona en la que el acusado confiaba estaba presente para escuchar el testimonio**».

¿Tuvo el acusado un intérprete en todo momento? ¿Y el abogado que lo asistió el día 5, fue un abogado contratado por el acusado?

«El 4 y 5 de agosto de 2023 se contó con un intérprete para traducir al inglés para el acusado, fui yo quien lo proporcionó, y el abogado no fue el abogado que el acusado había contratado».

¿Son artículos especiales los comprados por el acusado?

«Los 22 artículos que el acusado compró son artículos de uso general».

¿Las cámaras de seguridad que captaron al acusado están ocultas o escondidas?

«Las cámaras de circuito cerrado instaladas en el camino donde se vio al acusado están instaladas de manera visible».

¿Ocultó su rostro o su identidad el acusado en algún momento?

«El acusado no ocultó su rostro, no escondió la motocicleta ni disfrazó su identidad al informar a la Oficina de Inmigración. El acusado indicó que se hospedaba en el hotel Panviman, proporcionando su nombre y apellido reales».

¿Es común el uso de cámaras en los establecimientos de la isla de Koh Phangan?

«La mayoría de los alojamientos tienen cámaras de seguridad. En el hotel Bougain, hay cámaras de seguridad instaladas en la entrada».

«La fotografía que el abogado del acusado mostró es una fotografía del fallecido, el señor Edwin. En cuanto a dónde el abogado del acusado la obtuvo, no lo puedo certificar. El abogado del acusado afirma que fue presentada ante el tribunal bajo el número de referencia L.13».

¿Qué función desempeñó el abogado Khun Anan?

«El abogado Anan ayuda al abogado del rey, quien fue el abogado en la investigación de los testimonios adicionales del acusado. Se comunicó con el acusado y sabe que este trabaja como chef».

¿Se logró determinar la causa de la muerte mediante los informes de autopsia?

«Según el informe de la autopsia, los documentos números J.46 a J.48 no pueden determinar la causa de la muerte».

¿Qué cargo se le imputó al acusado?

«Según el informe de envío de pruebas, se le imputó al acusado el cargo de homicidio intencional».

¿Durante cuánto tiempo alquiló el hotel Bougain el acusado?

«El acusado alquiló el hotel Bougain desde el 1 hasta el 3 de agosto de 2023, con una visa que le permite permanecer como turista durante 1 mes».

«Según la copia de la solicitud de prisión preventiva del acusado número 1 que mostró el abogado defensor, que es una solicitud de prisión preventiva, fechada el 7 de agosto de 2023, se menciona al Sr. Daniel como el acusado desde el 4 de agosto de 2023. El abogado defensor afirma haber enviado una copia de la solicitud de prisión preventiva junto con el interrogatorio. El tribunal la aceptó bajo el número L.14».

«Según el informe de investigación, según el documento de referencia J.35, plano 3, punto 2.1.3, se indica que el 6 de agosto de 2023 se encontró un error en la impresión del texto».

¿Había preparado el acusado el refrigerador con antelación?

«Según el registro de declaración, el documento número J.40, página 3, se imprimió el texto según la declaración del acusado, que dice que ya había preparado el refrigerador anteriormente. Sin embargo, en realidad, en la habitación mencionada ya había un refrigerador, pero se habían sacado los materiales que estaban dentro de él».

¿Por qué se desencadenó el homicidio?

«Según el testimonio del acusado, este declaró que mientras estaba sentado en la cama, la víctima pidió tener relaciones sexuales con él, pero el acusado se negó y se produjo una pelea».

¿Cómo se mostró el acusado durante el interrogatorio?

«En el interrogatorio del acusado hubo pausas. Al relatar los eventos de la relación entre el acusado y la víctima, el acusado comenzó a llorar».

Ahora vuelve a ser el turno del fiscal.

¿En calidad de qué se retuvo al acusado el 4 de agosto de 2023?

«Desde el 4 de agosto de 2023 hasta antes de la detención del acusado según la orden de arresto, el acusado aún no era considerado sospechoso, sino que estaba bajo custodia según la Ley de Inmigración».

¿Cómo supo que el acusado envolvió algunas partes del cuerpo en papel film si las partes encontradas en el vertedero no estaban envueltas?

«Aunque las cuatro partes del cuerpo no estaban envueltas en film plástico, el acusado declaró ante el investigador en la fase de investigación, según el documento de la orden J.40, página 3, que había utilizado film plástico para envolver las partes del cuerpo y luego las había colocado en el refrigerador. Además, según el acta de declaración de la investigación, el acusado declaró, según el documento de la orden J.39, página 2, que había sacado las partes del cuerpo de Edwin del refrigerador y las había envuelto en plástico».

¿Cuándo se le devuelve la habitación al propietario del hotel?

«Para poder entregar la habitación donde ocurrió el incidente al propietario del hotel, es necesario que se complete la verificación y recolección de las pruebas dentro de la habitación. Durante el periodo de investigación, se puede acceder para verificar y buscar pruebas adicionales».

¿Qué edad tienen el acusado y el fallecido, y qué complexión tenía la víctima?

«El fallecido tenía 44 años, mientras que el acusado tiene 28 años. El fallecido tenía una complexión grande, según se puede ver en la fotografía».

¿Qué cuchillos fueron confiscados y dónde se confiscaron?

«Según el documento de solicitud para el envío de pruebas, en el documento número J.27, en el ítem 7.2, se menciona que se trata de tres cuchillos de punta afilada, que corresponden a los cuchillos en la fotografía del documento J.28, página 7, los cuales son las armas que fueron confiscadas en el hotel Bougain. En cuanto al cuchillo mencionado en el documento J.27, ítem 7.5, que es un cuchillo de punta afilada de la marca Penguin, se confirma que corresponde al cuchillo en la fotografía del documento J.28, página 5, que fue confiscado en el hotel Anantara».

¿Por qué no figura la acusación de asesinato con premeditación en este informe?

«La razón por la que no está la frase "matar a otra persona con premeditación" en el informe de envío de las pruebas para su análisis es porque aún no se ha concluido la investigación».

¿Por qué no tenía abogado el acusado durante la grabación de la declaración que figura en el documento J.39?

«Mientras se estaba llevando a cabo la grabación de la declaración en la investigación, según el documento número J.39, en ese momento el acusado aún no había sido considerado como sospechoso».

¿Por qué el acusado presentó su documentación original al alquilar la motocicleta?

«Al firmar un contrato de alquiler de coche o al registrarse en un hotel, se debe presentar el pasaporte original para confirmar la identidad».

Los codemandantes declinan hacer preguntas.

El acusado pide permiso para preguntar y el juez se lo concede.

¿Por qué no se le puso un abogado al acusado durante su primer interrogatorio?

«Cuando el acusado fue a denunciar la desaparición de una persona, aún no era considerado sospechoso, por lo que no se trataba de una investigación, sino de un interrogatorio. Sin embargo, se trataba de una consulta en calidad de sospecha de que el acusado podría estar relacionado con la desaparición del señor Edwin».

Si no estaba detenido el acusado, ¿por qué se le confiscó su teléfono?

«El oficial de policía no confiscó el teléfono, sino que solicitó información que estaba en el teléfono para investigar el caso relacionado con la denuncia que hizo el acusado sobre la desaparición de su amigo».

¿Por qué se retuvo al acusado si aún no estaba detenido?

«El 4 de agosto de 2023 fue puesto en cuarentena en la comisaría provincial de Koh Phangan. La razón es que el acusado no fue detenido antes de que se emitiera la orden de arresto. Porque está en proceso recopilar pruebas».

¿Por qué no se presentaron cargos contra el acusado el día 4?

«La razón por la que no se presentaron cargos contra el acusado el 4 de agosto de 2023 es que se estaba en proceso de reunir pruebas de manera clara para confirmar que el acusado cometió el delito en este caso, antes de solicitar la aprobación del tribunal para emitir una orden de arresto».

Si no se presentaron cargos y aún el acusado no era sospechoso el día 4 de agosto, ¿por qué se confiscaron cuchillos en esa fecha?

«Según el inventario de las pruebas en el caso penal, el documento número J.15 que indica que se confiscaron armas blancas el 4 de agosto de 2023 contiene un error de impresión. La fecha correcta de la confiscación es el 5 de agosto de 2023».

«El acusado preguntó al testigo si sabía que el 16 de agosto de 2023, un oficial de policía fue a la prisión del distrito de Koh Samui para preguntar sobre un cuchillo, según la fotografía marcada como J.28, plano 7, al acusado sobre la ubicación de dicho cuchillo. El acusado les dijo a los dos oficiales de policía que estaba en la habitación del hotel Bougain. Después de eso, los oficiales de policía se dirigieron a preguntar al propietario del hotel Bougain si había dejado el cuchillo mencionado. ¿El testigo sabía sobre esto? El testigo declaró que no tenía constancia de ello».

«El acusado preguntó al testigo si sabía que un policía llamado Pon le dijo al acusado que "si el acusado proporcionaba información útil para el caso, sería enviado fuera del país en un plazo de 24 horas". El testigo declaró que no tenía constancia de ello».

«Según la imagen que el acusado mostró, es una imagen de una noticia que se publicó en un vídeo de YouTube. En la imagen, el acusado está sentado con el Sr. Pon, quien es un oficial de policía. Luego, el acusado le preguntó al testigo si había un intérprete o un abogado presente en el momento en que el acusado firmó. El testigo revisó el documento y declaró que no sabía de qué trataba la fotografía de la noticia mencionada, ni cuándo fue tomada. El acusado presentó esto como parte de su interrogatorio. El tribunal lo aceptó como prueba».

¿Se informó al acusado sobre el lugar donde aparecieron los restos humanos?

«Antes de interrogar al acusado sobre el lugar de los hechos, se informó al acusado sobre la ubicación donde se encontraron las cuatro partes humanas».

¿Quién contrató al abogado que vino el 19 de octubre a la prisión de Koh Samui para la lectura de cargos adicionales y que se le dijo al acusado que había sido contratado por su padre?

«El día en que se iba a realizar el interrogatorio adicional del acusado en la prisión del distrito de Koh Samui, el 19 de octubre de 2023, hubo un abogado, aunque no sé si se llama Sr. Sushi. Me llamó por teléfono y me informó de que era el abogado que el padre del acusado había contactado para que ayudara a cuidar el caso del acusado».

El fiscal vuelve a tomar la palabra para finalizar el interrogatorio.

¿Qué acciones se llevaron a cabo el día 5 de agosto de 2023?

«El 5 de agosto de 2023, además de ser el interrogatorio del testimonio del acusado, también se llevó al acusado al lugar del incidente en el hotel».

¿Cuándo fueron confiscadas las armas blancas que figuran en la fotografía L.5, página 5 y 7?

«Las armas blancas, según el documento número L.6, de la página 5 a la 7, en la fecha de la inspección junto con los oficiales de pruebas de evidencia, aún no se habían confiscado, pero se encontraron dentro de la habitación. Fueron confiscadas el 5 de agosto de 2023».

¿Qué puede contar sobre el cuchillo que aparece en la fotografía marcada como L.7, hoja 5?

«Según la fotografía marcada como L.7, en la hoja 5, no se sabe quién es la persona, pero la forma en que sostiene el cuchillo dentro de la habitación del hotel Bougain es tomando el cuchillo por la parte del mango para evitar la contaminación de las pruebas. Además, el cuchillo ha sido enviado para su análisis el 16 de agosto de 2023».

¿Quién es el señor Pon?

«El policía llamado señor Pon es un oficial de policía en la estación de policía de Koh Phangan, con el rango de subteniente. No recuerdo su nombre real, pero habla inglés a un nivel bueno».

Y al no haber más preguntas, se da por finalizado el interrogatorio.

17.4. INVESTIGADOR QUE RECOGIÓ LA DENUNCIA DE DANIEL POR LA DESAPARICIÓN DE EDWIN[86]

Continuamos con las declaraciones de investigadores y policías que participaron de una u otra forma en la investigación de este suceso.

Como testigos propuestos por la acusación, el fiscal comienza la ronda de preguntas.

«Mi nombre es Natapoun, he estado ayudando temporalmente en el servicio público de policía de Koh Phangan, en la provincia de Surat Thani, desde marzo de 2023 hasta hoy. Mi puesto es el de investigador, y tengo la responsabilidad de investigar casos penales que ocurren en el área del distrito de Koh Phangan, en la provincia de Surat Thani.

Después del incidente del asesinato del Sr. Edwin en el área del distrito de Koh Phangan, provincia de Surat Thani, recibí la orden de la policía provincial de Surat Thani para ser investigador asociado en este caso.

Esto se documenta en la orden, documento número J.6, hoja 5, número 2.5, relacionado con este caso, fechado el 4 de agosto de 2023 a las 2 de la mañana.

Mientras me encontraba en mi casa de descanso, el teniente coronel Simsok, jefe de la unidad de investigación de la estación de policía de Koh Phangan, me llamó para que me presentara en la estación de policía de Koh Phangan para interrogar al Sr. Daniel, quien había venido a presentar una denuncia sobre la desaparición de su amigo, el Sr. Edwin. Así que me dirigí a la estación de policía de Koh Phangan y me encontré con el Sr. Daniel. El Sr. Daniel es el acusado en este caso (el testigo identifica al acusado en la sala del tribunal). El acusado informó que no podía hablar tailandés y solicitó un intérprete de inglés, por lo que se buscó a un intérprete tailandés en el área que pudiese traducir al inglés. Yo interrogué al acusado a través del intérprete, y el intérprete habló en inglés con el acusado.

Al encontrarme con el acusado, noté que tenía una herida en un dedo, no recuerdo de qué mano era, así que le pregunté al acusado cómo se había hecho la herida, a lo que el acusado me respondió, pero durante su testimonio no pudo recordar.

He tomado declaración al acusado a través de un intérprete de inglés, lo cual se refleja en el acta de declaración del acusado en calidad de testigo, según consta en el documento número J.38.

Según el registro de declaración como testigo del acusado, en el documento número J.38, el acusado informó que la herida en su dedo anular de la mano derecha fue causada por una piedra que le cortó el dedo en la playa de Salad.

Posteriormente, se llevó a cabo una investigación que reveló que el acusado se encontraba bajo sospecha de haber cometido el delito de homicidio con premeditación y de ocultar la muerte y las circunstancias de la misma.

Luego, se realizó un interrogatorio al acusado en calidad de sospechoso el 5 de agosto de 2023, que fue después de que se emitiera una orden de arresto en su contra. Los detalles se encuentran en la declaración del acusado durante la investigación, documento número J.40. El 5 de agosto de 2023, se interrogó al acusado en dos ocasiones, primero en la estación de policía de Koh Phangan, antes de que se le permitiera llevar a cabo una reconstrucción de los hechos como parte de su confesión. Posteriormente, se realizó un tercer interrogatorio al acusado el 7 de agosto de 2023 en la misma estación de policía, en relación con los bienes del fallecido y los del acusado que se encontraban guardados en una caja fuerte.

En los tres interrogatorios al acusado, se le proporcionó una abogada llamada señorita Chutinta. Además, durante la investigación del acusado, se facilitó una intérprete de inglés llamada señorita Pimaprun para traducir al inglés al acusado. El acusado era una persona de nacionalidad española, pero hablaba inglés.

La manera en la que se interrogó al acusado fue que yo hablase en tailandés a través de un intérprete que traducía al inglés. Después de eso, el intérprete hablaba en inglés con el acusado. Una vez que el acusado respondía en inglés, el intérprete traducía la respuesta al tailandés para que yo la escuchase. Luego, yo escribía en la máquina de escribir. Esto se hacía para cada pregunta.

No se produjo coerción ni se le hicieron promesas al acusado».

¿Se opuso el acusado a la intérprete o al abogado?

«El acusado no presentó objeciones al intérprete de inglés y al abogado que proporcionó el investigador».

¿Se ha amenazado o forzado al acusado en algún modo?

«No he utilizado la fuerza para dañar al acusado ni lo he amenazado».

¿Cómo se declaró el acusado tras leerle los cargos?

El 5 de agosto de 2023, informé al acusado sobre los cargos en su contra por el delito de homicidio con premeditación y ocultamiento de la muerte al esconder la causa del fallecimiento de la víctima. El acusado se declaró culpable de ambos cargos.

Posteriormente, después de enviar el expediente al fiscal, este ordenó al investigador que presentara cargos adicionales por la apropiación indebida de documentos de otra persona.

Luego, viajé a interrogar al acusado en la prisión del distrito de Koh Samui, donde conté con la ayuda de una intérprete de inglés, la señorita Prapanicha, y proporcioné un abogado, el señor Sushi, para el acusado».

«El testigo explicó además que, en el delito de apropiación indebida de documentos, se trataba de la sustracción del pasaporte del fallecido Sr. Edwin. Sin embargo, el acusado no deseaba declarar, ya que no firmó el acta de declaración adicional según el documento número J.42».

«El testigo explicó además que antes de que él fuera a interrogar al acusado en la prisión del distrito de Koh Samui, había un abogado llamado Sr. Sushi que le informó que era el abogado designado por el padre del acusado para ayudarlo en el interrogatorio. Sin embargo, el acusado no confiaba en dicho abogado y solicitó que la Sra. Alice confirmara que el abogado había sido realmente designado por el padre del acusado. Pero el testigo y el abogado mencionado no conocían a la Sra. Alice, por lo que procedieron a interrogar al acusado de acuerdo con la ley, con un intérprete de inglés y el abogado presentes. Sin embargo, el acusado no firmó».

«Según el testimonio en la fase de investigación del acusado, en el documento marcado como J.40, se presentaron fotografías de una cámara de seguridad para que el acusado las viera durante el interrogatorio. En la fotografía marcada como J.40, hoja 12, el acusado es quien dibujó la imagen que muestra a la persona fallecida, a quien el acusado desmembró en 15 partes, tal como se indica en su declaración».

¿Estaba esposado el acusado durante el interrogatorio?

«Durante el interrogatorio, el acusado no estaba esposado, y si el acusado deseaba salir a fumar fuera de la sala, yo lo permitía».

Los codemandantes declinan hacer preguntas y pasa el turno al abogado de la defensa.

¿Cuál fue su cometido en este caso?

«Yo soy el investigador que toma la declaración del acusado junto con el teniente coronel Sonsuk, quien se encarga de proporcionar un intérprete y un abogado para el acusado».

¿Qué herramientas usó el acusado para desmembrar el cuerpo de la víctima?

«Según el registro de la declaración del acusado en la fase de investigación, en el documento número J.40, el acusado declaró que utilizó un cuchillo y una sierra para desmembrar el cuerpo de la víctima, pero no especificó de qué tipo de cuchillo o sierra se trataba».

¿Podría decirnos si el intérprete realizó una buena traducción del interrogatorio?

«No sé qué nivel de habilidad tiene el intérprete para traducir al inglés. No sé si el intérprete traducirá el inglés correctamente».

¿Sabe si durante el interrogatorio, el abogado se dirigió al acusado en inglés, y si el intérprete tradujo bien las palabras del letrado?

«No recuerdo si durante el interrogatorio el abogado habló directamente en inglés con el acusado o no. No sé qué nivel de habilidad tiene el intérprete para traducir al inglés. No sé si el intérprete traducirá el inglés correctamente».

¿Se reunieron con antelación el abogado y el intérprete con el acusado?

«Antes de que yo interrogara al acusado, se dispuso que el intérprete y el abogado estuvieran en la sala de interrogatorios junto con el acusado».

¿Sabría decirme qué tiempo duró el interrogatorio al acusado?

«No recuerdo cuántas horas se tardó en interrogar al acusado, pero fue un tiempo largo».

¿Durante qué días se llevó a cabo la declaración del acusado?

«La declaración del acusado se llevó a cabo durante el día el 6 y 7 de agosto de 2023».

¿Quién es el jefe de la investigación en este suceso?

«El investigador principal en este caso es el teniente coronel Somsak, mientras que yo soy un investigador que solo ayuda en la investigación».

¿Sabría identificar a las personas que aparecen en esta fotografía y cuándo fue realizada?

«Según la fotografía que el abogado del acusado mostró, es una imagen del momento en que se llevó al acusado a realizar un plano como parte de su confesión. Sin embargo, la imagen fue extraída de un vídeo de un canal de YouTube. La persona que aparece en la fotografía vestida de policía es el teniente coronel Somsak, mientras que el hombre que lleva una camiseta de color y pantalones, que está de pie como policía, se llama señor Pon. El abogado del acusado afirmó que envió la fotografía como parte del interrogatorio. El tribunal la aceptó como prueba, marcada como L.8».

¿Envió el arma, un cuchillo de punta afilada, para su verificación el 16 de agosto de 2023, de acuerdo con la carta de envío, documento número J.22?

«No recuerdo cuántos cuchillos de evidencia he enviado para su análisis, pero he enviado todos los que han sido examinados y confiscados como evidencia, según los documentos de la orden J.28. No recuerdo qué cuchillo se envió para su análisis en qué día, pero he elaborado un informe de entrega, según los documentos de la orden J.22».

El fiscal vuelve a tomar la palabra.

¿Fue enviado un cuchillo de punta afilada el día 16 de agosto para su análisis?

«Según la carta de envío de las pruebas documentales número J.22, fue enviado un cuchillo de punta afilada para su análisis el 16 de agosto de 2023».

¿Qué podría decirme sobre quién pudo tomar esta fotografía y dónde fue realizada?

«Según la fotografía, el documento marcado como L.8 es una imagen en la que el oficial de policía lleva al acusado a la habitación número 5 del hotel Bougain, que es la habitación donde ocurrió el incidente.

Algunos periodistas lo siguieron, pero no se les permitió entrar a cubrir la noticia, ya que se había establecido una barrera alrededor de la habitación. Creo que la imagen que se publicó en el canal de YouTube podría haber sido capturada por los periodistas utilizando una cámara con zoom».

¿La investigación de este suceso, fue privada o pública?

«La investigación del acusado en este caso se llevó a cabo de manera abierta, sin ocultar nada en el interior de la habitación número 5».

¿Comprendió el acusado lo que la intérprete tradujo durante el interrogatorio?

«Mientras el intérprete traducía al inglés para el acusado, este comprendió y respondió de acuerdo con las preguntas que yo le hacía a través del intérprete. Después de que yo terminara de redactar la declaración, el intérprete la leyó en inglés para que el acusado la escuchara. El acusado firmó el registro de la declaración sin presentar objeciones».

El acusado solicita permiso al tribunal para poder preguntar, el tribunal concede dicho permiso.

¿Acompañó usted al acusado al hotel Bougain la noche del día 4 de agosto tras tomarle declaración?

«En la noche en que el acusado fue a denunciar la desaparición de una persona, después de que se completó el interrogatorio del acusado, yo regresé a dormir a la casa de descanso y no fui al hotel Bougain».

Durante el interrogatorio que el acusado llevó a cabo por la desaparición de su amigo, ¿admitió haber matado a alguna persona?

«En el interrogatorio sobre el caso en que el acusado denunció a una persona desaparecida, el acusado no admitió haber asesinado a otra persona».

¿Tuvo usted conocimiento de que al acusado se le prometió que se le enviaría a la Oficina de Inmigración para ser deportado?

«El 4 de agosto de 2023, supe que la policía de Inmigración había revocado la visa del acusado. Luego, el 5 de agosto de 2023, el acusado fue procesado por el delito de homicidio. En cuanto a si algún oficial de policía habló con el acusado diciendo que el 4 de agosto se le permitiría ir a la Oficina de Inmigración y que no se le procesaría, no lo sé».

¿Qué puede decirme de esta fotografía? ¿Se trata de un interrogatorio?

«Según la fotografía que el acusado mostró, es una imagen en la que mi superior está participando en una reunión, no es un interrogatorio al acusado según los principios del procedimiento penal. En cuanto a si había un intérprete o un abogado presente, no lo sé. El acusado afirma haber enviado la fotografía como parte de su interrogatorio. El tribunal la ha aceptado como prueba, marcado como L.49».

¿Vio usted el cuchillo dentro de la habitación número 5 el día que llevaron al acusado para la reconstrucción de los hechos?

«No recuerdo si vi el arma blanca dentro de la habitación número 5 el día que llevaron al acusado a realizar la reconstrucción de los hechos».

Como siempre, cierra el interrogatorio el fiscal.

¿Cuándo se cursó la orden de arresto contra el acusado?

«El tribunal aprobó la emisión de una orden de arresto contra el acusado el 5 de agosto de 2023 y se notificaron los cargos al acusado el 5 de agosto de 2023».

17.5. PRIMER INTÉRPRETE QUE ASISTIÓ A DANIEL CUANDO REALIZÓ LA DENUNCIA POR LA DESAPARICIÓN DE EDWIN[87]

Escuchemos qué contó en sala el primer interprete que tuvo Daniel cuando fue a denunciar la desaparición de su amigo Edwin Arrieta.

Como es testigo propuesto por la acusación, comienza el interrogatorio el fiscal.

«Mi nombre es Chistda, terminé mis estudios en ciencias políticas en la universidad de Chulalongkorn, en el año 2000, después de eso me mudé para trabajar como gerente de un hotel y también para llevar a cabo un negocio personal en el área del distrito de Koh Phangan, en la provincia de Surat Thani.

Hablo, leo y escribo inglés en un buen nivel.

Sobre este caso, no recuerdo la fecha exacta, pero fue en el año 2023. Mientras estaba en mi casa alrededor de la 1 de la mañana, el teniente coronel Sumsok, subdirector de la estación de policía de Koh Phangan, se comunicó conmigo para pedirme que fuera intérprete de inglés para un extranjero que había venido a reportar que su amigo había desaparecido. Acepté y me dirigí a la estación de policía de Koh Phangan, donde encontré al extranjero que había venido a reportar la desaparición de su amigo, que es el acusado en este caso (la testigo señala al acusado en la sala de audiencias). En ese momento no sabía su nombre, pero el acusado tenía el cabello largo.

En la declaración del investigador, interrogó al acusado a través de mí. Después de eso, yo traduje al inglés para que el acusado escuchase. Cuando el acusado respondía, yo traducía al tailandés para el investigador. Se trató de un interrogatorio pregunta por pregunta.

Yo firmé el registro de la declaración del acusado en calidad de testigo en el caso de la persona desaparecida, según el documento de orden J.38. Yo traduje al inglés para que el acusado escuchara antes de que firmara, y el acusado no presentó objeciones».

¿Qué sucedió el 5 de agosto de 2023?

«El 5 de agosto de 2023, el teniente coronel Somsak me llamó para que fuera intérprete de nuevo para el acusado.

Me dirigí a la estación de policía de Koh Phangan y estuve presente mientras el investigador interrogaba al acusado.

El investigador interrogó al acusado a través de mí, y después de eso, traduje al inglés para que el acusado pudiera entender. Cuando el acusado respondía, yo traducía sus respuestas al tailandés para que el investigador las escuchara, pregunta por pregunta, como se detalla en el registro de declaración del acusado, donde firmé como intérprete.

Según el documento número 39, el testigo explica que traduje al inglés para el acusado cada vez que el investigador hacía preguntas, y después de que se completó el interrogatorio, le leí nuevamente la declaración al acusado.

Mientras yo actuaba como intérprete, el investigador no obligó, amenazó, prometió ni persuadió al acusado de ninguna manera para que este declarara. El acusado respondió a las preguntas de manera normal según lo que el investigador le preguntó a través de mí».

Los codemandantes rechazan realizar preguntas, por lo que toma la palabra el abogado defensor.

¿Es la primera vez que ejerce de intérprete para la policía?

«He trabajado como intérprete para los investigadores en la comisaría de policía de Koh Phangan varias veces antes».

¿Actúa usted como intérprete ante los extranjeros de otras nacionalidades?

«Yo actúo como intérprete de inglés. En cuanto a los extranjeros de otras nacionalidades que hablan inglés, no sé qué nivel de comprensión tienen del idioma».

¿El día 4 de agosto durante el interrogatorio, estaba el acusado asistido por alguna persona de confianza o un abogado?

«El 4 de agosto de 2023, no había abogados ni personas de confianza presentes para escuchar el interrogatorio del acusado».

Recordemos que esto no fue un interrogatorio, fue una denuncia para intentar encontrar a una persona desaparecida. Por lo que no era obligatoria la asistencia de un abogado.

¿El día 5 de agosto, tenía el acusado asistiéndolo algún abogado o persona de confianza durante su declaración?

«El 5 de agosto de 2023, no hubo abogados ni personas de confianza del acusado presentes durante el interrogatorio del acusado».

Durante esta declaración espontanea en la que Daniel se derrumba y confiesa los hechos en el Bougain Villas, aún no ha sido detenido ni consta como sospechoso, de momento solo es testigo en la búsqueda de un desaparecido, por lo tanto, según la ley penal tailandesa, tampoco tiene el derecho de ser asistido por un abogado.

Daniel pide permiso para preguntar y el tribunal concede dicho permiso.

¿Recuerda haber visto al acusado acompañado de una mujer robusta la noche del día 4 de agosto?

«En la noche del 4 de agosto de 2023, no recuerdo si había una mujer de figura robusta con el acusado o no».

¿Interrogó el investigador al acusado como testigo o como sospechoso?

«Yo solo me encargué de traducir al inglés para el acusado en el caso en el que el acusado informó que su amigo estaba desaparecido. En cuanto al investigador, interrogó al acusado sobre las circunstancias de la desaparición de su amigo y si el acusado tiene alguna relación con ello, yo no lo sé».

¿Recuerda que la noche del 4 de agosto del 2023, el acusado solicitó a un hombre vestido de azul la asistencia de un abogado y se la negó?

«No recuerdo que, en la noche del 4 de agosto de 2023, un hombre vestido de azul hablase con el acusado, y que el acusado le pidiese un abogado y el hombre vestido de azul se lo negase. Fue un interrogatorio al acusado, y cuando el acusado necesitó un abogado, se le proporcionó uno».

¿Qué contó el acusado sobre la pelea con la víctima la noche del 4 de agosto?

«En la noche del 4 de agosto de 2023, el acusado no tuvo conversaciones con la policía sobre el tema de la pelea; el acusado solo habló sobre el hecho de que había venido a denunciar la desaparición de un amigo».

¿Estaba arrestado el acusado el día 5 de agosto de 2023?

«El 5 de agosto de 2023, el acusado aún no había sido arrestado».

Si el acusado no estaba arrestado el día 5 de agosto, ¿por qué no fue puesto en libertad?

«Yo solo actúo como intérprete, no sé por qué el 5 de agosto de 2023 el oficial de policía no liberó al acusado».

No habiendo más preguntas, se da por concluida la testifical.

17.6. DECLARACIÓN JEFE DE POLICÍA PROVINCIA DE SURAT THANI[88]

Vamos con una de las declaraciones más importantes, la del jefe de la investigación de la policía de Surat Thani.

Al ser un testigo de la acusación, comienza su ronda de preguntas el fiscal.

«Mi nombre es Purinye, he ocupado el cargo de jefe de investigación de la policía provincial de Surat Thani desde el 1 de febrero de 2023 hasta ahora.

Mi responsabilidad es investigar todo tipo de delitos en el área de la provincia de Surat Thani. Este caso ocurrió en el distrito de Koh Phangan de dicha provincia».

¿Qué podría contarnos sobre el caso?

«Sobre este caso, el 3 de agosto de 2023, alrededor de las 13.00 horas, mientras yo participaba en una reunión sobre la seguridad del evento Full Moon Party (Fiesta de la Luna Llena) en la estación de policía de Koh Phangan, recibí un aviso por radio de que se habían encontrado partes humanas en el vertedero del municipio de Koh Phangan. En ese momento, estaba sentado con el jefe de la estación de policía de Koh Phangan.

Después de que la reunión concluyese, nos dirigimos al vertedero, que es el lugar donde se encontraron las partes humanas mencionadas en la fotografía de la evidencia número 5.

Al llegar, encontramos partes humanas de la región de la cadera, que tenían órganos de la víctima adjuntos. Se presume que estas partes pertenecen a un extranjero debido a su color oscuro y al vello en la piel. Estas partes estaban escondidas en una bolsa de plástico negra, que a su vez estaba cubierta por otra bolsa de plástico verde. Las partes humanas que encontré coinciden con las fotografías de la evidencia número 5, láminas 7 y 8.

Al examinar el estado de dichas partes, se especuló sobre el arma o los instrumentos que se utilizaron para desmembrar el cuerpo.

Por lo tanto, se asignó a los subordinados investigar la compra de guantes, limpiadores de baño, bolsas de plástico negras, bolsas de plástico verdes y cuchillos.

De la investigación se ha determinado que las bolsas de plástico verdes utilizadas para ocultar partes humanas están a la venta únicamente en el supermercado Big C. En el distrito de Koh Phangan solo hay una sucursal de Big C.

Posteriormente, los subordinados informaron que un hombre extranjero compró productos y equipos de este tipo en dicho supermercado de Koh Phangan el 1 de agosto de 2023.

Los testigos explicaron que, basándose en la suposición sobre la desmembración del cuerpo, se especuló sobre qué equipos podrían haberse utilizado. Luego, cuando el equipo de investigación fue a investigar, encontraron que un hombre extranjero compró productos de este tipo el 1 de agosto de 2023, coincidiendo con lo que el equipo de investigación había previsto.

El hombre extranjero que compró equipos y productos en el centro comercial Big C, incluyendo 22 artículos, aparece en el documento marcado como J.34, página 2, que es una copia del recibo de compra.

La página 3 es una lista elaborada para ampliar los artículos según el recibo mencionado. Los artículos que compró el hombre extranjero incluyen guantes, bolsas de plástico negras, bolsas de plástico verdes y un cuchillo.

El centro comercial Big C registró una imagen del hombre extranjero mientras pagaba, que aparece en la fotografía marcada como J.34, página 4, imagen inferior izquierda».

¿Recuerda qué cantidades adquirió de cada artículo?

«No recuerdo cuántas piezas hay de cada artículo, pero hay más de un paquete de bolsas de plástico negras, así como más de un paquete de bolsas de plástico verdes. Además, el extranjero mencionado también compró film estirable, que se utiliza para envolver o empaquetar alimentos».

¿Cómo se identificó al acusado?

«Cuando se obtuvieron las imágenes de las cámaras de seguridad dentro del centro comercial Big C, se identificó a un extranjero como sospechoso. Luego, se revisaron las cámaras de seguridad del centro comercial y se descubrió que el extranjero llegó en motocicleta. Posteriormente, se coordinó con la policía de Inmigración y la policía turística para investigar la identidad del extranjero.

Al revisar las cámaras de seguridad, se encontró que la motocicleta que el extranjero conducía ese día tenía el número 54 en el carenado frontal. Luego, se pidió a la policía turística que verificara a qué tienda pertenecía la motocicleta. Se supo que la motocicleta era de la tienda AngPaw. Después, se fue a la tienda AngPaw y, al preguntar al propietario, nos informó que la persona que alquiló la motocicleta se llamaba Daniel y era de nacionalidad española.

Posteriormente, el propietario de la tienda proporcionó el contrato de alquiler y una copia del pasaporte para su revisión. Esto se puede ver en las fotos marcadas como documento 34, página 5, las dos imágenes inferiores.

Luego, se pidió a la policía de Inmigración que verificara la información en la base de datos y se descubrió que Daniel había reservado una habitación en el hotel Panviman Resort.

Luego, nosotros nos dirigimos al hotel Panviman Resort. Tras preguntar, nos informaron que la persona que hizo la reserva se llama Sr. Edwin, pero la reserva indicaba que el Sr. Daniel se alojaría desde el 31 de julio de 2023 hasta el 3 de agosto de 2023.

El personal del hotel Panviman informó que el Sr. Daniel había ingresado a la habitación del hotel, pero luego salió y no pasó la noche, entrando y saliendo.

El testigo explicó además que el día en que ellos fueron a investigar, ya se había hecho el *check-out* de la habitación mencionada, pero el personal del hotel informó que vieron al Sr. Daniel con una herida en el dedo, vendada con una gasa. Sin embargo, en ese momento aún no había información de los oficiales de Inmigración sobre a dónde había ido el Sr. Daniel.

Posteriormente, ese mismo día 3 de agosto de 2023, alrededor de las 21.00 horas, recibimos un aviso de la policía turística informando de que un empleado del hotel Anantara había llamado para reportar que encontraron una mochila negra en el restaurante del hotel y pidieron a la policía que la revisara. En ese momento, el empleado del hotel había llevado la mochila a la recepción.

Después, nosotros nos dirigimos al hotel Anantara y el empleado nos informó de que un hombre extranjero había ido a comer al restaurante y dejó la mochila allí. También mencionó que no estaba seguro de si la mochila estaba relacionada con el hallazgo de partes humanas que había sido noticia en ese momento. Yo procedí a investigar la mochila negra mencionada; en su interior se encontró un cuchillo corto con punta afilada y mango metálico similar a un cuchillo de cocina de un resort o hotel y un vendaje blanco que parecía tener manchas de sangre, por lo que se tomó una fotografía del objeto y se confiscó como evidencia según la fotografía número J.13, hoja.

Tras revisar las cámaras de seguridad en el hotel Anantara, se supo que el dueño de la mochila negra es el señor Daniel. Ese día, yo y mis compañeros seguimos la pista del acusado, pero no lo encontramos.

Posteriormente, el 4 de agosto de 2023, alrededor de la 1 de la mañana, fui informado por un oficial de policía de la estación de policía de la isla de Koh Phangan de que el Sr. Daniel se dirigió a la comisaría de policía de la isla, para reportar la desaparición de una persona.

Yo y mis compañeros nos dirigimos a la comisaría de policía de Koh Phangan y encontramos al Sr. Daniel. El Sr. Daniel es el acusado en este caso (el testigo identifica al acusado en la sala del tribunal). Al examinar externamente al acusado, se encontró que, en los dedos de las manos, no sabría ahora mismo decir qué dedo y de qué mano, había marcas de heridas similares a cortes de objetos afilados, y se encontraron marcas de mordeduras en el brazo. Se encontraron rasguños en todo el cuerpo.

Al preguntar al acusado quién era la persona que había reportado como desaparecida, el acusado respondió que se llamaba Sr. Edwin. Inicialmente, el acusado dijo que era amigo suyo.

Según el acusado, viajaron juntos y se encontraron en el puerto el 2 de agosto de 2023. Después de eso, salieron a pasear juntos, pero se separaron y no pudieron contactarse. Al preguntar, el acusado dijo que se alojaron en un hotel, el Bougain. Al momento de testificar, no recuerda dónde el acusado dijo que se encontraba. Inicialmente, el acusado informó que se hospedó en el hotel mencionado desde el 1 hasta el 6 de agosto de 2023.

«El testigo declaró que el día en que se encontró con el acusado por primera vez en la estación de policía de Koh Phangan, el acusado estaba acompañado por una mujer extranjera de edad similar o quizás un poco mayor que el acusado, de complexión robusta. La mujer extranjera mencionó que había visto al acusado por primera vez esa noche, ya que era la noche de la Fiesta de Luna Llena».

Curioso este dato, al parecer a la mujer, no la conoció durante el día, sino que fue esa misma noche.

«El testigo explicó además que el acusado le había dicho en un principio que había llevado al Sr. Edwin a hacer turismo en motocicleta, pero tras revisar las cámaras de seguridad, se descubrió que el acusado había llevado al Sr. Edwin directamente al hotel Bougain».

«El 4 de agosto de 2023, mientras yo estaba con el acusado, llegaron agentes de policía de la comisaría de la isla de Koh Phangan, informaron que se habían encontrado nuevamente partes humanas, específicamente una pierna, en el vertedero municipal de Koh Phangan, escondidas en una bolsa de plástico negra. Además, se encontró un paquete de Scotch-Brite, que aparece en la fotografía marcada como J.34, hoja 1.

Al ser interrogado, el acusado confesó que había comprado un cuchillo y un hacha en la tienda Limpipong Home Mart.

Mientras conducía al acusado al hotel Bougain, al entrar en la habitación donde se alojaba el acusado, encontré una mancha que parecía una gota de sangre en la puerta de entrada.

Dentro de la habitación, a la derecha, estaba la cocina; a la izquierda, la sala de estar. Además, encontré un refrigerador en la cocina. En la puerta del refrigerador había una mancha que parecía de sangre, como se muestra en la fotografía marcada como P.12, hoja 13, imagen inferior.

Dentro del refrigerador había varias manchas de sangre, como se muestra en la fotografía marcada como P.12, hoja 13, imagen superior.

Encontré un cuchillo afilado en el fregadero, que coincide con lo que se muestra en la fotografía marcada como P.12, hoja 10, imagen inferior.

Al inspeccionar visualmente, no encontré manchas de sangre en el baño, pero por experiencia laboral, es creíble que se haya realizado una disección en el baño, ya que es un lugar fácil de limpiar.

Después de eso, informé a la policía para que revisaran la habitación del hotel en cuestión.

De acuerdo con la revisión de las cámaras de seguridad, se encontró que el 2 de agosto de 2023, el acusado recogió al Sr. Edwin en el muelle a las 15.16 horas.

Después de eso, el acusado condujo la motocicleta con el Sr. Edwin como pasajero hasta el hotel Bougain a las 15.37 horas, lo que tomó una duración del trayecto de 23 minutos. No se observó que ambos se detuvieran en ningún punto.

Hasta las 11.00 horas del 3 de agosto de 2023, momento en el que se encontraron partes del cuerpo del Sr. Edwin, no se volvió a ver al Sr. Edwin.

El testigo explicó además que después de eso, se vio al acusado entrar y salir del hotel Bougain a partir de las 19.00 horas, aunque no recuerda la hora con exactitud, lo que fue aproximadamente entre 3 y 4 horas desde que se vio al acusado a las 15.37 horas.

Después del 3 de agosto de 2023, llevé al acusado al hotel Anantara para que identificara el lugar donde se encontró la mochila negra, la cual el acusado admitió que era suya. Ese día, el gerente del hotel Anantara nos invitó a comer, y comimos juntos con el acusado».

Aquí tenéis la explicación de por qué a Daniel se le invita a comer en el Anantara, parece ser que les cogió la hora de la comida durante la reconstrucción de los hechos en dicho restaurante, y el gerente tuvo a bien invitarlos.

«Después de eso, elaboré el informe de investigación según el documento número J.34 y se lo entregué al investigador.

Con casi 30 años de experiencia laboral, tras la investigación del caso mencionado, me lleva a creer que el acusado cometió el asesinato con premeditación. Además, se obtuvo información de la confesión del acusado, quien admitió estar resentido con la víctima y haber tenido una relación amorosa con ella.

Yo no amenacé ni engañé ni agredí físicamente al acusado para que testificara. El acusado proporcionó la información voluntariamente».

Tienen el turno de pregunta los codemandantes.

¿Había algún alimento dentro de la habitación del Bougain Villas? ¿Observaron signos de lucha?

«Tras la inspección dentro de la habitación del hotel Bougain no se encontraron ingredientes para la preparación de alimentos.

Ni en el baño ni en la cocina se encontraron daños en los equipos dentro de la habitación. No se encontraron signos de lucha».

¿Presentaba el cuerpo del acusado algún moretón?

«En el momento de la primera reunión con el acusado, no se encontraron moretones causados por golpes en su cuerpo».

¿Qué sabéis de la profesión de la víctima?

«Tras la investigación, se supo que la víctima era cirujano plástico».

¿Contó algo el acusado sobre su pareja y la posibilidad de reunirse con ella?

«Según el interrogatorio, el acusado admitió que su pareja en ese momento estaba en Vietnam. El acusado había planeado con su pareja un viaje a la isla Koh Tao, pero no viajaron juntos a la isla porque la víctima se encontró con el acusado antes».

Es turno del abogado defensor.

¿Por qué no aparece su firma en el documento J.5?

«Según el documento de la orden J.5, no aparece mi imagen. No firmé el documento de la orden J.5 porque no fui yo quien lo elaboró, sino que fue el investigador quien lo hizo».

¿Tomó usted la fotografía de la orden judicial número 34?

«Según la fotografía de la orden judicial n. 34, no fui yo quien tomó la foto, sino que fue responsabilidad de la policía de investigación y los oficiales de investigación del departamento de policía Koh Phangan. Fue el fotógrafo, pero yo estuve en el lugar de los hechos y redacté el informe correspondiente».

¿En qué se basa para afirmar que la compra realizada por el acusado no es una compra habitual para un extranjero?

«Según mi experiencia laboral y personal, normalmente los extranjeros no compran este tipo de productos porque los alojamientos ya cuentan con dichos artículos, como las bolsas de plástico».

¿Qué tipo de documento y visa tenía el acusado? ¿Se observó si en algún momento el acusado trató de ocultar su rostro?

«Según la investigación, se supo que el acusado utilizó un pasaporte de turista y, cuando el pasaporte expirase, podía renovarlo para permanecer en el Reino. Según las imágenes de la cámara de seguridad, el acusado no ocultó su rostro ni su motocicleta, solo llevaba gafas».

¿Qué documento entregó el acusado a la propietaria de la tienda de alquiler de motocicletas?

«El acusado firmó el contrato de alquiler de la motocicleta y entregó el pasaporte original al arrendador de la motocicleta».

¿Sabe usted si el acusado llegó a alojarse en el hotel Panviman Resort?

«Según la investigación, se ha confirmado que el acusado realmente entró en el hotel Panviman Resort».

Cuando el acusado le llevó al hotel Bougain, ¿mostró signos de nerviosismo? ¿Iba mi defendido acompañado por algún amigo o alguien de su confianza?

«El acusado me llevó al hotel Bougain con un comportamiento normal, sin signos de nerviosismo. No había amigos del acusado ni personas de confianza que lo acompañaran».

¿Tomó usted fotografías dentro del hotel Bougain?

«No tomé fotos dentro de la habitación del hotel Bougain, pero otro oficial de policía las tomó».

¿Tenían un horario concreto los oficiales de la unidad de pruebas forenses para ir al hotel Bougain para inspeccionarlo?

«No existía un horario específico para que los oficiales de la unidad de pruebas forenses del distrito de Surat Thani ingresasen a investigar la habitación del hotel, pero estos lo hicieron después de que yo y mis compañeros sospechásemos que había habido un asesinato y tras utilizar cuerdas para delimitar el área de la habitación».

¿Qué es este informe?

«Según el documento número J.34, es un informe preliminar y no contiene fotografías de las habitaciones interiores del Hotel Bougain».

¿Se le proporcionó a mi defendido un intérprete durante su interrogatorio?

«Al interrogar al acusado hay un intérprete de inglés disponible. Y hay agentes de policía de la comisaría de Koh Phangan que hablan inglés».

¿Fue usted el encargado del interrogatorio al acusado?

«No soy el investigador del acusado, solo hice las preguntas preliminares».

El fiscal vuelve a tomar la palabra

¿Cuáles son las reservas de hotel existentes o realizadas por el acusado y la víctima?

«El Sr. Edwin reservó una habitación en el hotel Panviman Resort por 3 noches y 4 días, y el acusado abrió una reserva en el hotel Bougain por 3 días desde el 1 hasta el 3 de agosto de 2023».

¿Qué le pareció sospechoso en el comportamiento del acusado los días previos al crimen?

«Es inusual que un turista compre herramientas como sierras y cuchillos, y que las transporte entre hoteles. En ese momento, el acusado no era un sospechoso y podía ir a donde quisiera, ya que no estaba bajo custodia».

El acusado pide permiso para preguntar y el juez se lo da.

¿Las compras realizadas por el acusado, fueron realizadas antes o después de la llegada de la víctima?

«El 1 de agosto de 2023, el acusado fue a comprar equipos en el centro comercial Big C. El 2 de agosto de 2023, el acusado fue a comprar equipos en la tienda Limpipong Home Mart, lo cual fue antes de que el acusado fuera a recoger al fallecido».

¿Puede confirmar que las lesiones en el cuerpo del acusado son producto de una pelea?

«Las marcas de rasguños en el cuerpo del acusado y las mordeduras en su brazo no puede confirmarse que sean el resultado de una pelea o un ataque físico».

¿Solicitó el acusado en algún momento ser asistido por un abogado?

«Mientras el acusado estaba conmigo, no solicitó un abogado».

El fiscal declina hacer más preguntas y la testifical se da por terminada.

Parece mentira cómo presiona Daniel a los policías, ha realizado 3 preguntas y no sé yo si la respuesta a las mismas le favorece o le perjudica.

17.7. MÉDICA QUE REALIZÓ AUTOPSIA PRELIMINAR[89]

Vayamos con la declaración de la médica que realizó la autopsia a las partes de Edwin Arrieta en el hospital de Koh Phangan antes de que los restos del fallecido fuesen enviados al hospital de la policía en

Bangkok, donde un forense con mucha más experiencia y formación, realizó la segunda.

Y lo de la formación y la experiencia no es un dato inventado por este que escribe, sino que lo reconoce ella misma nada más comenzar su intervención.

Vamos con las preguntas del fiscal para abrir la fase del interrogatorio.

«Mi nombre es Doctora Phopaka. Llevo trabajando como médico en el hospital de Koh Phangan desde el año 2017 hasta la actualidad. Soy médico de atención primaria y llevo en este servicio más de 7 años».

Como podéis ver y ya había comentado, ella es médico de atención primaria. Más adelante reconocerá que no es forense.

«Sobre este caso, el 6 de agosto de 2023, aproximadamente por la tarde, mientras yo cumplía con mis funciones como médico de guardia, recibí un aviso de un oficial de policía de la estación de policía de Koh Phangan informando de que se había encontrado una bolsa de plástico negra sospechosa de contener partes humanas en la playa de Salad. Se encontró la bolsa de plástico negra, que en ese momento estaba sobre una roca y aún no se había abierto. Al abrir la bolsa de plástico negra se encontraron 5 partes humanas, además de la funda de 3 cuchillos. Las partes humanas encontradas en la bolsa de plástico incluían una cabeza, manos izquierda y derecha, y un trozo de hueso y tejido de un codo, aunque no se pudo determinar si era el izquierdo o el derecho. También se encontró otro trozo de hueso y tejido de la parte inferior del brazo. Esto se puede observar en las fotografías de los órganos, según el documento marcado como J.11, hoja 32. Por la apariencia inicial de la cabeza, se presume que podría ser de un hombre, pero no se pudo identificar la nacionalidad de la persona.

Supe por las noticias de televisión y compañeros de trabajo que anteriormente se habían encontrado partes humanas en dos ocasiones, por lo que se presume que las partes del cuerpo mencionadas podrían ser de la misma persona.

Después de eso, ordené al personal que llevara las partes del cuerpo humano a ser radiografiadas en el hospital de Koh Phangan.

Algunas partes del órgano presentaban bordes lisos, otras los tenían irregulares, y en la piel había comenzado a pelarse el cuero cabelludo, presentando manchas rojas que parecen signos de putrefacción, mientras que alrededor de los ojos hay manchas rojas.

En el hospital, a través de una radiografía de la cabeza, se encontró que los huesos del cuello en la parte posterior del occipital, entre C1 y C2, presentan una separación, cuando normalmente deberían estar juntos. Se sospecha que podría haber una fractura en los huesos del cuello. Posteriormente, elaboré un informe de la autopsia, que se detalla en el informe de autopsia, documento número J.48».

Como podéis ver, la fractura cervical no llega a corroborarse totalmente, ya que lo que se aprecia es una separación entre dos vértebras, las cuales también podrían haberse separado por la acción de tirar para separar la cabeza del tronco.

«Según el informe de la autopsia, en el documento número J.48, página 2, se han identificado las heridas externas de las cinco partes del cuerpo».

¿Es usted médica forense?

«No, no soy forense».

Como dije anteriormente, ella misma lo reconoce.

¿Qué tipo de lesiones presentaba el cadáver?

«A partir de la autopsia de las heridas externas, las partes del cuerpo con bordes lisos probablemente fueron causadas por un objeto duro y afilado. Las heridas irregulares pueden haber sido causadas por un objeto duro que no era lo suficientemente afilado o que no tenía filo, o por un tirón o un desgarro. La fractura en la vértebra cervical parece haber sido causada por un impacto con un objeto duro. No se puede determinar con certeza si las heridas en la zona del cuello ocurrieron antes o después de la muerte».

Podéis observar que es incapaz de saber si las heridas del cuello son *ante mortem* o *post mortem*.

¿Qué tiempo diría que llevaba la víctima fallecida?

«Tras analizar las 5 piezas del cuerpo preliminarmente, creo que la víctima llevaba más de un día fallecida.

Posteriormente, yo di mi declaración al personal de investigación en calidad de testigo. Los detalles se encuentran en el registro de mi declaración que el demandante me mostró, el cual fue aceptado por el tribunal bajo el número de referencia J.67.

Según el registro de declaración, en el documento número J.67, yo declaré que la herida mencionada probablemente causó la muerte hace más de 3 días. Esto no es diferente, ya que se encuentra dentro de un periodo de tiempo similar. La herida de la víctima en la parte posterior de la cabeza fue causada por un objeto duro y sin filo que impactó, lo cual podría haber ocurrido debido a un golpe, un ataque o una caída hacia atrás».

Como podéis observar, la única médica que no es forense es la que se atreve a decir que posiblemente la causa de la muerte sea el golpe en la parte trasera de la cabeza, eso sí, ella no determina a consecuencia de qué. Puede ser una caída, un **ATAQUE**, o un golpe.

«Según las características de la herida, si la persona fallecida estaba de pie, debió de ser golpeada desde atrás o cayó hacia atrás, golpeándose la cabeza contra el suelo. Pero si la persona fallecida estaba en posición acostada, debe haber sido golpeada de manera que la superficie fuera de diferente nivel, lo que podría haber causado la herida mencionada».

En esta parte de su declaración, se desmarca de todo el mundo. Si estaba de pie, tuvo que ser golpeado desde atrás, o cayó golpeándose contra el suelo, pero si ya estaba tendido, tuvo que ser golpeado con una superficie a diferente nivel. Lo que quiero decir con esto es que ella descarta que al caer se diese con el borde del lavabo. El golpe con dicho lavabo, según sus palabras, tuvo que ser una vez que Edwin estaba ya en el suelo, por lo que fue de forma totalmente intencionada, siempre y cuando los hechos ocurriesen como narra esta doctora.

«Si la persona fallecida estaba en posición de pie, si cayera en un suelo plano, no debería haber lesiones de esa naturaleza. Esto se debe a que, si cayera de espaldas, primero impactaría en la cabeza. Por lo tanto, las lesiones descritas podrían haber sido causadas por la caída de espaldas, donde la parte posterior del cuello golpeó el lavabo, lo que podría haber provocado esas lesiones».

Aquí cambia esa primera versión dada y ahora explica que, para ocasionar esa lesión, al caer tiene que golpear contra el borde del lavabo.

«Después de que realicé la autopsia preliminar mediante una radiografía, envié las cinco partes del cuerpo mencionadas al hospital de Surat Thani, al departamento de medicina forense, para su posterior examen».

Al parecer, ella solo se encargó de realizar las radiografías y la autopsia real a los restos del cuerpo de Edwin fue realizada por el médico de Bangkok.

«**Después de que yo revisé las cinco partes del cuerpo, el oficial de policía trajo al señor Daniel** (el acusado en este caso, testigo que identificó al acusado en la sala de juicio) **para que yo pudiera examinar las heridas.**

El acusado me preguntó sobre qué medicamento usar para tratar la herida. La herida que examiné ese día fue en la zona del dedo, no en otra parte del cuerpo».

Podéis observar que ella no fue la encargada de examinar las heridas o lesiones que Daniel presentaba en su cuerpo. Su único cometido fue, como médico que se encontraba de guardia en ese momento, curar la herida que Sancho presentaba en el dedo.

Los codemandantes declinan hacer preguntas, por lo que comienza su turno el abogado de la defensa.

¿Qué consecuencias tuvo para los restos estar empaquetados en bolsas de plástico?

«Si las cinco partes del órgano no hubiesen estado empaquetadas en una bolsa de plástico negra, se habrían descompuesto más rápido, en cuatro o cinco».

¿Qué tan importante es la fractura entre las vértebras C1 y C2?

«El hueso del cuello entre C1 y C2 está conectado con la médula espinal, que es un órgano importante que se conecta con la región del tronco encefálico».

¿Qué probabilidad hay de morir si se fracturan dichas vértebras?

«Si se sufre una lesión en la zona de las vértebras cervicales C1 a C2, hay una alta probabilidad de muerte. Las vértebras cervicales entre C1 y C2 tienen una fractura que se abre, mientras que normalmente en un ser humano vivo están muy juntas».

¿Cómo se encontraba la piel en la zona de la fractura? ¿Sabría decirnos si la parte frontal se encontraba en descomposición?

«La parte de carne que está cerca de la zona de la articulación del cuello entre C1 y C2 tiene una apariencia desmenuzada. No recuerdo si en esa área hay alguna herida o no, y no recuerdo si en la parte frontal de la cabeza hay algún tipo de descomposición».

¿Cómo eran los bordes que presentaba la zona de la cabeza?

«No recuerdo si en la zona de la cabeza la parte de la carne tiene bordes lisos o bordes irregulares, pero en los otros órganos que se examinaron hay una mezcla de bordes lisos e irregulares».

¿Podría detallarnos cómo era la herida que observó en el acusado?

«No revisé la herida del acusado en los dedos de manera detallada, ya que anteriormente otro médico ya había examinado la herida del acusado. En cuanto al informe de la revisión de la herida del acusado que yo revisé, se encuentra en el registro médico que el abogado del acusado me mostró, el cual se presenta como parte del interrogatorio cruzado. El tribunal lo aceptó, marcado como L.5».

Como podéis observar, la médica no sabe cómo eran las heridas o lesiones de Sancho. Ella no lo revisó; como bien indica, fue otro médico el encargado de ese cometido.

El fiscal vuelve a tomar el turno de preguntas.

¿Influiría el peso de la víctima en la gravedad de las lesiones al golpearse cuando cae?

«Si se trata de una caída hacia atrás, el peso de la persona que cae juega un papel importante en la posibilidad de que se produzcan lesiones, como fracturas entre C1 y C2. Sin embargo, si se trata de un ataque, esto podría causar lesiones y fracturas en las articulaciones entre C1 y C2 en mayor medida».

Ahora Daniel vuelve a solicitar permiso al tribunal para efectuar sus preguntas.

¿Qué ocurrió mientras el acusado se encontraba con usted?

«Mientras el acusado se encontraba conmigo, fue detenido y le pusieron las esposas».

¿Cuál es el motivo por el que se pueden producir las lesiones del cuello?

«Las lesiones por fracturas en los huesos del cuello pueden ser causadas por agresiones o por accidentes».

¿Qué ocurriría si se utiliza un objeto sólido para golpear el cuello?

«Si se utiliza un objeto sólido para golpear la zona del cuello, es probable que haya más fracturas en los huesos del cuello».

¿Puede ser una pelea la causa del golpe?

«Si hubo una pelea, como se muestra en la fotografía, la cabeza de la víctima pudo haber sido golpeada contra el borde de la pileta, lo que podría haber causado una fractura en los huesos del cuello entre C1 y C2. El acusado presentó fotografías que muestran las posturas durante la pelea para respaldar su interrogatorio. El tribunal las aceptó como prueba».

¿Cómo podría producirse el desplazamiento de las vértebras si no hubiese habido un golpe?

«Si hay una persona que se ahorca y las vértebras cervicales C1 y C2 se desplazan entre sí, esto también puede causar la muerte».

Como podéis ver, tras esta pregunta de Daniel, ella misma admite que, al estirar el cuello, como sucede con un ahorcado, las vértebras también se separan y ello impide que la separación se produjese, como dijimos anteriormente, por la fuerza ejercida por Sancho a la hora de separar la cabeza del tórax.

¿Qué podría haber ocurrido si el fallecido se hubiese golpeado la cabeza contra el lavabo de forma accidental?

«Si la persona fallecida se cayó accidentalmente y esto causó una fractura en los huesos del cuello en la parte posterior, entre C1 y C2, también podría haber provocado que la persona fallecida experimentara un estado de shock».

Y, por último, cierra el turno de palabras el fiscal.

¿Este tipo de lesiones, siempre producen la muerte?

«Aunque una fractura en la vértebra cervical no siempre causa la muerte inmediata de la persona lesionada, si se repite la acción sobre esa área del cuerpo, podría llevar a la muerte del fallecido».

Sacando algunas conclusiones de esta testifical, creo que llegamos al convencimiento de que la falta de experiencia y el no haber abierto esa cabeza y observado la lesión *in situ*, hacen que la validez a la causa de la muerte otorgada por esta forense no tenga todo el peso necesario que se requiere. De ahí que su colega, el cual realizó la autopsia completa y no una PRELIMINAR, no debemos olvidar que esta es preliminar, no pueda concluir cuál fue el mecanismo de la muerte. Es más, resta importancia a dicha lesión y explica que, aun pudiendo provocar el golpe en el occipital, que no en las vértebras, las cuales no nombra, un estado de inconsciencia, muy raramente habría provocado la muerte.

17.8. FORENSE QUE ANALIZÓ LAS HERIDAS DEL CUERPO DE DANIEL SANCHO[90]

El día 4 de agosto, antes de ser arrestado, Daniel Sancho fue enviado al hospital de Koh Phangan para que se examinasen las heridas y lesiones que presentaba en su cuerpo. Una vez allí fue atendido por el doctor Kampinpom, el cual es funcionario público y trabaja en dicho hospital desde el año 2020, ocupando el cargo de especialista.

Como es un testigo propuesto por la fiscalía, es esta la que comienza con sus preguntas, y como suele ser habitual, lo primero que se le pide al testigo es una breve relación de los hechos.

«Sobre este caso, el 3 de agosto de 2023, en torno a las 10 o 12 horas, mientras estaba cumpliendo funciones en el hospital de Koh Phangan, un oficial de la estación de policía de Koh Phangan me llamó para informar de que se habían encontrado partes humanas en el incinerador de basura de dicho municipio. Salí a inspeccionar el lugar y al llegar encontré una bolsa de plástico negra. Al abrirla, encontré dentro una bolsa de plástico verde, y dentro de esta había partes humanas ocultas, específicamente un órgano de la cadera y la pelvis, con un órgano sexual masculino adherido a dicha parte del cuerpo. En ese momento no se sabía si las partes eran de un extranjero o de un ciudadano tailandés, por lo que se llevaron dichas partes al hospital para realizar una autopsia. Según lo observado, las partes del cuerpo parecían frescas por fuera, pero no había sangre saliendo. Se presume que la persona había fallecido no más de 24 horas antes.

Las heridas encontradas son cortes realizados con un objeto afilado de bordes lisos. He elaborado un informe de la autopsia según el documento número J.46 (al final de la demanda) y no se puede determinar la causa de la muerte».

Como podéis ver, además de analizar a Daniel, este médico fue el encargado del levantamiento del cadáver en el vertedero de la isla. Aquellos que divagaron e inventaron una historia sobre un pie de otra persona, parece ser que dicho pie sigue sin aparecer en ningún documento o declaración oficial. Sigo a la espera de que aquellos que propagaron dicho bulo, tengan a bien mostrar dónde quedó reflejado.

«Posteriormente, el 4 de agosto de 2023, alrededor de las 8 o las 9 de la mañana, mientras estaba desempeñando mis funciones en el hospital, recibí el aviso de un policía de la estación de policía de Koh Phangan, informando que se habían encontrado partes adicionales de un cuerpo en el mismo incinerador de basuras que el día anterior. Al llegar al lugar donde se encontraban dichos restos, descubrí que se trataba de partes humanas, concretamente un trozo de pierna y pantorrilla, escondidas en una bolsa de plástico. Se presume que podrían ser el muslo y la pantorrilla de una pierna izquierda. Llevamos estas partes al hospital para realizarles unas radiografías, en ellas encontramos heridas en el tejido y en el hueso con bordes lisos. Se cree que pudieron haber sido causadas por un objeto con bordes afilados.

Las partes ya desprendían un fuerte olor a descomposición, por lo que estimamos que la persona podría llevar muerta unas 42 horas.

Elaboramos un informe de autopsia según el documento número J.47 (que se encuentra al final de la denuncia), aunque no se pudo determinar la causa de la muerte.

Posteriormente se me tomó declaración como testigo».

Los detalles de dicha declaración están recogidos en el documento J.68, que es mostrado al tribunal y aportado como prueba.

Según el registro de la declaración, en el documento número J.68 el investigador presentó fotografías de partes humanas como parte de su declaración. Se encontró que las partes humanas estaban en una bolsa de plástico de color verde claro, que a su vez estaba dentro de otra bolsa de plástico de color negro. La apariencia de las partes humanas encontradas no difería entre 42 y 48 horas.

Es en este punto cuando el facultativo va a detallar el examen físico que le realizó al acusado.

«El 4 de agosto de 2023 revisé las heridas del Sr. Daniel y encontré lesiones en los dedos de ambas manos y en el brazo. Por lo tanto, elaboré un informe sobre el examen de las heridas según el documento de referencia.

El Sr. Daniel es el acusado en este caso (el testigo identifica al acusado en la sala del tribunal). Según el informe de examen de las heridas, en el documento de referencia J.45 se observa que las heridas del acusado en el brazo presentan rasguños, mientras que en los dedos de la mano hay otra herida de borde irregular. La herida en el dedo parece ser causada por una marca de una uña, mientras que la herida en el brazo podría ser resultado de un rasguño de una uña o podría haber sido causada por una pelea que no fue violenta. Las características de las heridas del acusado son heridas desordenadas en un total de 9 lugares. Estas heridas podrían haber sido causadas por un intento de defensa de la vida o de prolongar la vida. Por ejemplo, es similar a una persona que está siendo empujada para ahogarse y que intenta defenderse luchando o forcejeando».

Como podéis observar, el forense lo tiene muy claro: las heridas de Daniel no son heridas producidas de forma violenta. Resumiendo, que no se han producido por una pelea contra otra persona, sino que el resultado de las mismas es producto de una agresión de él hacia otra persona que intentó salvar su vida.

Ahora era el turno de los demandantes conjuntos. En realidad estos se basaron más en la profesión de Edwin, imaginamos que para dejar claro al juez cuál era la profesión del fallecido y cuánto podría llegar a generar económicamente.

«Los cirujanos realizan operaciones en pacientes, incluyendo cirugías estéticas, que también pueden llevar a cabo.

Los ingresos de los cirujanos en Tailandia deberían estar entre 80.000 y 150.000 baht al mes (2.200 - 4.130 euros)».

Los abogados de los codemandantes preguntan: si en lugar de trabajar para el servicio público, el cirujano abre una clínica por su cuenta, ¿cuánto podría llegar a generar?

«Si un cirujano abre una clínica de estética por su cuenta, podría tener ingresos de hasta un millón de baht al mes (27.500 euros). Un cirujano puede abrir clínicas de estética en varias especialidades».

Ahora era el turno del abogado de Daniel. Este comenzó preguntando si encontraron restos de alguna sustancia prohibida en los restos del difunto.

«En la revisión de las tres muestras con la máquina de rayos X, no se detectaron sustancias prohibidas en las tres partes del cuerpo».

La defensa le pide que detalle con un poco más de exactitud de cuándo podrían ser las heridas en el cuerpo de Sancho y si durante su examen hubo un intérprete presente.

«Las heridas que se encontraron en el cuerpo del acusado, si son heridas que van desde la rodilla hacia abajo hasta el pie, deberían ser heridas antiguas. En cambio, las heridas que están por encima de la rodilla hacia arriba deberían ser heridas nuevas. Durante el examen físico del acusado, no había intérprete presente».

Tras las preguntas de la defensa, el fiscal vuelve a tomar la palabra como contrarréplica al abogado defensor y pregunta cuánto tiempo transcurrió desde que se produjeron las «mordeduras» de los brazos. En unos momentos entenderéis por qué «mordeduras» lo he entrecomillado.

«La marca de mordedura en el brazo del acusado probablemente ocurrió no más de 48 horas desde la fecha en que se presentó a la inspección conmigo».

Es el turno del acusado, y este, viendo que en la respuesta anterior se refirieron a las heridas de los antebrazos como mordeduras, persevera en esta cuestión para que quede claro que la naturaleza de las mismas es esa: una mordedura.

«La herida del acusado en el brazo no parece haber sido causada por una mordedura, ya que tiene un borde más afilado que una marca de mordida, y la forma de la herida no se asemeja a la de una mordida».

Aquí el forense ya le deja claro que no, que no es una mordedura, que se asemeja mucho más a una herida de uña.

Por último, Daniel pregunta si las partes del cuerpo encontradas en el vertedero estaban envueltas en film estirable y si las heridas del descuartizamiento son de antes o después de la muerte.

«Las tres partes del cuerpo humano no estaban envueltas en film adhesivo. Las heridas en la carne o los huesos pueden haber ocurrido después de que la persona falleció».

Y, para terminar, la última persona que pregunta y toma la palabra es el fiscal, que quiere que quede muy claro cómo piensa el forense que se produjeron las heridas de los antebrazos, y este le contesta.

«Las marcas en el brazo pueden ser causadas por el uso de las uñas o por otros objetos afilados, pero no parecen ser mordeduras de dientes debido a su mayor agudeza».

Como podéis observar, para este especialista queda totalmente descartado que Edwin mordiese en ningún momento a Daniel, pero no solo eso, queda descartado también que Arrieta agrediese de cualquier forma a Sancho, descarta la pelea, y enmarca todo el suceso en un agresor, que en este caso es el acusado, atacando de forma violenta a una víctima, en este caso Edwin y la víctima provocando unas lesiones en el cuerpo del agresor que son las típicas que produce una persona al defenderse cuando ve que su vida está en peligro.

He de decir que, sin esta explicación, sin este informe y solo con las fotografías, cuando estas fueron filtradas a la prensa meses antes del juicio, Borja Moreno, en un programa en mi canal de YouTube, hizo exactamente la misma valoración que el forense tailandés, con una salvedad: en aquel momento, siempre se dijo que las marcas de los antebrazos eran producto de unas mordeduras.

Yo solo quiero dejar clara una cosa: un forense imparcial como es el forense de Tailandia, y otro que tampoco se lleva nada en este asunto como es Borja, coinciden en que hay un agresor y una víctima y que esto es delatado por las heridas que ambos presentan, y la única persona que pone esto en duda es un forense pagado por la familia del agresor con un informe lleno de ambigüedades. Juzguen ustedes mismos. El juez lo tuvo muy claro.

17.9. DECLARACIÓN DEL FORENSE QUE REALIZÓ AUTOPSIA AL CUERPO DE EDWIN ARRIETA[91]

Era el turno de otro médico especialista que realizó la autopsia de los restos de Edwin Arrieta. En esta ocasión se trataba del doctor Pakorn, un médico de 49 años de edad y que trabaja en el hospital de la policía en el distrito de Pathinum en Bangkok.

Como testigo de la fiscalía, este era el encargado de abrir el interrogatorio y como ya hemos visto, suele hacerse con una breve descripción de lo ocurrido.

«He estado trabajando en el Hospital de la Policía desde el 3 de abril de 2000 hasta la fecha actual.

Terminé mis estudios en la carrera de Medicina, especializándome en Medicina Forense en la Universidad Mahidol. Soy médico en el Hospital de la Policía, ocupando el cargo de subdirector del Instituto de Medicina Forense. A partir de mi experiencia laboral, he obtenido un certificado de la Junta Médica en el campo de la Medicina Forense.

El trabajo de la medicina forense consiste en realizar autopsias y examinar las lesiones del cuerpo de los fallecidos».

Aquí dejaba un breve currículo de sus estudios y experiencia laboral, justo antes de meterse en lo verdaderamente importante.

«Sobre este caso, el 5 de agosto de 2023, el personal de investigación de la estación de policía de Koh Phangan envió partes del cuerpo, que incluían la pelvis, el muslo y la parte inferior de las piernas, para que las examinara. Posteriormente, el 8 de agosto de 2023, el personal de investigación de la misma estación de policía envió partes humanas, que incluían la cabeza, el codo derecho, la parte inferior del brazo derecho, la mano derecha y la mano izquierda, para que las examinara, con el fin de analizar las heridas y verificar si el material genético (ADN) pertenecía a la misma persona.

En la inspección de las heridas de los restos, se encontró que las partes del órgano de la pelvis, las dos extremidades superiores y las extremidades inferiores presentaban marcas de haber sido manipuladas con un objeto contundente y afilado. No se pudo determinar la causa de la muerte.

En cuanto a las partes que corresponden a la cabeza, el codo derecho, la parte final del brazo derecho, la mano derecha y la mano izquierda, presentaban signos de desgarro con bordes lisos y marcas de corte con un objeto contundente y afilado.

La pieza del extremo del brazo derecho se puede conectar bien con la muñeca derecha.

En la detección de material genético o ADN de las ocho partes del cuerpo, se encontró que pertenecen al mismo individuo, un hombre que se identifica como masculino, que es la parte que señalo con las letras en inglés XY según el documento número 30, página 4.

Además, el personal de investigación de la estación de policía de Koh Phangan envió una sierra de muestra para que yo la examinara y la comparara con las marcas de corte en las cuatro partes del cuerpo. La sierra de muestra que el personal de investigación envió coincide con la fotografía de la evidencia número 35, hoja 72, imagen en la parte inferior izquierda. Los resultados de la inspección revelaron que las marcas de los dientes de la sierra coinciden con las marcas de corte de las cuatro partes del cuerpo. Por lo tanto, elaboré un informe comparativo de las marcas de corte de la sierra con las partes del cuerpo, según el documento número 29».

El forense dejaba claro que las herramientas usadas para el descuartizamiento eran las que Daniel tenía disponibles en la habitación del Bougain Villas en el momento del crimen.

El fiscal preguntó cuántos años llevaba practicando autopsias.

«Tengo experiencia en el campo de las autopsias durante aproximadamente 20 años».

El demandante le mostró al testigo el informe de la autopsia de las heridas del acusado, que fue examinado en el hospital Koh Phangan. Según el documento número 55, el testigo declaró que la herida en el dedo de la mano probablemente fue causada por un objeto duro y sin filo. En cuanto a las abrasiones en el brazo y la mano, probablemente fueron causadas por un golpe de un objeto duro y sin filo.

Lo que venía a relatar aquí el forense es, que las heridas en las manos de Daniel, probablemente se las ocasionó al golpear algo duro y sin filo: **la cabeza de Edwin.**

Ante la pregunta de cómo pudieron producirse el resto de las lesiones en el cuerpo del acusado, el especialista señala que:

«Puede ser causado por los dedos. Podría ser una herida resultante de una pelea o de un ataque físico que no sea grave. La herida tiene un aspecto desordenado y podría haber sido causada por rasguños en un intento de defenderse o de sobrevivir».

Coincide cien por cien con su colega forense y con Borja, y siguen discrepando con el forense de parte.

Llega el turno de los abogados de los codemandantes y estos quieren saber qué heridas y lesiones presentaba Edwin.

«El documento número J.32, página 5, indica que he señalado las heridas externas de los restos del cuerpo, específicamente en la parte de la cabeza. Hay una herida desgarrada en la ceja derecha y una contusión en el ojo derecho. También hay una herida desgarrada en la nariz, con el cartílago de la punta de la nariz fracturado. Hay moretones alrededor del ojo izquierdo, una herida desgarrada en el lóbulo de la oreja derecha que se extiende hasta la parte media del lado derecho, y una herida desgarrada en la parte posterior izquierda del cuello. Además, hay una herida desgarrada en la parte superior del dedo medio de la mano izquierda y en la articulación del dedo medio de la mano izquierda. En la parte interna de la cabeza hay moretones, y estas heridas no son resultado de la descomposición de los restos. Los moretones parecen haber sido causados por un impacto con un objeto duro y no cortante, como una mano, y los moretones debieron ser provocados de manera violenta».

Como veréis más adelante, el forense de parte quita credibilidad a este estudio, haciendo alusión a que Edwin no presentaba más lesiones en la cabeza, solo una herida en la parte posterior. El resto, poco más que habría sido invención de los facultativos tailandeses. Eso sin mencionar que de las lesiones en los ojos, que los patólogos asiáticos atribuyen a una agresión violenta por parte del acusado, Manuel, forense de parte de la defensa, dice que son el resultado de los ojos de mapache (esta lesión se produce cuando hay una fractura en la base del cráneo y el derrame que provoca se infiltra hasta los ojos), teoría que solo sostiene él.

Llega el turno del abogado de la defesa, y este les pregunta si llegaron a realizarle alguna autopsia a las partes del cuerpo que no fuesen la cabeza.

«No se realizó la autopsia de las partes del cuerpo, solo se observó desde el exterior, ya que no se llevó a cabo la autopsia debido a que las partes mencionadas ya habían sido cortadas.

Según el informe de la autopsia, en el documento número J.32, en la hoja 3, se encontró una herida de raspado en el lado izquierdo, que podría haber sido causada por un objeto sólido y sin filo relacionado con el movimiento, como podría ser el resultado de una caída y deslizamiento».

El abogado de la defensa pregunta cuánto pudo transcurrir entre unas heridas y otras.

«Las heridas causadas a los restos del cuerpo tienen un tiempo de aparición similar».

Preguntó entonces el letrado si se envió alguna otra arma para comparar las heridas que no fuese la sierra.

«El investigador envió solo la sierra de madera para su análisis, no hay otras armas».

Aprovechando que el interrogado dijo que no, el abogado repreguntó si, basándose en su experiencia, con la sierra sería suficiente para descuartizar un cuerpo.

«A partir de mi experiencia laboral, se debería haber utilizado más de un objeto para cortar las partes del cuerpo».

La defensa preguntó por el estado del cerebro y si se encontró en él alguna lesión.

«Según el informe de la autopsia, el documento número J.32, hoja 5, en la parte posterior se indica que en la inspección de la cabeza se encontró que el cerebro estaba en su mayor parte en estado de descomposición y de color gris. También se observaron dos áreas de color rosa-rojo en la parte superior derecha del cerebro, cerca de la membrana que lo recubre. Esto probablemente se debió a un golpe en la cabeza contra un objeto duro, lo que provocó una acumulación de sangre en el cerebro».

Entonces el abogado repreguntó si, habiendo sangrado en el cerebro, ¿es probable que esto fuese la causa de la muerte?

«Si se encuentra que hay manchas de sangre en la cabeza, podría hacer que el paciente pierda el conocimiento, pero probablemente no lo llevaría a la muerte».

El forense admite que, si estas manchas llegasen a ser de sangre, el paciente habría podido perder el conocimiento, pero no habría muerto debido a esta lesión.

¿Dónde presentaba más lesiones la víctima?

«De la inspección se encontró que en la parte derecha de la cabeza hay más marcas de impacto que en la parte izquierda».

¿Cómo se pudo producir el corte que tiene el fallecido desde el lóbulo de la oreja derecha hasta el mentón?

«La parte de la herida desgarrada con bordes lisos desde el lóbulo de la oreja derecha hasta la punta de la mandíbula izquierda probablemente fue causada por un objeto afilado».

¿Presentan el mismo aspecto las heridas producidas por un cuchillo que por una sierra?

«El corte de un arma cuchillo y de una sierra tienen marcas de corte ligeramente diferentes».

¿Verificó las huellas de la ropa que acompañaba al cadáver?

«No se verificaron las huellas en la ropa que estaba en la bolsa de plástico enviada con el cadáver para buscar rastros del arma utilizada en el ataque».

Realmente esto fue trabajo de otro especialista, cuya declaración se encuentra en este libro.

Ahora tocaba el turno de nuevo del fiscal. Este pregunta si la lesión que la víctima tiene en el cuero cabelludo puede producirse tras la muerte.

«La contusión en el cuero cabelludo no puede causar la muerte de la persona fallecida».

Ahora era el turno de Daniel, el cual hizo una de sus preguntas estrellas, sinceramente no sé muy bien quién lo asesoraba, pero este tipo de preguntas, entiendo que lo perjudicaban más de lo que lo beneficiaban.

El reo pregunta: ¿los moretones se pueden producir tras el fallecimiento?

«El moretón es una lesión que ocurre antes de que la persona fallezca».

Y las heridas con bordes lisos, ¿son de antes o después de fallecer?

«En cuanto a la herida que tiene un corte con bordes lisos, se presume que ocurrió después de que la víctima falleciera».

El acusado muestra una fotografía al tribunal queriendo hacer ver que las heridas de los antebrazos fueron realizadas por una mordedura. El reo alega que esta imagen fue enviada al tribunal para su aceptación bajo el número L.11.

Daniel pregunta entonces qué pasaría si se fracturan las vértebras cervicales, a lo que el forense responde:

«Si las vértebras cervicales C3 y C2 se fracturan, puede resultar en la muerte rápida. Pero si se trata de otras vértebras, se presentarán diferentes características en el cuerpo».

Sancho pregunta por las marcas de cuchillo y sierra en las otras partes del cuerpo, si estas fueron de antes o después de morir.

«Las marcas de las heridas en las cuatro partes del cuerpo son marcas que se produjeron después de la muerte».

El fiscal retoma la fotografía que el acusado ha entregado la L.11 y le hace una pregunta concreta al forense: ¿cómo ve esta herida?

«La herida que aparece en la fotografía L.11, tiene características de una herida que no es grave».

El forense, al igual que su colega, lo tenía muy claro. Nada en el cuerpo de Sancho era grave o reflejaba violencia, todo lo contrario de las lesiones y heridas halladas en el cuerpo de Arrieta.

17.10. DECLARACIÓN DEL PERITO QUE ANALIZÓ EL TELÉFONO DE DANIEL SANCHO[92]

Vayamos ahora a ver qué tenía que contar ante la corte el perito que inspeccionó el teléfono de Daniel. Este perito era policía perteneciente al cuerpo de policía turística de Koh Phangan.

Comienza la ronda de preguntas el fiscal.

«Mi nombre es Richard, llevo trabajando en la división de policía turística de Koh Phangan desde el año 2022 hasta la fecha.

Sobre este caso, el 4 de agosto de 2023 recibí una orden del jefe de la estación de policía de Koh Phangan para extraer el contenido de la conversación entre el Sr. Daniel y el Sr. Edwin a través de la aplicación WhatsApp, ya que la policía turística tiene la responsabilidad de supervisar los asuntos relacionados con los turistas.

Cuando llegué a la estación de policía de Koh Phangan, me encontré con el Sr. Daniel, quien es el acusado en este caso (el testigo identifica al acusado en la sala del tribunal). Se me informó de que debía revisar el teléfono móvil, marca iPhone, del acusado, aunque no recuerdo el modelo.

Antes de revisar el teléfono móvil del acusado, se hizo un documento de consentimiento para extraer datos y el acusado firmó como otorgante del consentimiento según el documento de consentimiento número J.16, en el cual el acusado dio su consentimiento de manera voluntaria, proporcionando la información de la contraseña, cuyo número es 19XXXX.

Después de extraer la información del teléfono, se encontró que entre el acusado y el Sr. Edwin había conversaciones en español, las cuales traduje al tailandés a través de la aplicación Google Translate. Este método se utiliza en casos en que los turistas extranjeros no pueden comunicarse con el intérprete que la autoridad policial proporciona, por lo que se contactará para que yo traduzca el idioma a través de dicha aplicación.

A partir de la extracción de datos de los mensajes en el teléfono del acusado, se encontró que hubo conversaciones entre el acusado y el Sr. Edwin desde el 2 de agosto de 2023.

Posteriormente, traduje esto al tailandés y elaboré un informe sobre dichos datos del teléfono del acusado, el cual fue entregado al investigador. Esto se encuentra en el informe de extracción de datos del teléfono, documento número J.17.

Según el documento número J.17, los mensajes intercambiados el 2 de agosto de 2023, entre las 14.27 y las 15.03, son conversaciones en las que el acusado menciona que irá a recoger al Sr. Edwin al muelle de Thong Sala, en el distrito de Koh Phangan.

Los mensajes transcritos son un diálogo entre el acusado y el Sr. Edwin, y de la conversación entre ambos se puede deducir que tienen una relación amorosa.

Según el documento número J.17, página 5, y la información del teléfono, se encontró que, desde el 3 de agosto de 2023, entre la 1.56 y las 4.46, como se indica en el círculo con un bolígrafo rojo en el documento número J.17, página 10, el acusado envió mensajes al Sr. Edwin, pero este último no respondió. En esos mensajes, el acusado expresa que él y el Sr. Edwin se han separado y muestra preocupación, pero el Sr. Edwin no respondió. Después de eso, no hubo más mensajes entre el acusado y el Sr. Edwin».

¿Cuándo vio al acusado por primera vez?

«Me encontré con el acusado por primera vez en la comisaría de policía de Koh Phangan. El acusado tiene el cabello largo y su expresión facial muestra una cierta preocupación».

¿Tenía heridas el acusado cuando usted lo vio?

«No observé si el acusado tenía heridas o no. En el momento en que lo conocí, el acusado estaba con el oficial de investigación y no estaba bajo custodia».

La coacusación declina hacer preguntas y toma la palabra el abogado de la defensa.

¿Quién elaboró el documento J.17? ¿Conocía los hechos antes de realizar su informe?

«Yo soy el que elaboró el documento número J.17 por mi cuenta. Antes de que fuera a extraer información del teléfono, ya había recibido noticias sobre el asesinato».

¿Para qué caso se le ha requerido extraer la información del teléfono móvil del acusado?

«He recibido la orden de extraer información del teléfono, para el caso donde se encontraron partes humanas».

¿Recuerda si el acusado estaba acompañado por alguna persona de confianza?

«No recuerdo si el acusado estaba acompañado por algunas personas de confianza que participasen en la provisión de información».

¿Quién es el encargado de redactar el documento de consentimiento de extracción de información de teléfonos móviles?

«Yo soy el encargado de elaborar el documento de consentimiento, el documento número J.16. Una vez que el acusado firmó, entregué dicho documento al investigador».

¿Estuvo presente cuando el acusado lo firmó?

«No estuve presente cuando el acusado firmó el documento número J.36».

«El testigo declaró nuevamente que el registro de consentimiento, documento número J.16, no fue elaborado por él mismo, sino que fue impreso y entregado al funcionario de investigación. Después de eso, el funcionario de investigación llevó dicho registro al acusado para que lo firmara y luego se lo entregó nuevamente al testigo».

Esto significa que no es el testigo quien elabora dicho documento, sino que es quien realiza la fotocopia o impresión del mismo.

¿Realizó esta fotografía en presencia del acusado?

«Fotografía de la información de la conversación en la pantalla del teléfono, según el documento número 17, páginas 2 a 17».

«No tomé la foto frente al acusado, ya que anteriormente el acusado había dado su consentimiento».

¿Son fieles sus traducciones a los sentimientos mostrados en los mensajes?

«A veces, la traducción de mis mensajes puede no coincidir con el sentimiento de la persona que los escribió».

Lo bueno de esto es que nosotros no tuvimos que traducir dichos mensajes ya que están escritos en perfecto español, por lo que sí entendemos qué sentimientos se intentan mostrar tras ellos.

¿Qué significan las 2 líneas de verificación de este documento?

«Según el documento número J.17, página 10, la marca de verificación de 2 líneas que se encuentra en la parte posterior del texto que el acusado imprimió, no sé qué significa».

¿Qué hizo con el terminal telefónico tras terminar su trabajo?

«Después de extraer la información del teléfono, devolví el teléfono móvil del acusado al investigador».

¿Ha vuelto a ver al acusado posteriormente?

«Solo me encuentro con el acusado el 4 de agosto de 2023».

El fiscal vuelve a tomar el turno de palabra.

¿Quién ha sido el encargado de redactar el documento J.17?

«Yo fui la persona que ha escrito el texto en el documento mencionado y lo he entregado al investigador. Luego, no sé si el investigador traduciría el contenido del documento para que el acusado lo entienda».

¿Cuál es su trabajo u obligación?

«Según el documento número J.17, yo solo tengo la tarea de traducir el texto del español y entregarlo al investigador. Después de eso, no sé si el investigador tradujo el texto para que el acusado lo escuche o no».

«¿Qué significan las dos marcas de verificación de la izquierda? Dos marcas de verificación en el documento número J.17, página 10, que se encuentran a la izquierda del texto que imprimió el acusado, entiendo que dichas marcas indican que el remitente del mensaje puede enviarlo y que el destinatario ha leído el mensaje, pero no se puede determinar quién fue la persona que leyó dicho mensaje».

Fijaos lo importante que es esta pregunta y la realizada anteriormente por el abogado de la defensa, ambos le preguntan por las marcas de verificación de los mensajes, esto es el doble *check* que aparece cuando alguien ha leído el mensaje enviado.

¿Qué significa? Pues que si Edwin había leído los mensajes enviados por Daniel, cuando ya se suponía que este había fallecido, una de dos, para la defensa entendemos que quiere demostrar que el cirujano estaba aún con vida, labor muy complicada cuando al poco aparecieron ya restos. Pero, por otro lado, la acusación demostraría que Daniel manipulaba el teléfono de Edwin haciéndose pasar por él y leyendo los mensajes.

Ahora Daniel pide permiso para preguntar y el juez se lo otorga.

¿Recuerda cuando estuvo en la comisaría de Koh Phangan si el acusado iba acompañado por una mujer y si el acusado estaba siendo asistido por un intérprete y un abogado?

«En la estación de policía de Koh Phangan no recuerdo si el acusado vino con una amiga extranjera o no, y no recuerdo si el día en que fui a extraer la información del teléfono había un intérprete o un abogado del lado del acusado».

¿Es usted la persona que filtró la información de los mensajes del teléfono del acusado a la prensa?

«No soy la persona que filtró la información obtenida de la extracción de datos del teléfono del acusado a la prensa».

¿Qué testigos firmaron el documento de consentimiento que firmó el acusado?

«Según el registro de consentimiento para la extracción de datos del teléfono, el documento número J.16 no firmó nadie en el espacio destinado a los testigos».

¿Sabía que el acusado acompañó a los investigadores a la habitación del Bougain Villas?

«Supe que después de que yo terminé de extraer la información del teléfono del acusado esa noche, la policía llevó al acusado a la habitación del hotel Bougain».

Y para cerrar el interrogatorio, tiene la última palabra el fiscal.

¿Qué orden y por qué la recibió?

«He recibido la orden de extraer información del teléfono del acusado, ya que el acusado ha informado de que su amigo está desaparecido».

17.11. DECLARACIÓN PRIMERA ABOGADA DE DANIEL DURANTE SU PRIMERA Y SEGUNDA DECLARACIÓN[93]

Esta es otra de esas declaraciones que yo consideraría imprescindibles, declaración que es trascendental ya que la intervención de esta letrada fue primero puesta en duda por la defensa diciendo que nunca existió y segundo menospreciada por cómo se desarrollaron los acontecimientos.

Vayamos a ver qué declaró ante el juez.

Como siempre que el testigo es de parte de la acusación, comienza el turno de preguntas el fiscal.

«Mi nombre es Chutinta. Terminé mis estudios de licenciatura de derecho en la Universidad de Thammasat. Después de eso, completé un curso de formación profesional y obtuve la licencia de abogada. Actualmente, tengo un negocio propio y no ejerzo como abogada.

Antes de esto, trabajaba en el servicio público en la Oficina del Consejo del Estado y en la Oficina de Gestión de Bienes de la Universidad de Chulalongkorn».

Que, en la actualidad, un año después de los hechos, no ejerza como abogada, no quiere decir que no lo hiciese en el momento del suceso.

«Sobre este caso, el 5 de agosto de 2023, a eso de las 4 de la mañana, mientras me encontraba en mi casa de descanso en el distrito de Koh Phangan, provincia de Surat Thani, recibí una llamada de un oficial de policía de la estación de policía de Koh Phangan, solicitando que fuera abogada del acusado en la estación de policía. Acepté y me dirigí a la estación de policía de Koh Phangan. Al llegar, encontré a los oficiales de policía, quienes me informaron de que no estaba registrada como abogada. Me comunicaron que el caso para el cual me solicitaban como abogada involucraba a un acusado extranjero llamado Daniel, y se trataba de un caso de homicidio. Después de eso, me encontré con el señor Daniel, quien es el acusado en este caso (el testigo identificó al acusado en la sala del tribunal). Tras encontrarme con el acusado, me presenté como su abogada, y el acusado no se opuso.

No le hice preguntas sobre los detalles del caso al acusado.

Mientras estaba sentada con el acusado, se realizó un registro de notificación de los cargos según la orden de arresto al acusado. Yo firmé como abogada, lo cual consta en el registro de notificación de los cargos según la orden de arresto, documento número J.37, página 2. Durante la elaboración del registro de notificación de los cargos, también estuvo presente un intérprete que traducía al inglés, y dicho intérprete firmó el documento número J.37.

El mismo día, el investigador interrogó al acusado, y yo estuve presente en calidad de abogada del acusado. Posteriormente, el 7 de agosto de 2023, el investigador llevó a cabo un interrogatorio adicional del acusado, y yo también estuve presente, firmando en el acta de interrogatorio en ambas ocasiones. Esto se refleja en el documento número J.40. En ambas ocasiones de interrogatorio, siempre estuvo presente un intérprete de inglés».

¿Presentó alguna objeción el testigo al firmar los cargos presentados en la orden de arresto?

«Antes de que el acusado firmara el registro de notificación de cargos según la orden de arresto, documento número J.37, el acusado no presentó ninguna objeción ni oposición».

«*El testigo declaró que el 5 de agosto de 2023 se realizaron dos interrogatorios al acusado*».

¿Presentó el acusado alguna objeción al firmar la declaración que consta en el documento J.40?

«En la investigación, según el documento número J.40, antes

de que el acusado firmara, el acusado no presentó ninguna objeción ni oposición».

¿Cómo se produjo el interrogatorio?

«En el interrogatorio del acusado, el investigador interrogaba al acusado a través de un intérprete. Luego, el intérprete traducía las preguntas al acusado. Cuando el acusado respondía, el intérprete también traducía la respuesta al investigador. Se hacía una pregunta cada vez, y el investigador registraba cada pregunta».

¿Se obligó o amenazó al acusado para que declarase?

«El personal de investigación no obligó ni amenazó al acusado. No se utilizaron dispositivos de restricción en el acusado ni se le controló con grilletes».

¿Cómo fue el ambiente creado por los investigadores durante el interrogatorio?

«En el interrogatorio, el personal hizo que el acusado se relajara, haciendo pausas en las preguntas, creando un ambiente distendido».

¿Cómo se mostró el acusado durante el interrogatorio?

«En el interrogatorio del acusado, este colaboró de buena manera, pero hubo momentos en los que mostró signos de estrés, lloraba y luego se quedaba en silencio».

¿Cómo habría reaccionado usted como abogada en caso de ver o percibir alguna irregularidad durante la investigación por parte de los investigadores?

«Si durante la investigación, el investigador hubiese coaccionado, amenazado o restringido los derechos del acusado, yo, como abogada, me habría opuesto. Sin embargo, en la investigación del acusado no hubo tales incidentes. En el interrogatorio, el investigador permitió que el acusado relatara los hechos ocurridos. No fue un interrogatorio con preguntas engañosas».

Los codemandantes declinan hacer preguntas, por lo que es el turno de la defensa.

¿Ha recibido algún tipo de capacitación para participar en estas etapas de una investigación como abogada?

«No he recibido capacitación en el curso relacionado con la participación de abogados en la investigación, y anteriormente nunca había asistido a una investigación en esta etapa».

¿Se comunicó directamente con el acusado?

«Yo y el intérprete fuimos juntos a la estación de policía de Koh Phangan. No pude comunicarme directamente con el acusado».

Si no se comunicó directamente, ¿cómo explicó al acusado los aspectos legales?

«Yo expliqué los aspectos legales al acusado a través de un intérprete que traduce al inglés».

¿Sabe usted si el documento de la declaración J.40, fue creado por la policía, imprimido incluso antes de la declaración del acusado?

«Según el registro de la declaración del documento número J.40, página 1 y página 2, no sé si el investigador policial imprimirá antes de comenzar a interrogar al acusado o no. Sin embargo, el registro de la declaración del documento número J.40, que contiene preguntas y respuestas, se realizó de manera que se preguntó y respondió una pregunta cada vez, y el investigador policial imprimió una pregunta cada vez, utilizando aproximadamente 4 horas para el interrogatorio. Durante el interrogatorio, el acusado pudo tomar descansos».

El acusado pide permiso al juez para preguntar y el juez se lo concede.

¿Sabe usted cuándo detuvo la policía al acusado?

«No sé si la policía detuvo al acusado antes de emitir una orden de arresto o al revocar la visa».

¿Dónde estaba usted el día 5 de agosto de 2023?

«El 5 de agosto de 2023, yo estaba con el acusado en la estación de policía de Koh Phangan, y mientras el personal de investigación llevaba al acusado a realizar un plano en relación con su confesión».

¿Sabe usted si esta fotografía es de ese día?

«Según la fotografía marcada como L.9, hoja 2, no sé si es una fotografía del 5 de agosto de 2023, porque no estaba sentado en la sala mencionada».

«El abogado del acusado mostró a los testigos una fotografía de un sitio web de noticias de España, la cual fue elaborada por el testigo. Sin embargo, el testigo declaró que la persona tailandesa dentro del círculo marcado con un bolígrafo de color rosa es un oficial de policía apodado Pon, pero el testigo no tuvo conversación con dicha persona. El abogado del acusado presentó la fotografía del sitio web de noticias de España como parte de su interrogatorio. El tribunal aceptó la evidencia con la referencia L.10».

¿Tuvo usted contacto con el señor Pon?

«El Sr. Pon, según la fotografía mencionada, no habló conmigo y no tradujo al inglés lo que el acusado le dijo al Sr. Pon para que yo lo entendiera».

¿Qué puede usted decir en cuanto al asunto de la revocación de la visa?

«El acusado no me preguntó sobre el asunto de la visa que le fue revocada».

¿Solicitó el acusado hablar con usted en privado?

«Sí, el acusado solicitó hablar conmigo en privado».

¿Qué función desempeñó el Sr. Pon?

«El Sr. Pon, quien es un oficial de policía, estuvo con el acusado en todo momento, brindándole asistencia y acompañándolo durante la recreación de los hechos relacionados con su confesión».

Y al no haber más preguntas por ninguna de las partes, se da por concluida la testifical.

17.12. DECLARACIÓN DE LA INTÉRPRETE DE DANIEL DURANTE LA PRIMERA Y SEGUNDA DECLARACIÓN[94]

Vamos a transcribir la declaración que ofreció la intérprete que asistió a Daniel durante su primera y segunda declaración y que fue tan polémica, ya que fue la misma chica que acompañó a Big Joke durante aquella rueda de prensa tan desastrosa que dio la policía tailandesa el 15 de agosto de 2023.

Como testigo propuesta por el fiscal, comenzaba el interrogatorio con las preguntas de este.

«Mi nombre es Pimaprun, soy mitad francesa, mitad tailandesa, me mudé a vivir a Tailandia cuando tenía 3 años.

Vine a Surat Thani a ayudar a mi hermano, quien fundó un bufete de abogados en el distrito de Koh Phangan, provincia de Surat Thani desde el año 2017.

Yo hablo, leo y escribo inglés a un nivel intermedio. En mi trabajo hablo normalmente con clientes extranjeros en inglés.

No recuerdo la fecha exacta, pero en el año 2023, mientras estaba en casa, un oficial de la estación de policía de Koh Phangan llamó a mi madre para pedirme que fuera intérprete de inglés para un extranjero en la estación de policía de Koh Phangan.

Al llegar a la estación de policía de Koh Phangan, el oficial de policía me informó que me asignarían como intérprete de inglés para un extranjero que estaba involucrado en un caso de asesinato.

El extranjero en cuestión fue identificado como el acusado en la sala del tribunal (testigo señala al acusado). Posteriormente, firmé como intérprete de inglés para el acusado, de acuerdo con el registro de la denuncia según la orden de arresto, con fecha del 5 de agosto de 2023, según el documento número J.37.

Después de que el investigador imprimió el documento, yo lo leí y lo traduje al inglés para que el acusado lo escuchara. El acusado entendió sin objetar ni oponerse.

Además, en la fase de investigación del acusado, el 5 de agosto de 2023 y el 7 de agosto de 2023, yo actué como intérprete de inglés para el acusado, firmando como intérprete en el documento de referencia.

En la investigación, el funcionario de investigación le hizo preguntas al acusado a través de mí, una por una. Después de que el acusado respondiera, yo traduje su respuesta al tailandés para que el funcionario de investigación pudiera escucharla, y el funcionario de investigación registró las respuestas en una computadora portátil. El acusado entendió las preguntas que le hice y yo entendí las respuestas que el acusado dio.

El investigador no obligó ni amenazó al acusado ni hizo promesas u ofreció incentivos. El acusado tenía la libertad de responder a las preguntas, y relató los hechos con sus propias palabras.

Después de que se completó el interrogatorio del acusado, yo traduje su declaración de la fase de investigación para que el acusado la escuchara nuevamente. El acusado no presentó objeciones.

El 5 de agosto de 2023, estuve presente mientras el personal de investigación llevaba al acusado a señalar en diferentes lugares, como el astillero de Thong Sala, la tienda Limpipong Home Mart, el centro comercial Big C, la zona de la playa Rin y el lugar donde se encontraba el cubo de basura, tal como se muestra en las fotografías del reconocimiento de la escena, junto con la confesión, documento n. 53, hoja 3.

¿Reconoce a la persona que se muestra en la fotografía?

«La persona que aparece en la fotografía, marcada como 4.3 en el plano 4, dentro del círculo rosa, es un abogado que acompañó en la elaboración del mapa que señala el lugar de los hechos en relación con la confesión».

¿Quién señaló los puntos donde ocurrieron los hechos?

«En la identificación del lugar de los hechos como parte de la confesión, el acusado fue quien señaló los diferentes puntos, no la policía quien lo llevó a señalar».

Los codemandantes declinan hacer preguntas, por lo que es el turno del abogado de la defensa.

¿Cuántas veces ha asistido como intérprete para la policía?

«He tenido la función de intérprete de inglés para extranjeros en la comisaría de policía de Koh Phangan una vez antes».

¿Tiene alguna capacitación para ser intérprete en interrogatorios?

«No he recibido capacitación sobre cómo ser intérprete para traducir durante el interrogatorio o la investigación de extranjeros».

¿Es igual un lenguaje coloquial que un lenguaje legal?

«El vocabulario en el lenguaje legal es un vocabulario especializado. Los términos legales en tailandés, al ser traducidos al francés o al inglés, pueden tener significados diferentes».

¿Conoce la nacionalidad del acusado?

«Sé que el acusado es una persona de nacionalidad española».

¿Se comunicó el abogado directamente con el acusado?

«El abogado no podía comunicarse directamente con el acusado».

¿Habló en privado con el abogado del acusado?

«No he hablado en privado con el abogado sobre el acusado antes».

¿Sabe si el documento de la declaración fue impreso antes de la declaración del acusado?

«No recuerdo si, según el registro de la declaración en la fase de investigación del acusado, el documento número J.40, en la página 1 y en la página 2, el funcionario de investigación había preparado una impresión antes o no».

¿Qué tiempo duró el interrogatorio?

«El investigador pasó varias horas interrogando al acusado, pero no puedo determinar el tiempo exacto».

¿Sabe cuánto tardó el acusado en llevar a hacer la reconstrucción de los hechos?

«No recuerdo cuánto tiempo tardó el investigador en llevar al acusado a hacer el plano como parte de su confesión».

¿Cuándo ocurrió lo que aparece en la fotografía número 43?

«El evento en la fotografía con el número 43 es un acontecimiento que ocurrió el mismo día que el evento según la fotografía con el número L».

¿Qué sucedió con un oficial de alto rango?

«El día en que yo actué como intérprete para el acusado, un oficial de policía de alto rango dijo que no estaba traduciendo el inglés correctamente, por lo que se decidió cambiar al intérprete».

El fiscal retoma el turno de palabra.

¿Es traductora profesional?

«No soy intérprete, solo hablo con clientes extranjeros que hablan bien inglés y podemos comunicarnos. En el día en que actué como intérprete, el acusado entendía y podía responder en inglés con fluidez».

¿Habló con el acusado antes de ser su intérprete?

«Antes de desempeñar la función de intérprete, fui a hablar y presentarme con el acusado primero».

¿Podría especificar que ocurrió con el policía de alto rango?

«Lo que ese alto oficial de policía dijo es que mi traducción no era es muy precisa, no se refiere a los registros ni a las declaraciones del acusado, sino a lo que el mencionado oficial de policía declaró en una entrevista con los periodistas».

Como podéis ver, en su declaración anterior tuvo una confusión. El problema con el oficial de rango superior no fue cuando asistió como intérprete de Daniel, sino durante su intervención en la entrevista caótica de la policía del día 15 de agosto.

Ahora el acusado solicita permiso para poder preguntar y el juez se lo da.

Cuando fue con el acusado a la reconstrucción, ¿fue usted la encargada de traducirlo o se encargó el policía llamado Pon?

«El día en que el personal de investigación llevó al acusado a realizar un plano como parte de su confesión, yo traduje directamente al inglés para el acusado, sin pasar por el policía llamado señor Pon».

¿Recuerda si la señorita Chutinta fue la abogada del acusado durante la fase de la investigación y si le fueron leídos sus derechos al acusado?

«Yo no sé si en la fecha en que se llevó a cabo la investigación del acusado, la abogada llamada señorita Chutinta le brindó asesoramiento legal al acusado, pero recuerdo que yo traduje al inglés sobre los derechos del acusado según lo que dicha abogada me indicó que debía informar al acusado».

«El acusado preguntó a la testigo si recordaba que hubo un momento en que el acusado respondió a las preguntas del investigador, y que el investigador había impreso las respuestas del acusado en tres hojas de papel. La testigo declaró que no había respuestas de tal naturaleza».

¿Cómo realizó la traducción y cuántas páginas tiene la declaración del acusado?

«Yo me encargué de traducir las respuestas del acusado por partes, no se trata de una traducción de una respuesta larga, sino que traduzco oración por oración. En cuanto a cuántas páginas tiene la respuesta del acusado, no lo sé porque no es mi responsabilidad, pero yo traduzco oración por oración y el investigador registra también oración por oración».

Al no haber más preguntas, se da por finalizada la testifical.

17.13. DECLARACIÓN CAJERA DEL SUPERMERCADO BIG C[95]

Siguiendo con las declaraciones de las personas que tuvieron algún tipo de contacto con el acusado, no podían faltar las de los cajeros de los establecimientos donde compró los días 1 y 2 de agosto.

Comencemos por lo que tenía que contar la empleada del Big C. Al ser un testigo propuesto por la acusación, comienza preguntando el fiscal, y lo primero, como siempre, es una breve historia de lo que recuerda sobre el suceso.

«Mi nombre es Nontog, soy empleada de la tienda Big C, en la sucursal de Koh Phangan, donde desempeño el puesto de cajera. He estado trabajando en dicho establecimiento desde el año 2022 hasta la actualidad.

Esta sucursal del Big C se encuentra en la provincia de Surat Thani.

(El demandante hizo que el testigo identificara al acusado en la sala del tribunal). «Después de mirarlo, el testigo declaró que había visto al acusado antes, específicamente el 1 de agosto de 2023, alrededor de las 5 de la tarde, mientras trabajaba en el supermercado Big C como de costumbre. El acusado llevaba una camiseta blanca, pantalones cortos y una mochila en la espalda. El acusado trajo productos para que el testigo los cobrara. En ese día, compró los siguientes artículos: unas bolsas de plástico negras, unas bolsas de plástico verde, cuchillo, film plástico para alimentos, estropajos y algunos alimentos. No se pudo determinar con exactitud la cantidad de cada artículo, pero en total eran aproximadamente más de 20 artículos».

¿Recuerda usted cómo pagó?

«No puedo recordarlo».

¿Vio usted cómo llegó el acusado al establecimiento?

«Antes y después de que el acusado se encontrara conmigo, no vi cómo el acusado llegó al centro comercial Big C».

Después del incidente, yo declaré ante el investigador como testigo. Los detalles se encuentran en el registro de mi declaración que se muestra aquí, utilizado como referencia». El tribunal lo ha aceptado bajo el número de referencia 61.

¿Es correcta la lista de artículos que figura como compra del acusado?

«La lista de productos que el acusado compró en ese día, que mientras yo testificaba en la fase de interrogatorio recordé, es correcta según lo que declaré ante el investigador, de acuerdo con el documento número J.61, página 2, donde cada uno de los productos coincide con el recibo de cobro, según el documento número J.61, página 2, imagen inferior.

Según el registro de declaración, en el documento número J.63, los productos incluyen bolsas de basura de color negro, bolsas de tela, estropajos de acero inoxidable y bolsas de basura con asas ecológicas, como se muestra en la fotografía del documento número J.60, hoja 3. Estos productos solo se venden en el supermercado Big C y no están disponibles en otros supermercados».

¿Es este el cuchillo que el demandante compró?

«Según el documento número J.61, página 2, el artículo que el demandado compró en el orden número 4 es un cuchillo de picar de 4 pulgadas de la marca KIWI, que es un cuchillo con características similares al cuchillo en la fotografía del documento número J.28, página 4».

¿Puede decirnos si reconoce a las personas que aparecen en esta imagen y cómo ha sido tomada esta fotografía?

«Según el documento número J.22, en la página 2, en la imagen de la parte superior derecha, la mujer que lleva una camiseta verde soy yo, mientras que el hombre que lleva una camiseta blanca y tiene una mochila en la espalda es el acusado. Y según el documento número J.63, en la página 4, es una imagen ampliada de la mencionada, que proviene de una cámara de seguridad instalada dentro del centro comercial Big C».

¿Conoce usted el hotel Panviman Resort?

«He oído hablar del hotel Panviman Resort, pero nunca he estado en él».

Tras rechazar los abogados de los codemandantes hacer preguntas, es el turno del letrado de la defensa.

¿Sabría decirnos en qué zona han sido tomadas estas imágenes?

«Según la fotografía, los documentos marcados como J.35, hoja 4 y hoja 5 son imágenes tomadas por cámaras de circuito cerrado instaladas en el área del estacionamiento, en la entrada del centro comercial y en el área de pago dentro del supermercado Big C».

¿Ocultó su rostro en algún momento el acusado al ir a pagar en caja?

«El acusado no ocultó su rostro al venir a pagar por los productos».

¿Compró el acusado algún tipo de alimento?

«El acusado compró alimentos y frutas también».

¿Son las bolsas de basura compradas por el acusado las más grandes que venden en el establecimiento?

«La bolsa de plástico negra que compró el acusado no es del tamaño más grande, pero el cuchillo de tipo pangto es un arma. Es el cuchillo más grande que se vende en el centro comercial Big C mencionado».

Sinceramente diría que esta respuesta no se la esperaba, acaba de dejar claro cómo Daniel escogió el cuchillo más grande que pudo encontrar en toda la tienda.

«Además de que el centro comercial Big C vende cuchillos de tipo pangto, también hay varios tipos de cuchillos dentro del centro comercial, como se muestra en las fotos. Según las imágenes que el abogado del acusado mostró, se menciona como parte del interrogatorio. El tribunal lo aceptó como prueba».

¿Es cierto que la mayoría de los productos adquiridos por el acusado se usan en la cocina?

«Según la fotografía marcada como J.35, hoja 4, número 9, es un listado de productos que el acusado compró, de los cuales la mayoría son equipos utilizados en la cocina».

Tras las preguntas del abogado defensor, llegó el turno de réplica del fiscal.

¿Tenía el acusado que usar el cuchillo que compró para procesar los alimentos que compró en su establecimiento?

«La fruta que el acusado compró ese día ya estaba pelada, por lo que no era necesario usar un cuchillo para pelarla; se podía comer directamente. El cuchillo de carnicero que compró el acusado tiene las mismas características y marca que el cuchillo de carnicero mostrado en la fotografía marcada como L.1, hoja 1, resaltada en color rosa».

Y aquí se dio por concluido el interrogatorio de la cajera del Big C.

17.14. DECLARACIÓN DE LA CAJERA DEL SUPERMERCADO LIMPIPONG HOME MART[96]

Pasemos ahora a la testifical de la empleada del Limpipong Home Mart, la ferretería donde Daniel compró la sierra, la tabla y otro cuchillo el día 2.

Comienza con el breve resumen de lo que recuerda.

«Mi nombre es Anosuria, trabajo como empleada en la tienda Limpipong Home Mart, comercio dedicado a la venta de materiales de construcción y decoración. Mi función es la de cajera, encargándome de cobrar a los clientes.

La tienda está ubicada en el distrito de Koh Phangan, provincia de Surat Thani, llevo trabajando en dicho establecimiento desde hace aproximadamente 3 años o un poco más, y continúo en él hasta la fecha.

Sobre este caso, después del 2 de agosto de 2023, vi en las noticias a través de la aplicación de Facebook que hubo un asesinato, y el sospechoso era un hombre extranjero.

En las noticias narraban que se habían encontrado partes del cuerpo de una persona y también apareció una imagen del sospechoso. En ese momento, el sospechoso tenía el cabello largo, y mientras veía las noticias, no pude reconocerlo. Sin embargo, después, el dueño de la tienda me informó que el hombre sospechoso había venido a comprar productos a la tienda, lo que me hizo recordar a ese hombre.

El 2 de agosto de 2023, alrededor de la una de la tarde, un hombre extranjero con el cabello largo entró en la tienda y tomó productos por sí mismo. Luego llevó los productos a la caja para pagar. Los artículos que compró fueron los siguientes: un cuchillo de cocina de punta afilada, una tabla de madera para colocar objetos y una sierra de mano. Observé que el hombre estaba solo, pero no sé qué medio de transporte utilizó para llegar a la tienda. El hombre llevaba una camiseta blanca y una mochila en la espalda. La sierra que compró es una sierra manual, no una sierra eléctrica. He declarado anteriormente ante el personal de investigación como testigo, y los detalles se encuentran en el registro de mi declaración que se presenta ante el tribunal».

¿Podría decirnos dónde se ha tomado esta imagen y qué personas aparecen en ella?

«Según el documento número J.62, página 2, la imagen mencionada es una fotografía tomada por una cámara de seguridad instalada dentro de la tienda. En la imagen de la parte superior derecha, la mujer que lleva una camiseta de color naranja soy yo, y en la fotografía de la página 2, la imagen inferior es un primer plano de la imagen anterior».

¿Reconoce estos artículos?

«Los tres artículos que el acusado compró tienen características similares a las de las fotografías de la evidencia número 62, lámina 2 y 3, imágenes de abajo».

¿Qué persona compró dichos artículos?

«Un hombre extranjero que vino a comprar adquirió esos 3 artículos en la tienda donde yo soy la cajera. Sí, es el acusado en este caso (la testigo señala al acusado en la sala de juicio)».

Ahora es el turno de preguntas de los codemandantes.

¿Sabría decirnos el tamaño de los productos adquiridos?

«Según el documento número J.15, página 16, se presenta una lista de productos que el acusado compró en la tienda Limpipong Home Mart, cuyo recibo muestra el tamaño de los productos, incluyendo la tabla de soporte».

Llega el turno del abogado de la defensa.

¿Ocultó el acusado algún comportamiento sospechoso u ocultó su rostro?

«El hombre extranjero que entró a comprar no mostró ningún comportamiento sospechoso y no ocultó su rostro. Según el documento número J.35, las hojas 13 y 14 contienen fotografías de una cámara de seguridad instalada dentro de la tienda Limpipong Home Mart. La imagen del hombre que aparece en la cámara de seguridad es el acusado en este caso. Mientras yo cobraba, el hombre en cuestión no mostró ningún comportamiento sospechoso ni ocultó su rostro, como se puede ver en la hoja 14».

«La fotografía que el abogado del acusado mostró es una imagen de los productos dentro de la tienda Limpipong Home Mart, que incluye fotografías de sierras de varios tamaños. El abogado del acusado presentó las fotografías como parte de su interrogatorio. El tribunal las aceptó, marcándolas como L.2».

¿Se podría usar la sierra de calar para pelar cocos?

«La sierra de calar se puede usar para pelar cocos».

El fiscal vuelve a tomar la palabra.

¿Cabe la sierra de calar en una mochila?

«La sierra de calar, según la foto de referencia L.2, se puede llevar en una mochila».

¿Qué es el otro elemento que viene junto con la sierra?

«En la fotografía de la sierra de calar, según el documento número 2, el plástico naranja en el exterior es un bloque que se utiliza para determinar el ángulo al cortar o dar forma a los objetos».

¿Para qué suele utilizarse este tipo de sierra?

«La sierra de tipo pangto se utiliza normalmente para cortar madera. Puede cortar ramas de árboles. La sierra pangto tiene dientes finos y también se puede usar para cortar carne».

El acusado pide permiso para preguntar y el juez se lo da.

¿Venden en su tienda sierras para cortar metal?

«En la tienda también se venden sierras para cortar metal».

¿Qué más herramientas podemos encontrar en su tienda?

«En la tienda se venden sierras, hachas y martillos. También se venden herramientas para partir cocos en dos mitades».

Esta pregunta creo que a Sancho le salió por la culata. Imagino que él pretendía hacer ver que en la tienda existen herramientas más adecuadas para desmembrar, pero aun habiendo dichas herramientas, también le dejaron bien claro que había unas específicas para cortar cocos.

¿Se puede usar la sierra para cortar cocos?

«Aun pudiéndose usar, no es la sierra de calar la herramienta más adecuada para cortar cocos».

Y hasta aquí la declaración de la cajera de la ferretería.

17.15. DECLARACIÓN DE LA DUEÑA DEL NEGOCIO DE ALQUILER DE MOTOCICLETAS[97]

Vayamos ahora a conocer qué contó ante el juez la dueña de la tienda de alquiler de motocicletas donde Daniel dejó su pasaporte.

Aunque este testigo fue propuesto tanto por fiscalía como por la defensa, comenzó preguntando el fiscal.

Y como es habitual, lo primero es una breve descripción del testigo y de lo sucedido.

«Yo me dedico al negocio de alquiler de motocicletas, el nombre de la tienda es AngPaw, ubicada en el grupo 1, en el distrito de Koh Phangan, en el municipio de Koh Phangan, provincia de Surat Thani, que está junto a la playa de Ban Thong Sala».

Las personas que viajan desde otros lugares, si desean llegar al distrito de Koh Phangan, solo podrán tomar el barco en el puerto mencionado.

La testigo nunca había conocido al acusado antes, pero cuando el demandante le mostró la cara del acusado, la testigo declaró que había visto al acusado anteriormente, específicamente el 31 de julio de 2023, alrededor de la 1.00 p.m. Mientras la testigo estaba abriendo su tienda de alquiler de motocicletas, el acusado llegó a la tienda solo, y la testigo lo reconoció porque el acusado tenía un rostro atractivo.

Durante el interrogatorio de esta persona, que fue cuando ocurrió el incidente que tantas veces hemos mencionado, por el cual, fue cacheado Miguel, el jefe de prensa del bufete de Ospina, dicho incidente quedó registrado en las actas de la sesión de esta manera:

«Un oficial de seguridad del tribunal de la provincia de Koh Samui informó al tribunal que había imágenes y sonidos del interior de la sala de audiencias, mientras el tribunal estaba deliberando el caso, dichas imágenes y sonido fueron enviados a los periodistas que se encontraban cubriendo la noticia en la zona exterior del tribunal, por lo que se llevó a cabo un registro».

Tras esto se continuó con el interrogatorio de la testigo, una vez que Miguel y Abarca, fueron expulsados de la sala.

«Ese día, el acusado llevaba una gorra y tenía tres bolsas de ropa tipo bandolera. El acusado me informó que deseaba alquilar una motocicleta por un periodo de 10 días, desde el 31 de julio de 2023 hasta el 13 de agosto de 2023. Yo le alquilé una motocicleta de la marca Honda, modelo Click 160 cc, con la matrícula roja número 9XXX. Para yo poder reconocer mi motocicleta, esta llevaba una etiqueta pegada en la parte frontal que indicaba el nombre de la tienda, el número de teléfono y el número de serie de la moto, indicando que era la número 54.

Ese día, el acusado entregó su pasaporte original como garantía para el alquiler de dicha motocicleta. No recuerdo el nombre del acusado, pero la fotografía de la persona que aparece en el pasaporte tiene un rostro similar a la del acusado, y el alquiler fue de 350 baht (9,76 euros) por día. Después de eso, el acusado alquiló mi motocicleta como se suelen alquilar habitualmente.

El 3 de agosto de 2023, durante el horario de atención al cliente, un oficial de policía me llamó para informarme que un extranjero había reportado la pérdida de una motocicleta y me pidió que verificara el contrato de alquiler. Le informé al oficial de policía que la motocicleta que el extranjero había reportado como perdida era, de hecho, mi motocicleta».

La testigo declaró que, en el momento en que el acusado firmó el contrato de alquiler de la motocicleta, además de entregar el pasaporte original, también proporcionó su cuenta de WhatsApp como medio de comunicación.

«Después, el mismo día, en la tarde, un oficial de policía vino a buscarme y me pidió que me pusiera en contacto con el acusado. Me comuniqué con él a través de WhatsApp. El acusado informó que se encontraba en la casa de Tón Nai Pan. El oficial de policía llamó a otro oficial que estaba en una zona cercana a la casa de Tón Nai Pan para que verificase si el acusado se encontraba en dicha dirección, pero se informó de que no se encontró al acusado. Después de eso, el oficial de policía me pidió que me pusiera en contacto con el acusado una vez más. Me comuniqué con el acusado a través de WhatsApp de nuevo. Este me informó de que estaba en la playa Salad, en la isla de Koh Phangan.

La policía me pidió que contactara al acusado para cambiar la motocicleta alquilada, pero el acusado no quiso venir a la tienda. En cambio, me pidió que fuese yo a la playa Salad para realizar el cambio. Informé de esto a la policía, pero no fui a la playa Salad.

Más tarde el oficial de policía vino a buscarme a casa, pero no me informó sobre los hechos ocurridos en este caso.

He recibido la motocicleta que el acusado alquiló de vuelta.

Después del incidente, yo he declarado ante el investigador como testigo. Los detalles se encuentran en el registro de mi declaración que el demandante me mostró, sí, se menciona que se envió al tribunal para su aceptación bajo el número J.55».

«Soy de la zona del distrito de Koh Phangan. La distancia entre mi tienda de alquiler de motocicletas y el hotel Panviman Resort es de aproximadamente de entre 10 y 20 km. Mi tienda está a unos 20 o 30 kilómetros de la playa Salad».

Tras rechazar los abogados de los codemandantes hacer preguntas, era el turno del abogado defensor.

Este preguntó por las cámaras que se encuentran en su establecimiento.

«Dentro de la zona de mi tienda hay cuatro cámaras de circuito cerrado, pero en el día en que el demandado vino a alquilar la motocicleta, las cuatro cámaras estaban fuera de servicio debido a que el sistema de cableado principal no funcionaba. La tienda que alquila motocicletas, que está conectada a la mía, también tiene cámaras de circuito cerrado».

Esta pregunta salía a colación de por qué las imágenes que hay de Daniel no están tomadas con una cámara de su establecimiento, sino que son de la tienda de al lado.

El letrado preguntó entonces si sus motocicletas tienen algún tipo de geolocalización.

«Las motocicletas de mi propiedad no tienen un sistema de GPS de seguimiento».

El abogado defensor pregunta si la única garantía que pueden dejar los turistas es el pasaporte, o podrían dejar otra cosa.

«Los extranjeros que alquilan una motocicleta, si no desean dejar su pasaporte original como garantía, pueden dejar dinero en efectivo como garantía. El monto de la garantía dependerá del estado de la motocicleta».

Esta respuesta, aunque cierta, tiene truco, truco que conoceréis un poco más adelante.

«Según el documento número J.55, página 4, el nombre del acusado está en inglés, así como el nombre de WhatsApp. El acusado es el autor del mensaje mencionado».

«Antes de que el acusado sacara la motocicleta de alquiler de la tienda, yo verifiqué la información que el acusado completó en el documento número J55 la cual coincide con el texto que se indica en el pasaporte».

El abogado le pregunta entonces si el oficial de policía le llegó a decir el nombre del sospechoso en algún momento.

«El oficial de policía no me informó sobre el nombre del extranjero que reportó la desaparición de la motocicleta, y no sé si la motocicleta en cuestión realmente está desaparecida o no».

¿Tuvo algún problema para contactar con el acusado o este se negó en algún momento a facilitarle su ubicación?

«Puedo contactar al acusado en todo momento, y el acusado

también me informa sobre su ubicación cada vez. Además, he informado a la policía sobre lo que el acusado me ha comunicado».

El fiscal vuelve a tomar el turno de preguntas.

El fiscal muestra una fotografía y pregunta por la persona que en ella aparece.

«La imagen que me ha sido mostrada es de la persona que aparece en el documento número 55, hoja 5, que es una fotografía del acusado en el momento que se encontraba en mi tienda de alquiler de motocicletas».

¿Qué hizo con el pasaporte del acusado?

«Yo entrego el pasaporte original del acusado al oficial de policía en la estación de policía».

«La fotografía según el documento número J.55, hoja 5, fue presentada por el investigador para que yo la viera».

Ahora es el turno de Daniel, quien pide permiso al tribunal para preguntar y efectúa la siguiente pregunta:

Como bien ha dicho, se pueden alquilar motocicletas sin dejar el pasaporte ¿no?

«Durante el periodo en que el acusado alquiló la motocicleta, fue durante la Fiesta de la Luna Llena, y normalmente la tienda solo acepta pasaportes en lugar de efectivo. Sin embargo, yo no informé al acusado sobre esto al alquilar la motocicleta. El acusado no tuvo ningún problema para pagar el alquiler».

Aquí es donde estaba el truco. Aunque admiten una garantía monetaria, esto no sucede durante la Fiesta de la Luna Llena, aunque hay que admitir que ella misma dice no haber informado a Daniel sobre este punto, ya que él no tuvo problemas en depositar el pasaporte.

Y aquí terminó el interrogatorio de la dueña de alquiler de motocicletas. Aportó algunas cosas curiosas, como que la policía va a ella para intentar localizar a Sancho y que, realmente, Daniel no tenía objeción en dejar su pasaporte, seguramente porque aunque la propietaria no le dijo que existían otras opciones, el tampoco creyó que estas existiesen ya que si tú vas a un sitio y te dicen que para alquilar estas son las condiciones, no sueles poner muchas pegas a no ser que sea algo poco habitual. No olvidemos que Daniel ya había visitado Tailandia dos veces anteriormente, por lo que sabía perfectamente de esta norma y seguramente, en las visitas anteriores no le sirvió de nada porfiar o discutir otro tipo de garantía para alquilar un medio de transporte, así que si la dueña le dijo, tanto dinero y el pasaporte como garantía, él directamente lo entregó, cogió su motocicleta y marchó a sus quehaceres, que no eran pocos.

17.16 DECLARACIÓN DEL EMPLEADO DEL PANVIMAN RESORT[98]

Continuemos con la declaración del empleado del hotel Panviman Resort, hotel que fue reservado y pagado por Edwin Arrieta, desde el día 31 de julio de 2023 hasta el día 3 de agosto de 2023, pero en el que solo se alojó Daniel Sancho.

Como testigo propuesto por la acusación, comienza su testimonio bajo las preguntas del fiscal.

«Mi nombre es Dechachui, trabajo como empleado en el hotel Panviman Resort, que se encuentra en la playa de Thong Nai Pan, en el distrito 5 de la localidad de Ban Tai, en el municipio de Koh Phangan, provincia de Surat Thani, donde llevo trabajando desde abril de 2023 hasta la fecha.

En el puesto que ocupo, tengo la responsabilidad de conducir los carritos del golf y llevar las maletas en la zona de recepción de los clientes, desde donde se puede ver a todos los clientes que se alojan en el hotel. A veces, también tengo conocimiento de las reservas (reservas realizadas por internet) de algunos clientes. Además, tengo la tarea de ayudar al personal de recepción del hotel.

Sobre este caso, no recuerdo la fecha exacta, pero el señor Edwin reservó una habitación en el hotel Panviman Resort a través del sitio web booking.com con la intención de hospedarse desde el

31 de julio de 2023 hasta el 3 de agosto de 2023, realizando el pago por adelantado a través del sistema de dicha página. Normalmente, después de que un cliente reserva una habitación en el sitio web booking.com, el personal del hotel imprime un comprobante de la reserva como evidencia. Sin embargo, no puedo leerlo».

El comprobante de la reserva del señor Edwin aparece en la evidencia de la habitación que el demandante ha presentado ante el tribunal, que se acepta como prueba.

«A continuación, antes de la fecha en la que el Sr. Edwin tenía que llegar al hotel, este envió un correo electrónico al personal de dicho hotel informando que un amigo suyo, el Sr. Daniel, se alojaría en la habitación mencionada antes que él, quien llegaría más tarde». Esto se puede ver en el contenido del correo electrónico que el demandante mostró. Sí —se presenta ante el tribunal como evidencia— J.57.

«Posteriormente, cuando llegó el día 31, que era la fecha en la que el Sr. Edwin debía registrarse, un hombre extranjero llegó en motocicleta al hotel Panviman Resort en la tarde. El hombre llevaba una mochila de un lado y otra mochila en la espalda.

Más tarde, el personal del hotel le preguntó por su pasaporte, ya que es una regla del hotel solicitarlo, pero el hombre indicó que no lo tenía, aunque presentó un documento de identificación al personal. Posteriormente, el personal del hotel verificó la información que el Sr. Edwin había enviado por correo electrónico y resultó que coincidía. El hombre se llamaba Sr. Daniel, y el Sr. Daniel que encontré ese día es el acusado en este caso (el testigo señala al acusado en la sala de audiencias).

El Sr. Edwin había reservado la habitación número 6404.

Después de que el acusado llegó al hotel, el personal lo llevó a su habitación. La habitación número 6404, dicha habitación es como una casa unifamiliar dividida en 2 habitaciones: la habitación número 6404 y la habitación número 6403, las cuales están conectadas por una puerta que permite el paso entre ellas. Esta casa está dividida en 2 pisos; el piso superior es un dormitorio y el piso inferior es un baño. La puerta que conecta las habitaciones está en el piso superior. En la parte superior de la casa hay un balcón que se extiende hacia el frente. Dentro de la habitación hay un pequeño refrigerador».

«La habitación número 6404 aparece en las habitaciones de la fotografía con el número de referencia J.12, en la hoja 43, del 1 al 47».

¿Con quién fue el acusado a la habitación?

«Con un empleado del hotel cuya responsabilidad es acompañar a los huéspedes a sus habitaciones».

¿Sabría decirnos si el acusado se quedó en su habitación tras alojarse en el hotel?

«Después de que el personal lo llevase a su habitación, no sabemos si se quedó en su habitación o si pasó la noche en ella».

¿Cuándo volvió a ver al acusado?

«Posteriormente el día 3, que era la fecha límite para realizar el *check-out*, vi al acusado llegar al recinto en una motocicleta de color rojo, tras esto el acusado entró en su habitación.

Después, el mismo día 3, que era el día de *check-out*, alrededor de las 9 de la mañana, el acusado aún estaba en el restaurante del hotel para desayunar. Tras terminar de comer, el acusado regresó a su habitación. Yo lo seguí para recoger su maleta, ya que ese día era el plazo para el *check-out*. No entré en la habitación y el acusado no me permitió llevar su equipaje. Más tarde, el acusado y yo bajamos al área del vestíbulo para hacer el *check-out*. Mientras lo hacíamos, noté que el acusado se estaba envolviendo un vendaje en un dedo de la mano. Posteriormente, el personal de recepción del hotel le preguntó al acusado sobre la herida y él informó que se había producido al usar un cuchillo para abrir un coco. Después de eso, el acusado marchó con su maleta y su motocicleta del hotel.

Luego, el personal del hotel me informó de que el acusado había dejado una bolsa de mano en la recepción, la cual contenía zapatos y ropa del acusado. Después de eso, este no volvió a recoger la bolsa. Posteriormente, el oficial de policía la confiscó.

A continuación, declaré ante el personal de investigación en calidad de testigo. Los detalles se encuentran en el registro de mi declaración que el demandante me mostró, el cual fue aceptado por el tribunal bajo el número de referencia J.58».

«Después de que el demandante mostró al testigo el registro de su declaración en la fase de investigación, el documento número J.58, el testigo declaró nuevamente que el Sr. Edwin reservó una habitación en el hotel mencionado desde el 31 de julio hasta el 3 de agosto de 2023».

«El 3 de agosto de 2023, el acusado regresó en motocicleta al resort. Yo pregunté si tenía alguna herida y el acusado respondió que tenía una herida por un golpe de coco, lo cual es un hecho verídico. En cuanto a su declaración de que el 3 de agosto de 2023 el acusado bajó a desayunar y luego hizo el *check-out* de la habitación, eso no es correcto y es un error, ya que en el momento de la declaración había pasado mucho tiempo desde el incidente. En cuanto al 31 de julio de 2023, yo no vi al acusado y no sé si salió o no. En lo que respecta a la declaración de que el día 2 el acusado condujo la motocicleta y salió afuera no es correcta. Lo correcto es que el 1 de agosto de 2023, el acusado condujo la motocicleta y marchó de su habitación».

Como habéis podido observar, la memoria es finita y esta persona da un testimonio que al compararlo con la declaración ofrecida nada más ocurrir los hechos, variaba en algunos puntos. Por eso mismo, las declaraciones, cuanto más próximas al momento del evento, más veraces suelen ser. Nuestro cerebro tiende a rellenar los huecos que va dejando la memoria con sucesos que pueden no ser del todo ciertos.

«Después del 1 de agosto de 2023, cuando el acusado salió del resort en motocicleta, lo volví a ver el 3 de agosto de 2023.

Durante el periodo en que no lo vi, no sé dónde estuvo el acusado y no tengo información sobre si el 2 de agosto de 2023 se alojaría en el hotel Panviman Resort.

El investigador presentó fotografías de las cámaras de seguridad instaladas en la entrada del hotel, frente a la recepción. En la fotografía marcada como J.58, en la hoja 3, la imagen de la izquierda muestra al acusado durante el *check-out*, y la imagen de la derecha muestra al acusado saliendo del hotel en motocicleta».

«El recepcionista le preguntó al acusado sobre la causa de la herida en su dedo. Yo solo pregunté si el acusado deseaba ir al médico. Sin embargo, mientras otro empleado del hotel hacía la pregunta, yo y dicho empleado estábamos de pie cerca uno del otro.

La bolsa que el acusado dejó con el empleado del hotel era propiedad del hotel, como se muestra en la fotografía de la bolsa, documento número J.58, página 4».

¿Qué actitud tenía el acusado el día 3 de agosto?

«El 3 de agosto de 2023, que es el día del *check-out*, el acusado tuvo una conversación normal, pero no sonrió ni saludó al personal del hotel como lo hizo el primer día al registrarse».

¿Quién alquiló la habitación y durante cuánto tiempo?

«Desde el 31 de julio de 2023 hasta el 3 de agosto de 2023, el Sr. Edwin fue quien reservó la habitación a través del sitio web booking.com, pero no se alojó en el hotel mencionado».

¿Observaron algo extraño en la habitación tras marcharse el acusado?

«En el día del *check-out*, el personal que entró a revisar los objetos dentro del refrigerador no informó que hubiese ninguna anomalía en la habitación mencionada».

Toman el turno de preguntas los codemandantes.

¿Cuánto equipaje tenía el acusado cuando se hospedó y cuánto equipaje llevaba cuando abandonó la habitación?

«El día del *check-in*, el demandado llevaba 2 maletas, y en el día del *check-out*, el demandado también llevaba 2 maletas. Cuando yo iba a ayudar a levantar las maletas, el demandado me lo impidió. No había ningún empleado del hotel ni ninguna otra persona que ayudara al demandado a levantar las maletas mientras este se disponía a salir del hotel en su motocicleta».

Esta respuesta me resulta quizás la más importante de toda la declaración. El motivo es simple, con ella se demuestra que Daniel tenía todas sus pertenencias en el Panviman, llegó con dos maletas y marchó con dos maletas, por lo que en el Bougain solo guardó las compras del Big C y las del Limpipong Home Mart.

Ahora es el turno de preguntas para el abogado de la defensa.

¿Dónde conoció usted al acusado?

«En mi trabajo como empleado del hotel donde ocurrió el incidente. Yo estaba de turno. Durante el tiempo en que el acusado se hospedó, yo trabajaba de 8 a 18 horas. Durante mi descanso, residía en la habitación del personal del hotel. Cuando el acusado se hospedó en el hotel el primer día, no llevaba ninguna mascarilla en mi rostro».

¿Visionó usted las cámaras de seguridad?

«No tengo la autoridad para ver las imágenes de las cámaras de seguridad».

¿Qué otras reservas realizó usted ese día?

«No tengo la responsabilidad de hacer reservas de habitaciones».

¿Cómo se encontraba la habitación antes de la llegada del acusado?

«A veces, yo también ayudo al personal del hotel cuando los clientes van a hacer el *check-in* en las habitaciones. Pero el día en que el demandado se hospedó, no entré a revisar la habitación antes».

¿Sabe usted, por las imágenes de las cámaras de seguridad, dónde podría haberse alojado el acusado la noche que no se alojó en el Panviman?

«No tengo la autoridad para revisar las imágenes de las cámaras de seguridad del hotel y no sé, además de las imágenes que se presentaron como prueba, dónde podría estar residiendo el demandado en otros momentos».

¿Recuerda en qué estado dejó el acusado la habitación tras abandonar el hotel?

«No realicé la tarea de inspeccionar la habitación el día en que el acusado hizo el *check-out* del hotel».

Por último, toma la palabra el fiscal.

¿Cómo podemos saber quién y cómo realizó la reserva en el hotel Panviman Resort?

«Según el documento número 56, que es la prueba de la reserva de habitación del hotel Panviman Resort».

Y hasta aquí la declaración del chico que vio y ayudó a Daniel el día que llegó y el día que se marchó del Panviman Resort.

17.17. DECLARACIÓN DEL EMPLEADO DEL RESTAURANTE ANANTARA[99]

Como ya sabéis, una de las cosas más curiosas y que más hemos tachado de inverosímil, es que después de que Daniel realizase el descuartizamiento y pasase toda la noche deshaciéndose de Edwin Arrieta, se fuese a desayunar a uno de los restaurantes más lujosos de la isla y encima, realizase unas fotografías con un carácter sarcástico y oscuro.

Pues bien, vamos a pasar a leer ahora la declaración del empleado del restaurante donde Sancho desayunó aquella mañana.

«Me llamo Surachantara, trabajo como empleado en el hotel Anantara, que se encuentra en la playa de Thong Nai Pan, en el distrito 5 de la localidad de Ban Tai, en el municipio de Koh Phangan, provincia de Surat Thani. Mi puesto es el de gerente del restaurante.

El hotel mencionado lleva en funcionamiento desde marzo de 2023 hasta la actualidad. Dicho restaurante está abierto para los huéspedes que se alojan en el hotel y para personas externas que deseen comer.

Sobre este caso, el 3 de agosto de 2023, alrededor de las 9 horas, mientras yo trabajaba normalmente, un hombre extranjero llegó en motocicleta al restaurante. Este hombre no se hospedaba en el hotel, sino que había venido a comer al restaurante. El hombre llevaba una camiseta negra, pantalones cortos y una mochila negra en la espalda.

Este hombre extranjero es el acusado en este caso (el testigo identifica al acusado en la sala del tribunal). Ese día, el acusado tenía el cabello largo. Ese día, el acusado parecía estar cansado; yo entendí que probablemente no había dormido bien o estaba ebrio, y mostraba signos de descontento con la comida, caminando de un lado a otro, a veces con una mirada perdida.

En ocasiones el acusado tomaba fotos con su teléfono móvil».

Como podéis ver, las fotografías las tomó ese día, como lo corrobora el testimonio de este testigo.

«El acusado no habló conmigo ni con otros empleados del hotel.

Observé que, en su dedo de la mano derecha, no recuerdo si era el dedo medio o el anular, había una herida con manchas de sangre, y el acusado no había puesto un vendaje. La herida parecía fresca. Después de eso, el acusado pidió ir al baño. Entendí que probablemente iba a lavarse las manos, que estaban manchadas de sangre. Luego, el acusado salió y trató de comer, pero no pudo comer tanto como quería.

Después de aproximadamente media hora, el acusado pagó la cuenta de la comida y abandonó el hotel. El acusado pagó en efectivo, como se muestra en el recibo que el demandante presentó, el cual se acepta como prueba por el tribunal, marcado como J.64».

«El empleado del hotel se ofreció a curar la herida del acusado, pero el acusado se negó».

«Después de que el acusado saliese del hotel, me di cuenta de que éste había olvidado una mochila negra en el restaurante. El hotel decidió guardar la mochila, suponiendo que el acusado volvería a recogerla, hasta que a las 21.00 horas, un oficial de policía llegó a solicitar dicha mochila. El personal del hotel le entregó la mochila al oficial. En el momento en que el oficial llegó, yo ya había terminado mi jornada laboral, pero el gerente del hotel me llamó, así que regresé al hotel una vez más para confirmar que la mochila pertenecía al acusado».

¿Sabría decirnos qué había en la mochila?

«No estuve presente cuando se abrió la mochila mencionada, pero luego el oficial de policía me informó que dentro de ésta se había encontrado un cuchillo de punta afilada con mango negro.

A continuación, fui a declarar ante el investigador en calidad de testigo. Los detalles se encuentran en el registro de declaración que el demandante me mostró, el cual se presenta ante el tribunal como prueba, con la referencia J.65».

¿Hay cámaras de vigilancia en el recinto?

«En la zona del hotel hay cámaras de vigilancia, las cuales posteriormente el personal de investigación utilizó para obtener imágenes según el documento de la orden J.65, página 2, imagen 1, que corresponde a un extranjero que vino a comer.

El acusado en este caso y en ese momento tenía el cabello largo. La persona que aparece en la fotografía número 2 nunca la había visto antes. Según el documento de referencia J.65, página 2, la imagen de arriba es del acusado mientras conducía una motocicleta hacia el área del hotel, mientras que la imagen de abajo es de una mochila negra. Según mi testimonio, respondí a las preguntas del demandante, y el cuchillo que aparece en la fotografía del documento J.65, página 3, es el arma que el oficial de policía me dijo que se encontró dentro de la mochila en ese día. El acusado consumió café, frutas, pan y agua de coco, según se indica en el documento J.64».

Tras rechazar los codemandantes realizar preguntas, toma el turno de palabra el abogado de la defensa.

¿Hay cámaras en el hotel?

«El área del hotel está equipada con cámaras de vigilancia».

¿Qué muestra la fotografía que se encuentra con la referencia J.35, hoja 4?

«Según la fotografía con la referencia J.35, hoja 44, la imagen superior es de una cámara de circuito cerrado de televisión y muestra la entrada del hotel. La imagen de abajo es de una cámara de seguridad dentro del restaurante».

¿Ocultó su rostro el acusado en algún momento?

«Mientras el acusado comía, no ocultó su rostro».

¿Qué heridas vio en el cuerpo del acusado?

«Observé una herida en el dedo del acusado mientras entregaba la comida, pero no noté si había heridas en el resto del cuerpo del acusado».

¿Cuándo olvidó el acusado su mochila?

«El acusado olvidó su mochila desde el momento de la entrada, y el personal del hotel la llevó al bar, que está equipado con cámaras de seguridad».

¿Vio usted el cuchillo que había dentro de la mochila?

«Fotografía del arma blanca según el documento de la orden judicial J.65, hoja 3. El investigador solo me mostró la fotografía del arma blanca, no el arma blanca real».

¿Conoce al acusado con anterioridad o al policía que fue a recoger la mochila?

«Nunca he visto al acusado en el hotel Anantara antes, y no conozco al oficial de policía que vino a recoger la mochila».

Por último, como siempre, el fiscal cierra el turno de preguntas.

¿Vio usted o no vio el cuchillo que se encontraba en la mochila?

«Mientras los agentes de policía abrían la mochila y encontraban un cuchillo, yo no estaba presente, pero el investigador trajo una foto del cuchillo según el documento de la orden J.65 para que la viera en la estación de policía, y ese cuchillo no era del hotel Anantara».

Y hasta aquí, esta declaración del gerente del restaurante Anantara.

17.18. DECLARACIÓN DEL OFICIAL QUE REALIZÓ EL ESTUDIO DE LAS CÁMARAS[100]

Ahora vamos con la declaración del perito que se encargó de analizar las cámaras de seguridad y hacer el informe que, bajo mi punto de vista, terminó por sentenciar a Daniel.

Al ser un testigo propuesto por la acusación, comienza preguntando el fiscal.

«Mi nombre es Echatokai, soy funcionario público de la policía. Recibí la orden de la policía provincial de Surat Thani para formar parte del comité de investigación de este caso, según lo indicado en la orden de nombramiento, documento número J.6, hoja 3, orden 1.10, junto con otros.

El oficial de policía, el coronel Pronya, informó que se encontraron partes humanas en el distrito de Koh Phangan, en la provincia de Surat Thani.

El 3 de agosto de 2023, se encontraron partes humanas pertenecientes a la zona de la cadera, incluyendo un órgano sexual masculino, escondidas en una bolsa de plástico negra y envueltas en otra bolsa de plástico verde, como se muestra en la fotografía número 35, hoja 3, en el vertedero de separación de residuos del municipio de Koh Phangan.

Aproximadamente el 4 de agosto de 2023, se encontraron más partes humanas pertenecientes a la zona del muslo, no recuerdo cuántas, en el mismo vertedero de Koh Phangan.

Estas partes de la pierna estaban escondidas en una bolsa de plástico negra y envueltas en una bolsa de plástico verde. Además, se encontró un paquete de esponjas para lavar platos, como se muestra en la fotografía número 35, hoja 3, en las tres imágenes centrales. Posteriormente, el 5 de agosto de 2023, se encontraron partes humanas, incluyendo una cabeza, brazos y la zona del pecho, que estaban en una bolsa de plástico negra, en una zona rocosa de la playa Salad. También se encontró un paquete de cuchillos, como se muestra en la fotografía número 35, hoja 3, en las tres imágenes inferiores.

A partir de la investigación, se logró identificar el nombre de la persona fallecida, que es el Sr. Edwin, un extranjero de nacionalidad colombiana. A través de la recolección de partes del cuerpo humano según la investigación, se supo que el 2 de agosto de 2023, la víctima llegó en barco al muelle de Koh Phangan.

Después de eso, un hombre extranjero llegó en motocicleta para recoger a la víctima y luego se dirigieron al hotel Bougain, que se encuentra aproximadamente a 12 kilómetros del muelle. Las cámaras de seguridad mostraron que el tiempo de viaje fue de aproximadamente 21 minutos, lo que sugiere que no hubo paradas en el camino.

Según el documento número J.35, páginas 18 a 23, que son imágenes de una cámara de seguridad, se observa que dos hombres extranjeros viajaban en una motocicleta hacia el hotel Bougain a las 15.37 horas.

La investigación reveló que el hombre extranjero que conducía la motocicleta se llama Daniel y es de nacionalidad española, mientras que el hombre extranjero que iba como pasajero en la motocicleta era la persona fallecida.

Después de las 15.37 horas, al revisar las cámaras de seguridad, no se volvió a ver al señor Edwin.

El 2 de agosto de 2023, se observó nuevamente al Sr. Daniel a las 19.17 horas, según lo que se muestra en las imágenes de las cámaras de seguridad. En el documento, en la página 24, se puede ver una imagen donde un punto con una flecha roja indica el área dentro del hotel Bougain, en el momento en que se dirigía hacia la playa Salad. Según las imágenes de las cámaras de seguridad, se puede ver que esa noche el Sr. Daniel estaba caminando de un lado a otro.

Entre la habitación número 5 y la playa Salad, hubo una constante presencia, la cual variaba en cada momento en la zona de la playa Salad, como se muestra en las fotografías marcadas como J.35, láminas 24 a 35, que abarcan hasta la mañana del 3 de agosto de 2023.

En la noche mencionada, las imágenes de las cámaras de seguridad muestran al acusado saliendo en motocicleta, pero al dirigirse a la playa Salad, el acusado caminaba, ya que solo salió en motocicleta una vez, como se observa en la fotografía marcada como J.35, lámina 29.

En la noche del 2 de agosto de 2023 hasta el 3 de agosto de 2023, las imágenes de las cámaras de seguridad muestran al acusado caminando de un lado a otro entre la playa de Salad y la habitación número 5.

A veces, el acusado caminaba sin llevar equipaje, pero en otras ocasiones se dirigía a la playa de Salad con equipaje.

Según el documento número J.35, página 26, la imagen superior muestra al acusado cargando equipaje en el área del hombro, en una postura que sugiere que la mochila tiene un peso considerable, ya que el acusado presenta una postura encorvada. La fotografía fue tomada a las 19.57 horas, y se indica que este tiempo es 0,003 segundos más lento que el tiempo real.

Posteriormente, en relación con la fotografía mencionada, el señor Daniel declaró que había desechado partes del cuerpo de la víctima por primera vez. Según el documento número J.35, página 26, la imagen inferior muestra el momento en que el señor Daniel regresa al área del hotel, sin mostrar una postura encorvada.

El 3 de agosto de 2023, desde las 6.15 hasta las 7.11, el acusado caminó de un lado a otro entre la habitación número 5 y la playa Salad, pasando la mayor parte del tiempo en la playa Salad, como se muestra en las fotografías de la evidencia número 35, páginas 35 a 42. Después de eso, el Sr. Daniel salió en motocicleta, y las imágenes de las cámaras de seguridad muestran que el acusado se dirigió al hotel Anantara, según las fotografías de las cámaras de seguridad de la evidencia número 35, páginas 42 a 46.

Posteriormente, el Sr. Daniel continuó su camino hacia el hotel Panviman Resort para hacer el *check-out*, como se muestra en las fotografías de las cámaras de seguridad de la evidencia número 35, páginas 47 y 48. Después de eso, el Sr. Daniel se dirigió al hotel Bougain, donde las imágenes de las cámaras de seguridad muestran que el Sr. Daniel caminó de un lado a otro entre la habitación número 5 y la playa Salad, como se muestra en las fotografías de las cámaras de seguridad de la evidencia número 35, páginas 49 a 54.

A partir de las imágenes de la cámara de seguridad, se observa que el 3 de agosto de 2023, a las 20.33 horas, Daniel salió de la habitación número 5. En una mano llevaba una bolsa colgada sobre el hombro, mientras que con la otra sostenía una bolsa de plástico negra, caminando hacia la playa. Luego, dejó la bolsa de plástico negra en un lugar destinado a la basura. Además, el señor

Daniel sacó la bolsa de plástico negra de su mochila y la llevó a ese mismo lugar para desecharla, y después escondió la mochila.

La escondió en un arbusto cerca del contenedor de basura y luego caminó hacia la zona de la playa de Salad antes de regresar a la habitación número 5. Posteriormente, a las 23.10, las imágenes de la cámara de seguridad mostraron al señor Daniel saliendo de la habitación número 5 hacia la playa de Salad, llevando dos bolsas de plástico de color blanco, que arrojó en el mismo punto de basura. Después, recogió la bolsa de plástico negra que había tirado anteriormente y la metió en la misma mochila que había escondido. Luego, el señor Daniel continuó caminando hacia la playa de Salad. Después de eso, el señor Daniel regresó a la habitación número 5, y las imágenes de la cámara de seguridad no mostraron la mochila negra que había aparecido en las fotografías del documento número 35, páginas 55 a 63.

Por lo general, las cámaras de circuito cerrado no coinciden con la hora real.

Según la imagen de la referencia n. 35, he comparado los tiempos y he encontrado que la cámara de circuito cerrado está retrasada 23,27 segundos respecto a la hora real. En cambio, la cámara de circuito cerrado dentro del supermercado Big C está adelantada 21 minutos respecto a la hora real. La cámara de circuito cerrado dentro de la tienda Limpipong Home Mart está retrasada 5 segundos respecto a la hora real. La cámara de circuito cerrado en el muelle Lom Phraya está adelantada 2,21 segundos respecto a la hora real. La cámara de circuito cerrado en el punto de desecho está retrasada 3 segundos respecto a la hora real. La cámara de circuito cerrado dentro del hotel Panviman Resort coincide con la hora real. Por otro lado, la cámara de circuito cerrado del hotel Anantara, en el área del restaurante, está retrasada 1 segundo respecto a la hora real. En otro punto de la zona del hotel, no se presentó imagen en el informe.

La investigación encontró que era más rápido que el tiempo real por 3,40 segundos, mientras que la imagen de la cámara de seguridad en la comisaría de Koh Phangan era más lenta que el tiempo real por 1,30 segundos. He elaborado un informe comparativo del tiempo de la cámara de seguridad con el tiempo real, según el documento número J.35, página 64, que al compararlo con el tiempo real muestra una diferencia de menos de 1 hora, lo que corresponde al mismo día.

A continuación, he traído una fotografía de un hombre extranjero que conduce una motocicleta para compararla con la fotografía del pasaporte, y se ha encontrado que es la misma persona que el señor Daniel y el señor Edwin, el fallecido, según los documentos mencionados en el expediente J.35, páginas 68 y 69.

Tras revisar las cámaras de seguridad, se encontró que el 1 de agosto de 2023, el Sr. Daniel se dirigió a comprar productos en el supermercado Big C, sucursal Koh Phangan, un total de 22 artículos, como un cuchillo de cocina, bolsas de plástico de color verde claro, bolsas de plástico negras, guantes de goma, film estirable y estropajos, según se detalla en el documento número 35, hoja 72, imagen superior.

Posteriormente, amplié la lista de productos comprados según se muestra en el documento número 1.35, hojas 7 a 10. Además, el 2 de agosto de 2023, alrededor del mediodía, el acusado se dirigió a la tienda Limpipong para comprar productos, que incluyen una sierra, un cuchillo de punta afilada y una tabla de madera, según se muestra en las fotografías del documento número 35, hojas 15 a 18, que son productos similares a los que aparecen en la fotografía del documento número 35, hoja 72, imagen inferior.

A partir del hallazgo de los restos en tres ocasiones, se encontraron una bolsa de plástico negra, una bolsa de plástico verde con asas, un paquete de esponjas para lavar platos y un paquete de cuchillos, que coinciden con los artículos que el Sr. Daniel compró en el supermercado Big C y en la tienda Limpipong Home Mart. La bolsa de plástico verde claro con asas se vende exclusivamente en el supermercado Big C, y en el distrito de Koh Phangan solo hay una sucursal de Big C. Posteriormente, hice una comparación de imágenes que se encuentra en el documento número J.35, en las páginas 74 y 75.

El señor Daniel, tal como aparece en las imágenes de la cámara de seguridad y que he comparado con el pasaporte, es el acusado en este caso (el testigo identifica al acusado en la sala del juicio). A partir de la investigación mencionada, he elaborado un informe de investigación que presenté al jefe del equipo, como se indica en el documento número J.35, donde he firmado».

¿A qué distancia del resto de puntos se encuentra la habitación 5 del hotel Bougain Villas?

La habitación número 5 se encuentra aproximadamente a 150 metros de la playa de Salad. El punto donde se instalaron las cámaras está a unos 200 metros de la playa Salad, y el punto donde se instalaron las cámaras está a menos de 100 metros del lugar de desecho de basura. Además, la distancia entre la habitación número 5 y el punto de desecho de basura también es de menos de 100 metros. Posteriormente, he preparado fotografías que muestran la distancia entre cada punto en el área, como se indica en el documento mencionado.

Posteriormente, yo di mi declaración al personal de investigación en calidad de testigo. Los detalles se encuentran en el registro de mi declaración que el demandante me mostró, el cual fue aceptado por el tribunal bajo el número de referencia J.66».

Los abogados de los codemandantes declinan hacer preguntas, por lo que el siguiente en preguntar es el abogado de la defensa.

¿Qué responsabilidad tiene usted?

«Yo soy el encargado de revisar todas las cámaras de circuito cerrado, pero no guardo todas las imágenes de las cámaras por mi cuenta».

¿Ocultó el acusado su rostro en algún momento?

«Las imágenes de las cámaras de seguridad muestran que el acusado no ocultó su rostro. Yo tengo la responsabilidad de recopilar las imágenes de las cámaras de seguridad, las cuales son varias».

«Según el documento número J.35, página 66, la información que indico sobre el acusado, quien ingresó al Reino de Tailandia en 3 ocasiones, proviene de los oficiales de Inmigración. La última vez, su estancia en el Reino estaba programada hasta el 28 de agosto de 2023».

¿Es auténtico el documento entregado por el acusado en la tienda de alquiler de motocicletas?

«El documento que el acusado presentó al propietario de la tienda de alquiler de motocicletas es un documento auténtico».

¿Qué sabe sobre la habitación que reservó la víctima?

«Según el informe de la investigación, el fallecido, el Sr. Edwin había reservado una habitación en el hotel Panviman Resort para 2 personas, pero no especificó los nombres de las personas que se alojarían».

¿Quién reservó la habitación del hotel Bougain?

«El acusado es la persona que realizó la reserva de la habitación en el hotel Bougain, indicando que se alojarían 2 personas, según el documento de la orden J.35, página 44».

¿Hay cámaras donde se desechan los residuos en el hotel Bougain?

«El lugar donde se desechan los residuos detrás del hotel Bougain es fácil de encontrar. Las cámaras de seguridad instaladas en el hotel Bougain permiten ver fácilmente cuándo una persona entra».

¿Ha interrogado alguna vez al acusado o se ha encontrado con él?

«No soy yo quien interroga directamente al acusado, sino que es otro oficial de policía quien realiza las preguntas. He tenido encuentros con el acusado».

El fiscal realiza la última pregunta antes de dar por concluido el interrogatorio.

¿Está seguro de que la reserva del hotel Bougain era para dos personas?

«La evidencia de la reserva de habitación del acusado, que indica que se alojarán 2 personas, es un formulario general. Sin embargo, en realidad, no se sabe cuántas personas se alojarán según lo indicado en la reserva, según el documento marcado como J.35, página 14/ leído».

Hemos podido ver algunas inexactitudes en la declaración de este oficial. Por lo que se ve, él no entiende mucho de las reservas, de quién las hizo o quién figuraba en ellas, porque también confunde la del hotel Panviman, diciendo que no se especificaba quiénes serían los inquilinos, cuando quedó de manifiesto que Edwin mandó un mail que especificaba que Daniel Sancho se alojaría antes que él; y no solo reza en ese mail, sino que el propio trabajador de dicho hotel también testificó sobre este punto.

17.19. DECLARACIÓN DEL PERITO QUE ANALIZÓ LA CAMISETA DE EDWIN ARRIETA[101]

Vayamos con una de esas declaraciones que, sé de sobra, más incertidumbre causa entre los seguidores de este caso. La testifical de la perito que analizó la camiseta de Edwin, camiseta que nos ha traído a vueltas con las puñaladas.

Como testigo de la acusación, el fiscal abre el turno de preguntas.

«Mi nombre es Kanopronyak, trabajo en el centro de pruebas de evidencias 10, en el grupo de trabajo de inspecciones de armas de fuego y municiones, y he sido la inspectora al cargo de analizar las marcas y desgarros en la ropa de la víctima».

¿Cómo y con qué se produjo el desgarro que la camiseta presenta en la parte trasera desde arriba hasta abajo?

«La rasgadura en la parte posterior de la camiseta de cuello redondo y manga corta de color negro es una rasgadura vertical que va desde la parte superior del cuello hasta el dobladillo inferior de la camiseta, pero no se puede determinar si fue cortada de abajo hacia arriba o de arriba hacia abajo.

El objeto de prueba, que son los cuatro cuchillos, pudieron ser utilizados para cortar una camiseta de cuello redondo y mangas cortas de color negro, causando un desgarro a lo largo desde la parte superior del cuello hasta el dobladillo inferior de la camiseta.

Los cuatro cuchillos como objetos de prueba pueden cortar y dejar esas marcas según las fotografías, es decir, en los documentos 28, páginas 10 a 13».

Queda claro que cualquiera de los cuchillos entregados para el cotejo podrían haber ocasionado dicha rasgadura, por lo tanto, no quedan descartados, simplemente es imposible averiguar cuál fue el causante, ya que los 4 dejan el mismo tipo de señal.

La coacusación declina hacer preguntas, por lo que pregunta el abogado de la defensa.

¿Ha sido lavada la camiseta negra de cuello redondo?

«La camiseta de cuello redondo y manga corta de color negro, según lo que se observa desde el exterior, no tiene signos de haber sido lavada».

Si no ha sido lavada, ¿en qué estado se encuentra dicha camiseta?

«La camiseta de cuello redondo y manga corta de color negro, que es la evidencia, está completamente manchada, pero no se puede confirmar si son manchas de sangre o no».

¿Pueden unas tijeras haber causado el desgarro que presenta la camiseta?

«Las tijeras pueden causar un desgarro en línea recta desde la parte superior del cuello de la camisa hasta el dobladillo inferior».

El fiscal declina hacer preguntas, por lo que el acusado pide permiso para realizar las suyas, y el tribunal se lo concede.

¿Cómo han realizado el cotejo de los 4 cuchillos enviados de muestra?

«Se han tomado los cuatro cuchillos de evidencia y se han comparado con una camiseta de muestra que tiene el mismo tipo de tela que la camiseta negra de algodón de manga corta, que es la evidencia principal. Las marcas de corte son similares a las de la camiseta de muestra, pero no se puede determinar si fueron causados por los cortes de los cuatro cuchillos de evidencia».

¿Pueden separarse las marcas de corte producidas por las tijeras de las ocasionadas por los cuchillos?

«No se pueden separar las marcas de corte de la tela y las tijeras».

¿Podría decir si la camiseta llegó a sus manos en las mismas condiciones que fue recogida? ¿Sabe usted si las marcas de corte que la camiseta presenta en la parte delantera, fueron hechas a posteriori?

«Yo confirmo que la camiseta de cuello redondo de manga corta de color negro, tal como aparece en el documento número J.28, es una evidencia material que el oficial de investigación de la estación de policía de Koh Phangan me envió para su análisis. Yo recibí la camiseta de cuello redondo de manga corta de color negro de acuerdo con las características que se muestran en la fotografía mencionada. En cuanto a la pregunta del acusado sobre si la marca de corte aparecerá en la parte delantera de la camiseta, no lo sé».

¿Podría usted decirnos si las 5 marcas de cortes fueron producidas antes o después de quitar la camiseta?

«No se puede probar si las cinco marcas de los agujeros ocurrieron antes o después de que la persona que llevaba la prenda falleciera».

Si atendemos a la respuesta de esta pregunta, obtenemos la camiseta de Schrödinger, ya que Edwin estaba vivo y muerto al mismo tiempo, puesto que es imposible saber cuándo se ocasionaron, así que descartar una u otra depende del observador. El único que tiene respuesta a esta pregunta es la persona que ha formulado la misma. Paradójico, ¿verdad?

Cierra el turno de preguntas el fiscal.

¿Podría decirnos si los 5 cortes fueron fruto de un corte, o por el contrario, se produjeron al acuchillar?

«Las 5 rasgaduras presentan bordes lisos en la camiseta de cuello redondo y manga corta de color negro. Es imposible distinguir si son el resultado de un corte o si fueron causadas por un objeto duro que la perforó».

Como dije anteriormente, la camiseta de Schrödinger.

Lo que sí ha quedado meridianamente claro tras este análisis es que esos 5 agujeros no fueron realizados para desgarrar la camiseta, básicamente porque de ser así, estos presentarían un intento de presión hacia arriba o hacia abajo por el afán del acusado de tratar de rajar la prenda, pero si solo son producto de la entrada y la salida de un cuchillo, queda bastante claro que, no había intención de desgarro.

17.20. DECLARACIÓN DE LA DUEÑA DEL BOUGAIN VILLAS[102]

Llegaba el turno de una de las declaraciones, al menos para mí, más esperadas: la de la dueña del Bougain Villas, aquel hotel que Daniel alquiló y nunca supo dar una explicación lógica de cuál fue el motivo de dicho alquiler.

Al igual que ocurría con las declaraciones de otros testigos, Rika era llamada a declarar tanto por la acusación como por la defensa, por lo que es el fiscal quien comienza el interrogatorio, siempre con la breve descripción de los hechos que el testigo logre recordar.

«Yo opero un negocio de alquiler de habitaciones en una villa llamada Bougain Villas, que ofrece tanto alquiler diario como mensual. Está ubicada en la playa Salad, en el distrito de Koh Phangan, provincia de Surat Thani. Mi villa se encuentra aproximadamente a 50 metros de la playa Salad, y el restaurante Crystal Day».

El fiscal preguntó entonces dónde se había producido el incidente.

«El homicidio ocurrió en la habitación número 5 de la villa, donde se alojaba el acusado».

¿Cuándo alquiló dicho alojamiento el acusado?

«Sobre este asunto, el Sr. Daniel alquiló mi villa, alojándose del 1 al 4 de agosto de 2023. Reservó la habitación en línea y pagó el alquiler de forma online, realizando un solo pago». Existe evidencia de la reserva, que corresponde a los documentos que el demandante ha presentado ante el tribunal, aceptados bajo el número de referencia J.59.

¿Cuándo llegó el acusado a su villa?

«El 1 de agosto de 2023, a las 17.30 horas, el acusado llegó en motocicleta a mi villa, viajando solo, con una mochila y una bolsa de mano. El señor Daniel, la testigo identificó al acusado en este caso (el testigo señala al acusado en la sala del juicio).

¿Cómo son las estancias en su villa?

«La villa en la que permití al acusado hospedarse es la habitación número 5, la cual tiene un diseño de villa separado en diferentes unidades. Consta de un área de aproximadamente 100 metros cuadrados. Dentro de cada villa, hay una edificación dividida en habitaciones: sala de estar, cocina y baño. En la cocina se puede cocinar, lavar los platos y hay un refrigerador mediano de 2 puertas».

«Según el documento número J.12, las páginas 6 a 12 muestran el estado tanto del exterior como del interior de mi villa, en la habitación 5».

¿Quién acompañó al acusado a su habitación?

«Yo fui personalmente quien llevó al acusado hasta la habitación número 5».

Después de ese día, ¿vio usted en alguna otra ocasión al acusado?

«Después del 1 de agosto de 2023, cuando llevé al acusado a la habitación, no volví a encontrarme con él».

¿Cómo fue ese primer y único contacto?

«Durante ese primer contacto y hasta llegar a la puerta de la villa y abrir la habitación, tuvimos una conversación y un saludo normal. El acusado me informó que había viajado al distrito de Koh Phangan para aprender muay thai.

No le pregunté al acusado cuántas personas estaban de visita, pero fue el propio acusado quien me informó que se alojaba solo».

¿Quién preparó el cartel de la entrada?

«Antes de que el acusado se registrara, yo preparé un cartel con el nombre del acusado y lo coloqué en la puerta de la habitación número 5».

¿Vio usted al acusado acompañado por alguna otra persona?

«Después del 1 de agosto de 2023, que es la fecha en que el acusado se alojó en mi villa, nunca he visto al acusado traer a ninguna persona a dicha habitación».

¿Cuándo volvió a ver al acusado?

«El 4 de agosto de 2023, alrededor de las 11 de la mañana, un oficial de policía junto con el acusado llegó a mi villa. No recuerdo los detalles de lo que el oficial de policía me dijo. Sólo recuerdo que mencionó que había un problema con mi villa y que debían entrar a investigar, impidiendo el acceso a la habitación número 5».

¿Cuándo se enteró usted de lo sucedido?

«El mismo día. Supe por personas externas que había ocurrido un asesinato dentro de mi villa».

¿Accedió alguien externo a la villa número 5?

«Desde que el oficial de policía prohibió la entrada a cualquier persona en la habitación número 5, yo tampoco he permitido que nadie entre en dicha habitación. Además, el oficial de policía también colocó una cuerda para delimitar el área de acceso restringido».

¿Pudo acceder alguien para realizar la limpieza en la villa?

«Durante la estancia del cliente en la villa, si el cliente no solicita que el personal de limpieza entre a limpiar la habitación, la villa no permitirá que el personal entre a realizar la limpieza.

Durante el tiempo que el acusado se alojó en la habitación número 5, no informó al hotel para que el personal de limpieza entrara a limpiar la habitación».

¿Existen cámaras de seguridad en la villa?

«Hay cámaras de seguridad instaladas en la villa, pero no hay cámaras de seguridad instaladas dentro de las habitaciones».

¿Prestó usted declaración anteriormente?

«Tras el incidente, yo declaré ante el investigador en calidad de testigo. Los detalles se encuentran en el acta de declaración que el demandante me mostró, la cual fue aceptada por el tribunal con el número de referencia J.60».

¿Puede usted confirmar su declaración anterior y si la persona de la fotografía del documento J.60 es el acusado y si reconoce a la otra persona de la fotografía número 2?

Según la fotografía, en el documento número J.60, página 2,

en la imagen de la parte superior izquierda, el funcionario que me interrogó me la mostró para que yo confirmara. Yo confirmo que la fotografía en cuestión es del señor Daniel, o del acusado en este caso. En cuanto a la imagen del hombre en la parte superior derecha, que se indica debajo de la imagen como la imagen número 2, nunca he visto a esa persona entrar a mi villa antes. No conozco a ese hombre. En la fotografía del documento número J.60, página 2, en la parte inferior, aparece una persona conduciendo una motocicleta con otra persona sentada detrás. La fotografía mostrada está tomada en el lado opuesto del estacionamiento de mi villa. En la fotografía de la persona que conduce la motocicleta y tiene a alguien sentado detrás, la persona que conduce la motocicleta es el señor Daniel, o el acusado, y la persona que aparece en la fotografía sentada detrás de la motocicleta se parece a la persona en la fotografía de arriba que se indica como la imagen».

Aquí, a la dueña del Bougain se le muestran varias fotografías entre las que se encuentra a Daniel con Edwin en la motocicleta accediendo a su residencia. Como ella bien dice, en dicha imagen reconoce al acusado, pero no reconoce al otro porque nunca llegó a ver a Edwin, que es el pasajero que va con Sancho en dicha motocicleta. Este dato es muy importante, teniendo en cuenta la declaración que realizaría el acusado días después ante el tribunal.

¿Es el letrero que aparece en la fotografía el que usted colocó a la entrada del bungaló?

«Según el documento número J.60, hoja 3, el letrero que aparece es efectivamente el letrero que yo instalé en la habitación número 5».

¿Cuántos cuchillos hay dentro de cada bungaló?

«Dentro de cada habitación de la villa se proporcionan dos cuchillos para que los huéspedes los utilicen. Según el documento número J.60, en la página 4, se menciona que estos cuchillos son los que se encuentran en mi habitación, y son cuchillos pequeños. Después del incidente, la policía confiscó estos cuchillos como evidencia».

Aquí deja claro que la policía confiscó los dos cuchillos que la villa suministra tras el incidente. Los cuchillos de la villa quedaron confiscados ese día. Unas líneas más abajo, entenderéis por qué especifico que los de la villa fueron confiscados.

¿Dónde vive usted?

«Yo resido en una casa de huéspedes que se encuentra cerca de la villa, pero no estoy alojada justo al lado de la villa. Mi casa está aproximadamente a 70 metros de la habitación número 5».

¿Dónde se encontraba usted el día 2 de agosto de 2023, aproximadamente a las 15.00 de la tarde?

«El 2 de agosto de 2023, aproximadamente a las 15.00 horas, yo estaba en mi alojamiento. No escuché ningún grito pidiendo ayuda que saliera de mi villa».

Ahora llega el turno de los abogados adjuntos al demandante.

¿Trabajan más empleados en el recinto? Y de ser así, ¿qué función desempeñan?

«Normalmente, hay empleados y yo misma, que recibimos a los clientes que se hospedan, y por lo general, hay empleados que llevan las maletas. Yo recibí al demandado personalmente. No ayudé al demandado a llevar su equipaje cuando se hospedó».

¿Tiene algún tipo de vigilancia nocturna en la villa?

«En la noche no hay personal de seguridad que supervise y patrulle dentro de la villa».

Ahora llegaba el turno de preguntas para los codemandantes.

Según el documento marcado como J.12, página 7, ¿es correcto que el estado exterior de la habitación número 5 de cada villa tiene una distancia de aproximadamente 4 metros entre ellas, y que las paredes de la villa están construidas con ladrillos o cemento?

«Sí».

Según el documento marcado como J.12, página 8, ¿es correcto que el estado interior de la habitación número 5 incluye el refrigerador mencionado, que corresponde al de la fotografía mencionada?

«Sí».

¿Entró usted antes de la llegada de algún oficial en la habitación número 5?

«Antes de que el oficial de policía entrara a realizar la búsqueda, yo no había entrado en la habitación número 5».

¿Hay bolsas de basura disponibles para los clientes en sus alojamientos?

«Las bolsas de plástico que se utilizan para desechar la basura, las cuales se colocarán nuevamente en el cubo, están disponibles para los clientes en el baño y en la cocina».

Comienza el turno de preguntas para el abogado de la defensa.

¿Cuántas veces se ha alojado el acusado en su villa con anterioridad?

«El acusado se alojó en mi villa por primera vez».

¿Sabía el acusado llegar hasta su villa, o tuvo que pedirle indicaciones?

«Antes de llegar, el acusado me llamó para preguntar la dirección».

¿Le dijo el acusado qué profesión tenía y para qué había venido a Tailandia?

«El acusado no me informó sobre qué profesión tenía. Al principio me dijo que estaba interesado en practicar muay thai.. Luego, me informó adicionalmente que estaba interesado en cocinar, indicando que cocinaría y grabaría unos vídeos».

¿Grabó usted en vídeo al acusado cuando se hospedó en su villa?

«Mientras el acusado se alojaba por primera vez, grabé un vídeo mientras éste revisaba el interior de la habitación».

¿Mostró algún interés especial el acusado por la cocina?

«Durante su inspección, el acusado mostró un interés especial por la cocina. Dentro de la cocina hay una hornilla, un microondas, un horno, una sartén, una olla arrocera, un fregadero y una esponja para lavar platos».

Si un cliente necesita algún material especial para cocinar, ¿se lo proporcionáis en la villa?

«Si el cliente desea cocinar y necesita materiales o equipos adicionales, es responsabilidad del cliente comprarlos por su cuenta. Aun así, desde que el demandado se alojó en la villa, no me informó de que necesitase o le proporcionase materiales o equipos adicionales».

¿Había personas próximas a la villa número 5 el día de los hechos?

«Durante la estancia del acusado en la villa, había clientes alojados en las habitaciones número 1 a 3. En ese periodo, se estaba construyendo una villa cerca de la habitación número 5, con aproximadamente 10 trabajadores de la construcción. Los trabajadores comenzaban a trabajar desde las 8 hasta las 17 horas, aunque en algunas ocasiones terminan un poco más tarde, pero siempre antes de que se oculte el sol».

¿Le comunicó el acusado que grabaría vídeos para su canal de YouTube y que los haría públicos?

«El acusado no me informó que grabaría mientras cocinaba para luego publicarlo en su canal de YouTube».

¿Tuvo alguna otra conversación con el acusado después de aquel día 2 de agosto?

«Después de que hablé con el acusado por primera vez, no volví a tener más conversaciones con él».

¿Cómo se identificó el acusado para poder registrarse en su villa?

«Yo pedí al acusado que enviase su pasaporte a través de la aplicación WhatsApp para verificar su identidad, ya que en la fecha en que el acusado hizo el *check-in*, no tenía el pasaporte original».

El fiscal vuelve a tomar la palabra.

¿Recuerda alguna cosa más de aquel encuentro?

«Según lo que recuerdo, el día que el acusado hizo el *check-in*, informó que le gustaba mucho Tailandia y abrió su maleta para mostrarme un par de guantes».

He de decir, que tras una investigación, los guantes no habían desaparecido y se encuentran en posesión de un compañero de Daniel de la prisión de Koh Samui.

¿Suelen verse las personas de las villas cercanas?

«La villa tiene una cerca de árboles que separa las casas, creando un espacio privado. Las personas que vienen a hospedarse no suelen interferir entre sí».

¿Pueden los clientes comprar alimentos para prepararlos y consumir en la villa?

«Los clientes que se hospedan en la villa pueden comprar alimentos frescos para cocinar o comprar comida preparada para calentar, pero no se permite comprar animales vivos para matar dentro de la villa».

Responde a las preguntas de los codemandantes.

¿A qué distancia aproximada se encuentra el área que está en construcción?

«El área en construcción se encuentra a 12 metros de la habitación número 5».

La testigo puso como ejemplo la distancia que ella misma tenía en la sala hasta la puerta, la cual era aproximadamente de 12 metros.

¿Puede el cliente no encontrarse con el personal de la villa?

«Desde el momento del *check-in* hasta la hora del *check-out*, si el cliente no desea encontrarse con el personal de la villa, el personal de la villa no se encontrará con el cliente».

Daniel pide permiso para poder preguntar y el tribunal se lo concede.

¿Cuándo pudo usted entrar en la habitación para limpiar y cuándo fue la policía a recoger el cuchillo que no incautó durante la inspección y reconstrucción?

«Contando desde el 4 de agosto de 2023, aproximadamente unos 7 días después, pero no recuerdo la fecha. El oficial de policía me permitió entrar en la habitación número 5. Después de eso, limpié la habitación y saqué la basura. Luego, en una fecha que no recuerdo, el oficial de policía volvió a la villa y llevó un cuchillo grande de otra habitación a la estación de policía».

Bien, vamos a hacer una parada aquí muy interesante, donde existen una serie de luces y sombras y donde se ha venido especulando sobre un hecho un tanto peculiar.

La policía incauta un cuchillo 12 días después en una habitación que no es la número 5. Esto es correcto, pero hay un detalle a tener en cuenta. ¿Por qué «el cuchillo»? Pues porque la policía no se lleva un cuchillo de los que tienen en la villa. Como bien dijo Rika, la propietaria, la policía ya había incautado los dos cuchillos pequeños que ellos proporcionan. Sin embargo, lo que la policía fue a buscar el día 16 de agosto de 2023, no eran los cuchillos propios del alojamiento, sino un cuchillo específico que fue uno de los que Daniel compró, el que es cierto que encontraron en otra habitación, pero también es cierto que este era el cuchillo empleado por el homicida, ya que en el resort no hay este modelo.

Ahora para terminar, el fiscal vuelve a tomar la palabra y dispone del último turno de preguntas.

¿Encontró usted manchas de sangre en la habitación?

«Antes de que yo limpiase la habitación número 5, no encontré manchas de sangre dentro de la habitación mencionada. El cuchillo grande que se encuentra en la habitación no es un arma blanca según la fotografía marcada como D.28, hoja 8».

¿Hay tablas de madera para uso de los clientes en la villa?

«En la villa no hay tablas de madera disponibles para los clientes. Sólo hay tablas de plástico delgadas, que son láminas de plástico duro, las cuales están disponibles para todos los huéspedes en cada habitación».

¿Tienen los clientes unas tijeras disponibles dentro de la habitación?

«Dentro de cada habitación hay unas tijeras para que los clientes corten la comida. Al limpiar, no recuerdo si encontré las tijeras o no».

Y así terminaba la intervención de la dueña del Bougain Villas.

Muchos de los que habéis defendido a Sancho con lo único que os habréis quedado de todo este testimonio —que aporta muchísima luz al caso, y más después de escuchar lo que Daniel contará en su declaración—, es con que el acusado dijo que grabaría unos vídeos.

Pero os voy a contar mi hipótesis y por qué creo que hizo tal cosa. Lógicamente, esta es mi apreciación personal, no pido que nadie se amolde o piense como yo.

Cuando Rika le está mostrando el bungalow, él no muestra especial atención en el dormitorio, la piscina, el baño o el salón. No, él imagino con que intenciones, comienza a abrir cajones de la cocina para ver qué materiales tiene a su disposición, abre el frigorífico y lo escudriña minuciosamente. De alguna manera, intenta justificar ante la dueña del recinto tanto interés por esa zona concreta de la estancia, zona que por otro lado es en la que los clientes menos suelen fijarse.

Él tenía que asegurarse de si necesitaba algo más aparte de lo que ya había comprado, y por eso mismo, al día siguiente paró en la ferretería y realizó una nueva compra, porque se dio cuenta de que en el alojamiento no había cuchillos de sierra o algún otro material con el que cortar los huesos. Por lo tanto, esto me lleva a pensar que mientras hacía un registro en profundidad, le iba contando una película a Rika.

17.21. DECLARACIÓN DE LA DUEÑA DE LA TIENDA DONDE DANIEL ALQUILÓ EL KAYAK[103]

Vamos con otra de esas declaraciones importantes a mi parecer, básicamente porque es una de esas personas que se encontró con Daniel cuando estaba llevando a cabo su cruel cometido.

Leamos qué contó al juez la dueña del negocio donde Sancho alquiló el kayak. Como ocurre con todos los testigos propuestos por la acusación, el fiscal da comienzo al interrogatorio.

«Mi nombre es Katahoma, soy propietaria de los bungalows llamados Coral Beach Bungalow, ubicado en la playa de Salad, en el distrito 4 de la localidad de Koh Phangan, en el municipio de Koh Phangan, provincia de Surat Thani. Dicho bungalow se encuentra junto a la playa en el mar».

¿Conoce usted el hotel Bougain?

«No conozco el hotel Bougain. Estoy alojada en la zona de los bungalows mencionados».

¿A qué se dedica en su negocio?

«Además de que me dedico a alquilar bungalows, también me dedico a alquilar kayaks, de los cuales tengo 4. Los kayaks están estacionados en la zona de la playa».

¿Qué puede contarnos de este caso?

«Sobre este caso, el 2 de agosto de 2023, a eso de las 19.00 horas, mientras me encontraba dentro de la tienda, que está en mi bungalow, un hombre extranjero se acercó y me pidió comprar un kayak. Le informé que solo se alquilaban, que no estaban en venta. Después de eso, el hombre se fue. Aproximadamente 10 minutos después, el mismo hombre regresó y sin decir nada dejó 1.000 dólares en moneda extranjera sobre el mostrador.

Luego, el hombre se dirigió a la playa y sacó un kayak rojo de mi propiedad. El hombre arrastró el kayak por la orilla de la playa, donde había luz de neón de la tienda. Cuando me volvió a hablar, estaba a no más de 2 metros de distancia de mí. El hombre extranjero tenía el cabello largo. Dicho hombre en cuestión es el acusado en este caso (la testigo señala al acusado en la sala de juicio). **Después de ese momento, no volví a ver al acusado.**

Luego, al poco tiempo, abrí la aplicación de Facebook desde mi teléfono y encontré una noticia sobre un asesinato. En el contenido de la noticia se incluía una fotografía de la persona sospechosa. Cuando vi la noticia, recordé que la persona sospechosa era la misma que había tomado mi kayak.

El hombre extranjero vino ese día, llevaba una camiseta blanca y pantalones cortos. Ese día se encontraba en un estado normal y no habló de nada más que sobre la compra de un kayak.

Después del incidente, yo di mi declaración ante el investigador como testigo. Los detalles se encuentran en el registro de mi declaración que el demandante me mostró. Sí, se refiere al documento presentado al tribunal con el número J.63, en el cual el investigador presentó una fotografía de un hombre blanco extranjero que solicitó comprar mi kayak. Sí, de acuerdo con la persona en la fotografía, documento J.63, hoja 2, imagen de la izquierda, imagen 3.

Según la fotografía, el documento número J.63, página 3, es una imagen tomada por una cámara de seguridad de otra persona, que muestra la entrada al bungalow de mi propiedad. La razón por la que respondí al investigador, según el documento número J.63, página 3, que no era alrededor de las 21 horas, fue un malentendido por mi parte. El kayak que el acusado se llevó el 2 de agosto de 2023 sí es el kayak que aparece en la fotografía del documento número J.12, páginas 554 a 556. En esa fecha, no vi manchas de sangre en el cuerpo del acusado».

Muy interesantes dos puntos concretos de su declaración. El primero es que cuando le dice a Daniel que no vende kayaks, que solo los alquila, este se marcha y vuelve a los 10 minutos, y el segundo es que no nota nada extraño en la actitud del acusado. No está nervioso, tenso, ansioso, nada, según cuenta la chica, está completamente normal. Teniendo en cuenta que acaba de asesinar y descuartizar a su pareja, estar normal sería cuanto menos extraño.

Los codemandantes declinan hacer preguntas, por lo que ahora es el turno del abogado de la defensa.

¿Podría decirme qué ve en esta fotografía?

«La fotografía que el abogado del acusado mostró es una fotografía de la playa frente a mi bungalow y es una fotografía de mi kayak».

¿Por qué no le dijo nada al acusado cuando se marchó por segunda vez sin mediar palabra?

«La razón por la que no le pregunté nada más al acusado es porque él dejó el dinero en el mostrador y salió de inmediato. Antes de irse, el acusado me dijo que mañana vendría a devolver el kayak».

¿Cómo se encontraba la playa cuando el acusado fue a verla?

«Durante el tiempo en que el acusado vino a verme, había muchos turistas extranjeros en la playa de Salad».

¿Algún extranjero ha usado alguna vez una de sus embarcaciones sin permiso?

«Nunca ha habido un extranjero que haya utilizado mi kayak sin permiso».

¿Podría decirnos cuando ancló el acusado el kayak en la playa?

«No vi cuando el acusado trajo el kayak de vuelta a la playa».

¿Llevaba el acusado alguna mochila, bolsa u otra cosa cuando fue a su tienda?

«Cuando el acusado vino a verme no trajo nada consigo».

¿En qué condiciones le devolvió el acusado el kayak?

«Después de que el acusado devolvió el kayak, no revisé el estado del mismo».

¿Cuándo vio al acusado por última vez?

«Después de que el acusado trajo el kayak de vuelta, no volví a ver al acusado».

El fiscal, como es costumbre, cierra el turno de preguntas.

¿Qué le dijo al acusado cuando este depositó los 1.000 dólares sobre el mostrador?

«No hablé con el acusado mientras éste depositaba 1.000 dólares sobre la mesa del mostrador».

¿Le preocupaba que el acusado no le devolviese el bote?

«No me importaba si el acusado devolvía el kayak o no, pero si el acusado devolvía el kayak, cobraría el alquiler, deduciéndolo del dinero que el acusado dejó en el mostrador».

¿Ha vuelto a ver al acusado en alguna otra ocasión?

«Después de eso, vi al acusado en la estación de policía una vez más, pero no hablamos y no le devolví los 1.000 dólares al acusado».

Siendo sinceros, a la dueña del establecimiento el negocio le salió redondo: Daniel le devolvió el kayak y no le exigió la devolución de los 1.000 dólares de fianza, cosa que, a mi corto entender, tendría que haber hecho la policía para devolver a Edwin el dinero del cual Daniel se apropió para alquilar el bote, ya que más tarde se supo que esos dólares eran del cirujano.

Por otro lado, dato importante a tener en cuenta: una vez Daniel se lleva el kayak, ella no vuelve a hablar con él ese día, por lo tanto,

¿cómo le dijo que habría tormenta? Según cuenta Sancho, la propietaria de la embarcación le dice que va a llover y navegar será peligroso una de las veces que se acerca a la playa.

17.22. DECLARACIÓN PRIMER OFICIAL QUE TOMÓ LA TERCERA DECLARACIÓN DE DANIEL EL 16 DE AGOSTO[104]

Ésta es la testifical de uno de los policías que intervinieron en la investigación de este caso.

«Mi nombre es Chakuitf, soy funcionario de la policía, desempeño mis funciones en la comisaría de Koh Bo Phut, en el distrito de Koh Samui provincia de Surat Thani.

Recibí la orden de la policía provincial de Surat Thani para ser investigador asociado en este caso, según lo indicado en la orden, documento número J.6, hoja 5, número de secuencia 2.9. Mientras estaba de servicio, asistí al interrogatorio del acusado.

Hoja 4, imagen superior, en ella el acusado admite que realmente golpeó a la víctima con la mano izquierda.

Además, presenté una fotografía del cuchillo que se utilizó para desmembrar el cuerpo, según la fotografía marcada como J.41.

En la hoja 5, la imagen superior muestra el cuchillo del hotel Bougain, que el acusado utilizó para desmembrar el cuerpo y que fue dejado en el fregadero.

La imagen del cuchillo en el centro también es del hotel Bougain; el acusado lo olvidó en una bolsa en el hotel Anantara. El acusado declaró que utilizó dicho cuchillo para abrir las bolsas mientras desechaba las partes del cuerpo en el mar.

En cuanto al método de desmembrar el cuerpo, el acusado dijo que utilizó una sierra para cortar la muñeca izquierda de la víctima. Luego, desechó la mano cortada en una bolsa de basura, cortó los brazos y el cuello, utilizando un cuchillo para las partes de carne y una sierra para separar las partes duras, como se indica en su declaración, documento marcado como J.41, hoja 7.

El acusado declaró que las marcas de mordedura en su muñeca fueron resultado de una pelea, ya que antes de morir, la víctima mordió los brazos del acusado por ambos lados. La herida en el dedo fue causada por el acusado al desmembrar el cuerpo, según la declaración en el documento marcado como J.41, hoja 4.

En cuanto al pasaporte de la víctima, el acusado declaró que lo arrojó al mar frente a la playa de Rin junto con otros documentos que había puesto en una bolsa de plástico junto con las partes del cuerpo.

Después de finalizar la declaración del acusado, le hice leer en voz alta lo mencionado, y el acusado firmó el registro de la declaración según el documento marcado como J.41».

¿Amenazaron, coaccionaron o engañaron al acusado durante el interrogatorio?

«Durante el interrogatorio, ni yo ni otros investigadores obligamos, amenazamos, persuadimos o engañamos al acusado para que declarara de ninguna manera».

Los codemandantes declinan hacer preguntas, por lo que es el turno del abogado de la defensa.

¿Se le proporcionó al acusado algún intérprete?

«El abogado Anan puede hablar en inglés y ha hablado en inglés con el acusado. Por otro lado, la señorita Pranpchan, además de ser intérprete, también es abogada».

¿Permitió que se reuniesen el intérprete y el abogado del acusado con él, antes del interrogatorio?

«He dado al abogado y al intérprete tiempo suficiente para hablar con el acusado antes de comenzar a interrogarlo».

¿Por qué en el dibujo que aparece en el documento J.41 página 2, algunas partes del cuerpo tienen una señal en verde y otras en rojo?

«Según el documento número J.41, en la hoja 2, la imagen inferior muestra un número en español sobre la representación de la persona, los números marcados en rojo son las partes del cuerpo que aún no se han encontrado. Los marcados en verde son las partes que ya han sido descubiertas».

¿Acompañó al acusado durante la recreación del día 5 de agosto de 2023?

«El 5 de agosto de 2023, el día en que se llevó al acusado a realizar la recreación de los hechos en relación con su confesión, yo también viajé con ellos».

«La persona que aparece en la fotografía marcada como L.6 lleva una camiseta roja, la cual es una imagen que se muestra mientras se presenta su confesión. ¿Es la misma persona que lleva la camiseta roja, según el registro de declaración durante el interrogatorio del acusado, documento marcado como J.43, página 4, la imagen superior?»

«En esta imagen, durante la recreación de la confesión, la persona que lleva la camiseta roja es un oficial de policía que trabaja en la estación de policía de Koh Phangan, y su apodo es Pon».

¿Dónde obtuvo la imagen del cuchillo que se muestra en este documento?

«Según el documento número J.41, la imagen del cuchillo que aparece arriba es una imagen que obtuve de Google. Éste posee las mismas características que el empleado por el acusado para cortar la carne. No es el cuchillo que el acusado empleó durante el incidente. En cuanto al cuchillo utilizado por el acusado para cometer el delito, no sé si los investigadores lo confiscaron ese día».

¿Para qué dijo el acusado haber comprado la sierra, el cuchillo con agujeros y la tabla de madera?

«La fotografía de la sierra de calar, el cuchillo con agujeros y la tabla de madera. El acusado declaró inicialmente que los compró para grabar un video para YouTube, pero luego cambió su declaración y dijo que había utilizado los tres artículos mencionados como herramientas para desmembrar un cuerpo, según se indica en la declaración del documento número J.41, página 7».

Como podéis ver, este oficial siempre habla de la declaración que figura en el documento J.41, la cual es la tercera realizada el 16 de agosto y donde realmente Daniel dice haber comprado los artículos con ese fin, pero esto no es lo admitido en las 2 anteriores del 5 y el 6 de agosto, que figuran en los documentos J.39 y J.40.

¿Cuántos artículos compró en total el acusado?

«El acusado compró un total de 25 artículos, algunos de los cuales no se utilizaron como herramientas para desmembrar el cuerpo».

¿Qué dijo el acusado sobre los artículos adquiridos en el Limpipong Home Mart?

«Sobre el testimonio del acusado que compró una sierra de calar, compró un cuchillo y compró una tabla de madera, el acusado dio declaraciones diferentes entre el testimonio del 5 de agosto de 2023 y el del 16 de agosto de 2023».

¿Veis? Aquí el oficial de policía se da cuenta que le están haciendo el lío y aclara que Daniel da versiones diferentes entre sus primeras declaraciones y la del 16 de agosto.

El fiscal vuelve a tomar la palabra para preguntar.

¿Cuándo interrogó usted al acusado?

«Yo interrogué al acusado el 16 de agosto de 2023».

¿A qué corresponde la imagen del documento J.43, hoja 4?

«Según el documento número J.43, hoja 4, la imagen superior es la que se utilizó para llevar al acusado a realizar un plano como parte de su confesión, y se ha registrado la imagen. La imagen mencionada corresponde a la fotografía del documento J.43, hoja 5, en la fila del medio».

¿De dónde provienen las fotografías que presenta?

«La fotografía que presento para la investigación del acusado proviene de las imágenes en el expediente que ya se han utilizado en la investigación del acusado anteriormente».

El acusado solicita permiso para preguntar, y dicho permiso es otorgado por el juez.

¿Sabe usted dónde se encontró el cuchillo usado por el acusado?

«El 5 de agosto de 2023 viajé al hotel Bougain, donde ese día se llevó a cabo la reconstrucción de los hechos con el acusado, quien confesó que el cuchillo utilizado en el delito fue desechado en el fregadero. Durante la reconstrucción, el cuchillo seguía estando en el fregadero».

¿Para qué se le volvió a tomar declaración al acusado el día 16 de agosto?

«La razón por la que interrogué al acusado nuevamente el 16 de agosto de 2023 fue para preguntar sobre el tema de las armas blancas, ya que se utilizaron varios cuchillos en la comisión del delito».

Y por último, como es habitual, cierra el turno de preguntas el fiscal.

¿Por qué se le preguntó al acusado sobre los cuchillos el día 16?

«La razón por la que se preguntó sobre el tema de las armas el 16 de agosto de 2023 fue para confirmar si el cuchillo encontrado en el fregadero durante la recreación de los hechos coincidía con lo que se había declarado».

17.23. SEGUNDO OFICIAL QUE TOMÓ LA TERCERA DECLARACIÓN DE DANIEL DEL 16 DE AGOSTO[105]

A continuación, vamos a escuchar la testifical de otro de los oficiales que trabajaron en la investigación.

Comenzamos, como siempre, con las preguntas del fiscal.

«Mi nombre es Sekskuh, desempeño mis funciones en la comisaría de Bo Phut, en el distrito de Koh Samui de la provincia de Surat Thani.

Ocupo el cargo de oficial de investigación y tengo la obligación de investigar todos los casos penales ocurridos en la zona de Bo Phut.

Recibí la orden de la policía provincial de Surat Thani para formar parte del equipo de investigación conjunta para llevar a cabo la investigación en este caso, según el documento de orden J.6, hoja 5, número 2.16.

Se me ha asignado la tarea de interrogar al testimonio del señor Daniel, quien es el acusado en este caso (testigo identifica al acusado en la sala de audiencias).

El 16 de agosto de 2023, junto con el teniente coronel Chakrit, viajé a investigar al acusado en la prisión del distrito de Koh Samui. Según el registro de la declaración del acusado en la investigación adicional, documento número J.41, se dispuso de un abogado, el señor Anan Chuaiprabhat, que fue proporcionado por el acusado, y se organizó un intérprete de inglés, la señorita Prapanicha, que fue proporcionada por el investigador. El acusado no objetó ni se opuso al abogado o al intérprete.

En la investigación, se interrogó al acusado a través de un intérprete que traducía al inglés. El intérprete traducía al inglés para que el acusado lo escuchase, y después de que el acusado respondiese a las preguntas, el intérprete traducía al tailandés para que yo lo escuchase. Luego, yo iba escribiendo en la computadora portátil pregunta por pregunta.

Yo y el teniente coronel Khrokit nos turnamos para hacer preguntas y redactar las respuestas.

Después de completarse la investigación, el intérprete tradujo el texto para que el acusado lo escuchase antes de firmar, sin que el acusado objetase o se opusiese».

Los codemandantes declinan hacer preguntas, por lo que es el turno del abogado defensor.

¿Se pudo reunir el acusado con su abogado y el intérprete?

«Antes de comenzar el interrogatorio, se organizó para que el abogado y el intérprete pudieran hablar con el acusado. La sala en cuestión tiene capacidad para aproximadamente 3 personas».

¿Llevó usted la declaración del día 5 de agosto para que fuese leída al acusado?

«No llevé la declaración del acusado que se dio el 5 de agosto de 2023 para que el intérprete la leyera antes al acusado, sino que se leyó mientras comenzaba el interrogatorio».

¿Ha leído la declaración original del acusado?

«No he leído la declaración original del acusado».

¿Cómo conoce algunos detalles de la primera declaración, si no la ha leído?

«La solicitud de prisión preventiva por tercera vez aún contiene detalles de la declaración del acusado en la fase de investigación del 5 de agosto de 2023».

El fiscal vuelve a retomar el turno de preguntas.

Cuando presentó la primera orden de prisión preventiva ¿había tomado alguna vez declaración al acusado?

«El día en que presenté la solicitud de prisión preventiva del acusado por primera vez, en ese momento, aún no había interrogado al acusado adicionalmente el 16 de agosto de 2023».

¿Llevaba usted la declaración del 5 de agosto del acusado consigo cuando fue a tomar declaración el 16 de agosto?

«Yo llevaba la declaración del acusado en la investigación del 5 de agosto de 2023 para interrogar al acusado. Mientras lo interrogo, le pregunto si lo que declaró el 5 de agosto de 2023 es correcto o si contradice o coincide con la declaración que dará el 16 de agosto de 2023».

Daniel pide permiso para preguntar y el juez se lo concede.

«El acusado preguntó al testigo si había estado presente con el teniente coronel Khrokit para interrogar al acusado en la prisión. El testigo declaró que había participado en la investigación junto con el teniente coronel Khrokit en la prisión del distrito de Koh Samui».

Y no habiendo más preguntas por ninguna de las partes, se da por concluida esta declaración.

17.24. DECLARACIÓN DE LA INTÉRPRETE DE DANIEL DURANTE SU TERCERA DECLARACIÓN DEL 16 DE AGOSTO[106]

Declaración de la intérprete que asistió a Daniel el 16 de agosto de 2023 en la cárcel de Koh Samui, donde acudió en compañía del abogado Khun Anan.

Como testigo de la acusación, comienza preguntando el fiscal.

«Mi nombre es Prapachitha, trabajo como intérprete de inglés profesional para extranjeros.

Sobre este caso, antes de que yo asumiera la función de intérprete en este asunto, 2 o 3 días antes, el teniente coronel Khrokit me llamó por teléfono para pedirme que, fuera a traducir al inglés al Sr. Daniel, quien iba a ser interrogado para un testimonio adicional. Yo acepté.

El 16 de agosto de 2023, alrededor de las 9 de la mañana, me dirigí a la prisión del distrito de Koh Samui, donde en ese momento el Sr. Daniel estaba detenido. Allí me encontré con el Sr. Daniel, quien es el acusado en este caso (testigo que identifica al acusado en la sala de juicio). En ese día, también estuvo presente el abogado defensor, el Sr. Anan, quien participó en el interrogatorio del acusado.

Yo firmé el registro de la declaración adicional del acusado en calidad de intérprete, como se indica en el documento número J.41.

(El testigo explicó, además, que en la fecha en que se interrogó al acusado en la prisión del distrito de Koh Samui, el abogado defensor se reunió con el acusado de manera privada primero). La sala en cuestión era un gran vestíbulo, con una puerta que separaba el vestíbulo de la sala de interrogatorios, que era una habitación más pequeña. Después de que el abogado salió, yo también entré para hablar con el acusado de manera privada, pero no cerré la puerta de la sala. Y durante la conversación entre el acusado y yo, nos comunicamos a través de un teléfono, pero podíamos vernos las caras, ya que entre el acusado y yo había una reja y un cristal que separaba otra capa. Luego, cuando el investigador iba a comenzar a interrogar al acusado, el investigador también entró en la misma sala que yo.

En la investigación, el funcionario de investigación interrogó al acusado a través de mí. Yo traduje al inglés para que el acusado escuchase. Después de que el acusado respondía, yo traducía al tailandés para que el funcionario de investigación escuchase. Luego, el funcionario de investigación registraba las respuestas en una computadora portátil, haciendo preguntas y respuestas una por una.

El funcionario de investigación no obligó, intimidó o indujo al acusado durante el interrogatorio. El acusado proporcionó su testimonio de manera voluntaria.

Después de que el investigador interrogó, se presentó según el documento número J.41. Yo leí y traduje al inglés para que el acusado lo escuchara antes de que firmara. El acusado no presentó objeciones».

¿Cómo se mostró el acusado durante el interrogatorio?

«En el día del interrogatorio, el acusado lloró y sollozó, mostrando una gran tristeza al responder las preguntas. Por lo tanto, tuvimos que esperar a que el acusado se calmase o se relajase primero.

Hubo un momento en que el acusado, al escuchar la pregunta, se desplomó, lo que hizo que no pudiera ver al acusado a través de las rejas y el cristal».

¿Cuándo fue la siguiente vez que vio al acusado?

«El 19 de octubre de 2023, el investigador me pidió que actuara como intérprete para traducir al acusado una vez más en la prisión del distrito de Koh Samui, con el fin de informarle sobre cargos adicionales. Según el registro de la declaración de la investigación adicional, documento número J.42, en esa fecha estaba presente un abogado llamado «Señor Sushi», quien me informó que había sido designado por el padre del acusado para participar en la investigación del acusado ese día. En esa ocasión, se le informaron cargos adicionales al acusado por el delito de tomar el pasaporte del difunto, lo que podría causar daño al difunto o a otras personas.

En ese día, el acusado no quiso declarar, ya que no confiaba en el abogado que no mantuvo el secreto profesional. El acusado solo quería reunirse con la señora Alice».

Parece mentira cómo cambió la actitud de Daniel en el momento que entró en juego Alice.

¿Cómo pudo influir tanto sin ser esta mujer asistenta letrada o abogada? Espero que algún día tengamos respuestas a estas preguntas.

¿Presentó alguna objeción el acusado al firmar el registro de la declaración adicional?

«Registro de la declaración adicional en la fase de investigación del acusado, este no objetó».

Tras declinar los codemandantes realizar preguntas, es el turno del abogado defensor.

¿Qué experiencia tiene como traductora?

«Antes de ejercer como abogada, trabajé como intérprete de idiomas durante más de 10 años, y tengo experiencia en la interpretación para casos tanto en la fase de investigación como en el tribunal, donde he trabajado en más de 100 casos».

¿Reconoce a las personas que aparecen en esta foto? De ser así ¿sabría decirnos qué función realizaron durante el interrogatorio?

«El 16 de agosto de 2023, yo fui la intérprete para el acusado en la prisión del distrito de Koh Samui. Estaba presente el teniente coronel Khrokit, quien es el investigador, así como un asistente del investigador y otras personas que aparecen en la fotografía dentro del círculo rosa, según la fotografía marcada como L.10. Estas personas estaban presentes en la sala de interrogatorios y ayudaban al investigador, por ejemplo, en el caso de que el teniente coronel Khrokit no pudiera abrir un archivo, ellos ayudaban a solucionarlo. Estas personas saludaron al acusado como si se conocieran de antes».

¿Habló el investigador directamente con el acusado?

«El investigador no habló directamente por teléfono con el acusado, sino que fue un asistente y un abogado quienes hablaron directamente con el acusado por teléfono. El testigo explicó que la conversación telefónica no se realizó a través de un sistema de llamadas, sino que fue una conversación telefónica en la que estaban sentados en diferentes habitaciones, pero podían verse las caras».

«El fiscal cuestiona en el registro de declaración en la fase de investigación en el documento número J.41, que hay un oficial de policía de rango de teniente y otro oficial de policía de rango de subteniente que firmaron conjuntamente en la investigación/leído».

Y no habiendo más preguntas, se da por concluido este interrogatorio.

17.25. DECLARACIÓN DE KHUN ANAN[107]

Uno de los llamamientos para declarar de la fiscalía que más incredulidad y desconcierto creó fue el de Khun Anan, quien había sido el abogado contratado por la familia de Sancho durante los primeros días del suceso.

Resultaba extraño que fuese a prestar declaración aquel que, amparado por el secreto profesional, al menos en nuestro país, tiene prohibido revelar lo hablado o tratado con su defendido.

Pero creo que será mejor escuchar lo que contó ante el juez y así entender el porqué de este llamamiento.

Comenzamos con las preguntas de fiscalía.

«Mi nombre es Anan, y fui el abogado durante la fase de la investigación del Sr. Daniel Jerónimo Sancho, quien es el acusado en este caso (el testigo identifica al acusado en la sala del juicio).

Sobre este caso, el 5 de agosto de 2023, fui contactado por la oficina de abogados llamada Siam Royal International Accounting, que me informó que dicha empresa había sido contactada por la familia del acusado para que yo actuara como abogado del mismo durante la fase de investigación. Posteriormente, el 7 de agosto de 2023, que es el día en que el investigador presentó la solicitud de prisión preventiva por primera vez, el acusado firmó el documento de nombramiento para que yo fuera su abogado».

Como podéis ver, Daniel firma la documentación para que Anan se convierta en su abogado el día 7 de agosto, cuando ya había realizado su primera declaración y la ampliatoria de la misma. Por lo tanto, es falso que Khun lo acompañase durante esas testificales.

«Antes de que el acusado firmara el documento designándome como su abogado, yo presenté documentos que confirmaban la conversación por correo electrónico entre la familia del acusado y la empresa Siam Royal, para verificar que realmente había estado en contacto con la familia del acusado, hasta que el acusado firmó el documento de designación que me nombraba su abogado».

¿Qué idioma habla el acusado?

«El acusado es una persona de nacionalidad española, pero habla inglés».

¿Habla usted ese idioma?

«Además de ejercer la profesión de abogado, que me proporciona conocimientos en el ámbito legal, también hablo inglés».

¿Cuándo se reunió con el acusado la primera vez? ¿fue en la comisaría de Koh Phangan?

«No fui a ver al acusado en la comisaría de policía de Koh Phangan. Debido a que supe que el 7 de agosto de 2023 el investigador presentó al acusado la segunda detención ante el tribunal provincial en la isla de Koh Samui, me trasladé a encontrarme con el acusado en el tribunal de la provincia de Koh Samui.

Ese día, tuve la oportunidad de sentarme y hablar con el acusado, quien no presentó objeciones, ya que confía en su familia».

Aunque pueda parecer una nimiedad, no lo es. Daniel quiere basar su testimonio y parte de su línea de defensa en que nunca reconoció que premeditase el crimen. Como sabe que Anan nunca lo escuchó decir tal cosa, intenta hacer ver en su declaración que estaba asistido por este en su segunda testifical, pero, como podéis ver, esto es totalmente falso.

¿Cuándo asistió usted al primer interrogatorio como abogado del acusado?

«El 16 de agosto de 2023, los investigadores llevaron a cabo un interrogatorio adicional al acusado en la prisión del distrito de Koh Samui. Yo, junto con la señorita Prapanicha, intérprete de inglés, viajamos a la prisión del distrito de Koh Samui para participar en dicho interrogatorio. También firmé el registro de la investigación adicional según el documento número J.41, en calidad de abogado».

¿Cuál es su cometido a la hora de prestar su declaración ante la audiencia?

«Mi función al participar en la audiencia de la investigación es proporcionar asesoramiento tanto sobre los hechos como sobre el derecho, protegiendo los derechos del acusado. El testigo explica además que antes de que el investigador comenzara a interrogar al acusado, yo hablé en privado con el acusado durante aproximadamente 10 minutos».

¿Cómo se realizaron las preguntas al acusado durante el interrogatorio al que usted asistió en calidad de abogado del acusado?

«En la investigación, el investigador interrogaba al acusado a través de un intérprete, pregunta por pregunta. Después de recibir las respuestas del acusado a través del intérprete, el investigador las escribía en una computadora portátil».

¿Observó usted amenazas o coacciones por parte de los investigadores hacia su defendido para obtener su declaración?

«El personal de investigación no obligó, amenazó, coaccionó ni indujo al acusado para que declarara. El acusado declaró de manera libre y voluntaria. Yo estuve presente y el acusado declaró por su propia voluntad».

¿Leyó usted el documento donde se recogía la testifical del acusado, antes de que este lo firmase?

«Antes de que el acusado firmara el documento número J.41,

yo leí el texto mencionado anteriormente y lo consideré correcto. Antes de que el acusado firmara, no presentó ninguna objeción».

Los abogados de los codemandantes declinan realizar preguntas, por lo que es el turno del abogado de la defensa.

¿Qué experiencia tiene como abogado y a cuántos interrogatorios ha asistido?

«Hasta la fecha, he ejercido la profesión de abogado durante 18 años. He participado como abogado en más de 10 interrogatorios a acusados».

¿Habló usted con la familia del acusado directamente para ser asignado como abogado?

«No hablé directamente con la familia del acusado, sino que fue una conversación a través de la empresa Siam Royal. Antes de que el acusado firmara, supe por la empresa Siam Royal el nombre del perro del acusado. Cuando mencioné el nombre al acusado, él creyó que yo era el abogado que había sido contactado por la familia del acusado.

Antes de que yo aceptara ser el abogado del acusado, tuve conversaciones con los empleados de la empresa Siam Royal sobre este caso, además de que investigué información en línea relacionada con este asunto antes de asumir el papel de abogado».

Me parece curioso que, pudiendo Daniel tener contacto vía videollamada con su padre y en persona con su madre, para poder confiar en Khun Anan, este tuviese que decirle el nombre de su perro. Esto parece una película mala de espías con santo y seña.

Imagino que con que Rodolfo en una de sus comunicaciones o Silvia en una de sus visitas le hubiese dicho «oye, que tu nuevo abogado se llama Khun», habría sido suficiente.

¿Vio o se reunió en alguna ocasión antes del 16 de agosto con el acusado?

«Antes del 16 de agosto de 2023, que es la fecha en la que se llevó a cabo la declaración del acusado, yo ya me había encontrado con el acusado en tres ocasiones anteriormente, en la prisión del distrito de Koh Samui. En una de esas ocasiones, un miembro de la junta de Siam Royal, que es español, también participó en el encuentro con el acusado, y dicho miembro habló directamente en español con el acusado. Además, también me encontré con el acusado una vez más en el tribunal del distrito de Koh Samui».

¿Estuvo presente durante la reunión del director de la empresa Siam Royal y su defendido?

«Mientras el director de la empresa Siam Royal, que es español, hablaba con el acusado, yo estaba presente».

¿Qué ocurrió durante ese encuentro?

«Después de que el acusado habló con el hombre español, yo le hice más preguntas directamente al acusado, utilizando el inglés. La razón por la que el hombre español pudo comunicarse directamente con el acusado es porque ambos hablaban el mismo idioma, lo que les permitió comunicarse mejor que en inglés».

¿Estaba presente durante el interrogatorio del día 16 el jefe de la investigación Sr. Khrokit?

«En el día de la declaración adicional del acusado, el 16 de agosto de 2023, había entre 2 y 3 funcionarios de investigación y asistentes presentes. No estoy seguro si el jefe de los investigadores se llama Khrokit, pero sí es una persona que lleva una camiseta negra y un sombrero, tal como se muestra en la fotografía del documento L.8, página 7, imagen 13».

¿Podría reconocer a esta persona?

«La persona que se encuentra en el círculo rosa, según la fotografía marcada como L.10, es un oficial de policía. No recuerdo si el 16 de agosto de 2023 estuvo presente o no, pero dicha persona actuó como intérprete para el acusado el 7 de agosto de 2023, ya que el acusado confió en él».

¿Leyó el investigador al acusado la primera declaración que este había realizado?

«El 16 de agosto de 2023, el investigador no leyó la declaración original del acusado para que este la escuchara. Sin embargo, anteriormente yo había hecho una copia de la declaración del acusado. En esa fecha, se llevó a cabo un interrogatorio para ampliar la información, ya que el investigador utilizó preguntas que estaban impresas en una computadora portátil para interrogar al acusado y así explicar los detalles de manera más precisa».

¿Por qué el abogado de la defensa hace esta pregunta? Pues básicamente porque Daniel, cuando comienza esta declaración, lo primero que hace es ratificar las anteriores. Si Anan admite que no se las leyeron, podrían sembrar la duda de que las transcripciones de la policía no eran correctas y que dicha declaración podría haber sido manipulada como alegaba la defensa, pero claro, aquí, con lo que no contaban, como dice Khun, aunque no se la leyeron, él ya había hecho fotocopias con anterioridad, por lo que su defendido conocía perfectamente lo que ponía en ellas y, aun así, se RATIFICÓ.

¿Anotó las respuestas que el acusado dio en su interrogatorio?

«Durante el interrogatorio, anoté todas las respuestas del acusado. Sabía de antemano que el acusado desempeñaba el papel de chef y que se grababa en vídeo».

El fiscal vuelve a tomar el turno de palabra.

¿Qué tipo de relación observó o le contó el acusado que mantenía con el hombre de esta fotografía?

«Mientras me encontraba con el acusado, vi que este hablaba únicamente con el hombre que estaba en el círculo según el documento número 10, y observé que ambos tenían una buena conversación. El acusado confió en mí y me informó de que cuando estaba con ese hombre, se sentía a gusto y relajado».

El acusado pide permiso al tribunal para preguntar, y este se lo concede.

¿Admitió el acusado durante el interrogatorio en el que usted estuvo presente, ser el autor del homicidio?

«Mientras yo actuaba como abogado durante el interrogatorio del acusado, este no admitió ser el autor del homicidio, solo habló sobre el desmembramiento del cuerpo de la víctima».

Aquí Anan deja claro dos cosas, la primera es que Daniel nunca dijo que él fuese el causante del asesinato de Edwin durante la declaración que él presenció, pero también especifica que, durante su declaración, solo habló básicamente del descuartizamiento. ¿Saben por qué? Pues porque al comienzo de dicha declaración, ratificó las anteriores y no tuvo que volver a detallar ni a contar en esta el momento del crimen, por lo que es cierto que no se culpó del homicidio, pero básicamente porque no habló de ese punto.

Tras la pregunta de Daniel, vuelve a preguntar su abogado defensor.

¿Cuándo realizó el acusado su declaración adicional?

«El acusado proporcionó una declaración adicional según el documento número J.41, aproximadamente 10 días después de la primera declaración del acusado».

Después de esta pregunta, que en realidad tiene poca importancia, ya que sabemos desde que comenzó el interrogatorio a Khun que su declaración fue aproximadamente 10 días después de la última que realizó el 6 de agosto de 2023, el fiscal declinó hacer más preguntas y el interrogatorio se dio por concluido.

Como podéis ver, Anan no reveló secretos de las conversaciones mantenidas con su defendido.

Su declaración se basó única y exclusivamente en las contradicciones surgidas con la forma en que se procedió, si había o no intérprete, si con relación a las declaraciones anteriores, él tenía algún dato que pudiese hacer sospechar que hubiesen sido manipuladas o algún dato que avalase la palabra del acusado, que era el único que sostenía este punto.

Después de ver lo que Anan declaró ante el tribunal, no puedo dejar de pensar en ese aire de triunfalismo que los abogados de la defensa fueron promulgando por los platós, diciendo que este había avalado todo lo dicho por ellos.

En fin, aquí tienen su testifical, juzguen ustedes mismos.

17.26. PERITO QUE ANALIZÓ EL ADN DEL CUCHILLO ENCONTRADO EL 16 DE AGOSTO[108]

Por las salas de los juzgados en este tipo de sucesos pasan muchísimos expertos y uno de esos expertos que suelen ser fundamentales para la resolución de muchos de los casos de homicidio son los encargados del ADN.

En este caso, además, la aportación de esta perito fue muy controvertida, ya que la defensa decía que en el cuchillo encontrado en el Bougain Villas había 3 perfiles genéticos y por lo tanto estaba contaminado. Veamos qué nos cuenta la experta.

Como siempre, al ser un testigo de la acusación, abre la ronda de preguntas el fiscal.

«Mi nombre es Ajarake, trabajo como científica en el centro de pruebas de evidencia 10, en el grupo de trabajo de biología y ADN, T. Sadaeng, provincia de Yala.

Terminé mis estudios de licenciatura en la Facultad de Ciencias, especialidad en Microbiología, en la Universidad Kasetsart.

Llevo trabajando en el Centro de Pruebas de Evidencia 10 desde el 1 de febrero de 2018 hasta la actualidad.

Antes de trabajar en el área de análisis de material genético, se debe pasar una prueba, pero no hay un curso de formación establecido.

Sobre este caso, el 21 de agosto de 2023, el investigador presentó un objeto de prueba, un cuchillo de punta afilada, para que yo pudiera analizar los materiales genéticos que pudieran estar adheridos a dicho cuchillo. Esto se detalla en el documento de entrega de la evidencia para su análisis, documento número J.22. El cuchillo en cuestión es de punta afilada, con un mango de color negro, y tiene un ancho de 1 a 2 pulgadas, aunque no recuerdo su longitud exacta. El arma blanca mencionada en el testimonio es efectivamente el cuchillo que aparece en la fotografía del documento J.28, página 7.

Después de eso, se realizó la verificación del arma blanca y se elaboró un informe sobre los resultados de dicha verificación, según el documento de notificación de resultados de verificación, documento número J.23. En la recolección, se dividió en 1.1, que corresponde a la recolección de material genético del mango, y 1.2, que corresponde a la recolección de material genético de la punta.

En el mango del cuchillo no se encontraron sustancias genéticas ni manchas de sangre. En la punta del cuchillo no se encontraron manchas de sangre, pero se detectó material genético, el cual presenta características de contaminación de más de una persona. Este material genético coincide con el material genético de los restos del cadáver, sobre lo cual he elaborado un informe de resultados según el documento número J.23, página 2, inciso 6.1.1. Además, se encontró material genético contaminante en la punta del cuchillo, que coincide con el material genético del señor Daniel, según el documento número J.23, página 3, inciso 6.1.3.2».

Aquí puede que radique el error de interpretación de la defensa, voy a explicar el porqué.

Lo primero que dice es que en el mango no hay material genético, cosa normal si se ha limpiado o usado con guantes, pero lo verdaderamente importante es lo que nos encontremos en la punta.

En el examen de dicha punta, la especialista dice que hay contaminación; claro, ella se refiere a que no hay solo un perfil genético de una persona, sino que ese perfil, está contaminado con el de otra persona. Ésa es la contaminación.

«He traído el material genético que se obtuvo de la punta del cuchillo para compararlo con las muestras de material genético de las partes del cuerpo y del señor Daniel, que la oficial de policía, la teniente Irun, quien es la encargada de la inspección del material genético de las partes del cuerpo y del interior de la habitación donde ocurrió el incidente, trajo para comparar con los resultados de mi análisis, según se detalla en el documento número J.21, páginas 22 a 28 y páginas 29 a 36.

El método para comparar material genético se lleva a cabo tomando las muestras que se han recibido para su análisis y examinándolas con sustancias químicas. Después, se elabora una tabla de comparación con las muestras de material genético».

«El testigo explicó además que la razón por la cual no se pudo comparar con la base de datos del Centro de Pruebas de Evidencia 20 es que, en este caso, se debe hacer una comparación con el material genético de una sola persona. Sin embargo, para este suceso, se debe de realizar la comparación del material genético de dos personas mediante el método de hacer una tabla comparativa según el informe de verificación de documentos número J.23, hoja 4, punto 6.2».

¿Por qué no se encontró material genético en el mango del cuchillo?

«Las razones por las cuales no se detectaron material genético en el mango del cuchillo pueden deberse a varias causas: 1. No hay material genético presente; 2. Hay material genético presente, pero puede haber sido destruido por sustancias químicas, por luz UV o por lavado; 3. La cantidad de material genético presente es demasiado baja; o 4. La persona que sostuvo el mango del cuchillo puede haber usado guantes, lo que impidió que quedara material genético en el mango».

¿Cómo sabe que hay ADN del Sr. Daniel y de los restos del cuerpo en el cuchillo?

«La razón por la que sé que hay material genético del señor Daniel en el hisopo es porque se me informó que se recolectó material genético de la mucosa bucal del señor Daniel, como se indica en el documento de la orden judicial n. 23, página 4, punto 27. Además, también se ha analizado el material genético en la punta del cuchillo y los resultados mostraron que coincide con el material genético obtenido de los restos del cuerpo, lo que indica compatibilidad».

La coacusación declina hacer preguntas, por lo que toma la palabra el abogado de la defensa.

¿Cómo ha verificado sus análisis?

«He verificado según las pruebas materiales mencionadas en el documento de referencia J.23, página 2, puntos 2.1 y 2.2. Posteriormente, he elaborado un informe sobre los resultados de la verificación, como se indica en el documento de referencia J.21, donde he presentado los resultados de la verificación de las pruebas materiales de los puntos 2.1 y 2.2».

¿De dónde puede provenir el material genético encontrado?

«El material genético que se puede encontrar en la evidencia puede provenir de manchas de sangre, que se obtienen de glóbulos blancos, de secreciones, de tejidos y del contacto».

¿Puede venir ese material genético del sudor?

«El sudor no puede contener material genético, pero el sudor puede ser un portador de material genético que se adhiere a la piel y se transfiere a la evidencia que se va a analizar para detectar material genético».

¿Qué elemento ha analizado?

«Yo presento los resultados de la prueba de material genético según el documento de referencia J.23 para ser verificados con las pruebas materiales que se me han asignado para examinar, que son un cuchillo, pero solo se encontraron algunos elementos, según el informe de resultados del documento de referencia J.23».

¿Cómo deben de llegar los objetos para su análisis?

«Los objetos de prueba que se envían deben ser almacenados en un estado sellado, firmados por la persona que los envía y no deben tener rasgaduras en el sobre de almacenamiento».

Toma la palabra de nuevo el fiscal.

¿Cómo ha realizado su verificación?

«Como reza en el informe de verificación, en el documento número J.23, página 2, punto 2.3, he presentado el informe de resultados de la verificación según el documento número J.24, que fue verificado por la oficial de policía, la teniente coronel Percherto, y lo he comparado. En cuanto a los resultados de mi verificación según el documento número J.23, página 2, punto 2.2, he tomado los resultados de la verificación según el documento número J.21, que fue verificado por la oficial de policía, la teniente coronel Airun, y lo he comparado».

¿Cómo ha comparado el material genético encontrado en la punta?

«El material genético encontrado en la punta ha sido preparado de acuerdo con el documento número J.23, hoja 5. Luego, se compararon los resultados del material genético encontrado en el arma blanca con el material genético que se utilizó como muestra para la comparación de ambas personas».

Tras el fiscal, Daniel, pide permiso al juez para preguntar al testigo y este se lo concede.

¿De cuántas personas ha encontrado material genético en la punta del cuchillo?

«El material genético que encontré en el arma blanca muestra el material genético de solo dos personas: de un fragmento del cadáver y del señor Daniel. No sé el nombre del fragmento del cadáver».

Creo que aquí la científica deja bien claro que en el cuchillo nunca se encontró ADN de tres personas, en ese cuchillo solo hay material genético de dos: Daniel y Edwin.

Esperemos que Marcos García Montes en algún momento cambie su discurso y descubra que por mucho que se repita una mentira, nunca llegará a ser verdad.

Si en su recurso siguen por el mismo camino y queriendo hacer ver lo blanco negro, pueden ahorrarse tiempo, dinero y esfuerzo.

¿Es este el cuchillo que usted ha examinado?

«La fotografía que el acusado mostró es una imagen del vídeo de YouTube, que corresponde al momento en que se realizó la reconstrucción del crimen con el arma blanca que aparece durante dicha reconstrucción».

«No puedo decir si se trata del arma blanca que he examinado. (El acusado afirma haber enviado imágenes para ilustrar el plan, junto con su confesión. El tribunal las ha aceptado como prueba)».

Daniel pensaba que a un perito le enseñas un vídeo de YouTube donde se ve a unos policías coger un cuchillo y él va a decir si es o no es el que ha examinado, cuando para poder afirmarlo tiene que estar certificado.

Entiendo que este punto no lo sepa el acusado, que no es abogado y es neófito en cuanto a asuntos legales, pero que su asesoría formada por dos bufetes de abogados y además un abogado de oficio tampoco lo sepan, es cuando menos grave.

¿Pensáis que si la perito no es capaz de asegurar que ésa sea el arma, el juez va a dar veracidad a un vídeo de YouTube?

Después de Daniel, el fiscal declinó hacer más preguntas y el interrogatorio a la genetista se dio por concluido.

17.27. DECLARACIÓN DEL PSICÓLOGO DE PARTE PROPUESTO POR LA DEFENSA[109]

Llegaba el turno de los peritos de parte. Creo que yo, al igual que todos, esperábamos un despliegue de medios alucinantes, que los expertos trasladados a Tailandia fuesen la élite de la élite, personas sumamente preparadas y capaces.

Voy a transcribiros sus declaraciones y vosotros mismos podréis tener vuestras propias impresiones.

Al ser psicólogo forense de parte, comienza preguntando el abogado de la defensa, el cual le pregunta cómo llega al caso y le propone exponer sus argumentos:

«Un representante de la familia se puso en contacto conmigo para que fuese testigo del acusado en este caso. Soy un experto en análisis del comportamiento violento de las personas, y tras el análisis se ha encontrado lo siguiente:

Si una persona se enfrenta a una situación grave o a un riesgo, esta persona puede reaccionar de 3 maneras;

1. Quedarse inmóvil.
2. Huir.
3. Responder para protegerse del peligro.

El acusado en este caso parece que tuvo un trastorno disociativo. A veces, puede experimentarse una falta de sentido de sí mismo y/o la sensación de que lo que está ocurriendo a tu alrededor no es real.

He visto vídeos del acusado en varios medios, lo que me lleva a opinar que el acusado es una persona con un trastorno disociativo.

Según mi experiencia profesional, es posible que el acusado no pueda ser consciente de sus propias acciones. Si una persona se encuentra en una situación de amenaza, puede reaccionar de manera defensiva. Al igual que el acusado en este caso, cuando se siente amenazado o en peligro, no puede controlar su comportamiento, lo que se manifiesta de manera intensa».

Bueno, aquí Pedro ya dejaba entrever que su teoría se basaba en los vídeos que había visto del acusado; centrándose en ellos y lógicamente en su dilatada experiencia profesional, llegaba a la conclusión de que Daniel había tenido un trastorno disociativo. Mi pregunta sería sencilla: si una de las características de ese trastorno son las lagunas y/o la amnesia que se producen durante el mismo, por lo cual el individuo que lo experimenta es incapaz de recordar muchas de sus acciones, ¿cómo es posible que Sancho, en todos los vídeos que hay sale indicando dónde y cómo hizo o realizó cada cosa? ¿Qué vídeo ha visto este hombre para llegar a esa conclusión?

El abogado pregunta ahora por qué se sentó en la cama tras el suceso.

«La razón por la que el acusado estuvo sentado en la cama durante una hora podría deberse a un estado de shock o a síntomas del propio trastorno disociativo».

Lógicamente, tocaba preguntar por qué desmembró el cuerpo.

«La razón por la que el acusado desmembró el cuerpo de la víctima podría deberse a un estado de falta de control sobre sí mismo».

Se nota que Pedro se siente cómodo, ha traído de casa bien preparadas las excusas para los puntos fuertes, el asesinato y el desmembramiento, tienen una explicación lógica y plausible en la psicología, que aleja al asesino de ser un asesino.

«He preparado un análisis psicológico en inglés, junto con una traducción que no es una "traducción propia", según el documento mencionado».

Aquí el psicólogo, imaginamos que para cubrirse un poco las espaldas en caso de dudas, ya avanza diciendo que la traducción al tailandés no la ha realizado él, pero imaginamos, que como bien explicó Carmen Balfagón, Rodolfo se había gastado mucho dinero en traducir los expedientes, títulos, etc., por lo que suponemos que estas traducciones serán prácticamente perfectas y fieles a lo que el docente quería expresar.

Ahora llega el turno de Daniel, que se levanta y procede a realizar sus preguntas.

La primera curiosidad del asesino fue saber si podría no recordar ciertos detalles del suceso.

«Cuando el acusado realiza el conjunto de su confesión, es posible que no pueda acceder a sus recuerdos, ya que su mente no puede acceder a todos los recuerdos del evento, esto es debido a su condición de trastorno disociativo».

Para no recordar nada, parece mentira la cantidad de detalles que ofreció, pero claro, según él, todo fue dictado por la policía.

Se ve que Daniel estaba muy interesado por saber cuándo podría tener acceso a esos recuerdos.

«Después del incidente y en el futuro, es posible que el acusado no pueda acceder a todos los recuerdos relacionados con el evento, y no está claro cuándo o si esos volverán».

Ahora entendemos por qué Daniel cambia su declaración ante el juez, le vinieron de repente todos esos recuerdos, recuerdos en los cuales había borrado toda su relación con Edwin y se había encontrado con personas que nunca se había encontrado.

Ahora se le complicaba un poco más el asunto a Pedro, nuestro psicólogo, era el turno de preguntas del fiscal, y no se lo iba a poner fácil.

Lo primero que le pregunta es por su experiencia profesional.

«Estoy realizando un doctorado en el campo de la psicología forense desde hace aproximadamente 4 años, centrándome en el estado disociativo del comportamiento violento en los seres humanos. He trabajado como psiquiatra forense durante aproximadamente 8 años».

El forense está interesado en saber si el trastorno disociativo es una enfermedad mental.

«Las personas con trastorno disociativo pueden tener un trastorno mental en un momento dado. En cambio, el gusto o el disgusto son solo emociones, no son una forma de identificar la identidad. La orientación sexual no es una cuestión de identidad personal, sino de preferencias. La orientación sexual en el amor es una emoción, no una identidad de la persona».

El fiscal está interesado en el porqué de esa respuesta hacia la víctima.

«Es posible que la respuesta del acusado hacia la víctima haya sido provocada por una amenaza por parte de esta. La reacción no necesariamente implica que la persona esté enojada, sino que puede ser el resultado del miedo».

Aquí ya queremos meter la baza del miedo insuperable.

El fiscal preguntó al testigo. Si el acusado fue obligado por la víctima a realizar algo sin ella querer, ¿esto podría provocarle ira?

«Pues dependería de la situación en la que se encontrase».

El fiscal preguntó al testigo: en caso de que una persona haya dado dos versiones distintas sobre el mismo hecho, ¿cómo podemos saber cuál es la real y cuál no?

Aunque el testigo intentó dar una respuesta, finalmente optó por no responder a esta pregunta, ya que alegó no ser un experto en este tipo de testimonios, por lo que dijo que no podía decirlo.

El demandante repreguntó entonces al testigo. Vamos a ver, podría usted decirnos, en caso de que el acusado manifestase dos versiones distintas sobre el mismo acto, ¿cuál de las dos manifestaciones manifestaría más fielmente los sentimientos del acusado?

El testigo volvió a repetir, que no podía decir cuál de las dos sería, alegando que:

«No sé en qué momento las palabras del acusado tendrán más peso y serán más creíbles».

El fiscal preguntó lo más lógico: ¿Cuántas veces se ha reunido con el acusado para poder evaluarlo?

«Hasta hoy, nunca me había entrevistado con el acusado directamente. Sólo había visto documentos, lo he visto por primera vez hoy, al testificar ante este tribunal».

Vamos a ver, ¿NUNCA se ha entrevistado con Daniel y se atreve a dar un diagnóstico ante un juez, como si se encontrase en un plató de televisión?

Lógicamente el fiscal ya había descubierto por dónde entrar a matar, y así lo hizo.

Preguntó entonces cómo había podido realizar un informe del acusado, si no había siquiera hablado con él.

«El informe que he elaborado, según el documento L.25, es un informe sobre el comportamiento de las personas en general, no relacionado con el acusado».

Llevaba un rato testificando y contando al tribunal que Sancho tenía un proceso disociativo, que su dilatada experiencia, sumada a los documentos y vídeos visualizados le habían hecho llegar a un dictamen sobre la salud mental del homicida, y ahora nos sale con que no ha evaluado al asesino, sino a las personas en general. Esto es de risa, cómo puede un profesional sentarse ante un juez y decir tamaña barbaridad.

Naturalmente, el fiscal entonces preguntó: ¿ha realizado usted un análisis de la salud mental del acusado o no?

«No he llevado a cabo un análisis de la salud mental del acusado».

Entonces repreguntó de nuevo, si no ha realizado un examen sobre la salud mental del acusado, si ni siquiera ha hablado con él, ¿cómo sabe que entró en estado de shock?

«El shock puede ocurrirle a cualquier persona que mate a otra. La intensidad de la reacción de cada individuo no es la misma».

Llegaba el turno de los abogados de los codemandantes. El fiscal les había dejado al testigo a punto de caramelo, así que aprovecharon la situación.

Los abogados de la parte demandante preguntaron al testigo si conocía que el acusado decía haber sido amenazado por la víctima. El testigo respondió entonces que esto no era así; que había visto información en documentos que contradecían este punto. Entonces los abogados de la parte demandante le presentaron al testigo el documento L.25 (este es el informe presentado por el propio testigo) para que el testigo lo revisase y le preguntaron si era ese el documento en cuestión. El testigo cambió su declaración y dijo que la información la había obtenido a través de noticias de televisión y la había respaldado con documentos científicos.

Vamos a parar un momento. Lo que este buen hombre está intentado decir o explicar es que todo su análisis, hipótesis y razonamiento se basa en lo que unos tertulianos del programa de Ana Rosa, Sonsoles, *Vamos a Ver*, *En boca de todos*, *Mañaneros* y todo ese batiburrillo que llevaban un año en el que parecían estar blanqueando y haciendo la cama al acusado, iban diciendo.

El testigo estaba ya rendido, entregado totalmente al desastre y colocándose el chaleco salvavidas para intentar no ahogarse en la tormenta de su testimonio, cuando, de repente, los abogados de los codemandantes le dieron la puntilla con la siguiente pregunta.

Según el documento L.25 traducido al tailandés, ¿hay alguna persona que certifique la firma de dicho documento? Y entonces Pedro dijo que NO.

No certificó la firma del informe. Teníamos un informe sin firma, sin autor y sin validez, que se suponía, este psicólogo de parte, profesional y con años de experiencia, había llevado para defenderlo ante el tribunal de Koh Samui. Sinceramente no sé si menospreciaron al país asiático, si pensaron ser más inteligentes que nadie, o simplemente actuaron desde el desconocimiento y la desidia, pero lo cierto y verdad es que si yo hubiese sido ese testigo en ese momento, la vergüenza habría inundado todo mi ser.

El panorama pintaba muy negro, la situación se había torcido de tal forma que difícilmente sería posible de enderezar, pero, aun así, el abogado de la defensa, en un alarde de valentía, se despertó de su letargo y salió al ruedo jurídico para intentar dar la vuelta a una declaración que, a todas luces, se tornaba desastrosa para ellos. Formuló una sola pregunta. Imagino pensó, que siendo de España, el mismo país que el padre del acusado, quien le había contratado precisamente para dar una evaluación de su hijo, se habría reunido en alguna ocasión con él. Al menos, de ser así podría defender que con los datos aportados por el progenitor igual se podría haber trazado un análisis psicológico del acusado.

Pero Pedro no decepcionó y entonces respondió.

«No conocía al acusado ni al padre del acusado hasta hoy, lo conocía por las noticias y he venido en calidad de experto en psicología por parte del acusado, comparando desde la psicología de las personas en general que se encuentran en situaciones similares».

Y con estas últimas palabras terminó una declaración que a todas luces nunca debería haberse producido, una declaración que, sinceramente creo, deja muy mal a los peritos de parte si llegado el momento uno puede cobrar solo por ir y dar la razón a un argumento sin ninguna prueba tangible, simple y llanamente por haber cobrado por ello. Y no lo digo yo, vuelvo a remitirme a las propias palabras de los portavoces de Rodolfo, los cuales admitían que el gasto en el procedimiento estaba siendo monumental, ya que todo era muy caro, incluidos los informes elaborados por expertos, expertos como Pedro, que no se atrevió ni a ratificar la firma de dicho informe.

17.28. DECLARACIÓN DEL FORENSE DE PARTE PROPUESTO POR LA DEFENSA[110]

Manuel llegaba a Tailandia, imaginamos, con toda su esperanza depositada en sus años de experiencia como forense y docente, para poder demostrar ante la corte del país asiático que la muerte de Arrieta se había producido de forma accidental y por supuesto fue inmediata, argumentos que, de ser ciertos, servirían a Daniel como eximente para poder ser absuelto, o en el peor de los casos, condenado por un homicidio imprudente con una pena de prisión relativamente leve y en una cárcel cómoda como resultaba ser la de Koh Samui.

El problema aquí era si el informe que respaldaba sus teorías tendría el suficiente peso, teniendo en cuenta que un perito extranjero no puede ejercer como tal en Tailandia y que él nunca presenció el cuerpo de la víctima. Aun así, conozco a médicos forenses que elaboran sus informes en base a los informes presentados por los que realizaron la autopsia *in situ*, siempre y cuando estos vayan acompañados de una serie de requisitos, requisitos que en este caso brillaban por su ausencia.

Pero vayamos ya a ver que nos contó Manuel.

Como siempre, al ser testigo de parte propuesto por la defensa, el primero en preguntar es el abogado del reo. Y como siempre, lo primero es que cuente quién es, de dónde viene y a qué se dedica.

«Soy médico especialista en medicina forense en España y, además, profesor en la Universidad de Alcalá, en España, como se indica en el documento número 21».

Tras esto comenzaba su discurso de cómo llegó al caso y de cómo elabora o en qué se basa su informe.

«He recibido contacto del departamento legal del padre del acusado para ser testigo en este caso, y dicho departamento legal del padre del acusado también me ha entregado documentos del informe de autopsia según el documento número L.32, el cual ha sido impreso en inglés, de acuerdo con los documentos que el abogado del acusado mostró, citando el documento del tribunal número L.22. Además, también he recibido un documento que es el informe de autopsia según el documento número L.45 que posteriormente fue impreso en inglés, de acuerdo con los documentos que el abogado del acusado mostró, citando el documento del tribunal número L.23. Posteriormente, he analizado el informe de autopsia de un médico tailandés y he dado mi opinión personal, en la cual el médico tailandés no especifica la causa de la muerte del fallecido. Según el informe de las lesiones del médico tailandés, las marcas en la cabeza del fallecido son solo marcas causadas por una caída contra una superficie dura. Por lo tanto, creo que la causa de la muerte del fallecido se debe a un cráneo fracturado. Supongo que la causa de la muerte del fallecido fue un accidente ocurrido durante una pelea, basándome en mi experiencia en el estudio de la autopsia a partir de imágenes. Posteriormente, elaboré un informe sobre la posible causa de muerte del fallecido en inglés, que luego fue traducido al tailandés según el documento del tribunal número L.23, junto con la traducción».

Básicamente, Manuel viene a contarnos que los forenses tailandeses, que han examinado la cabeza de Edwin y han visto numerosas lesiones, no han logrado determinar la causa de la muerte, pero que él, siendo experto en evaluar autopsias con las **imágenes** de las autopsias anteriores, ha sido capaz de determinar que la víctima murió por la fractura de la parte posterior del cráneo. Dentro de poco entenderéis por qué resalto la palabra «imágenes».

Tras esta primera toma de contacto, es el turno de que Daniel pregunte.

La pregunta de Sancho es concisa, si el crimen fue planeado: ¿se compraron las herramientas adecuadas para el desmembramiento?

«Si el acusado tenía planeado desmembrar el cuerpo de la víctima con antelación, sin duda habría utilizado herramientas más adecuadas».

Claro, aquí yo me hago varias preguntas: si lo que Daniel compró fue un cuchillo de carnicero, un cuchillo picador y una sierra, ¿cuáles son las herramientas más adecuadas? Imagino que se referirá a material quirúrgico y no sé yo muy bien si en Koh Phangan, y desde el total desconocimiento de Daniel, es fácil adquirir dichos artículos. Afirmar con total rotundidad lo que afirma me parece, cuando menos, osado, y no porque lo diga yo, sino porque me lo han corroborado varios médicos forenses en activo actualmente, uno de ellos el director del Instituto de Medicina Legal de la ciudad en la que ejerce.

El reo volvió a preguntar, y en esta ocasión fue más preciso. Quería saber si en caso de ser Manuel el que hubiese llevado a cabo el desmembramiento, habría usado las mismas herramientas que él usó.

«Si hubiese sido yo quien realizó dicho descuartizamiento, no habría usado las herramientas que el acusado utilizó en este caso».

Lógicamente, esto probablemente se deba a que el forense ha abierto más cuerpos de los que ha descuartizado Daniel, y como se dice y se sabe, en la vida y en lo profesional, la experiencia es un grado, experiencia que, gracias a Dios, el asesino no tenía.

Bueno, como pasa en todas las declaraciones de parte, tras la tranquilidad que te da contestar a aquellos que te han contratado y te pagan, llegaba el turno del fiscal, que va a examinar con lupa lo que has presentado al juez.

Como es lógico, este le preguntó por sus años de experiencia.

«Tengo más de 20 años de experiencia como médico».

Ahora le pregunta en qué ha basado su informe, si solo ha sido en lo que los facultativos tailandeses habían plasmado en el suyo.

«Además de analizar los informes de autopsia de los médicos tailandeses, también estudié las imágenes de las secciones del cuerpo de la víctima que el abogado de la defensa envió a su colega en España, quien a su vez me las hizo llegar. No recuerdo si había 16 o 17 partes (si Manuel examinó 16 o 17 partes de un cuerpo, ya digo yo desde aquí que no fue el cuerpo de Edwin, básicamente porque del cirujano únicamente aparecieron ambas manos, dos partes de un brazo, dos partes de una pierna, la cadera, las vísceras y la cabeza. Esto sumaría un total de 9 partes. Imaginemos que le envían también fotografías del cerebro una vez extraído, como mucho sumarían 10, porque lo que queda claro en dicho informe es que el resto de las partes no se abrió ni se sacó nada de ellas ya que los forenses tailandeses no lo estimaron oportuno), **incluyendo las fotografías de la cabeza de la víctima, según la imagen marcada como J.11, hoja**

33, tanto la imagen de arriba como la de abajo. Las imágenes enviadas no incluían una fotografía de la parte posterior de la cabeza de la víctima, pero analicé las marcas alrededor de los ojos de la cabeza de la víctima, junto con la opinión del médico tailandés, lo que me permitió hacer un análisis sobre las lesiones en la parte posterior de la cabeza de la víctima».

Como habéis podido leer, no recibió imágenes de la parte posterior del cráneo, parte donde se encontraba concretamente la lesión que según Manuel había ocasionado la muerte. En resumidas cuentas, que no había visto la lesión que bajo su criterio resultaba ser mortal.

El fiscal muestra entonces la fotografía de una de las lesiones que presenta la víctima en la cabeza y le pregunta si esta podría ser o no mortal.

«La herida que se encuentra en la fotografía marcada como L.21, hoja 2, podría causar la muerte de la persona de inmediato, o podría no hacerlo».

Analizando esta frase, no hay fallo en su lógica, porque según Manuel podía pasar una cosa o todo lo contrario, por lo que sí o sí, acertar iba a acertar.

Entonces el fiscal quiere que el forense le dé aproximadamente el tiempo que una persona tardaría en fallecer con dicha lesión.

«Si la persona que ha sufrido la herida no muere de inmediato, según la imagen L.21, hoja 2, si no recibe atención médica dentro de los siguiente 5 minutos, podría morir. Además, si alguien vuelve a incidir agrediendo sobre la misma herida, esto podría hacer que la persona herida muera más rápidamente».

Si hubiese que titular el informe del profesional, yo lo titularía «Ambigüedad». Si no muere, pero puede morir, y si puede morir, pero se le da otra vez, se puede morir más rápido o no, pero puede ser esto o lo contrario. Lo tenía todo más que claro, y con esta claridad se la transmitió al juez.

El fiscal le pregunta, cuántas heridas hay en la cabeza del fallecido.

«En la cabeza del fallecido hay una herida en la nuca, solo una herida».

El fiscal pregunta entonces cómo sin tener una imagen de la parte posterior, podía asegurar que es la causa de la muerte.

«Las heridas en la parte posterior del cuello, como se muestra en la fotografía número 21, imagen 2, provocan moretones de color rojo, negro o morado alrededor de los ojos. En la autopsia del fallecido se encontraron dichos moretones. Una persona que ha caído y ha sufrido heridas de esta naturaleza, no puede levantarse ni sentarse. Sus manos y piernas están inmovibles y no pueden moverse, lo que le impediría luchar o causar daño a alguien, y tampoco puede hablar».

Esta parte entraña más de lo que en un principio pueda parecer. Vamos a desgranarlo: lo primero, la lesión de los ojos que los forenses tailandeses otorgan a puñetazos o a golpes con un objeto sólido sin filo, Manuel dice que son una lesión vulgarmente llamada ojos de mapache. Como nos explicaba Borja Moreno al consultarle esta cuestión, la deducción de Manuel presenta muchas contradicciones: la primera, él no ha visto la fractura; la segunda, para que se produzcan los ojos de mapache, el herido tiene que estar con vida un periodo mínimo de 30 a 60 minutos, para que la sangre tenga tiempo de llegar a esa zona y fijarse, cosa que solo pasa si se está vivo. Por lo tanto, si según él forense de parte, Edwin muere en 5 minutos máximo, ¿cuándo tuvo lugar la aparición de dicha lesión? O pasa una cosa o la otra, pero las dos es imposible; en la ambigüedad de este facultativo quizá sí, pero en el resto del mundo, va a ser que no.

Otro de los puntos interesantes es plasmar que, con esa lesión, la víctima no puede moverse ni defenderse. ¿Qué intenta con este movimiento? Pues básicamente decir que Edwin no causó los daños en el cuerpo de Daniel tras golpearse al defenderse, sino que se produjeron antes, cuando el cirujano atacó y Daniel se defendió, circunstancia que no solo entra en conflicto con el informe de los forenses asiáticos, sino con todas las declaraciones del propio acusado, y digo todas porque hasta en las últimas dadas en el juicio, él dice que tras el golpe, Edwin intenta atacarlo.

Entonces el forense le pregunta si con el cuchillo de cocina se pude descuartizar un cuerpo.

«El cuchillo de cocina se puede usar para cortar un cuerpo, pero puede ser más difícil que un cuchillo diseñado específicamente para eso».

Ése fue el problema, que Daniel, al llegar al Big C, no fue al departamento de cuchillos para descuartizar, sino que cogió solo los de carnicero.

Como Manuel afirma que Edwin no pudo defenderse, el fiscal va a preguntar por las lesiones del cuerpo del acusado y de cómo estas pudieron producirse.

«He visto imágenes de las heridas del acusado en el brazo, pero no recuerdo si eran en ambos brazos. La herida era una mordedura lo suficientemente grave como para dejar marcas en el brazo. Al mirar la fotografía, no estoy seguro de si hay rasguños en el cuerpo del acusado».

Y el informe forense que lo acompaña, donde el médico que examinó al acusado detalla que son heridas producidas por... Bueno, el especialista no recuerda muy bien lo que vio aun siendo especialista, como resaltamos antes, en hacer autopsias solo basándose en imágenes. Aun así, el fiscal tiene a bien enseñarle los documentos, dichas imágenes y volver a preguntar.

El demandante presentó el informe de la autopsia de las heridas del acusado, según el documento número J.45, y preguntó al testigo si las heridas que el médico encontró en el acusado eran graves. El testigo declaró que no podía decirlo, pero que eran heridas no severas que requerían solo unos pocos días de tratamiento.

Entonces el fiscal le dijo que las heridas fueron causadas por el uso de uñas y no por los dientes. El demandante preguntó al testigo si las heridas fueron causadas por un intento de defensa personal. El testigo declaró.

«No puedo responder a esto, pero las heridas fueron el resultado de un acoso sexual».

Vamos a ver, no recordaba las heridas, le enseñan las imágenes de una persona que intenta defenderse y, con todo esto, Manuel afirma que él no lo sabe, pero que lo que tiene claro es que las heridas se produjeron por un acoso sexual. Me encantaría que me explicase en qué se basa para determinar esto concretamente, porque realmente, ¿en qué mundo paralelo unos rasguños y arañazos defensivos pueden ser signos de un intento de violación?

El demandante intentó preguntar sobre la naturaleza de las heridas del acusado, pero el testigo evadió la respuesta a la pregunta. Si hay una persona que ha sufrido dichas heridas y otra persona la sostiene bajo el agua, ¿podría la persona que está siendo sostenida bajo el agua rasguñar a quien tiene las heridas? El testigo dijo lo siguiente:

«Podría ser que ocurriesen dichas heridas. Lo que yo afirmo es que la causa de la muerte de la víctima en este caso fue debido a las heridas en la parte posterior del cuello».

A Manuel, todo lo que no encaje en el discurso prefijado que traía aprendido de casa le da poco más que igual; lo que sí tiene claro es que se murió del golpe en la parte de atrás de la cabeza.

Bueno, como suele suceder, después de pasarlo mal, para volver a encauzar todo, interviene nuevamente el abogado de la defensa, para intentar enderezar una declaración que, como ocurrió en el caso de Pedro el psicólogo, ya se había torcido demasiado.

El abogado defensor preguntó si la muerte tras el golpe en la cabeza podría ser más o menos rápido en causar la muerte dependiendo de la salud de la víctima.

«La herida en la cabeza de la víctima no está relacionada con si la persona herida tiene buena salud o no».

El abogado del acusado preguntó al testigo si la persona que sufrió la herida en la cabeza podría tener convulsiones. El testigo declaró inicialmente que no podía tener convulsiones, pero luego cambió su declaración y dijo que sí podía tener convulsiones. Y que la herida podría haber sido causada por una pelea.

Bueno, como no podía terminar de otra forma, lo mismo podría haber tenido convulsiones que no tenerlas, así se asegura acertar en todo momento, imposible fallar. Sí y no, en la misma frase. Ahora bien, en lo único que está cien por cien seguro, que no duda, es en las únicas dos cuestiones que ha quedado demostrado que son falsas: que hubo una pelea; pero los forenses de Tailandia con su análisis imparcial, porque recordemos que dichos forenses no son de parte, descartaron que Daniel tuviese señales de una agresión. Lo que presentaba eran heridas ocasionadas por una persona que lucha por salvar su vida. Y la otra cuestión en la que Manuel no duda es en que Daniel fue víctima de una agresión sexual. Este punto, en realidad, me da mucha pena; cuántas y cuántas víctimas de agresión sexual hay en el mundo, para banalizar a la ligera y con pruebas totalmente en contra este punto. Sinceramente creo que un profesional cualificado y colegiado debería ser muy meticuloso en sus valoraciones antes de plasmarlas en un informe que presentará ante un tribunal.

17.29. DECLARACIÓN DEL PRIMER AGENTE DE INMIGRACIÓN PROPUESTO POR LA DEFENSA[111]

Ahora vamos con el testimonio de uno de los pocos testigos que el juez admitió por parte de la defensa.

En este caso se trata de un agente de Inmigración, el cual suponemos fue citado a declarar para poder demostrar que engañaron al acusado con la promesa ilegal de una falsa deportación.

Veamos qué tal les salió.

Al ser un testigo propuesto por la defensa, comienza el turno de preguntas el abogado defensor.

«Mi nombre es Sirvha, tengo la autoridad y la responsabilidad de investigar y reprimir a los extranjeros en el área del distrito de Koh Phangan, provincia de Surat Thani.

Sobre este caso, el 4 de agosto de 2023, recibí la orden de notificar la revocación de la visa al acusado, a través del jefe de Inmigración de la provincia de Surat Thani, quien recibió la orden de sus superiores.

Después de eso, utilicé el formulario TM.83 según los documentos de referencia L.12, páginas 3 y 4, para notificar al acusado sobre dicha orden.

Ambos documentos fueron elaborados por el oficial de policía Aurin. En los documentos de referencia L.12, páginas 3 y 4, que están escritos a mano, fui yo quien los redactó.

Notifiqué al acusado sobre la orden a través de un intérprete. Posteriormente, el señor Daniel firmó el documento. El señor Daniel es el acusado en este caso.

Elaboré el documento de notificación de salida del país para informar al acusado, completando la información escrita a mano en el formulario según lo que aparece en el documento de referencia L.12, página 5.

Yo interrogué al acusado sobre el asunto de la revocación de su visa. No hubo otras preguntas dirigidas al acusado.

Le informé sobre sus derechos de acuerdo con la normativa de Inmigración, artículo 83, inciso 2, según el documento de referencia L.12, página 4.

Después de eso, se procedió a esperar para enviar al acusado de regreso al extranjero. Sin embargo, debido a que la Oficina de Inmigración en el distrito de Koh Phangan no tenía lugar de detención, se decidió enviarlo a la comisaría de policía de Koh Phangan para su detención, según los documentos de referencia L.12, páginas 1 y 2. Yo fui quien lo llevó.

El acusado fue detenido de acuerdo con la Ley de Inmigración en la comisaría de policía de Koh Phangan, mediante una entrega del acusado al teniente de policía Kiatkat, quien firmó para recibir al acusado».

El acusado solicita permiso al juez para preguntar y el juez se lo concede.

¿Cuándo conoció que el acusado era sospechoso de la aparición de partes humanas en el vertedero?

«Mientras yo estaba llevando al acusado para su detención en la estación de policía de Koh Phangan, supe que el acusado era sospechoso en relación con el hallazgo de partes humanas en Koh Phangan».

El acusado preguntó al testigo si alguna vez le había preguntado cuándo sería enviado de regreso al extranjero.

«El testigo declaró que el acusado nunca le había preguntado».

¿Sabría decirnos por qué el acusado firmó la notificación de *recepción de la orden de deportación?*

«La razón por la cual el acusado firmó el registro de notificación de recepción de la orden, según el documento número L.12, se debe a que el acusado notificó si podría salir del país o no; yo no lo sé».

¿Dónde notificó al acusado de dicha orden?

«Mientras yo notificaba la orden mencionada, el acusado se encontraba en la estación de policía de Koh Phangan, pero no sé por qué el acusado estaba en la estación de policía de Koh Phangan ese día, ya que la notificación de la orden se realizó en la noche».

¿Estaba el acusado detenido cuando le entregó la orden?

«Mientras yo informaba al acusado sobre la orden, el acusado no fue detenido por ningún medio, como grilletes o cadenas. Además, no sé si en el momento en que se le notificó la orden, el acusado estaba siendo detenido por algún otro delito además de la Ley de Inmigración».

¿Se encontraba detenido en una celda el acusado cuando le notificó?

«Mientras se le notificaba la orden al acusado, este no estaba detenido en una celda, sino que se encontraba en la estación de policía de Koh Phangan».

¿Qué sucede si una persona que tiene orden de deportación, resulta ser sospechosa de un delito antes de la ejecución de dicha orden?

«Si la persona a la que se le ha revocado la visa es detenida para ser deportada, pero durante ese tiempo se convierte en sospechosa de otro delito, se deberá llevar a cabo el procedimiento por el otro delito antes de proceder con la deportación según la Ley de Inmigración. Esto se aplica en todos los casos, y en este caso, el acusado aún no ha sido procesado de manera definitiva en relación con el hallazgo de partes humanas».

¿Y si el acusado ya ha firmado la notificación?

«Aunque el acusado no haya firmado el documento de notificación de derechos, esto no tiene ningún efecto sobre el acusado de ninguna manera».

¿Es legal detener a una persona por la revocación de la visa sin ser sospechoso de ningún delito?

«Durante el periodo en que se le revocó la visa hasta antes de la detención del acusado por otro delito, el acusado estuvo bajo custodia de acuerdo con la Ley de Inmigración. Y después de ser detenido por el otro delito, el acusado tuvo que seguir siendo detenido conforme a la ley por ese delito».

El abogado defensor es quien cierra el interrogatorio en este caso.

¿Si el acusado no firma la orden de deportación, cómo puede ser retenido?

«Aunque el acusado no firmó el documento de notificación de la orden, la Oficina de Inmigración tiene la autoridad para llevar al acusado a ser detenido en la comisaría de policía de Koh Phangan».

¿Había alguien custodiando al acusado mientras estuvo retenido en la estación de policía de Koh Phangan?

«Mientras el acusado se encontraba en la estación de policía de Koh Phangan, había un oficial de policía presente».

¿Qué habría pasado en caso de no ser el acusado sospechoso de otro delito?

Si el acusado no fuese sospechoso de haber cometido otro delito, yo tendría que notificar al acusado que debe salir del Reino, de acuerdo con el artículo 1 y el artículo 2 en el documento número L.12, página 5/ leído.

Al no haber más preguntas se da por concluido el interrogatorio.

17.30. DECLARACIÓN DEL SEGUNDO AGENTE DE INMIGRACIÓN PROPUESTO POR LA DEFENSA[112]

Comienza el turno de preguntas el abogado de la defensa.

«Soy el coronel de policía Aurin, el encargado de elaborar los documentos para la revocación de la visa del acusado.

He trasladado mis servicios a la Oficina de Inmigración de la provincia de Surat Thani (Koh Samui), que es el puesto de control de Inmigración de Samui, desde el año 2019 hasta la actualidad, y tengo la responsabilidad de verificar a las personas y a los vehículos de los extranjeros y a las operaciones de investigación y represión que ingresan a la zona del distrito de Koh Samui, tanto por agua, tierra o aire.

Sobre este caso, el 4 de agosto de 2023, mientras estaba en el ejercicio de mis funciones, recibí un informe por escrito de un investigador de la estación de policía de Koh Phangan, que reportaba el comportamiento de un extranjero que podría estar relacionado con el hallazgo de partes humanas en el distrito de Koh Phangan, provincia de Surat Thani. El documento fue firmado por el jefe de la estación de policía de Koh Phangan.

Después de recibir el informe por escrito mencionado, hablé con el director de la Oficina de Inmigración de Surat Thani, el coronel de policía Suparat. Posteriormente, el coronel Suparat ordenó, tanto por escrito como verbalmente, que elaborara los documentos para revocar la visa del extranjero mencionado.

Yo verifiqué la información de la persona en la Oficina de Inmigración y en la lista de prohibiciones. El testigo explicó que, si la persona en cuestión tiene una prohibición, no puede ingresar al Reino. El extranjero para el cual elaboré los documentos para revocar la visa se llama señor Daniel.

En la consideración de si la persona en cuestión merece la revocación de la licencia o no, se toma en cuenta el informe de los hechos del oficial de investigación de la estación de policía de Koh

Phangan y se considera la información de si la persona en cuestión es una amenaza para la sociedad o no. Después de eso, se propuso al jefe de Inmigración 2, quien tiene la autoridad para revocar visas.

¿Qué formato tiene este informe?

«El informe presentado al comandante no tiene un formato claro».

¿Qué es el documento número 12 página 3 y el TM35?

«Según el documento número 12, hoja 3, es un documento que he elaborado para informar a las personas a las que se les ha revocado la visa que han sido despojadas de su permiso para permanecer en el Reino. En cuanto a la carta tipo TM35, es un aviso de la orden para que los extranjeros sean informados, la cual he impreso y enviado al oficial de Inmigración, el suboficial Sirvarhat, que se encuentra en el área del distrito de Koh Phangan».

¿Qué reza en los documentos anteriormente citados?

«Según el documento T.M. 35, en el documento número L.12, página 5, punto 2, se indica que el personal encargado gestionará su regreso fuera del Reino de Tailandia, lo cual es responsabilidad de la Oficina de Inmigración. En la práctica, se retendrá a los extranjeros mencionados en la estación de policía de la zona donde se haya notificado, según el documento T.M. 83, que en este caso es la estación de policía de Koh Phangan».

¿Qué sucede con los extranjeros a los que se les revoca la visa y no desean abandonar el Reino?

«Si un extranjero al que se le ha revocado la visa no desea regresar, debe permanecer en un lugar de detención. Algunos pueden estar allí durante varios días».

¿Qué hizo tras entregar la notificación y ordenar la retención del acusado por la revocación de la visa?

«Después de haber notificado los documentos según T.M. 83 y T.M. 35, así como de haber enviado a los extranjeros a quienes se les ha revocado la visa a ser detenidos en la comisaría de policía de Koh Phangan, he informado a mis superiores en la cadena de mando».

El acusado pide permiso para preguntar y este es concedido por el juez.

¿Actuó usted legalmente?

«La actuación de mi parte es una actuación de acuerdo con las normas y leyes de la Oficina de Inmigración».

¿Son legales los documentos entregados al acusado?

«El documento número L.12, que es el formulario TM83 y TM35, es un documento oficial y se utiliza para la revocación de extranjeros que no pueden permanecer en el Reino en todos los casos. Además, al recopilar documentos para presentar al jefe de Inmigración, se aplican las mismas cinco pautas de procedimiento que en este caso para todos los casos».

Si la visa estaba revocada y los documentos firmados, ¿por qué no se envió fuera del Reino al acusado?

«En el caso de que un extranjero cuya visa ha sido revocada sea sospechoso en otro caso penal, la Oficina de Inmigración no enviará a dicho extranjero fuera del Reino».

¿Por qué se le notificó al acusado la revocación de la visa?

«La notificación de que la visa de la persona extranjera mencionada ha sido revocada debe ser comunicada a la persona extranjera en cuestión».

Vuelve a tomar la palabra el abogado defensor para cerrar la testifical.

¿Es necesario que la persona a la que se le revoca la visa sea sospechosa de algún delito?

«En el proceso de revocación de la visa, no es necesario que el extranjero en cuestión sea considerado sospechoso de cometer otros delitos. En la evaluación de la revocación de la visa, se debe observar si las circunstancias reportadas son suficientes para justificar la revocación de la visa».

¿Qué puede hacer un extranjero si está en contra de la revocación de la visa?

«Los extranjeros pueden apelar la orden de revocación de visa».

No habiendo más preguntas, se da por concluido este interrogatorio.

17.31. DECLARACIÓN DEL TERCER AGENTE DE INMIGRACIÓN PROPUESTO POR LA DEFENSA[113]

Comienza el interrogatorio el abogado de la defensa.

«Soy el teniente coronel Kiatkachorn, he sido trasladado para trabajar en la estación de policía de Koh Phangan, en el cargo de investigador, desde el 10 de febrero de 2023 hasta la fecha actual. Mi función es investigar todos los casos penales que ocurren en el área del distrito de Koh Phangan, en la provincia de Surat Thani.

Sobre este caso, no recuerdo la fecha exacta, pero fue en el año 2023. Mientras yo estaba desempeñando mis funciones como oficial de investigación, un oficial de la policía de Inmigración, cuyo rango es teniente coronel y cuyo nombre no recuerdo, trajo a un extranjero llamado señor Daniel y lo dejó en la estación de policía de Koh Phangan para esperar su deportación fuera del Reino.

El oficial de Inmigración me entregó documentos según la orden L.12, desde la página 3 hasta la página 5. En ese día, varios oficiales de la policía de Inmigración también viajaron conmigo.

Después de recibir al Sr. Daniel y revisar los documentos de la Oficina de Inmigración, he solicitado a los oficiales de policía que elaboren un informe diario sobre el caso, de acuerdo con el documento número L.12, hoja 1. Después de eso, he asignado a otros oficiales de policía que lo revisen.

Al no encontrar objetos ilegales, se decidió mantenerlo bajo custodia en una sala de detención separada de otras personas.

El Sr. Daniel, quien fue enviado por la Oficina de Inmigración, es el acusado en este caso (el testigo señala al acusado en la sala de juicio)».

El fiscal toma la palabra.

¿Se encontraba el acusado encadenado cuando le fue entregado?

«Mientras la Oficina de Inmigración me entregaba al acusado, el acusado no estaba encadenado».

¿Qué hizo tras recibir al acusado y los documentos de Inmigración?

«Después de recibir los documentos del oficial de Inmigración, verifiqué y encontré que eran correctos y que la persona era la misma que el acusado cuya visa había sido revocada. Después de recibir los documentos y la entrega del extranjero cuya visa fue revocada, se llevará a cabo la detención de dicho extranjero en la celda de la comisaría de policía de Koh Phangan, y se procederá de esta manera en todos los casos».

Los codemandantes declinan hacer preguntas, por lo que el turno vuelve al abogado de la defensa que cierra el interrogatorio.

¿Quién le entregó los documentos?

«Todos los documentos fueron entregados y leídos por el oficial de Inmigración».

17.32. DECLARACIÓN DEL AGENTE QUE RETUVO A DANIEL TRAS LA REVOCACIÓN DE LA VISA PROPUESTO POR LA DEFENSA[114]

Abre el interrogatorio el abogado de la defensa.

«Soy el sargento de policía Jetsalad. He estado trabajando en la estación de policía de Koh Phangan desde el año 2021 hasta la actualidad, en el cargo de la unidad de represión.

Sobre este caso, no recuerdo en qué día del mes, en el año 2023, mientras yo estaba desempeñando mis funciones en la estación de policía de Koh Phangan, tres oficiales de Inmigración trajeron a un extranjero y lo entregaron al teniente de policía Kiatkachorn, quien es el investigador. Posteriormente, fui yo quien registró la denuncia en el informe diario.

Antes de que yo elaborara el informe diario, revisé los documentos que son los libros TM83 y TM35 según los documentos con el número de referencia TM35, páginas TM35. En ese día, el extranjero conversó en inglés. Después de redactar el informe diario, envié al extranjero a la celda.

El extranjero es el acusado en este caso (El testigo identifica al acusado en la sala de juicio)».

El acusado solicita permiso para preguntar, y el juez se lo concede.

¿Conocía usted de que era sospechoso el acusado?

«Mientras yo registro el informe diario, no sabía que el acusado era sospechoso de otro delito penal».

Toma la palabra el fiscal.

¿Qué día le fue entregado el acusado?

«El día en que el personal de Inmigración me entregó al acusado, fue el mismo día en que yo registré la denuncia diaria, según el documento número L.172, página 1».

¿Estaba el acusado engrilletado o encadenado cuando le fue entregado?

«Mientras los funcionarios de Inmigración entregaban al acusado a los investigadores, en ese día el acusado no estaba esposado ni encadenado. Y después de que yo recibí al acusado de los funcionarios de Inmigración, tampoco se le puso esposas ni cadenas».

Los codemandantes y el abogado de la defensa declinan realizar más preguntas, por lo que se da por concluido el interrogatorio.

17.33. DECLARACIÓN DE JUANGO OSPINA[115]

Juango Ospina prestó su declaración como representante de la familia Arrieta, ante la dificultad de esta para trasladarse al país asiático. En dicha declaración, la intención del letrado era, aparte de hacer ver la situación emocional en la que se habían quedado los familiares directos de la víctima tras su asesinato, poder hacer ver al juez que la situación económica tras el crimen de la persona que sustentaba la familia era más que precaria.

Como testigo de los codemandantes, comenzaba su testifical ante las preguntas de estos.

«Mi nombre es Juan Gonzalo Ospina, ejerzo la profesión de abogado en la oficina de abogados Ospina en Madrid. Los detalles los pueden ver en la fotografía de la oficina del abogado. El demandante también menciona que el tribunal ha aceptado la fotografía.

Yo soy el apoderado de los dos demandantes y de la señora Darling de la Candelaria Arrieta Arteaga, en calidad de víctima, para reclamar una indemnización por los daños causados por los actos ilícitos del demandado. Es decir, el demandado cometió el delito de homicidio en contra del señor Edwin Miguel Arrieta Arteaga con premeditación, ocultando, trasladando o destruyendo el cadáver o partes del mismo, para ocultar la causa de la muerte o el hecho de la muerte y causar daño, destruir, ocultar, hacer desaparecer, hacer que se pierda o que sean inútiles, los documentos del Sr. Edwin Arrieta Arteaga en una forma que podría causarle daño. Los detalles se encuentran en la copia del poder notarial relacionado con el caso, con fecha del 4 de marzo de 2024, y las fotografías que el demandante conjunto ha presentado ante el tribunal, que las ha aceptado bajo los números de referencia J.2 y J.3.

El fallecido en este caso es hijo de los dos demandantes. El demandante 1 es el padre legítimo del fallecido y el demandante 2 es la madre del fallecido. Los detalles se encuentran en la copia del certificado de nacimiento emitido por la oficina del registro civil de la República de Colombia de los dos demandantes, junto con la traducción. Los demandantes alegan y el tribunal lo ha aceptado.

Mientras la persona fallecida estaba viva, se graduó de la facultad de medicina en la ciudad de Barranquilla, Colombia, y continuó sus estudios en Buenos Aires, Argentina. Tenía experiencia y especialización en cirugía plástica estética. Los detalles se encuentran en la copia del certificado de la Asociación Colombiana de

Cirugía Plástica, la copia del diploma, y los artículos de revistas de la persona fallecida, junto con la traducción. El demandante también presentó estos documentos al tribunal, que los aceptó como pruebas J.5, J.6 y J.7

El fallecido trabajaba como cirujano en el Hospital Estética Santa Cruz, recibiendo un salario mensual de 40.111,00 pesos (8.740 euros), lo que equivale aproximadamente a 800.000 baht. En caso de que el fallecido trabajara horas extra o atendiera pacientes adicionales, recibiría una compensación de 17.655.062 pesos (3.849 euros), lo que equivale aproximadamente a 136.550 baht. Los detalles se encuentran en la copia del certificado del hospital y en la copia del recibo notificación de venta electrónica de impuestos con traducción. El demandante conjunto alega que se ha presentado ante el tribunal con los números de referencia J.8 y J.9.

Además, la persona fallecida había abierto una clínica en Colombia llamada EDWIN ARTEAGA (cirujano plástico), con un ingreso promedio anual de no menos de 2.283.387 baht (62.870 euros). La persona fallecida tenía una empresa llamada Chiruplástico Teleco Group S.A.S., siendo accionista y director de dicha empresa. Los detalles se encuentran en las fotografías de la clínica, copia de la factura con su traducción, y el certificado de registro de la empresa, que el demandante ha presentado ante el tribunal como evidencia, con los números de referencia J.30, J.11 y J.12.

Además de trabajar en Colombia, la persona fallecida ejercía como médico cirujano plástico en Chile, con un ingreso aproximado de 10.800.000 baht (297.308 euros) al año.

En el momento de su muerte, la víctima tenía 44 años, y su fallecimiento fue causado por el acusado en este caso. La esperanza de vida promedio en Colombia para los hombres es de 80 años, por lo que la víctima podría haber trabajado otros 36 años, lo que equivale a un total de 388.800.000 baht (10.700.000 euros).

Mientras la persona fallecida estaba viva, esta profesaba la religión cristiana. Los codemandantes llevaron el cuerpo o partes del cuerpo del fallecido de regreso para realizar el ritual religioso en el lugar de residencia del fallecido, lo que implicó un costo de transporte del cuerpo o partes del cuerpo que asciende a no menos de 1.600.000 pesos (350 euros), equivalentes a aproximadamente 16.000 baht tailandeses. Los detalles se encuentran en una copia del aviso de costos del servicio junto con la traducción. Los codemandantes alegan que se envió al tribunal para su aceptación bajo el número de referencia 13.

Cuando llegó a Colombia, el lugar de origen del difunto, se llevó a cabo un ritual religioso para el fallecido, al cual se invitó a muchas personas a participar. Esto se debe a que el difunto era una persona de renombre social, con muchas personas que lo conocían y lo respetaban, así como también hubo un gran número de personas interesadas en la noticia de su muerte.

El cuerpo del fallecido participó en el ritual religioso. Por lo tanto, para honrar y respetar al difunto por última vez, la familia del fallecido organizó un gran ritual religioso en su honor, con un costo total de 4.800.000 pesos (1.045 euros), lo que equivale a aproximadamente 48.000 baht tailandeses. Los detalles se encuentran en la copia de la factura de servicios para la organización del funeral, junto con la traducción y las fotografías del funeral del difunto. El demandante también ha presentado esto ante el tribunal, que lo ha aceptado como referencia.

Mientras el difunto estuvo vivo, fue un pilar que brindó apoyo y sustento a los miembros de la familia de manera constante. Por lo tanto, el hecho de que el acusado haya cometido el delito de asesinato del difunto ha causado un gran daño a la familia del difunto, con los siguientes detalles:

El señor Leo Valdo José Arrieta Nieves, en calidad de codemandante número 1 en este caso, es el padre del fallecido. No puede ejercer ninguna actividad laboral, ya que el fallecido era quien apoyaba económicamente a su padre con los gastos de la vida diaria, proporcionándole un monto mensual no inferior a 18.000 baht (495 euros). Además, el padre del fallecido es una persona de edad avanzada y padece hipertensión crónica, lo que le obliga a visitar al médico o realizar gestiones con regularidad. Normalmente, el padre del fallecido debe acudir a las citas médicas programadas, las cuales se establecen de manera regular. Por lo tanto, el codemandante número 1 solicita una compensación por la falta de apoyo económico de 22.000 baht (600 euros) al mes, hasta que el codemandante número 1 cumpla 85 años (actualmente, el codemandante número 1 tiene 76 años), lo que representa un periodo de 9 años, equivalente a un total de 2.376.000 baht (65.400 euros). Los detalles se encuentran en la copia de la consulta médica ambulatoria junto con la traducción. El codemandante también presenta ante el tribunal la documentación correspondiente.

 La señora Ana Marcela Arteaga Ávila, en calidad de codemandante número 2 en este caso, es la madre de Edwin, el fallecido. El fallecido se dedicaba a trabajar y era quien apoyaba económicamente a su madre con los gastos de la vida diaria, aportando mensualmente un monto no menor a 18.000 baht (495 euros). Además, la madre del fallecido es una persona de edad avanzada y padece diabetes, lo que requiere que asista regularmente a consultas médicas y realice gestiones. Normalmente, la madre del fallecido debe acudir a las citas médicas programadas, las cuales se llevan a cabo de manera regular. Por lo tanto, el codemandante número 2 solicita una compensación por la falta de apoyo económico de 22.000 baht (600 euros) al mes, hasta que el codemandante número 2 cumpla 75 años (actualmente, el codemandante número 1 tiene 76 años), lo que representa un periodo de 9 años, equivalente a un total de 2.376.000 baht (65.400 euros). Los detalles se encuentran en la copia de la consulta médica ambulatoria junto con la traducción. El codemandante ha presentado esta solicitud ante el tribunal.»

 La señora Darling de la Candelaria Arrieta Arteaga es hermana del fallecido. Mientras el fallecido estaba vivo, la señora Darling comenzó en agosto de 2023 a trabajar con el fallecido en la empresa 1234 como secretaria del fallecido, con un salario mensual de

8.000.000 pesos (1.743 euros), equivalente a aproximadamente 80.000 baht. Sin embargo, en julio de 2023, la señora Darling fue despedida de la empresa Aquavalia Latinoamérica S.A. con un ingreso mensual de 1.604.333 pesos (350 euros), equivalente a aproximadamente 16.043 baht. La muerte del fallecido ha afectado gravemente la salud mental de la señora Darling y su situación financiera y calidad de vida, haciéndola vivir con más dificultades que antes. La señora Darling, hermana del fallecido, no recibe salario ni otros ingresos, lo que la ha dejado sin medios para subsistir. Los detalles se encuentran en la copia del certificado de nacimiento y el registro presentado a las autoridades del estado colombiano, junto con la traducción. La parte demandante solicita que el tribunal lo acepte.

Además, están el señor Edwin Rafael Angulo Renales, la señora Marta Claret Ardila Jabib y la señora Nohemí Esther Ballesteros Medina, quienes son vecinos cercanos y saben que el fallecido ha mantenido y cuidado a personas dentro de la familia. Los detalles aparecen en las declaraciones de los vecinos del demandante, quienes también testificaron ante las autoridades. El demandante presentó la solicitud al tribunal, que la aceptó bajo el número de expediente 20.

En este caso, el acusado tenía la intención de matar a la víctima con premeditación y utilizó métodos para desmembrar el cuerpo en varias partes. Cuando los dos codemandantes se enteraron de la noticia y las acciones del acusado, sufrieron un dolor y sufrimiento extremo debido a los hechos mencionados anteriormente. Además, el acusado desechó algunas partes del cuerpo de la víctima en un vertedero y otras partes en el mar, en la playa de Salad. Según los hechos del caso, algunas partes del cuerpo restantes aún están siendo buscadas y no se han encontrado, lo que significa que el cuerpo de la víctima no está completo. Según la religión de la víctima, si el cuerpo de la víctima no está completo, existe la posibilidad de que si renace, pueda tener órganos incompletos. Los detalles se encuentran en el registro de vídeo sobre el daño psicológico de los dos codemandantes. Los codemandantes presentaron su reclamo ante el tribunal.

Por lo tanto, los dos demandantes conjuntos solicitan una compensación adicional por el sufrimiento físico y mental, y piden que esta parte de la indemnización sea de 10.000.000 baht (275.285 euros).

El total asciende a 406.975.937 baht (1.105.000 euros). A partir de los hechos mencionados anteriormente, los codemandantes desean reclamar varios daños en este caso, por un total de 30.000.000 baht (825.800 euros). En el cálculo de la conversión de pesos colombianos a baht tailandeses, se promedia 100 pesos equivalen a 1 baht. Los detalles se encuentran según la tasa de cambio de moneda del 5 de junio de 2023 al 18 de abril de 2024. Los codemandantes han presentado la solicitud al tribunal, que la ha aceptado bajo el número de referencia J.21.

Ahora es el turno del abogado de la defensa.

¿Hay embajada de Colombia en Tailandia?

«Solo hay una oficina en Tailandia».

¿Tiene licencia gubernamental para poder ejercer como abogado?

«El registro de un bufete de abogados no necesita la aprobación de las autoridades gubernamentales, pero si una persona desea ejercer como abogado, debe obtener un certificado».

¿Es representante de la agencia gubernamental?

«No tengo licencia para representar a la agencia gubernamental ante el tribunal. El documento de la orden judicial J.2 fue emitido en Colombia».

¿En qué momento se realiza la fotografía que aparece en el documento J.2?

«La fotografía del formulario J.3 se elabora después de la creación del poder notarial según el documento J.2».

¿Hay embajada colombiana en España?

«España tiene una embajada de Colombia, pero según la fotografía de la placa de identificación, no hay funcionarios de la embajada de Colombia en la foto».

¿Qué idioma utilizan para comunicarse entre España y Colombia?

«España y Colombia utilizan el español como lengua oficial».

¿Dónde fueron elaborados los siguientes documentos?: J.5, J.6 y J.7.

«Los documentos n. J.5, J.6 y J.7 fueron elaborados en Colombia. Los tres documentos están debidamente certificados por las autoridades reconocidas por el gobierno de Colombia».

¿Dónde trabajaba la víctima? Y ¿por qué no hay movimientos en sus cuentas bancarias?

«El fallecido trabajó en varios países. El Hospital Estética Santa Cruz, ubicado en Chile, pagó la compensación al fallecido a través de una cuenta bancaria en Colombia. La razón por la cual no hay movimientos en la cuenta bancaria, es que el fallecido acaba de fallecer y aún no se ha nombrado un administrador de la herencia. Por lo tanto, solo existe un certificado del representante del Hospital Estética, según el documento n. 8».

¿Por qué el documento n. 9 no está a nombre del fallecido?

«Según el documento de la orden judicial n. 9, no aparece el nombre del fallecido, pero sí el nombre de la clínica de la cual el fallecido es propietario».

¿Es el fallecido el dueño de la clínica Edwin Arrieta Cirujano Plástico?

«Según el documento de la policía, no hay evidencia de que el fallecido sea el propietario de dicha clínica».

¿Quién es el titular de dicha clínica?

«La clínica Edwin Arrieta Cirujano Plástico está a nombre de la hermana de la víctima como propietaria. Además, el certificado según el documento n. 12 también certifica que la hermana de la víctima es la propietaria».

¿Qué evidencias puede mostrar al tribunal de lo que el fallecido facturaba en Chile?

«No hay evidencias que muestren los ingresos del fallecido por ejercer la profesión de cirugía plástica en Chile para presentar ante el tribunal».

¿Reciben algún tipo de ayuda social los padres del fallecido?

«Las familias de los dos demandantes no recibieron ninguna ayuda de la Oficina de Asuntos Sociales de Colombia».

¿A nombre de qué persona se encuentra la factura de traslado y entierro del cuerpo del fallecido?

«El documento número RC33 menciona el nombre de la hermana en la factura del traslado y funeral del cuerpo. El fallecido tiene una hermana y un hermano».

¿Qué indican los documentos RC16 y RC17?

«El documento número RC16 es un documento relacionado con el certificado médico, no es un desglose de los gastos médicos del demandante conjunto número 1, lo cual es similar al documento número RC17 que también es el historial médico del demandante conjunto número 2, sin desglose de los gastos médicos».

¿Tiene más familia aparte de sus padres, la hermana del fallecido?

«La hermana de la víctima ya tiene familia, pero es la cuidadora de ambos demandantes».

¿Qué indica el documento RC18?

«El documento número RC18 es una copia del certificado de nacimiento de la hija de la hermana del fallecido, no es un documento relacionado con los ingresos de la hermana del fallecido».

¿Qué indica el documento RC19?

«El documento número RC19 es un documento que muestra los ingresos de la hermana del fallecido, quien recibía un salario de otras personas. Sin embargo, más tarde, la hermana de la víctima comenzó a trabajar para él. Cuando el difunto falleció, la hermana del fallecido perdió los ingresos de ese trabajo».

¿A qué se dedican los hermanos del fallecido?

«La hermana mayor y el hermano menor del fallecido trabajaban como empleados para él. Cuando el fallecido murió, ambos perdieron su fuente de ingresos, pero la empresa del fallecido sigue en funcionamiento».

Toman la palabra los abogados de los codemandantes

¿A qué se dedica usted?

«Soy el propietario de una oficina de abogados».

¿Por qué no consta el fallecido como titular de la clínica «Edwin Arrieta Cirujano Plástico»?

«Según el documento de referencia J.12, la empresa en cuestión pertenecía al fallecido, pero posteriormente se cambió a nombre de su hermana mayor para facilitar la gestión. El nombre de la empresa es el mismo que el de la factura según el documento de referencia J.13».

¿Por qué se tomó la siguiente fotografía?

«La razón por la que se elaboró la fotografía de la orden judicial 3 posteriormente a que se otorgó el poder, es que una vez otorgado el poder, yo aún no mantenía contacto con la familia del fallecido».

¿A quién pertenece la citada empresa?

«El documento de notificación de defunción según el documento número J.9 indica que la mencionada empresa pertenecía al fallecido antes de su muerte, como se indica en el documento número J.32».

¿Qué desea indicar con el documento J.8?

«Certificado sobre la cantidad de ingresos, documento número J.8, incluyendo todos los ingresos que el fallecido recibió, incluyendo los de Chile».

¿Cómo se encuentran de salud los padres del fallecido?

«Actualmente, los dos demandantes conjuntos continúan recibiendo tratamiento médico según lo programado por el médico, y actualmente el demandante conjunto número 1 aún no sabe que el fallecido ha muerto».

¿Cuál es la situación laboral de la hermana del fallecido?

«La hermana del fallecido renunció a su otro trabajo para trabajar como empleada de la víctima, pero resultó que el fallecido murió antes».

Sin más preguntas, se da por concluida la testifical de Juango.

17.34. ALEGATOS DE DANIEL SANCHO[116]

«Mi nombre es Daniel Jerónimo Sancho Bronchalo, tengo 29 años, trabajo por cuenta ajena y resido en la ciudad de Madrid.

Mientras residía en España, vivía con el hermano de mi padre, mi tío. Mi padre se llama don Rodolfo Sancho y mi madre se llama doña Silvia. Tengo una hermana de 9 años. He terminado mis estudios.

La reserva de la habitación se realizó por correo electrónico y se informó al personal del hotel que yo soy el nombre de la persona que el fallecido había indicado que sería el huésped del hotel mencionado, el cual ya había pagado la reserva de la habitación con anterioridad, según el documento número L.35, página 68, imagen superior.

Antes de registrarme, completé la información con mi nombre, apellido real y número de teléfono como prueba.

Estuve alojado en el hotel mencionado durante 2 noches, y durante ese tiempo, fui a ver una pelea de muay thai, me inscribí como miembro de un gimnasio, el abogado del acusado presentó ante el tribunal los documentos L.19 y L.20, **además de realizar un recorrido por la isla.**

El 1 de agosto de 2023, hice una reserva para una habitación en el hotel Bougain a través de la plataforma Booking, con la intención de alojarme desde el 1 hasta el 4 de agosto de 2023.

Realicé la reserva aproximadamente una hora antes de mi llegada. La razón por la que elegí el hotel Bougain es que el hotel Panviman Resort está alejado de la comunidad y de los lugares turísticos, lo que lo hace un lugar tranquilo. Además, el hotel Bougain tiene la ventaja de contar con una casa y una cocina donde se puede preparar comida. Por otro lado, el hotel Panviman Resort no era conveniente para que me alojara junto a la persona fallecida.

La razón por la que elegí el hotel Bougain es porque tiene una cocina donde puedo cocinar y grabar vídeos para mi canal de You-

Tube. He estado grabando vídeos mientras cocino para YouTube durante aproximadamente 2 años.

La propietaria del hotel Bougain Villas se llama señora Rika, y el hotel Bougain tiene la característica de estar ubicado en un complejo turístico con varias cabañas.

Para hospedarse en el hotel Bougain, se debe presentar una foto y un certificado de la persona que recomienda, así como completar el nombre, apellido y número de teléfono real. Después de eso, la señora Rika me llamó y tuvimos una conversación. Antes de entrar a la habitación, noté que la señora Rika me había grabado en vídeo.

Dentro de la habitación del hotel Bougain, en el vestíbulo principal, hay una cocina, lo cual es conveniente para grabar vídeos para YouTube, pero no hay utensilios para cocinar. Por lo tanto, tuve que ir a comprar dichos materiales.

El 1 de agosto de 2023, fui al supermercado Big C y compré un cuchillo grande, bolsas de basura, guantes y film transparente, como se indica en el documento número 1.35, páginas 4 y 10. Además, ese mismo día también compré varias frutas. Después de eso, me dirigí al hotel Panviman Resort y pasé la noche en dicho hotel.

El 2 de agosto de 2023, fui a comprar un cuchillo, una tabla de cortar y una sierra en la tienda, según las imágenes de las cámaras de seguridad de la tienda Limpipong. En el documento número J.35, página 15, la sierra mencionada la compré para usarla en el corte de madera, que utilizaría como equipo para la preparación de alimentos para grabar un vídeo.

En ese día, compré varios equipos, incluyendo equipo de buceo, con la intención de grabar un vídeo mientras cocinaba en la habitación del hotel y en el área exterior de dicho hotel.

El mismo día, alrededor de las 15.00 horas, fui a recoger al fallecido en el muelle y le informé de que no me estaba quedando en el hotel Panviman Resort, sino en otro lugar. Después de eso, conduje mi motocicleta con el fallecido como pasajero hacia el hotel

Bougain. Al llegar a dicho hotel, pregunté sobre habitaciones disponibles a la señora Rika, quien me informó que aún había otras habitaciones libres. Luego, fui a comer algo afuera. El fallecido me dijo que necesitaba ir al baño, así que volví a conducir la motocicleta con el fallecido de regreso al hotel Bougain para que pudiera usar el baño y descansar».

Como podéis observar, miente descaradamente en este relato de los hechos. Dice que se encuentra con Rika cuando va acompañado de Edwin y le pregunta si hay más habitaciones disponibles, cuando sabemos que la dueña del Bougain dijo que no vio a Daniel más desde que le hizo la recepción el día 1 y, además, que tampoco supo de si el «chef», había llevado a alguien a la habitación, ya que ella nunca se cruzó con ninguna persona.

Por otro lado, comenta que sale con Edwin del hotel y van a comer y que al parecer al cirujano le da urgencia de ir al baño y decide volver a la villa. Sabemos por los registros de cámaras, que esto es totalmente falso, ya que Daniel, una vez llega al Resort a las 15.37 de la tarde del día 2 de agosto de 2023 acompañado de Edwin, nunca más sale del hotel en compañía del mismo. Es más, a Arrieta nunca más se le ve salir del Bougain Villas.

«Mientras estaba en la habitación, cuando el fallecido salió del baño, que estaba al final de la cama, yo estaba sentado en dicha cama. Mantuvimos una conversación sobre el tema que el fallecido propuso para ayudarme con asuntos financieros relacionados con lo que iba a hacer para promocionar mis vídeos de YouTube, pero el fallecido me dijo que no tenía la intención de ayudarme financieramente, solo quería tener relaciones sexuales conmigo.

Le dije que yo tampoco tenía la intención de comprometerme con él, además él conocía a mi familia y a mi pareja.

El fallecido me dijo que si quería que me ayudara financieramente, tendría que usar mi boca con su órgano sexual. Pero yo no acepté y lo eché de mi habitación. Sin embargo, el fallecido entró nuevamente y trató de tener relaciones sexuales conmigo. Yo no acepté. Entonces, él intentó estrangularme, pero antes de que pudiera hacerlo, le golpeé la cara.

Mientras el difunto intentaba tener relaciones sexuales conmigo sin mi consentimiento, me amenazó diciendo, que si no accedía, revelaría mis secretos a otras personas.

Después de que yo golpeara en la cara a la víctima, parece que esto la dejó aturdida.

La víctima retrocedió y tropezó con el borde de la puerta del baño, lo que provocó que cayera y su cabeza golpeara el mostrador del lavabo de color negro, como se muestra en el documento marcado como L.6, hoja 1, imagen superior.

Me acerqué a la víctima, tiré de su camisa y le dije que no me gustaba, que saliera de la habitación, pero la víctima me agarró de la mano y me mordió en el brazo izquierdo, como se muestra en la fotografía marcada como L.11. Por lo tanto, entonces le golpeé en la cara una vez más.

La persona fallecida me mordió en el brazo derecho, como se muestra en la fotografía marcada como L.11, en la hoja 3. Pero yo intenté empujarla hacia afuera. La víctima intentó morderme en la zona del cuello, así que la empujé, y caí sobre ella, lo que hizo que la cabeza del difunto golpeara nuevamente el mostrador negro del lavabo. La víctima tuvo convulsiones, su rostro mostraba un gran dolor, y pensé que probablemente había fallecido».

Parece mentira que después de casi un año contando que Edwin lo tenía en una cárcel de cristal, que era su rehén, frase que le dijo al propio Abarca (quien, que por cierto, ya podría salir públicamente y explicar qué opina de este cambio de versión que dio en el juicio, cuando él se ha entrevistado muchas veces con el reo en la prisión de Koh Samui e imagino que le habría relatado esta nueva verdad y aun así, salió en el documental de HBO defendiendo la versión anterior).

Sinceramente a estas alturas del partido, me pregunto seriamente cómo puede haber aún personas que defiendan a este asesino, que defiendan cada nueva versión que da, como si fuese una verdad absoluta, y busquen sentido a cada palabra que menciona, aunque más tarde dé otra que contradiga a la antigua. ¿No se da cuenta esta gente que a él les da igual dejarlos con el culo al aire?

«Me sentí sorprendido y me senté en la cama durante aproximadamente una hora. Me sentí culpable, así que intenté usar el cuchillo que compré en la tienda Limpipong Home Mart para cortar la ropa de la víctima, pero no pude. Entonces, usé unas tijeras para cortar la ropa de la víctima. Quité los pantalones de la víctima y arrastré su cuerpo al baño, justo debajo de la ducha. Luego, usé un cuchillo del hotel, que aparece en la fotografía marcada como L.7, hoja 3, imagen inferior, para cortar la muñeca de la víctima y eliminar el exceso de sangre. Usé el mismo cuchillo para cortar la cabeza de la víctima y rocié agua del cabezal de la ducha en su cuello.

Después, salí al balcón. Cuando volví a entrar, vi que la víctima estaba sangrando mucho. Intenté usar el cuchillo para cortar partes del cuerpo de la víctima, pero no pude cortar los huesos. Así que llevé una sierra para cortar las partes del cuerpo del difunto y las puse en bolsas de plástico, pero no recuerdo qué partes del cuerpo estaban en cada bolsa.

Después, fui a una tienda de alquiler de kayaks y pedí comprar uno, pero el dueño no lo vendía. Le dejé 1.000 dólares al dueño del kayak.

Volví a mi habitación y metí las partes del cuerpo del difunto, que estaban en bolsas de plástico, en una mochila, que probablemente contenía las partes del tronco del difunto. Después, fui a la playa y encontré al dueño del kayak, quien me dijo que podría haber una tormenta y que podría ser peligroso. Así que no saqué el kayak al mar, sino que volví a mi habitación y di una vuelta en moto alrededor de la isla».

Este relato vuelve a ser falso y totalmente comprobable con el registro de las cámaras, las cuales lo desmienten, ya que él va al mar y se deshace de restos del cuerpo antes de tomar la decisión de ir a la basura a tirar algunas partes.

Otra de las cosas en las que vuelve a no decir la verdad es cuando comenta que se cruza con la dueña de la tienda de kayaks. Sabemos que es mentira puesto que la propia dueña dice que una vez que Daniel sale por la puerta tras depositar los 1.000 dólares en el mostrador, no lo vuelve a ver más.

Y no quiero olvidarme de una de las frases que dice: «como me sentía culpable cogí el cuchillo para descuartizarle»; extraña manera de quitarse el sentimiento de culpabilidad.

¿Os habéis dado cuenta de que el propio Sancho en ninguna de sus declaraciones hace alusión a estar disociado o a no recordar alguna parte concreta de lo sucedido? Extraño que la defensa quiera argumentar este trastorno mental para justificar el descuartizamiento y el propio asesino no haga ni tan siquiera mención o intente al menos fingir sus síntomas.

«No recuerdo dónde dejé las partes del cuerpo del difunto. Luego volví a mi habitación y metí las partes del cuerpo, que estaban en bolsas de plástico, en el refrigerador del baño porque no sabía qué hacer. El 3 de agosto de 2023, alrededor de las 5 de la mañana, llevé las partes del cuerpo del difunto en una mochila y fui a la tienda de alquiler de kayaks nuevamente. Saqué el kayak al mar para tirar las partes del cuerpo del difunto al mar. Antes de tirarlas, usé un cuchillo del hotel Bougain para abrir las bolsas de plástico. Luego fui al hotel Panviman a recoger mis pertenencias y después al hotel Anantara para comer. Olvidé mi mochila negra en el hotel Anantara. Luego volví al hotel Bougain y pasé la mayor parte del tiempo en la playa de Salad.

Estaba estresado y sentía miedo de que los familiares del fallecido enviaran a alguien a hacerme daño, así que fui a la estación de policía de Koh Phangan, llevando conmigo a una mujer que conocí en la playa de Salad.

Llegué a la estación de policía de Koh Phangan alrededor de la 1 de la madrugada del 4 de agosto de 2023, y me encontré con el teniente coronel Somsak Noorod. Informé que el fallecido, que era mi amigo, había desaparecido y dejé mi número de teléfono a los oficiales de policía para que me contactaran. Sin embargo, los oficiales de policía no me permitieron irme.

El teniente coronel Natantong me preguntó a dónde había ido el fallecido, y me proporcionaron un intérprete para traducir.

Luego, enviaron a la mujer que me acompañaba de regreso. Los oficiales de policía tomaron fotos de las marcas de mordedura en mi brazo, como se muestra en la foto marcada como L.11. Sin embargo, esa foto fue traída por el apoderado del acusado de una noticia en YouTube. Cuando los oficiales de policía me pidieron que me quitara la camisa, pensé que no era apropiado que estuviera allí denunciando la desaparición del fallecido. Pedí a los oficiales de policía que me proporcionaran un abogado, pero me dijeron que en ese momento no era un interrogatorio, solo estaban recopilando información sobre la desaparición de personas. Intenté llamar a mi padre, pero los oficiales de policía no lo permitieron. Más tarde, los oficiales de policía me dijeron que iba a dormir».

Me parece gracioso que cada vez que el acusado, su apoderado o su abogado entregan alguna fotografía al tribunal, esta no sea original o extraída del sumario, sino que siempre es de un canal de YouTube; curioso, ¿no?

«Se supone que fueron como amigos para cuidar de mi seguridad. Los oficiales de policía confiscaron mi motocicleta, las llaves de la moto y mi teléfono. Luego, me llevaron en el coche de policía al hotel Bougain.

Esa noche, tres oficiales de policía durmieron conmigo y dijeron que mañana ayudarían a buscar a mi amigo».

Esto de dormir en la habitación es algo que solo sale del testimonio de Daniel; no aparece en ninguna documentación o registro. Es más, ¿a qué hora ocurrió esto?, no existe tiempo material para que diese tiempo a tal acción.

Si el acusado llegó cerca de la 1 a la comisaría de policía, allí se llamó al intérprete que estaba acostado y tuvo que llegar hasta allí, se requirió a diferentes investigadores que también estaban ya en sus casas y también tuvieron que llegar, y encima, la declaración tardó horas debido a las traducciones... ¿a qué hora salieron dirección al Bougain?

Eso sin contar que uno de los policías que lo acompañó dice que nada más entrar notaron el olor a sangre y descubrieron lo del sumidero. Sinceramente, yo no veo tiempo físico de llegar, dormir y esperar al día siguiente.

Probablemente retuvieron a Daniel hasta que llegó la policía científica al lugar, que lo hizo en la mañana del mismo día 4, y esto al acusado se le tuvo que hacer eterno.

El tiempo es relativo, ya lo decía Albert Einstein.

«El 4 de agosto de 2023, alrededor de las 9 de la mañana, mientras estaba sentado en el hotel Bougain, llegaron funcionarios del centro de pruebas forenses al mencionado hotel. Los oficiales de policía estuvieron en el hotel durante aproximadamente 5 horas, y un oficial de policía que habla inglés me dijo que ayudaría a buscar a mi amigo desaparecido.

Solicité usar el teléfono para contactar a otras personas y pedí tener un abogado varias veces, pero los oficiales de policía no lo permitieron. Después, fui enviado a un hospital para un examen de heridas. En ese momento estaba estresado, así que seguí todas las órdenes de los oficiales de policía. Luego, fui llevado a la estación de policía de Koh Phangan y se recogieron muestras de mi ADN. Más tarde, alrededor del atardecer, los oficiales de Inmigración me trajeron los documentos TM.83 y TM.35 para que los firmara, y me informaron que me deportarían del Reino según lo indicado en el documento de orden de deportación. Este documento estaba en inglés, y entendí claramente que me deportarían».

Mira, al final va a resultar que sí hablaba y leía inglés perfectamente.

«Salir del Reino dentro de 48 horas. Durante ese tiempo, me encontré con un oficial de policía apodado James Bond, quien me pidió que firmara un documento. Después de eso, salí a fumar un cigarrillo en el balcón de la estación de policía de Koh Phangan. Le pregunté a James Bond si realmente podría salir del Reino, y él me dijo que dependía de si cooperaba en la búsqueda de la persona desaparecida.

Le pedí a James Bond que me consiguiera un abogado, pero él dijo, que si lo hacía, sería un problema para mí. James Bond me pidió que firmara el documento y entonces podría regresar a mi país. Estoy detenido en una habitación de la estación de policía de Koh Phangan».

Fijaos en un detalle: según Daniel, el policía le dice que si colabora para encontrar a su amigo desaparecido, podría ser deportado del Reino. ¿Conocerá Daniel la diferencia entre desaparecido, asesinado y descuartizado? Quiero decir, incluso prometiendo eso, que dudo que se le prometiese, el policía no le dijo «si nos ayudas a encontrar los restos o el cadáver de tu amigo, te mandamos fuera del Reino». No, el oficial según el propio Sancho, le dice de encontrar a su amigo.

«Posteriormente, el 5 de agosto de 2023, debido a que confiaba en la estación de policía de Koh Phangan, el Sr. James Bond llevó a los oficiales de policía, al lugar donde yo había desechado las partes del cuerpo de la víctima. Ese día, aún no se me habían presentado cargos.

Registro de declaración en la fase de investigación según el documento de orden J.39, página 4, que indica que actuó como intérprete para mí en la fase de investigación. No recuerdo si la persona mencionada actuó como intérprete para mí, pero recuerdo que el día mencionado, el policía llamado James Bond actuó como mi intérprete.

En ese día, llevé a los oficiales de policía a señalar los lugares donde se habían desechado las partes del cuerpo de la víctima. Después de eso, regresé a la estación de policía de Koh Phangan.

Posteriormente, el 5 de agosto de 2023, hubo una gran cantidad de oficiales de policía y ese día me llevaron a recrear la escena del crimen.

Conocí a un intérprete y a una abogada, y varios periodistas de diferentes canales también estuvieron presentes. Mientras los oficiales de policía me llevaban a recrear la escena del crimen en la playa de Salad, intenté preguntar al abogado sobre lo que el policía llamado James Bond me había dicho, que me enviaría fuera del Reino, pero no tuve la oportunidad de preguntarle porque el señor Bond interrumpió nuestra conversación privada. Después de eso, la policía me llevó nuevamente a la estación de policía de Koh Phangan y me interrogaron.

Según el registro de declaración, documento número J.40, yo di mi testimonio creyendo erróneamente a James Bond, que, al ayudar en la búsqueda de un amigo desaparecido, podría salir del Reino. El intérprete no me leyó dicho mensaje antes de que firmara».

Todavía no se ha dado cuenta de la incongruencia de su frase, pero creo que no es de lo único que este hombre no se ha dado cuenta.

No le importa si lo mató o no lo mató, si lo descuartizó o no lo descuartizó, lo único importante es que lo confesó porque, según él, lo engañaron y eso está muy feo. Engañar a un asesino para que confiese la verdad es algo muy reprochable. En fin, cada uno sabrá dónde tiene su cadena de valores.

«El Sr. James Bond me dijo que cree que el difunto iba a violarme y que él y su grupo intentarán presentar estos hechos ante el tribunal».

Sinceramente tampoco veo que le mintiesen en este punto. Realmente la policía tailandesa y el propio juez dieron por bueno lo que cuenta en su primera declaración en la cual dice que Edwin quiere tener relaciones sexuales con él y al negarse comienza una pelea.

«El 5 de agosto de 2023, por la tarde, varios oficiales de policía me llevaron a cenar al hotel Anantara y luego regresamos a la comisaría de policía de Koh Phangan».

Se le olvida decir que estaban en el Anantara reconstruyendo los hechos cuando el gerente los invitó a cenar. Nada, detallitos sin importancia.

«Posteriormente, el 7 de agosto de 2023, los agentes de policía me llevaron a solicitar mi detención preventiva por decimotercera vez ante el tribunal de la provincia de Koh Samui. En ese día, el señor James Bond actuó como intérprete para mí y el señor Anan Chuaiprabhat fue mi abogado».

Totalmente falso, ya que Anan no estuvo presente como abogado hasta la testifical del 16 de agosto de 2023, que es donde él se retracta de la premeditación y es por eso que el propio Anan testifica que ante él no reconoció el asesinato premeditado. Daniel se cree que los jueces y el fiscal son tontos y no se van a dar cuenta que intenta colársela para que crean que es en esta confesión donde Khun escucha eso.

«Posteriormente, el 16 de agosto de 2023, mientras estaba detenido en la prisión del distrito de Koh Samui, un oficial de policía, junto con el Sr. James Bond, una traductora de inglés, y el abogado Anan, vinieron a verme para interrogarme sobre el asunto del cuchillo. Antes de que firmara, la traductora lo tradujo al inglés, lo cual entendí y firmé según el documento n. J.43.

Posteriormente, el 19 de octubre de 2023, un investigador, un intérprete y una persona que afirma ser un abogado proporcionado por la empresa de mi padre viajaron a la prisión del distrito de Koh Samui para notificarme de cargos adicionales, pero no creí que el abogado mencionado haya sido proporcionado por mi padre, por lo que no firmé el registro de la declaración adicional de la investigación, como se indica en el documento de la orden.

En la fase de juicio, yo confesé el delito de ocultar la causa de la muerte y negué el delito de asesinato con premeditación y el de destrucción de pruebas.

El fallecido murió accidentalmente debido a una pelea. Yo actué en defensa propia.

No se me informó de mis derechos ni se me permitió ver a un abogado. Firmé bajo el engaño de los oficiales de policía».

CAPÍTULO 18
LA EMPRESA DE LA PRENSA

El juicio había terminado, pero no por ello el caso se había cerrado ni dejaría de tener repercusión durante los siguientes meses.

Ya hicimos una primera valoración de lo que se conocía por medios y redes, pero creo que la cosa fue a peor tras el juicio.

Desde Tailandia comenzaron a llegar ciertos periodistas con un aire de triunfo por parte de la defensa; contaban un relato muy beneficioso para el reo y el trío jurídico. Más tarde nos enteramos de que algunos de estos periodistas habían estado de cena y postcena con Rodolfo, Carmen y Ramón. Imagino que este hecho no tuvo absolutamente nada que ver para después llegar a los platós, y como se dice vulgarmente, dorarles la píldora desde el momento en el que aterrizaron en España.

Debo admitir que durante los primeros días me sentía contrariado. En los medios de comunicación se hablaba de cómo la defensa había logrado desmontar la premeditación mientras que el fiscal, casi pidiendo disculpas en cada rincón, empezaba a dudar de su existencia. A su vez, el relato del intento de violación cobraba cada vez más fuerza y se defendía con menos vergüenza. Las críticas a la policía tailandesa y a su desastrosa investigación estaban a la orden del día.

Existían dos mundos paralelos. Por un lado, teníamos a gran parte de esa prensa para la cual Daniel terminaría cumpliendo una pequeña pena debido a un desliz tonto en Tailandia. Por el otro, personas que llevan años viviendo en el país asiático como Luis Garrido-Julve o Frank Cuesta e incluso Two Yupa, que es tailandesa, contaban todo lo contrario: a Sancho le iba a caer pena de muerte, y si tenía mucha suerte, sería conmutada por cadena perpetua.

Si tuviera que elegir una versión diría que probablemente tienen más razón aquellos que conocen el país y su cultura que los periodistas que han estado un mes allí y que guardan cierta relación de amistad con una de las partes involucradas. Al final, todo se reduce al sentido común, que ha sido el aspecto menos utilizado durante todo este proceso.

Con todo, volvíamos a tener a Balfagón y Montes por los platós. El propio Montes decía:

«Sabemos que la defensa de Arrieta ha presentado un informe final que no son conclusiones, por lo que el tribunal no lo tendrá en cuenta. Nosotros nos hemos decantado por la defensa de los derechos humanos que recoge la Constitución tailandesa. Entendemos, que al no existir premeditación, entraríamos en un homicidio doloso, que tampoco existe por no haber ataque de nuestro defendido. Por lo tanto, respecto a la pena, estaríamos entre una condena de seis a ocho años de prisión. Al cumplirse una tercera parte de la pena, Daniel podría volver a España, al tener la justicia española y la tailandesa firmado el llamado traslado de presos, que no extradición».[67]

Marcos estaba muy seguro de que Daniel estaría de regreso en tierras españolas en poco tiempo. Al parecer, ahora centrarse en los derechos humanos implica que los asesinos no puedan ser condenados por asesinato. Como se puede observar, para ellos se había desvanecido la pena de muerte, la cadena perpetua e incluso el homicidio doloso. La defensa ausente había logrado lo inimaginable o al menos eso pensaban ellos y sus acólitos.

Como digo, las primeras semanas tras el juicio fueron tranquilas: mantenían el relato, en los platós de televisión solo les faltaba peinarlos... En fin, todo parecía ir viento en popa.

Sin embargo, hubo algún incidente. Sin conocerse muy bien el motivo, un tal Nilson saltó a la palestra mediática con los mensajes que ya pusimos. Esto no iba a influir en el proceso, pero dejaba entrever que cierto sector comenzaba a hacerse preguntas y a desafiar el relato dominante en los medios, algo que el trío no esperaba. Balfagón contaba:

«Daniel jamás reconoció que matara a Edwin Arrieta. Jamás lo dijo. Por eso ponemos en duda las declaraciones que decía la policía. Esta semana se han ido poniendo ante el juez las evidencias de que Daniel no mintió. Todo se va corroborando. La autopsia la ha hecho una forense tailandesa. Tiene un golpe en el occipital que le causó la muerte y que encaja con una pelea. En el juicio está saliendo mal parada la policía tailandesa. Algo tienen que hacer para defender lo que han hecho hasta ahora. Es muy difícil porque se está cayendo. Con la autopsia, el no buscar los restos... Cuando ahora sale el juicio y se ven las pruebas y evidencias... No deja de ser intentar limpiar la imagen de esta instrucción».[68]

Todo se había desmontado: la intencionalidad, la premeditación... Si continuaban por ese camino, casi lograrían convencernos de que Sancho nunca estuvo en Tailandia y que todo fue un sueño de Resines.

Debemos ser justos y reconocer ciertos aspectos. Tras el regreso de Tailandia y especialmente después de la aparición del supuesto testigo falso, los abogados de la defensa parecían el río Guadiana: aparecían y desaparecían. A veces los teníamos tres días seguidos ante las cámaras, y en otras ocasiones, cuando llegaba el momento de hablar sobre el crimen de su cliente, simplemente se retiraban.

Ahora bien, si yo tuviese que marcar un punto de inflexión en todo esto, sería entre el 2 y el 7 de agosto.

El 2 de agosto invité a mi canal de YouTube a Two Yupa, una compañera y amiga tailandesa que nos iba a contar las últimas noticias y sus impresiones sobre el caso. Durante nuestra conversación hizo un comentario que me sorprendió: Daniel Sancho había utilizado papel film para plastificar el bungalow antes de la llegada de Arrieta. Intrigado, le pregunté en qué parte del sumario se encontraba esa información, ya que no la había leído. Ella me respondió que provenía de un informe policial previo. Sinceramente, después de la sorpresa inicial, no le di mayor importancia al asunto; terminamos la charla, nos despedimos y apagué la cámara y el micrófono. Me retrasé más de lo habitual en abrir el canal, ya que durante ese fin de semana un familiar muy cercano falleció, lo que me impidió retomar mi labor hasta el miércoles 7 de agosto.

El 6 de agosto, al llegar a casa por la noche tras varios días de velorio, recibí un mensaje de Isabel, una compañera del canal Instinto Criminal. Me preguntaba si era consciente del revuelo que habían causado las declaraciones de Two Yupa el viernes pasado. Aunque no sabía lo que estaba ocurriendo porque había estado más desconectado de lo habitual, sospechaba algo porque había empezado a recibir mensajes de colegas y periodistas que me preguntaban sobre el suceso. No entendía del todo bien lo que estaba sucediendo hasta que Isa me lo mencionó aquel martes.

Mi compañera me pasó cortes de algunos programas de televisión donde una Balfagón alterada amenazaba con denunciar a todo el mundo por injurias y atentados al honor. El problema no era lo que Two Yupa había contado en nuestro canal, sino que Joaquín Campos se había hecho eco y escrito un artículo, que al parecer, levantó ampollas.

Todos los medios replicaron la noticia, imagino que porque era agosto y no había mucho que contar y sabían que el caso Sancho era rentable. Tanto medios afines a la defensa como la propia defensa vieron un filón en esto y en intentar dar un golpe de efecto a aquellos que habíamos sido críticos con su hacer.

Mirándolo ahora con retrospectiva, creo que cometieron un gran error. Intentaré explicar por qué llego a esta deducción. Nuestro canal de YouTube es relativamente pequeño, y aunque comparado con canales más grandes contamos con una audiencia limitada, este giro en los acontecimientos que parecía destinado a desacreditarnos y hundirnos tuvo un efecto contrario: provocó que ojos y miradas que antes no se habían posado en nosotros comenzaran a hacerlo.

El problema para ellos fue que todo el trabajo previo que habíamos realizado comenzó a florecer. Fue en ese momento cuando confirmé mis sospechas: casi ninguno de los tertulianos que aparecían en los platós conocía realmente el caso; ni siquiera se habían leído el sumario.

Comenzamos sacando el ticket de compra de Daniel. Ya lo habíamos publicado hacía meses pero nadie le había prestado atención hasta ese momento. Algunos periodistas comenzaron a hacerse preguntas y a cuestionar el relato que había sido mantenido hasta el momento: el que abogaba por la no premeditación. ¿Cómo podía no haberla con esa compra? ¿Quién en su sano juicio se va de vacaciones y compra doscientas cuatro bolsas de basura, tres rollos de papel film, cuchillos, guantes y un montón de enseres que vienen al dedillo para matar y descuartizar?

Tras esto, algunos periodistas se pusieron en contacto conmigo. Yo, gustosamente, comencé a desmontarles paso a paso muchas de las mentiras contadas por la defensa. Les mostré la primera, segunda y tercera declaración de Daniel traducidas, donde tiraba por tierra partes del relato, como por ejemplo, la no lectura de derechos fundamentales, la carencia de abogado durante los interrogatorios o eso de que el «chef» hubiese admitido que lo comprado era para matar y descuartizar a Edwin.

Aunque todavía había periodistas apostando todo su criterio y credibilidad a que Daniel no sería acusado de homicidio con premeditación, había otro bando que ya no lo tenía tan claro. Vimos cómo incluso firmes defensores de Sancho en el pasado comenzaban a mirar para otro lado, viendo que, posiblemente, lo que se contaba aquí en España poco o nada tenía que ver con lo que realmente iba a suceder en Tailandia. Esto suponía un problema al menos para aquellos que les gusta conservar un poco de esa credibilidad que iban perdiendo a pasos agigantados.

Lo cierto es que después de meses y meses escuchando la matraca de que en el país asiático tres abogados extranjeros habían conseguido doblegar a la fiscalía y hacer que su defendido estuviese dando paseos por la calle Serrano de Madrid en poco tiempo, algunos habían descubierto que eso iba a ser del todo imposible; mucha suerte tendría Daniel si al final le caía cadena perpetua.

Lógicamente, no podemos cerrar este capítulo sin hablar de *El caso Sancho*, el título del documental que HBO Max comenzó a emitir el primer día del juicio. Siendo fiel a la realidad, lo que se emitió en esa ocasión fue un episodio que titularon como «Capítulo 0» en el que solo habló Rodolfo Sancho: compartió cómo se sentía, aspectos de su espiritualidad, la forma tan personal que tenía de afrontar las adversidades y su reacción al enterarse del crimen. Todo ello fue endulzado con imágenes de su familia disfrutando de momentos bucólicos en las que aparecía un niño rubio y guapo llamado Daniel.

Rodolfo se refería a Edwin Arrieta como «el tipo ese», lo que para muchos dio una imagen arrogante y prepotente. Además, se intentó justificar que el padre de un asesino se lucrase al relatar o participar en una producción basada en el crimen de su primogénito, haciendo ver que la finalidad de dicho dinero era sufragar los gastos de la defensa. Sin embargo, esta no es justificación para nada. La propia Carmen Balfagón admitió que Rodolfo se prestó a esto única y exclusivamente por el dinero. No sé yo si esas palabras le hacían más bien que mal a la persona encargada de representarlo.[118]

Haciendo un paralelismo, me encantaría saber qué pensaría la opinión pública si, por ejemplo, la madre del Cuco, condenado en el caso Marta del Castillo, se lucrase con un documental. O como ella, la madre de Ana Julia Quezada, quien pretendía hacer un documental, pero la madre de Gabriel, su víctima, habló en el Senado recriminando este hecho y pidiendo que ningún asesino se lucrase de su crimen. Porque sí, señoras y señores, según las propias palabras de Carmen, el fin es emplear ese dinero para Daniel. Por lo tanto, la persona que se beneficia indirectamente es el propio asesino, ya que consigue los fondos para sufragar no solo sus gastos de defensa, sino también de comida y otras cuestiones que todos conocemos.

Entrando de lleno en este documental, es un claro ejemplo de un «quiero y no puedo»; me refiero a un intento de presentarse como un *true crime*, que en realidad se queda en un simple programa de lavado de imagen para el criminal. Eso sí, con más presupuesto y mejor fotografía.

Puedo entender que el director del documental adopte la versión de Daniel y la ofrecida por su defensa. Sin embargo, si este es el caso, deberían haber realizado una investigación exhaustiva mostrando documentación, pruebas e indicios que respaldaran dicha teoría. Lo que nunca se puede hacer es centrar todo el peso de la hipótesis única y exclusivamente en la palabra del acusado, especialmente considerando que es el único que tiene la capacidad de mentir al menos en España. Esto, al final, resulta en un enfoque poco riguroso y cuestionable.

El caso Sancho de HBO Max ya comenzaba mal desde el principio. El «Capítulo 0» no era más que una entrevista que ensalzaba la figura de la familia Sancho. Esos cuarenta y ocho minutos que se emitieron el mismo día en que comenzaba el juicio dejaban entrever cuál sería el derrotero de este.

Solo veríamos ese episodio, ya que el resto se estrenaría tras la sentencia. Muchos pensaron que la espera era para tener claridad y realizar un montaje posterior en consecuencia, aunque después de ver el resultado final nos dimos cuenta de que no era así. Ya avisaban que muchos de los testimonios recogidos eran anteriores a la lectura de la sentencia. ¿Qué sentido tenía eso? ¿Por qué creyeron que seguir dando fuerza a teorías ya descartadas por los propios tribunales tendría interés mediático? Si la defensa no pudo demostrar que la policía manipuló o alteró pruebas y el documental no aportaba ningún indicio nuevo al respecto, ¿para qué seguían dando vueltas a un absurdo?

No todo vale. No se puede dar un micrófono a una persona solo por ser padre y permitirle presentarse ante una audiencia enorme para revictimizar a la víctima. Eso es, precisamente, lo que hizo Rodolfo Sancho al asegurar que Edwin había intentado violar a Daniel sin aportar datos que pudieran respaldar esa afirmación. Esto ocurrió después de que el propio tribunal que juzgó al «chef» con dos jueces y cinco más que revisaron la sentencia desmontaran esa acusación que el reo intentó presentar como una eximente. A pesar de todo, HBO dio voz a una versión falsa, no porque lo diga yo, sino porque lo dice la propia sentencia. Y sí, es una mentira porque fue dicha por un mentiroso, por una persona condenada por asesinato premeditado y descuartizamiento cuya falsedad fue corroborada por los jueces en su sentencia. Aparentemente, Quarzo como productora y HBO como distribuidora o plataforma de emisión, decidieron que esto debía contarse, a pesar de conocerse, como he mencionado, una sentencia en la cual el intento de abuso sexual quedó plenamente descartado, donde la verdad jurídica indicaba otra cosa; quizá habría que preguntarse con qué intención.

Sería injusto afirmar que en este documental solo habla Rodolfo. Esto no es así: al final del primer episodio aparece Darling, la hermana de Arrieta. Muchos pensaron que el segundo episodio se centraría en la figura del cirujano, al igual que el primero se enfocó en la de Daniel. Sin embargo, esto está completamente alejado de la realidad. Es cierto que aparece la hermana de Arrieta, pero el tiempo de pantalla, no solo de ella, sino también de dos amigas que la acompañan y que discuten cómo se enteraron de la desaparición de su amigo o familiar apenas supera los nueve minutos de emisión.

En contraste, el primer episodio dedica casi cuarenta y ocho minutos íntegros a contarnos cómo era Daniel y cómo vivieron los Sancho esta enorme tragedia familiar. En los episodios siguientes, el enfoque continúa en esta dirección. En esos nueve míseros minutos ya habían dado por cerrada la aparición de los allegados del colombiano. Con estos números, no hay mucho más que añadir.

En todo este revuelo, Two Yupa consiguió hablar directamente con el fiscal del caso y este le confirmó que todo lo dicho por parte de la defensa era falso: en ningún momento él o alguien de su equipo habían dicho o pensado que a Daniel no lo iban a condenar por un crimen premeditado. Incluso le llegó a pedir información para ver si pudiese existir algún delito por difamación en las declaraciones que la defensa iba haciendo.

Lo increíble de todo esto es que aunque el fiscal siguió manteniendo la premeditación en sus peticiones finales la defensa decía que había sido descartada por el mismo que la corroboraba.

Llegó el momento, entrado julio, de presentar los alegatos finales. En lugar de unos alegatos propiamente dichos, el trío jurídico entregó un informe elaborado por un equipo de criminólogos contratados y completamente independientes al proceso: Carmen Balfagón y Ramón Chipirrás (espero que se entienda la ironía). Este **«superinforme»**, que nadie pudo ver porque no permitieron su divulgación, fue objeto de comentarios por parte de Balfagón en algún programa, lo cual resultó en burlas hacia el mismo.

En él, volvían a relatar lo desastrosa que había sido la investigación policial. Mencionaban las cuchilladas en la camiseta y lo que dijo Big Joke en la rueda de prensa. Cabe destacar que esto había quedado descartado hacía casi un año. La hipótesis del apuñalamiento no se incluyó en el informe policial, ni en el fiscal, ni se expuso en el juicio no porque fuese falsa, sino porque al carecer la víctima del tórax no podía demostrarse.

En dicho informe, que por palabras de la propia Balfagón fue un encargo del juez, quien, repito, siempre según sus palabras, al no dejarles declarar les dijo que le entregasen sus impresiones por escrito. Sinceramente, si esto es cierto, creo que su señoría lo hizo como diciendo, «venga, vale, id, lo escribís y ya si eso me lo traéis y cuando tenga un ratito me lo miro», y Ramón y Carmen salieron muy contentos pensando en qué tenían que redactar. En fin, continuemos.

Como decía, en dicho informe había aspectos muy curiosos como decir que la premeditación no podía existir al haber cierta improvisación en algunos de los actos de Daniel. Por ejemplo, ¿cómo iba a comprar lo que compró para cometer un crimen si lo hizo a cara descubierta? Me encantaría, si pudiese ser, que Balfagón nos contase de qué manera se puede ir a un supermercado, una ferretería y caminar por una isla que está plagada de cámaras con la cara tapada. Además, está el tema del calor: los turistas van con bermudas, gorras y hasta sin camiseta. Me imagino yo a un tipo con un casco de motocicleta (cosa que no usa nadie en Tailandia) o un pasamontañas a 40 º y con una humedad asfixiante, comprando cuchillos, sierras y guantes de goma. Me pregunto yo si esto levantaría alguna sospecha…

Otra de las cosas muy interesantes que se mencionaban para continuar con la matraca de la no premeditación era el hecho de que era imposible planear un asesinato si Sancho había dejado su pasaporte en la tienda de alquiler de motocicletas. Si hubiesen hablado con personas autóctonas o con aquellos que llevan años en esas tierras como hicimos nosotros habrían conocido la realidad de esta práctica. Como bien nos explicó Luis Garrido-Julve, los turistas que desean alquilar una motocicleta en Tailandia deben dejar su pasaporte sí o sí, ya que ningún dueño de un establecimiento se arriesga a permitir que alguien lleve un vehículo sin que deje algo que lo obligue a regresar. Si esto no se cumple y el extranjero causa daños al vehículo alquilado, podría abandonarlo en un lugar desconocido y regresar a su país dejando al propietario sin alguien a quien reclamar.

Esto está tan asumido que para registrarse en un hotel les basta con una fotografía o una fotocopia del pasaporte, ya que entienden que el original se ha quedado en la tienda de alquiler. Sin embargo, la defensa se empecinaba en afirmar que este hecho era una prueba irrefutable de la no intencionalidad de matar de Daniel. Para empezar, si el «chef» no hubiese tenido una motocicleta, le habría sido imposible moverse como lo hizo, alquilar un bungalow en el otro extremo de la isla y recoger a la víctima en el muelle. Si no tenía vehículo, no podía llevar a cabo el crimen o, como decíamos entonces, «no moto, no mata».

Otro de los puntos fuertes de dicho informe era el alquiler del kayak, algo que para ellos había sido totalmente improvisado. Aunque este punto ya lo desmontamos anteriormente, lo vuelvo a mencionar. Como recogen las cámaras de CCTV, el día anterior al crimen Daniel va a la playa donde está la tienda de alquiler y pasea por la zona durante unos treinta minutos, tiempo más que suficiente para ver dónde, cómo y cuándo realizar dicho alquiler. Tal es así, que el día del crimen tarda solo quince minutos en salir de la habitación, hablar con la dueña del establecimiento, entregarle mil dólares de depósito, coger un kayak, arrastrarlo a la playa y volver a su habitación. Si esto no estaba más que pensado o planeado, usted me dirá cómo hace todo esto en tan poco tiempo. Él ya lo había visto todo: sabía dónde dejarlo después de adquirirlo y en esto no cabía espontaneidad ninguna. Imagino que la defensa estaba esperanzada en que el juez no hubiese realizado un análisis exhaustivo de las cámaras en los días previos.

Otra de las cosas que la defensa entendía a su favor era que el fiscal no presentó alegatos finales. Para ellos, esto era un claro ejemplo de que el fiscal estaba más que convencido de la debilidad de la acusación de premeditación. De nuevo, si hubiesen escuchado a tailandeses como Two Yupa habría sido fácil comprender por qué. Ellos suelen ser muy pragmáticos y no consideran necesario repetir las cosas; si para el fiscal la premeditación había quedado clara durante el juicio, ¿qué sentido tenía volver a repetir ante el juez algo que él ya había podido dilucidar a lo largo de las doce jornadas?

A pesar de que muchos se cansaron de repetir esto, el trío jurídico persistió en su cerrazón creyendo que este punto era magnífico para ellos. Lo peor de todo es que muchos periodistas y la prensa les daban la razón sin cuestionarlo.

La coacusación también presentó sus alegatos. Muchos dijeron: «pues estos también son tailandeses: si son tan pragmáticos, ¿por qué lo hacen?». Si además de preguntar se parasen a escuchar, habrían entendido desde el minuto uno que a los abogados de dicha coacusación los contrató un bufete español y fue ese bufete el que, aun cuando aquellos les dijeron que no era necesario, les indicaron que lo hiciesen. Lo más gracioso de todo esto es que el propio Montes salía diciendo que el juez no tendría en cuenta los alegatos del despacho de Ospina porque no pintaban nada en el proceso. Cuando llegue el capítulo de la sentencia, nos daremos cuenta de quién pintaba en todo esto y quién no.

    Sea como fuere, al final de todo teníamos dos bandos: por un lado, los que aducían que la defensa había logrado su propósito y, por otro, los que pensábamos «menuda hostia se van a dar el día de la sentencia».

CAPÍTULO 19
LA SENTENCIA

«En la sentencia se revelan no solo las verdades del caso, sino también las sombras de una sociedad que a menudo elige ignorar la justicia en favor de narrativas más cómodas, recordándonos que el verdadero juicio va más allá de las leyes y reside en nuestra capacidad de ver y honrar el sufrimiento de quienes han sido silenciados».

Dr. Ramiro M. Annas (psicólogo y criminólogo)

Llegó el día 29 de agosto.

Semanas antes se había especulado sobre si finalmente el tribunal cumpliría con los plazos o adelantaría de forma sorpresiva la lectura de la sentencia para evitar la congestión de periodistas en la corte de Koh Samui, pero no fue así.

Nos pasamos semanas pensando y preguntándonos cómo sería dicho acto, si se daría traslado a las partes en el momento de hacerse pública la sentencia, si la leería el juez y después se produciría dicho traslado... Nada más lejos de la realidad: la sentencia sería leída ese día, pero no se pasaría a las partes hasta semanas después.

Antes de que diera comienzo el día «D», había ocurrido algo que pilló por sorpresa a aquellos neófitos en leyes tailandesas. El juez de la corte de Koh Samui dio traslado de la sentencia a un grupo formado por cinco jueces entre los que se encontraba el decano de la provincia de Surat Thani, provincia a la que pertenece Koh Samui. Digamos que iba a ser una instancia superior la que se encargaría de ratificar dicha sentencia y comprobar que todo se acogía a la ley.

Two Yupa habló con el fiscal general y aclararon muchas de nuestras dudas sobre esta cuestión. Al parecer, el traslado de la revisión de la sentencia se producía bajo ciertas circunstancias y con diferentes criterios, los cuales vamos a explicar. Cuando la sentencia conlleva una pena de más de tres años, debe ser revisada por más de dos jueces, aunque no hay un límite superior. Sin embargo, cuando la condena es de carácter muy grave —pena capital o cadena perpetua— debe ser revisada por más de tres jueces incluyendo al decano. Esto dejaba entrever que la condena de Daniel parecía tener visos de ser la pena máxima. Esto generó cierta inquietud entre aquellos que habían defendido con fervor los alegatos y las hipótesis propuestas por el trío jurídico. No obstante, aún no conocíamos el contenido de las páginas que determinarían el futuro de Daniel Sancho, así que no podíamos confirmar nada.

Todos volaron de nuevo a Koh Samui. Esta vez, hasta nosotros, un pequeño canal de YouTube, contábamos con un corresponsal a pie de audiencia, nuestro compañero y amigo Joaquín Campos (ver página siguiente), que sería el encargado de transmitirnos en tiempo real lo que estaba sucediendo allí.

De Tailandia llegaba cierta información que, aunque desmentida por los protagonistas, parecía tener cierto grado de veracidad. Rodolfo, Carmen Balfagón y Ramón Chipirrás fueron acompañados, esta vez sí, por Marcos García Montes. El trío jurídico volvía a dejarse ver juntos, situación que no se daba desde aquella denostada rueda de prensa del 12 de enero. Todos llegaron a Bangkok unos días antes. Había rumores que decían que esa antelación y estancia en la capital del país se debía a que andaban buscando un buen bufete de abogados que preparase el recurso a la sentencia que aún no había sido leída. Sinceramente, eso es imposible: no puedes preparar un recurso sin tener algo a lo que recurrir. Otra cosa bien distinta es que fuesen tanteando el terreno y hablando o buscando abogados; aprovechando el viaje, por si finalmente las cosas no salían como ellos pensaban. Al final, viajar a Tailandia es caro y muy aparatoso; ahorrar

69

tiempo e informarte con antelación sería lo ideal. Por lo tanto, creo que lo que hicieron fue allanar el camino para el futuro.

El 29 de agosto de 2024, un año y veintisiete días después de que le arrebataran la vida a Edwin, su verdugo iba a afrontar el destino que él mismo había trazado desde que aquel 2 de agosto de 2023 a las a las 15.37 entró acompañado de Arrieta al bungalow número 5 del Bougain Villa.

Todos comenzaban a llegar, sobre todo los periodistas; la corte volvía a estar llena de cámaras, micrófonos, reporteros y, sobre todo, una pregunta en el aire: ¿qué condena tendría que afrontar Sancho? Joaquín nos contó que hicieron hasta una porra. Lo que más le sorprendió fue que ninguno apostó por la cadena perpetua; estaban convencidos de que sería una pena de unos pocos años y Daniel estaría en España pronto. Él y Luis Garrido Julve fueron los únicos que se decantaban por que la condena sería la pena capital.

— 519 —

El fiscal llegó. Parece ser que tenía una lesión en la pierna.

Así como el reo, volvíamos a encontrar esos vehículos de transporte de presos tan característicos en Tailandia.

Luego llegaban en el mismo coche Rodolfo Sancho, Marcos García Montes, Ramon Chipirrás, Carmen Balfagón y Alice. Se abstuvieron de realizar declaraciones a excepción de la asesora, que dijo: «Nos mantenemos positivos».[72] También vimos la llegada de Silvia Bronchalo. Ella tampoco hizo declaraciones, pero dejó caer la frase: «Si escucharan lo que pienso...».[73]

Todos subieron esas escaleras casi interminables, pero el trío jurídico no pudo acceder a la sala. Estaban el abogado defensor de Daniel, pero no sus asesores. Por otro lado, sí accedieron el fiscal y la coacusación adherida del bufete de Ospina. Quiero recalcar esto en base a que el propio García Montes llevaba desprestigiando la labor de la coacusación desde que llegaron de Tailandia. Decía que no pintaban nada en el proceso, aunque para no pintar nada al menos tuvieron derecho a asistir a escuchar en directo la resolución del juez sin tener que esperar sentados en un banco a que alguien saliese y se lo contase. Y no sería la única vez que el propio juez les haría ver la importancia de esta coacusación nombrada en multitud de ocasiones en la sentencia. Si buscas bien en la misma, el número de veces que se hace referencia a los tres abogados que se comparaban con el equipo jurídico de Donald Trump es cero.

La lectura de la sentencia fue breve y concisa. La información nos llegaba a cuentagotas hasta que alrededor de las 6.20 recibimos un mensaje de texto en un directo conjunto con mi amigo y compañero Javi Oliveira y Two Yupa: «Cadena perpetua». El mensaje era corto y no contenía mucha más información; no sabíamos si le había sido impuesta como pena máxima por homicidio doloso según el artículo 288 del Código Penal tailandés. De ser así, podría haber quedado descartada la premeditación, pero en esos primeros momentos no nos cuadraba que no se hubiera dictado pena capital si dicha premeditación había quedado demostrada.

La duda no tardó mucho en disiparse. A las 6.28 nos llegó el siguiente mensaje. Transcribo tal cual: «*The court ruled that the charge of premeditation was punishable by death, but because the defendant gave evidence that was beneficial to the case, the sentence was reduced by 1/3 to life imprisonment*».[74] La traducción sería: «**El tribunal dictaminó que el cargo de premeditación se castigaba con la muerte, pero debido a que el acusado dio pruebas que fueron beneficiosas para el caso, la sentencia se redujo en 1/3 a cadena perpetua**».[74] Con esta noticia, la situación quedó clara: había sido condenado a pena capital, pero dicha condena se conmutó a perpetua gracias a su colaboración. Esto significa que fue condenado según lo dictaminado en el artículo 289; la premeditación quedaba totalmente acreditada.

Poco tiempo después, fuimos conocedores de que Sancho también debía pagar una indemnización de 4.424.000 bahts, lo que supone unos 106.000 euros.

Y realmente eso fue todo. No había más información, no conocíamos los pormenores ni en qué se fundamentaba. Pensábamos que podríamos tener acceso a ese punto en unas horas. Nada más lejos de la realidad: tardamos semanas en poder leer toda la sentencia y entender, entonces, muchas cosas que estaban en el aire. Pero antes de ir con este punto, vamos a terminar de explicar qué sucedió finalmente ese día.

Imaginad el desconcierto de los periodistas que habían apostado por una condena de homicidio involuntario. En eso estábamos cuando vimos bajar por la escalinata a Carmen, Ramón y, tras ellos, García Montes. Sus caras eran el reflejo de lo que había pasado. Viéndolos plantados con esa tez llegué a pensar que realmente se creyeron sus propias mentiras y que dentro de sus mentes la no culpabilidad por homicidio era algo que verdaderamente barajaban. Aun así, ellos no iban a soltar el hueso y seguían diciendo mentiras como puños.

75

La primera en tomar la palabra fue Carmen Balfagón:

«Nuestras palabras es que el partido sigue y hay que seguir con él. Vamos a recurrir la sentencia y ya está, es poco más lo que podemos decir. No nos esperábamos una cadena perpetua, pero hay que asumir lo que ha dicho la justicia tailandesa; siempre la hemos respetado y siempre y mantenemos el respeto a las decisiones judiciales en Tailandia».[76]

Los periodistas le preguntaron cómo se lo había tomado Daniel. Ella respondió:

«Pues no lo sé cómo se lo ha tomado Daniel, pero imagino que como nos lo hemos tomado todos cuando no esperas un resultado así, pero que insisto, que no pasa nada».[76]

Lógico que no supiesen cómo se lo había tomado Daniel si no podían verlo. En cuanto a que no pasa nada, ¿qué más quiere que pase? Un asesino ha sido condenado. Punto.

Ahora la prensa le pregunta por cómo está Rodolfo:

«Esa pregunta sobra, Pepa, esa pregunta yo creo que cualquiera de nosotros lo podemos comprender».[76]

— 523 —

Bueno, en realidad, después de sus intervenciones en HBO y su entrevista en la radio no creo que se lo tomase mal; entiendo que pudo mantener el tipo gracias a su filosofía basada en el dicho «lo que no te mata te hace más fuerte».[76]

«¿Sabemos si va a ser trasladado de prisión en los próximos días?».

«Todavía no lo tenemos claro, pero es posible».

«¿Podéis dar algunos detalles sobre cómo ha sido la vista en el interior de la sala?».

«No nos han dejado pasar».

«¿Qué os han contado?».

«Nada, solo que se ha leído la sentencia y ya está».

«¿En qué se ha basado el juez para dictar la sentencia?».

«Básicamente, en la investigación policial, pero tampoco lo sabemos con certeza porque no hemos tenido acceso a la sentencia. En el momento en que la tengamos y esté traducida podremos hacer una valoración de la carga probatoria que tuvo para dictarla».

No me queda claro. ¿El juez se ha basado en el informe policial que, según ellos mismos contaban, habían logrado desmantelar y desacreditar en el juicio?

«¿Cómo son las sensaciones? ¿Cómo lo veis vosotros?».

«Es difícil tener una sensación clara en este momento, pero insisto, hay dos recursos por delante y tenemos que agotarlos».

«¿Vosotros pensabais que habíais demostrado la falta de premeditación?».

«Bueno, si quieres decirlo (refiriéndose a Marcos García Montes), yo creo que la sentencia recoge el trabajo que ha hecho la defensa nos lo han adelantado».[76]

Ahora comentaré esta mentira, pero veamos qué dijo García Montes:

«Para mí, lo más importante es que el presidente le ha dicho a Daniel que él no es preso condenado, que él es preso preventivo, que tiene derecho a recurso. Le ha dicho en la primera parte y todo lo que sabemos es por la traductora nuestra, y por nuestra gente que estaba dentro, ¿no? Ha dicho que la cadena perpetua se basa en que la defensa ha hecho una buena labor y un buen trabajo, con lo cual, por lo menos, a pesar de lo que puedan decir terceras personas, el propio tribunal lo ha reconocido y lo más importante es que tenemos derecho a recurso. Nuestra argumentación creo que es muy sólida: seguimos pensando y respetamos la decisión del tribunal, que tenemos unas vías para acudir, los derechos humanos, y eso es lo que tenemos que hacer porque sería atrevido para nosotros valorar una sentencia que no conocemos. Ahora tenemos que traducirla, ver la motivación y, posteriormente, diremos los motivos para recurrir, pero que se va a recurrir seguro, sin ninguna duda. Que la fiscalía no lo va a recurrir, yo estoy convencido, y lo más importante para mí es el hecho de que el presidente haya dicho que él no es condenado, sino que es preso preventivo, que puede recurrir y que está en esa línea y que ha hecho un buen trabajo la defensa y que se recoge, por lo visto, en la sentencia».[77]

Las palabras de Marcos son muy interesantes. Primero, es importante aclarar que Daniel no es un preso con sentencia firme; es un condenado en primera instancia. Los tailandeses ya lo han trasladado de cárcel por tener una condena de más de quince años, lo que significa que no podía quedarse en Samui. Si no tuviera condena y solo fuese preventivo, podría haber permanecido en esa prisión.

Por otro lado, menciona que Alice (de quien algún día contaremos por qué solo ha escuchado la primera parte de la sentencia) les ha transmitido que el juez ha valorado el buen trabajo de la defensa y, por eso, le ha conmutado la pena. Sinceramente, creo que esta chica estaba dándoles la puntilla para que bajaran e hicieran el mayor de los ridículos. No sé si la han vuelto a ver desde entonces, pero si ha sido así yo le pediría más de una explicación.

Voy a explicarlo de manera que todo el mundo lo entienda: **ES MENTIRA**. En ninguna de las cuarenta y siete páginas de la sentencia se menciona este aspecto: no se les nombra. Es más, creo que el juez ni siquiera los conoce. Recordemos que no les han dejado entrar en la sala. La sentencia indica que a Daniel se le conmutó la pena porque en su primera declaración se declaró culpable e indicó dónde esparció los restos de Edwin. Todo esto fue antes de que lo representara Anan.

Para que os hagáis una idea de lo que han aportado, el juez reduce la condena en el caso de homicidio con premeditación porque Daniel colaboró al reconocer su culpabilidad y también reduce la condena por hacer desaparecer el cuerpo, ya que también lo admitió. La única pena en la que no hay reducción ni se aplica ningún atenuante es la de destrucción de pasaporte, acusación en la que se declaró inocente por consejo de esta defensa. Creo que esto deja muy claro lo que han ayudado en el proceso y de qué ha servido. Pero sigamos.

«Hasta que se tramite el recurso, ¿Daniel Sancho va a permanecer en esta cárcel de Koh Samui?».

«En principio, no sabemos nada, pero pensamos que le van a trasladar. Pensamos, porque tampoco sabemos nada».[77]

«¿La lectura de esa sentencia está fundamentada en una serie de hechos probados para condenar a cadena perpetua?».

«**No sabemos nada**». Continúa hablando ahora Carmen Balfagón: «**Cuando la tengamos, ahora hay que traducirla, porque jugamos en un campo complicado porque no conocemos el tailandés**». Replica Marcos García Montes: «**Es que en una sentencia, un punto y aparte puede significar mucho**».[77] Ese va a ser el problema de Daniel, los puntos y aparte. Ya te digo, Marcos, que como bien nos contó Two Yupa, en el tailandés no hay puntos: es todo de corrido hasta que el pulmón aguante. Por lo que vemos, no sé yo quién les ha explicado cómo funciona, pero no ha sido un nativo. «**Y es que no la tenemos, ni en tailandés, ni en inglés, ni en español, tenemos que esperar**».

«¿Cuánto tiempo hay que esperar?».

«**Primero hay una apelación que se presenta en el tribunal de Koh Samui pero que pasa a un tribunal superior de apelación y contra esa sentencia se puede interponer el recurso de casación en el Tribunal Supremo y son las dos instancias que tenemos pen-**

dientes y que tiene que revisar si esta está dictada conforme a las pruebas o no».[77]

Vamos a comentar algo interesante. La primera apelación, como dice Montes, es en Koh Samui, que pasa a un tribunal superior de apelación. Os explico algo: la sentencia que tienen entre las manos ahora mismo ha sido dictada por un tribunal de Koh Samui tras una revisión y supervisión de una instancia superior en Surat Thani donde, además, participó el decano. Bien, el recurso lo van a presentar en el mismo juzgado donde se ha dictado sentencia y lo van a revisar los mismos jueces que la revisaron la primera vez. No digo que no vaya a pasar, pero ¿creéis que cuando les llegue la sentencia van a decir: «hombre, mira, parece ser que estábamos equivocados y el trio jurídico nos lo hizo ver»? De esperanzas vive el hombre.

Esta pequeña rueda de prensa terminó a pie de escalera con Carmen comentando que ella era la portavoz de Rodolfo y su abogada y que este no iba a hacer ninguna declaración. También aclaró que estaban a su disposición si tenían alguna duda.

Bueno, arrojemos un poco de luz a todo esto y veamos qué dice la sentencia. Lo haremos de una forma sencilla y comprensible.

Lo primero que vamos a incluir en estas páginas es la transcripción de la declaración de Daniel porque es la única prueba que se menciona en la sentencia por parte de la defensa. El resto no ha sido tenido en cuenta. No hay mención a cocos, chubasqueros, cuchillos para cortar chile o estropajos para escamas de pescado. Por lo tanto, leamos la testifical de Daniel, cómo contradice las declaraciones anteriores y, a continuación, los hechos probados por el juez y cómo desmonta dicha testifical. Recordad que lo que voy a narrar a partir de aquí es lo que Daniel contó en sala:

«El acusado presentó pruebas de que en el año 2018 él y su pareja habría visitado previamente Tailandia por turismo, lo que le llevó a pensar en abrir un restaurante en el país».[78]

Quiero hacer una aclaración antes de continuar. La pareja a la que Sancho se refiere es Laura, no Edwin; ese viaje de 2018 no tiene nada que ver con el cirujano y no solo porque lo diga yo, sino porque en la documentación de Inmigración queda reflejado que Daniel había entrado dos veces antes de esta última; la primera vez de Edwin fue en agosto de 2023.

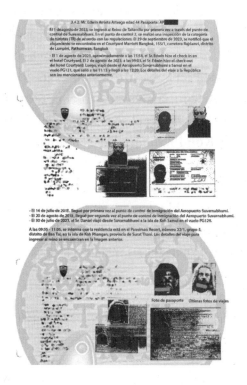

Una vez aclarado este punto, sigamos con la declaración de Daniel: «El acusado reservó billetes de avión de ida y vuelta entre el 30 de julio de 2023 y el 23 de agosto del 2023. El 30 de julio llegó al aeropuerto de Suvarnabhumi. El 31 de julio de 2023 continuó su viaje hacia el distrito de Koh Phangan, en la provincia de Surat Thani. Alrededor de las doce del mediodía, el acusado alquiló una motocicleta por un periodo de diez días, entregando su pasaporte y proporcionando su número de teléfono a la propietaria del establecimiento. Luego, el acusado se trasladó al hotel Panviman Resort, donde la víctima había reservado una habitación. El acusado se registró en dicho hotel facilitando su nombre, apellido y su número de teléfono.

Posteriormente el acusado salió a hacer turismo por diferentes locales de Koh Phangan.

El 1 de agosto de 2023, el acusado reservó una habitación en el hotel Bougain Villa, desde el día 1 de agosto de 2023, hasta el 4 del mismo mes. Este hotel tiene habitaciones separadas, está lejos de la comunidad, es más tranquilo y cuenta con una cocina para cocinar, lo que permitía al acusado grabar vídeos sobre cocina para publicarlos en su canal de YouTube, lo que había estado haciendo durante dos años. Sin embargo, la habitación del hotel no contaba con los equipos necesarios, por lo que el acusado se dirigió al supermercado Big C, en la isla de Koh Phangan, para comprar un cuchillo de carnicero, bolsas de basura, guantes, film de plástico y varias frutas. Luego se trasladó de regreso a descansar al hotel Panviman Resort.

El 2 de agosto de 2023, el acusado se dirigió a la tienda Limpipong Home Mart donde compró un cuchillo, una tabla de corte, una sierra y equipo de submarinismo, los cuales iba a utilizar como utensilios de cocina para grabar sus vídeos. Más tarde, alrededor de las tres de la tarde, el acusado condujo su motocicleta para recoger a la víctima en el muelle de Koh Phangan.

El acusado le dijo a la víctima que ya no se alojaba en el Panviman Resort y llevó a la víctima al Bougain Villa.

Mientras el acusado y la víctima estaban en la habitación, la víctima se sentó al borde de la cama y el acusado también se sentó en la cama. La víctima y el acusado conversaron sobre asuntos financieros. El acusado le habló a la víctima de la ayuda financiera que este le había ofrecido para producir sus vídeos de YouTube. La víctima le dijo que no tenía intención real de ayudarle, sino que lo que realmente buscaba era tener una relación sexual con el acusado. El acusado le dijo que él no tenía ningún interés en mantener dicha relación.

El acusado admitió que necesitaba ayuda económica del fallecido. La víctima le dijo que si quería dicha ayuda económica el acusado tendría que usar su boca para hacerle una felación. El acusado no aceptó y echó a la víctima de la habitación. La víctima se acercó entonces al acusado e intentó obligarlo a tener dicha relación sexual con él, amenazándole con que, si no accedía, revelaría la relación que mantenían entre ellos a otras personas. Pese a ello, el acusado no accedió. Entonces la víctima intentó estrangularle, por lo que el acusado le dio un puñetazo en la cara. La víctima retrocedió y tropezó con el borde de la puerta del baño, lo que hizo que cayese y su cabeza golpease la encimera del lavabo del baño.

El acusado se acercó a la víctima y lo volvió a echar de la habitación. Sin embargo, la víctima mordió el brazo izquierdo del acusado, por lo que este le dio otro puñetazo en la cara. Entonces la víctima le mordió el brazo derecho e intentó morder su cuello. Fue entonces cuando este lo empujó y la víctima cayó golpeándose de nuevo la cabeza contra la encimera del lavabo, lo que provocó que comenzase a convulsionar.

El acusado, creyendo que la víctima había fallecido, se sentó en la cama durante aproximadamente tres horas, sintiéndose culpable.

Después, el acusado cogió el cuchillo que había comprado en la tienda Limpipong Home Mart e intentó cortar la ropa de la víctima, pero no pudo. Entonces arrastró el cuerpo de la víctima debajo de la ducha para que no saliese mucha sangre. El acusado usó un cuchillo del hotel para cortar las muñecas de la víctima. Con ese mismo cuchillo intentó decapitarlo, pero no pudo, así que usó una sierra para cortar las partes del cuerpo. Tras colocar las partes del cuerpo en bolsas de plástico, fue a comprar un kayak, dejándole mil dólares al propietario y luego regresando a la habitación para recoger partes del cuerpo que metió en una mochila y las llevó a la playa de Salad Beach para deshacerse de ellas en el mar. El acusado dijo que entonces se desató una tormenta, por lo que regresó a su habitación nuevamente.

Más tarde tomó más partes del cuerpo del fallecido y condujo su motocicleta para arrojarlas en diferentes partes de la isla. Volvió a la habitación el 3 de agosto de 2023, aproximadamente a las cinco de la mañana. El acusado metió más partes del cuerpo en una mochila y se dirigió a la playa, montó en el kayak y remó mar adentro, rajó las bolsas de plástico para asegurarse que los restos se hundían. Tras esto, el acusado se dirigió al Panviman Resort a recoger sus efectos personales, después montó en la motocicleta y marchó hacia el hotel Anantara a desayunar, donde olvidó su mochila de color negro.

El acusado regresó al Bougain Villa y se fue a dar un paseo por la playa de Salad Beach. Entonces, comenzó a sentirse nervioso pensando que los familiares del fallecido pudiesen enviar a alguien para hacerle daño.

El 4 de agosto de 2023, sobre las tres de la madrugada, el acusado invitó a una amiga a ir con él hasta la comisaría de Koh Phangan para informar de que su amigo, el Sr. Edwin, había desaparecido. Una vez allí, se encontró con el oficial de policía Thostak, a quien facilitó su número de teléfono y los detalles de la desaparición. Tras poner la denuncia, la policía no permitió que se marchase.

La policía contrató a un intérprete para que asistiese al acusado durante su interrogatorio. Le tomaron fotografías de las marcas de mordiscos en los brazos y le pidieron que se quitase la ropa. El acusado solicitó que se le pusiese un abogado, pero el oficial de policía le informó que no se trataba de un interrogatorio formal. Al no ser sospechoso, sino solo una consulta por la desaparición de una persona, no se permitió que el acusado se pusiese en contacto con su padre. Más tarde, tres agentes de policía acompañaron al acusado hasta el hotel Bougain Villa diciéndole que le ayudarían a buscar a su amigo. La policía incautó la motocicleta y el teléfono del acusado.

Alrededor de las nueve de la mañana, el personal del centro de pruebas llegó al hotel mencionado. El policía, que hablaba inglés, le dijo al acusado que le ayudaría con la búsqueda de su amigo desaparecido. Entonces, el acusado solicitó la asistencia de un abogado y una persona de confianza para estar presente, pero la policía le negó esta petición, lo que provocó que el acusado se sintiese estresado. A pesar de ello, aceptó las órdenes de la policía. El oficial envió al acusado a realizar un examen médico al hospital y más tarde se lo llevó a la comisaría de Koh Phangan, donde se recogieron muestras de material genético del acusado. Un funcionario de la Oficina de Inmigración informó al acusado de que sería expulsado del Reino, haciéndole creer que podría marcharse en cuarenta y ocho horas.

El oficial de policía, apodado James Bond, le pidió al acusado que firmase un documento y le dijo que, si cooperaba en la búsqueda de la persona desaparecida, sería expulsado del Reino. El acusado, tras creer las palabras del agente, condujo el día 4 de agosto de 2023 a la policía a los lugares donde se había deshecho de las partes del cuerpo de la víctima. Luego, el oficial llevó al acusado de regreso a la estación de policía de Koh Phangan. El 6 de agosto de 2023, el personal de policía escoltó al acusado a realizar una recreación del crimen como parte de su confesión. El acusado pidió reunirse con un abogado y un intérprete, pero el personal de policía le impidió tener acceso a ellos.

El acusado prestó declaración durante la investigación porque creía, basándose en las palabras del agente James Bond, que sería deportado del Reino si cooperaba en la búsqueda de su amigo desaparecido. El intérprete no leyó el informe de la investigación al acusado antes de que este lo firmase.

El 7 de agosto de 2023, la policía llevó al acusado ante el tribunal de la corte de Koh Samui para su detención, el agente James Bond tomó el papel de intérprete, con la ayuda de Anan Chuyprabat, que actuó como abogado.

El 16 de agosto de 2023, los agentes de policía se trasladaron a la prisión de Koh Samui para interrogar al acusado en relación a si había utilizado un arma blanca estando presente el abogado y el intérprete, firmando el acusado el documento en su presencia.

El 19 de octubre de 2023, los investigadores notificaron al acusado sobre la presentación de cargos adicionales en presencia de intérprete y abogado. Esta vez, el acusado se negó a firmar los documentos tras no admitir los cargos.

El acusado confesó que fue engañado y coaccionado durante la etapa de investigación, lo que le llevó a realizar una declaración. El personal de investigación no le informó sobre sus derechos y no le proporcionó asesoramiento legal».[78]

Hasta aquí hemos revisado la declaración que Daniel ofreció ante la corte de Koh Samui el día del juicio. Podríamos empezar a desacreditarla y desmantelarla utilizando la documentación existente e incluso la casuística de asesinos que han declarado ante el juez como, por ejemplo, mencionar las coacciones y engaños que la mayoría de ellos afirman haber sufrido durante sus interrogatorios. Sin embargo, no seremos nosotros quienes lo hagamos; en su lugar, vamos a observar cómo el propio juez deja claro que esta declaración no se sostiene y carece totalmente de credibilidad.

«Las pruebas presentadas, tanto por el demandante como por el codemandante, refuerzan la conclusión de que el acusado es el culpable de causar la muerte de la víctima. Aunque los testigos de la acusación y los codemandantes no pudieron identificar las causas de la muerte, se obtuvo información de la doctora Phopaka, la cual testificó, en respuesta a la pregunta de la acusación, que tras examinar mediante un examen radiográfico de la cabeza de la víctima y la autopsia había descubierto cómo el hueso del cuello, en la parte posterior del cráneo, entre las vértebras C3 y C2, presentaba una fractura que, probablemente, fue causa por un fuerte impacto con un objeto duro en un área de diferente nivel como está reflejado en el informe de autopsia, documento J.48».[79]

Antes de continuar, quiero que prestéis atención a un punto importante. Los codemandantes son los padres de Edwin representados por los abogados del bufete Ospina que fueron contratados en Tailandia. ¿Por qué os digo que prestéis atención a este asunto? Para que podáis ver cómo la defensa formada por el trío jurídico intentó desacreditar a la coacusación afirmando que no tenían relevancia en el país asiático. Sin embargo, como podemos observar en los documentos oficiales, la realidad es bien distinta: la defensa ni siquiera es mencionada mientras que la coacusación se encuentra en el mismo nivel que el fiscal, el cual representa a la acusación.

«Además, el coronel de policía Pakorn declaró en respuesta a los abogados de los codemandantes que la cabeza presentaba una herida desgarrada en la ceja derecha, un hematoma en el ojo y en la parte superior de la cabeza había moretones que, probablemente, fueron causados por un impacto violento con un objeto sólido como el mostrado en el documento de autopsia J.32.

Aunque los testigos del demandante y los codemandantes no confirman en sus testimonios que la fractura del hueso occipital de la víctima ocurriese antes o después del fallecimiento de la misma, la naturaleza de esas lesiones corrobora la confesión del acusado durante el interrogatorio en el cual afirmó que, mientras estaba en la habitación y tras decidir terminar con la relación entre él y la víctima, esta no aceptó y trató de tener relaciones sexuales con él. Entonces, el acusado golpeó a la víctima una vez, lo que hizo que cayese y golpease su cabeza contra el lavabo. La víctima, entonces, intentó luchar y el acusado agarró su cabeza y la golpeó contra el borde del lavabo hasta que perdió el conocimiento y terminó falleciendo.

Según se registró en la fase de la investigación, documento J.40, que coincide con las declaraciones adicionales del acusado, según el documento J.41, la declaración del acusado que realizó pocos días después del incidente, por lo que el acusado aún no había tenido tiempo de alterar los hechos, por lo que se cree es su declaración más veraz.

Aunque posteriormente en la fase del juicio el acusado en respuesta al abogado defensor testificó ante la pregunta de si había golpeado a la víctima este afirmó que la víctima cayó y se golpeó la cabeza contra el borde del lavabo, luego el acusado se acercó a la víctima pero fue mordido en el brazo izquierdo. La versión general no cambia significativamente: el acusado admitió que volvió a dar un puñetazo a la víctima y que le empujó, lo que provocó que se golpeara de nuevo contra el borde del fregadero.

Al examinar las lesiones incluidas la fractura entre la vértebra C1 y C2 y los hematomas en la parte superior de la cabeza, queda demostrado que el acusado golpeó la cabeza del fallecido contra el borde del lavabo con una fuerza considerable».[79]

Lo que el juez viene a decir en esta primera parte es que ha quedado acreditado que Daniel tenía intención de matar a Edwin, ya que lo golpeó varias veces hasta su muerte con una fuerza considerable contra el lavabo y que aunque en su última versión ante el tribunal varía un poco la forma básicamente cuenta lo mismo. Además, tiene muy en cuenta la primera declaración porque entiende que es la más espontánea al carecer de tiempo suficiente para elaborar una coartada más convincente. Básicamente, lo que sucede en todos los tribunales del mundo: la primera declaración suele ser la que se tiene más en cuenta.

«Según el testimonio del acusado, al ser interrogado por el abogado defensor mencionó que mientras estaban en la habitación este habló con el fallecido sobre la ayuda financiera que el fallecido iba a proporcionarle para grabar sus vídeos de cocina en YouTube, pero cuando la víctima le dijo que no tenía intención de ayudarle, que solo quería tener una relación sexual con él y que si el acusado quería que le ayudase tendría que usar su boca para practicarle una felación. El acusado se negó y echó a la víctima de la habitación. La víctima entonces amenazó con revelar el secreto de su relación a otras personas y trató de estrangular al acusado, por lo tanto, el acusado golpeó a la víctima. Esto contradice lo que declaró durante el interrogatorio.

Posteriormente, el 29 de julio de 2023, el acusado y el difunto viajaron a Tailandia. Según se recoge del interrogatorio y las pruebas documentales que constan en el documento J.40, se considera que estas son más creíbles que cualquier testimonio en el tribunal, dado que no existe razón alguna para pensar que si la víctima y el acusado nunca habían tenido una relación sexual anterior no habrían viajado juntos a Tailandia.

Que el acusado diese por terminada su relación y la víctima, al no aceptarlo, amenazase al acusado con revelar secretos y matarlo, se cree que puede ser el motivo que llevase al acusado a sentir ira hacia la víctima y lo empujase a agredirle violentamente hasta matarlo.

Dado que la columna cervical es un órgano vital, el hecho de que el acusado golpease la cabeza de la víctima con tanta fuerza hasta el punto de romper el hueso occipital y ocasionar moretones dentro del cráneo demuestra que el acusado tenía intención de matar».[79]

Como vemos, los jueces no dan crédito a que Daniel matase a Edwin de forma accidental. Las lesiones prueban que él tenía intención de acabar con su vida, por lo que se considera homicidio doloso hasta este punto. Ya había caído lo que en un primer momento pedía la defensa: el homicidio involuntario. Los magistrados tampoco ven plausible que Daniel y Edwin no mantuviesen ningún tipo de relación, pues entonces ¿por qué viajaron juntos a Tailandia y reservaron una habitación para los dos? Como para ellos esto no tiene ninguna lógica, entienden que el «chef» desease matar al cirujano debido a las amenazas que el primero decía había recibido por parte del segundo. Aun no teniendo pruebas de ello y como los investigadores no han descubierto otra, dan por buena la dicha por Daniel. Diré en este punto que no es obligación del tribunal ni del fiscal determinar dicha motivación, sino discernir si el acusado lo mató intencionadamente y si en dicha intención había premeditación o no:

«La cuestión es si la acción del acusado constituye un asesinato premeditado. Aunque los agentes encargados en la investigación no pudieron encontrar como prueba el cuchillo ni la sierra o los materiales de limpiezas empleados en el crimen y la escena del crimen, al considerar las circunstancias en las que el acusado reservó una habitación en el Bougain Villa y que fuese a comprar un cuchillo de punta afilada, una sierra y una gran cantidad de bolsas de plástico que guardó en la habitación de dicho hotel, no se puede interpretar de otra manera que no fuese que el acusado se estaba preparando para matar y desmembrar a la víctima, lo cual coincide con el testimonio del acusado durante el interrogatorio donde declaró que compró esos materiales para prepararse para matar y desmembrar al fallecido.

Además, para desmembrar un cuerpo se necesitan materiales de gran tamaño; por sí solo, un cuchillo no parece suficiente para cortar hueso, por lo que el acusado compró una sierra para cortar los huesos. Además, cuando los agentes de policía revisaron y recolectaron pruebas en la habitación donde ocurrió el incidente no encontraron rastros de sangre visibles a simple vista dentro de dicha habitación. Según el informe de recolección de pruebas, documento J.12, los agentes de policía debieron realizar pruebas con reactivos químicos para buscar rastros de sangre y material genético. En el informe de las pruebas de ADN, documento J.19, se muestra que el acusado había limpiado a fondo el lugar del crimen para eliminar cualquier rastro visible de sangre.

Después de que el acusado asesinara a la víctima, utilizó un cuchillo y una sierra para desmembrar el cuerpo, colocando las partes en bolsas de plástico que había comprado previamente y se deshizo de ellas en diversos lugares. Algunas de estas partes fueron arrojadas cerca de la playa de Salad y otras fueron arrojadas a lo largo de la carretera, en la zona del municipio de Koh Phangan, sin que nadie lo viese. Esto demuestra que el acusado había planificado cuidadosamente la eliminación del cadáver.

En cuanto al lugar y la preparación de los equipos para desmembrar el cuerpo, limpiar las manchas de sangre y colocar las partes del cuerpo en bolsas de plástico, así como deshacerse del cuchillo afilado, el cuchillo de chef, la sierra y la tabla de madera y la ropa del fallecido indican que el acusado había planeado el asesinato de la víctima con anterioridad. El argumento que el fallecido le dijo al acusado de que si quería ayuda económica debía realizar sexo oral con los genitales de la víctima a lo que el acusado se negó y entonces la víctima intentó mantener relaciones sexuales acercándose al acusado e intentando estrangularle, lo que llevó a este a tomar represalias golpeándolo, y que esto se enmarcaría en que la acción del acusado fue realizada en legítima defensa.

Queda establecido que el fallecido y el acusado mantenían una relación romántica que incluía relaciones sexuales. La alegación de consentimiento en tal relación sugiere que las actividades sexuales previas fueron consentidas. Además, mientras que el fallecido había reservado previamente el Panviman Resort, el acusado reservó el Bougain Villas e invitó al fallecido, lo que indica el deseo del acusado por tener relaciones sexuales con la víctima. La alegación de negativa del acusado se considera infundada e interesada sin que el fallecido tuviera la oportunidad de refutar estas afirmaciones. Por lo tanto, esta alegación carece de credibilidad y no se acepta como defensa válida».[79]

Aquí es donde el juez desmonta los argumentos de la defensa al intentar explicar la falta de premeditación. Si os fijáis, comienza diciendo que no existe una explicación lógica para alquilar un segundo alojamiento, guardar en él la compra realizada en el Big C y en la ferretería y llevar a la víctima más tarde sin que la intención no sea matarlo.

Otra de las cuestiones importantes es que eliminar las pruebas del crimen tan rápidamente en el lugar de los hechos —hasta el punto de que los investigadores tuvieron que usar luminol para detectar si había o no muestras de sangre— sugiere que Daniel había preparado con antelación el lugar del crimen para que la eliminación de dichas pruebas fuese rápida y efectiva. Además, el juez menciona que nadie lo vio cuando se deshacía de los restos, lo que le lleva a concluir que también había estudiado minuciosamente el momento y las circunstancias para deshacerse de las partes del cadáver con eficiencia.

Por último, el juez no da ninguna credibilidad al relato de Daniel sobre la supuesta inexistencia previa de una relación y su afirmación de que le pidió que le hiciera una felación, dado que en sus declaraciones anteriores había asegurado que mantenían una relación.

Hay un punto curioso y que a mí me llama particularmente la

atención. El juez dice que la intención de Daniel de llevar a Edwin al Bougain Villa denota interés por parte de este de mantener relaciones con el cirujano, por lo que, si alguno de los dos quería tener sexo, apuntaría más la intencionalidad de Sancho que las ganas de Arrieta. Sin embargo, da por buena la testifical en la que el «chef» dice que intenta tener relaciones sexuales con él y este se niega. Veis cómo el hecho de las amenazas y el intento de tener relaciones realmente no es un punto que los magistrados den por sentado; simplemente lo mantienen porque es la primera declaración y es el testimonio que ellos han dado por bueno para fundamentar la muerte de Arrieta.

«En cuanto a lo que el acusado presentó como defensa alegando que los funcionarios encargados de la investigación le prometieron que si colaboraba lo deportaría fuera de Tailandia, lo que, según él, era una promesa engañosa, destinada a coaccionarlo para que confesara.

Sin embargo, al revisar los registros de la investigación, documento n. 40, los registros adicionales del interrogatorio, documento n. 41 y la notificación de cargos, documento n. 52, queda claro que al acusado se le proporciono un abogado y un intérprete de inglés para cada declaración en las fases de la investigación. La Sra. Chutinta y el Sr. Anan Chuaypharat, los abogados designados por la policía, declararon que se reunieron con el acusado antes de cada interrogatorio y que el abogado declaró siempre acompañado de un intérprete en inglés y que prestó declaración voluntariamente y firmó las declaraciones sin objeciones.

Al considerar la declaración del acusado sobre la relación que mantenía con la víctima, así como el hecho de que el acusado llevó a los agentes de policía a inspeccionar y confiscar las pruebas en diferentes lugares (todos los cuales solo conocía el acusado), se cree que la cooperación y las confesiones del acusado se hicieron de forma voluntaria y no bajo coacción».[79]

El juez vuelve a tirar por tierra la acusación de coacción de Daniel y la de que no tenía asistencia letrada; por ese motivo se llamó a declarar a Anan. No sé si recordáis cuando este abogado salió de la sala de juicios y la defensa corrió a los platós a decir algo así como que la testifical que Kuhn había dado en la sala era muy beneficiosa para ellos, que había corroborado que Daniel nunca dijo que comprase nada con intención de matar. Quitando que este punto puede ser cierto, ya que cuando Anan ejerce como abogado de Daniel es ya en su tercera declaración y en esa él justifica la compra diciendo que era para sus vídeos de cocina, lo realmente importante de lo que el abogado dijo al juez es que el «chef» siempre tuvo abogado, que se reunió antes de cada interrogatorio y que Sancho firmó sabiendo lo que firmaba sin presiones ni engaños, por lo que no entiendo muy bien en qué benefició lo que contó al acusado.

«No se puede asegurar la afirmación del acusado de que un oficial de policía, apodado James Bond, le dijo que si cooperaba lo enviaría fuera del Reino, lo cual sería una promesa engañosa. Sin embargo, el acusado no presentó ningún testigo que corroborase esta afirmación, por lo que se trata de una afirmación sin fundamento».[79]

La palabra de Daniel se enfrenta a la de los agentes de policía y no existe ninguna prueba que la respalde. El reo no cuenta con testigos ni absolutamente nada que apoye su testimonio en su acusación contra James Bond.

«Además, con respecto a la afirmación del acusado de que no se le proporcionó un abogado al ser interrogado, cuando fue a denunciar la desaparición de una persona (según el acta de declaración como testigo, documento J.38) y el interrogatorio del acusado en la fase de investigación (según el acta de la declaración, documento J.39), en ese momento el acusado aún no se encontraba en la condición de sospechoso, por lo que no era necesario proporcionarle un abogado al acusado, por lo que esta alegación del acusado carece de fundamento».[79]

Esto es muy sencillo de explicar. Según la legislación tailandesa, cuando vas a denunciar como testigo y no como sospechoso, no se te tiene que proporcionar ningún abogado. Por lo tanto, como esto ocurre cuando Daniel aún no había sido acusado de absolutamente nada, el que la policía se negase a ponerle asistencia letrada está amparado por el marco jurídico, así que dicha acusación no tiene sentido.

«También se aborda la alegación por la que se indica que la Oficina de Inmigración revocó la estancia del acusado pero no lo deportó. Se establece que, según el testimonio del coronel Supharkitat, el acusado era sospechoso en el caso de asesinato y que, por tanto, no podía ser deportado. Posteriormente, cuando el acusado fue detenido en virtud de una orden judicial, se encontraba bajo custodia policial. Por lo tanto, las afirmaciones del acusado no ponen en duda las pruebas de la acusación; las pruebas del acusado no refutan las pruebas aportadas por la parte demandante y codemandantes».[79]

Recordemos que los agentes de Inmigración fueron a declarar a petición de la propia defensa. De hecho, fueron los dos testigos que lo hicieron justo antes de la declaración de Daniel. Pues bien, según lo que podemos observar, su testifical también fue en perjuicio del acusado, ya que corroboraron lo que había dicho la acusación: en Tailandia, revocar el visado a un sospechoso es algo habitual, amparado en su ordenamiento jurídico. Esto mismo lo hemos explicado por activa y por pasiva en nuestro canal de YouTube, pero, como se suele decir, no hay más ciego que el que no quiere ver.

«Las pruebas presentadas por el demandante y los codemandantes son convincentes y no dejan lugar a dudas de que el acusado cometió el asesinato premeditado que se le imputa».[79]

Para el juez estaba muy claro: primero quedaba probado el homicidio doloso y ahora se probaba la premeditación. Finalmente, el problema de la defensa y de Daniel fue que no aportaron nada sólido que pudiese contrarrestar lo que ya había contra él. Sinceramente, no entiendo muy bien qué querían conseguir con una declaración totalmente contradictoria a lo ya declarado anteriormente. A Sancho se le dijo que lo único válido era lo que dijese en sala. No sé quién le pudo decir tamaña estupidez porque, si esto fuese así, ¿para qué te van a interrogar las otras tres veces? Dicha declaración, al igual que todas las preguntas que el reo realizó durante el juicio a los testigos que por allí fueron pasando, estaban preparadas y diseñadas; no penséis que se le ocurrían a él. Por lo tanto, desconozco si las mentes pensantes tras este plan estaban a favor o en contra del homicida. Como dice el refrán: «Que Dios me libre de mis amigos, que de mis enemigos ya me ocupo yo».

Restaba acreditar la última de las acusaciones: la de destrucción de documento y pasaporte de Edwin. Veamos qué dice el juez al respecto:

«El caso también tiene que dirimir si el acusado cometió el delito de causar daño, destruir o apropiarse de documentos de otra persona. Se considera que, durante el momento del incidente, la víctima se encontraba a solas con el acusado. Tras matar al fallecido, el acusado desmembró el cuerpo y se deshizo de él junto con el teléfono móvil y la ropa del fallecido, aunque el demandante y los codemandantes no vieron directamente al acusado llevarse el pasaporte del fallecido. El hecho de que el pasaporte no se encontrara en la escena del crimen apoya la conclusión de que el acusado se llevó dicho pasaporte. El testimonio del acusado indica que vio el pasaporte del fallecido, pero no recordaba si se deshizo de él con las partes del cuerpo. Contradice su declaración adicional durante la investigación, en la que admitió haberse deshecho del pasaporte con las partes del cuerpo, documento n. 41. Esto hace que las pruebas de la acusación sean aún más convincentes, indicando que el acusado, efectivamente, cogió y se deshizo del pasaporte del fallecido. La afirmación del acusado de que no se llevó el pasaporte hasta después de la muerte del fallecido, cuando este ya había muerto, por lo que no se considera una víctima, se observa que, según el Código Penal, artículo 188, establece que quien cause daño, destruya, oculte, se lleve o haga que se pierda o se vuelva inútil un testamento o documento de otra persona de manera que pueda causar daño a otros o a la sociedad, comete un delito. Por lo tanto, el delito de causar daño, destruir o llevarse documentos de otros puede causar daño a la sociedad en general, por lo que cumple con todos los elementos del delito. El pasaporte del fallecido fue emitido por la embajada de Colombia. Cuando se estableció que el acusado desechó el pasaporte del fallecido, esto causó un perjuicio, lo que podría haber ocasionado daños a la embajada de Colombia. Las pruebas presentadas por el acusado no pudieron refutar las pruebas del demandante y de los codemandantes. Por lo tanto, la acción del acusado constituye un delito por causar daño, destruir o eliminar documentos de otra persona según la acusación».[79]

Finalmente, otra estrategia fallida por parte de la defensa se debe a que no se leyeron o entendieron la legislación tailandesa. ¿Por qué digo esto? Es sencillo: los abogados de Daniel interpretaron que Edwin perdía su estatus como persona una vez fallecido, por lo que no se le causaba daño alguno al destruir su documentación. Sin embargo, parece que pasaron por alto una parte crucial del mismo artículo o secciones, como decía Montes, quien afirmaba conocer muy bien dicha legislación, la cual había leído durante sus vacaciones y en su cumpleaños. Hay una parte específica que menciona que causar daño a una persona o a la sociedad es relevante, y es en la sección de «sociedad» donde no habían reparado.

La destrucción del pasaporte de Edwin emitido por la República de Colombia causó daño a dicho país. Daniel fue el responsable de ese mal, así que también es responsable del delito.

«En cuanto a las pruebas, las bolsas de plástico de color verde claro y negro fueron utilizadas por el acusado para contener las partes del cuerpo del fallecido. El envoltorio de plástico marca Scotch Brite y las bolsas de basura se utilizaron para limpiar y ocultar la causa de la muerte y para contener las partes del cuerpo. Los guantes de goma fueron utilizados por el acusado durante el desmembramiento del cuerpo del fallecido. El estropajo de acero, esponja para lavar los platos, film estirable para envolver palés y la mochila fueron utilizados por el acusado para empaquetar, envolver las partes del cuerpo y limpiar la escena del crimen para ocultar la muerte o la causa de la muerte. El cuchillo afilado de mango metálico y empuñadura negra fue utilizado para cortar y desmembrar al fallecido. El kayak, junto con remos y cuerdas, se utilizó para transportar las partes del cuerpo al mar para ocultar la muerte o la causa de la muerte.

Todos estos objetos serán incautados y decomisados en virtud del artículo 33(1) del Código Penal.

Para el caso civil, dado que se ha demostrado que el acusado cometió el asesinato con premeditación, el acusado debe asumir la responsabilidad de indemnizar a los codemandantes. Se ha comprobado a través de la declaración de los codemandantes que estos son el padre y la madre del fallecido, de acuerdo con el certificado de nacimiento emitido por la Oficina del Registro Civil de la República de Colombia, junto con su traducción. El documento número J.4 no fue refutado por el acusado. Por lo tanto, los codemandantes tienen derecho a reclamar los gastos del funeral y la compensación por la falta de apoyo económico por parte del acusado. En cuanto a la pérdida de ingresos del fallecido, este es un derecho personal del fallecido. Al fallecer, los codemandantes no pueden reclamar la pérdida de ingresos del fallecido al acusado. En lo que respecta a los gastos de transporte del cuerpo a la República de Colombia, con un monto de 16.000 bahts tailandeses (440 euros), según copia de la factura de servicios para la organización del evento, documento n. JR, aunque la señora Darling de la Candelaria Arrieta Arteaga fue quien pagó dicho monto, los gastos relacionados con la organización del funeral del fallecido son consecuencia de la acción ilícita del demandado, los herederos del fallecido, que tienen la responsabilidad de organizar el funeral, tienen derecho a reclamar. Por lo tanto, los codemandantes tienen derecho a reclamar dichos gastos. Los costos de trasladar el cuerpo son gastos necesarios, considerando que se deben mover partes del cuerpo del fallecido para realizar el rito religioso en la República de Colombia. Además, el acusado no presentó pruebas que lo contradijeran, por lo que se determinó que se le otorgará la cantidad de 16.000 bahts (440 euros) solicitada. En cuanto al dinero destinado a los gastos funerarios, de acuerdo con las costumbres de cada localidad, se considera un gasto necesario, al revisar la copia de gastos del servicio funerario, junto con su traducción, el documento J.14, no presenta gastos excesivos. Además, el acusado no presenta pruebas que contradijeran lo expuesto, por lo que se determina otorgar la suma de 48.000 bahts (1.321 euros).

En cuanto a la pérdida de manutención, se ha comprobado, por los codemandantes que el codemandante 1 tiene setenta y seis años y el codemandante 2 también tiene setenta y seis años, ambos carecen de empleo y, antes de su muerte, el difunto les proporcionaba apoyo económico por una cantidad de 22.000 bahts (605 euros) mensuales a cada uno. Solicitan el pago por la pérdida de esta manutención durante cuatro años, lo que equivaldría a un total de 2.376.000 bahts (65.440 euros) para cada uno.

Durante su vida, el difunto ejercía la profesión de cirujano, la cual es considerada una profesión de altos ingresos. Se estima que el fallecido debería haber contribuido económicamente en el sustento de los codemandantes. Considerando la edad de los mismos, se determina indemnizarlos con la suma de 20.000 bahts (550 euros) mensuales para cada uno por un periodo de nueve años a partir del día del agravio, lo que suma un total de 2.180.000 bahts (60.000 euros) para cada uno.

En cuanto a los daños que los codemandantes reclaman por daños morales por el sufrimiento creado al matar y descuartizar a su familiar, los codemandantes solicitan 10.000.000 bahts (275.500 euros). *El tribunal entiende que el sufrimiento emocional se considera un sentimiento personal y no algo que pueda ser cuantificable legalmente. Por lo tanto, los codemandantes no tienen derecho a reclamar por este daño».[79]

Es curioso que en Tailandia el daño moral causado no sea cuantificable. La legislación española sí recoge este derecho y normalmente la compensación económica por él suele ser elevada.

«En cuanto a la reclamación de los codemandantes por la falta de apoyo económico a la Sra. Darling de la Candelaria Arrieta Arteaga, según lo que establece la ley, la persona fallecida no tenía obligación de mantener a la Sra. Darling, hermana del fallecido, por lo tanto, se desestima dicha petición».[79]

Volviendo a nuestra legislación, los hermanos suelen tener derecho a indemnización, pero claro, esa indemnización suele ser por el daño moral, no por que el fallecido tuviese obligación de mantenerles, por lo que, al no existir ese punto en Tailandia, entiendo que la hermana no reciba ninguna compensación económica.

«Además del monto que el acusado debe pagar a los codemandantes de 4.224.000 bahts (116.300 euros), los codemandantes tienen derecho a cobrar un interés adicional del 5 % anual a partir de la fecha en la que el demandado cometió el agravio (2 de agosto de 2023) en adelante hasta que se complete el pago a los codemandantes, pero si el Ministerio de Finanzas modifica la tasa de interés media por decreto real en algún momento, se ajustará en consecuencia aunque nunca excederá el 5 % anual de acuerdo con lo solicitado según el Código Civil y Comercial, artículo 224».[79]

Tras haber demostrado la culpabilidad de todos los cargos por los que se acusaba a Daniel Sancho, el juez pasó a redactar las penas impuestas por cada uno de ellos.

«Se declara que el acusado es culpable, según el Código Penal, artículos 188, 189 y 289(4). Las acciones del acusado constituyen varios delitos diferentes, por lo que se impondrá una pena para cada uno de ellos.

Según el Código Penal, por ocultar, trasladar o destruir un cadáver o parte de él, se le condena a 4 meses de prisión; por el delito de asesinar a otra persona con premeditación se le condena a muerte y por dañar, destruir o eliminar documentos de otra persona se le condena a dos años de prisión.

El acusado ha confesado su culpabilidad en la ocultación, traslado o destrucción de un cadáver o parte de él, lo cual ha sido beneficioso para este juicio y se le considera, por tanto, un atenuante, por lo que se le reduce la pena a la mitad manteniendo la pena de prisión en dos meses.

La ayuda prestada por el acusado en el delito de homicidio premeditado ha sido beneficiosa para la resolución de este caso, por lo que se considera apropiado la reducción de la pena a un tercio, manteniéndose la prisión a cadena perpetua, de acuerdo con el Código Penal, artículo 39 en conjunto con el artículo 52(1).

Una vez impuesta por este tribunal la cadena perpetua, no se le puede sumar al acusado más penas.

Además, se ordena al acusado pagar la suma de 4.224.000 bahts (116.300 euros), más intereses al 5 % anual sobre dicha cantidad a partir del 2 de agosto de 2023 hasta que se realice el pago.

Si el Ministerio de Finanzas ajusta el tipo de interés mediante decreto real, se aplicará el tipo ajustado más un 2 % anual adicional, pero no podrá superar el 5 % anual según lo solicitado. Se deniega reclamación adicional de los codemandantes. Se renuncia a las tasas judiciales en la causa civil. Se confiscarán todos los bienes incautados».[79]

Y hasta aquí la sentencia.

El acusado era declarado culpable. Como hemos podido ver, en ninguna parte se recoge el buen hacer de la defensa del reo básicamente porque se defendió solo (como él mismo le reconoció a la abogada Beatriz de Vicente).[119] Montes aclaró que lo llevaban todo telemáticamente. No sé yo si en un caso tan importante como este hacerlo de forma telemática es la manera más acertada, pero bueno, Montes lo vio así.

A diferencia de la inexistencia de alguna mención o halago a la presencia del trío jurídico en este procedimiento, tenemos multitud de referencias a la coacusación o codemandantes, por lo que entendemos que estos sí tuvieron un peso y jugaron un papel importante dentro del juicio contra Daniel Sancho.

CAPÍTULO 20
CONCLUSIONES

Con lo escrito anteriormente puede parecer que todo ha quedado dicho; a fin de cuentas, hemos relatado los hechos, las declaraciones oficiales, las ruedas de prensa y gran parte de la información que condujo al desenlace de lo que podríamos considerar el caso más mediático del último siglo (al menos en España).

Sé que muchos de vosotros estáis esperando escuchar mi hipótesis o el motivo por el que Daniel llevó a cabo este crimen. Voy a contar lo que realmente pienso y hasta el día de hoy creo que puede ser el porqué más plausible.

Daniel conoce a Edwin en un momento en el que no tiene novia, lleva una vida por encima de sus posibilidades y se mueve en unos círculos socioeconómicos en los que las apariencias lo son todo. En el cirujano ve una fuente de ingresos y, además, le supone muy pocos problemas mantener una relación con él. Si lo pensáis, Edwin vive entre Colombia y Chile (tiene dos clínicas), por lo que su tiempo libre es limitado. Llevándolo muy al extremo, ¿cuántas veces y cuánto tiempo podría estar por España? Para Sancho era muy sencillo compaginar una doble vida, despistarse los días que Arrieta venía a nuestro país, que serían pocos, y el resto del tiempo disfrutar del dinero que este le daba para gastárselo en salidas nocturnas, comidas en buenos restaurantes y viajes.

A todo esto, hay que añadir una cosa. Tú puedes conseguir que una persona te dé dinero o te mantenga hasta cierto punto. Si los gastos son muy elevados, llegará un momento en que la persona que dona dejará de hacerlo o exigirá algo más a cambio. Fue aquí donde surgió el problema, aunque creo que para el «chef» más que un problema fue una oportunidad. Seguramente fue el propio colombiano quien le ofreció abrir un restaurante o invertir en alguno ya abierto por los conocidos del joven, por lo que Sancho comenzó con los trámites para poder hacer realidad el proyecto.

Lo que no sabemos es si Daniel tuvo en cuenta que con la inversión en dicho negocio también venía el traslado de Edwin a España. El doctor parecía tenerlo muy claro: cerraría su clínica en Colombia, abriría un negocio de hostelería en España y convalidaría su título de cirujano plástico y reconstructivo en nuestro país con el fin de establecer una clínica. Así, su vida pasaría de dividirse entre Colombia y Chile a hacerlo entre Chile y España.

Es muy probable que a Sancho no le pareciera una mala idea al principio. Podía pensar que en lugar de comenzar esta nueva vida en Madrid podría iniciarla en Barcelona. De este modo conseguía dos cosas: mantener a Edwin alejado de su círculo de amigos y al saber que el doctor viajaría frecuentemente a Chile tenía mucho tiempo para seguir con su vida, ya que solo tendría que trasladarse a poco más de cuatrocientos kilómetros.

Arrieta lo comenzó a gestionar todo. Tenía localizado el piso en la ciudad condal que usaría de trampolín hasta poder adquirir uno en una zona mucho más acaudalada. En un principio, la fecha para venir a vivir a España sería enero de 2024.

Pero entonces ocurrió lo que hizo que todo cambiase: Daniel consiguió volver a embaucar a su antigua novia, Laura, una chica con la que había estado varios años y que terminó cortando su relación con el «chef» debido a las continuas infidelidades de este. La joven era de muy buena familia y contaba con un alto poder adquisitivo, por lo que conseguiría dar lo que vulgarmente se llama un braguetazo si podía echarle el lazo.

La relación con Laura comenzaba a afianzarse hasta el punto de que la chica estaba dispuesta a presentar a Sancho como su novio ante su familia y amistades.

Esto para el «chef» suponía un serio problema. Por un lado, la relación con la joven era mucho más beneficiosa: una mujer de su edad con mucho dinero y que no tenía que ocultar era simplemente una mejor opción que un hombre quince años mayor que él con quien mantenía una relación secreta y controvertida. Llegados a este punto, muchos pensarán que para dejar a Edwin no hacía falta matarlo, pero claro, aquí entraba la segunda parte en el camino de Sancho.

Edwin había entregado mucho dinero a Daniel. Lógicamente, al cortar esa relación el cirujano le exigiría ese monto de vuelta. A raíz de esto podían ocurrir dos cosas. Una, que el joven lo tuviese y no quisiese devolverlo. Dos, que se hubiese gastado gran parte del dinero sin que Arrieta tuviese conocimiento de ello. Sea como fuere, opino que el tema económico jugó un papel importante en la decisión homicida de Sancho.

Luego están las apariencias. Si cortaba su relación con el colombiano, probablemente este vendría a España. Ya Sancho le había presentado a sus amigos, así que siempre existía el riesgo de que Edwin destapase la doble vida del «chef», una vida en la que el chico joven, atractivo y de buena familia había estado con un hombre maduro con el fin de exprimir su bolsillo. Esto, con total seguridad, llegaría a oídos de Laura, lo que ocasionaría que Daniel se quedara sin lo uno y sin lo otro.

Es por ello que la decisión estaba tomada: la única manera de salir del atolladero era eliminar a Edwin. Una mente normal seguramente nunca se hubiese planteado esto y habría buscado otra alternativa o simplemente habría hecho lo correcto, pero no, la mente de Daniel no funcionaba así.

Esto nos lleva a la cosificación, como nos contaba nuestro gran amigo Dennis, psicólogo especialista en psicología forense, sociopatía y psicopatía, del canal de YouTube Academia de Platón. Existen personas que le quitan la humanidad al prójimo. Dicho de otra forma, para ellos pasan a ser bienes útiles que usan y desechan cuando ya no les sirven. Carecen de empatía o apego hacia ellos, por lo que llevar a cabo este tipo de acciones es algo que contemplan sin dar mucha importancia. Esto, en resumidas cuentas, vendría a decir que Edwin era una cosa y que Laura probablemente fuese otra, pero que una debía desaparecer del mapa al dejar de serle beneficiosa.

Se ha debatido muchísimas veces a lo largo de este año sobre si Daniel podría o no presentar según qué tipo de rasgos. He de decir que a mí me llamó la atención desde el primer momento que lo vi andando por la isla rodeado de policías. Iba con la cabeza en alto, sin intentar siquiera ocultar su rostro con desdén. Caminaba con seguridad y sin ánimos de achantarse. Tras consultarlo con diversos especialistas, todos o casi todos coincidían en que podría tratarse de narcisismo grandioso. Ese era su momento, los focos estaban puestos en él. Para ser una persona que no deseaba que su relación con Edwin saltase a la palestra, parecía sentirse muy cómodo con todos los ojos mirándolo. Es más, aún nos llega información de que una de las cosas que más le preocupa es si se sigue hablando de él en los medios o no.

Hay asesinos como José Bretón a los que les encanta que se hable de su caso en televisión. Sienten un regocijo tal que son capaces de realizar actos indescriptibles solo para ser el foco de atención.

Luego comenzamos a conocer el caso en profundidad y nos topamos con el descuartizamiento. Diversos psiquiatras forenses y psicólogos especialistas sostienen que descuartizar a una persona es señal clara de que estamos ante un psicópata. No sentía empatía por Edwin y eso ha quedado más que reflejado durante todo este largo proceso en el que además de haberlo matado ha intentado destruir su imagen, hundirlo y, si hubiese podido, volverlo a matar.

Si a esto unimos alguno de los actos que realizó después del descuartizamiento, también podríamos observar quizá cierto grado de maquiavelismo. Me refiero al hecho de ir a un restaurante tras haber estado lanzando restos de Arrieta al mar. A ello le sumamos la foto que subió a la red social Instagram con la frase «Un coco al día mantiene al doctor en la lejanía». Estos factores hacen que esta hipótesis cobre mucha fuerza, por lo que podríamos tener, por un lado, el narcisismo y la psicopatía y, por otro, el maquiavelismo. Todo ello sazonado con lo que parecen ser toques de sadismo, que podrían estar evidenciados por el ensañamiento con el que golpeó la cara de la víctima y la forma en que distribuyó las partes del cuerpo en la basura. La *tríada oscura*,[80] señoras y señores.

Entiendo que para asegurarlo sea preciso una serie de pruebas diagnósticas que, por desgracia, al homicida nunca se le han realizado, pero lo cierto es que muchos factores, acciones y decisiones apuntan a ello, y no lo digo yo, sino los expertos en la materia.

Entonces, ¿qué llevó a Daniel Sancho a cometer el crimen? Para este que escribe, cuando acontecen cosas así confluyen una serie de factores que no serían suficientes para terminar dando lugar a un hecho tan atroz por sí mismos, pero que, al unirlos, hacen que ciertas personas lleguen tan lejos como el «chef».

Tenemos el no poder seguir ocultando su doble vida, luego el dinero que había obtenido y no sabemos si podía devolver y, finalmente, la vuelta con su antigua novia. Estos tres ingredientes fueron seguramente el caldo de cultivo que, cocido a fuego lento junto con la dificultad de gestionar la frustración y los arranques de ira que sabemos ha llegado a manifestar Sancho en más de una ocasión, terminó dando como resultado que Edwin Arrieta acabase cercenado en diecisiete trozos que luego fueron esparcidos por Koh Phangan.

Otra de las cosas que me gustaría comentar en este capítulo es que nunca terminé de creerme la forma en la que Daniel dice que asesinó al cirujano. Vamos a plantear algunas dudas e intentaremos explicar algunas cuestiones.

Según declaró Daniel en su primer y segundo testimonio (recordemos que el tercero lo maquilló un poco), él está sentado en la cama. Edwin ha sacado su equipaje (esto lo dice en la reconstrucción que todos hemos podido ver en el vídeo de la misma) y es entonces cuando Sancho le propone dejar la relación. Edwin se niega e intenta mantener relaciones sexuales con él. Sancho se levanta de la cama, Arrieta da un paso atrás, él golpea con fuerza su mandíbula y el doctor se desploma en el baño. En la caída se golpea su cabeza con la encimera del lavabo.

Analicemos esto. Edwin llega al bungalow de un hotel que sabe no es el que reservó. Esto lo sé, ya que conozco amistades del doctor a las cuales pasó las fotografías del hotel donde se iba a hospedar para mostrarles el lujo y lo bello que era. Por lo tanto, puede que Daniel llevase al colombiano sin que este supiese realmente si se dirigía al Bougain Villa. Pero cuando llegó, supo al instante que ese no era su destino, por lo tanto, la excusa dada por el «chef» para hacerlo entrar la desconocemos, pero no entró para deshacer su equipaje. Probablemente, Arrieta fuera atacado nada más cruzar el umbral de la puerta sin tener tiempo siquiera a preguntar el porqué.

Pero sigamos navegando por la declaración del asesino. Dice que Arrieta intenta tener relaciones sexuales con él mientras el cirujano está de pie y él sentando. El doctor murió con dos pares de calzoncillos puestos y unos pantalones cortos. Partiendo de la base que intenta mantener relaciones sexuales vestido, como se supone que lo hizo si el mismo dice **«entonces me levanté, Edwin dio un paso atrás y lo golpeé»**; en todo caso, lo único que podría haber encajado aquí habría sido decir que la víctima le pidió tener relaciones, ya que es materialmente imposible intentar algo así sin tan siquiera llegar a tocarte. Y llegados a este punto, ¿a qué persona se le ocurre ofrecer mantener relaciones sexuales mientras están rompiendo con ella? Intentad imaginar un contexto donde alguien te dice algo parecido a esto: «Mira, Chiqui, que lo he estado pensando y creo que esto no lleva a ningún lado. Quiero terminar esta relación; no quiero seguir contigo» y entonces Edwin le dice «Pues yo quiero tener relaciones sexuales contigo». Todo muy lógico. Lo natural creo que sería algo más parecido a esto: «Pero ¿cómo me haces esto? Me dices de venir a Tailandia, me meto miles de kilómetros para verte y ahora quieres que rompamos. ¿Lo ves lógico?» o «Tú te has vuelto loco. Me haces venir, me traes a un hotel que no es el mío, me metes en la habitación y me dices que lo dejamos. ¿En qué estás pensando? ¿No podías habérmelo dicho en Formentera en lugar de hacerme venir hasta aquí?» y muy probablemente esto desembocase en una discusión, pero dudo que el centro de la misma fuese mantener relaciones sexuales, sino el haberlo hecho venir a Tailandia, que le sacara dinero y ahora le hiciera esto. No sé, mil cosas que son las coherentes, las normales y las que suelen suceder siempre.

Otro punto a tener en cuenta es que Sancho cuenta que lo lleva al Bougain para terminar su relación. De ser así, ¿qué sentido tiene esto? Vamos a explicarlo paso por paso. La ropa de Daniel, toda su ropa, está en el Panviman, hasta el sombrero al que tanto cariño le tiene y es de su abuelo, por lo que al final siempre tendría que haber vuelto allí. Por otro lado, tenemos que la habitación de Edwin está en el Panviman, concretamente la misma que la de Daniel, la 6404. Para poner la puntilla, la única forma de ir de un lado al otro es en la motocicleta que tiene el «chef». Bien, con estos ingredientes pensemos... Lo lleva al Bougain para cortar con él y luego ¿qué? Lo vuelves a montar en la motocicleta, enfadado, disgustado, probablemente sin hablaros uno y el otro para llevarlo a su hotel, recoger tus cosas y marchar de nuevo al Bougain Villa. Todo muy lógico. Lo normal sería: recojo a Edwin en el muelle, vamos con la motocicleta al Panviman, allí corto con él, recojo mis cosas, me voy y no lo veo más porque además él no sabe ni dónde me alojo, por lo que dudo que pueda localizarme en la isla.

Llegados a este punto, muchos podrían decir que la reacción de Edwin fue normal, ya que tenía a Daniel acosado y este sentía miedo. De ser así, ¿no se sentiría Sancho más seguro para terminar su relación en un lugar público? Un restaurante, el propio muelle o incluso el hotel Panviman cuyas habitaciones están comunicadas y un grito o una pelea atraería rápidamente la atención de huéspedes y trabajadores. ¿Quién puede llegar a pensar que lo más sensato es llevar a un agresor, violador y que te tiene atemorizado a una villa apartada de todo, lejos del pueblo y con bungalows separados? Sencillo: que su único fin es preservar la intimidad.

Después tenemos la camiseta. Porque sí, señoras y señores, la camiseta existe, y en su existencia, ¿qué sentido tiene que presente cinco cuchilladas? Yo no le veo otra explicación que no sea intentar matar a Edwin con un cuchillo. Además, cuenta con tres por detrás y dos por delante. Imaginemos el hipotético caso en el que Edwin, con alguna excusa dada por Daniel, entra en el bungalow primero. En ese momento, el «chef» lo agarra con una mano por la cabeza mientras con la otra intenta cortar el cuello. Como el cuchillo no está afilado, Edwin tiene tiempo para morder el antebrazo de su agresor. En ese momento, Daniel acuchilla al doctor en el pecho y un poco más abajo. Cuando lo suelta, Arrieta lleva sus manos al pecho, ya que la herida no es mortal de necesidad. Cuando se va separando un cuerpo del otro, Sancho aprovecha y asesta las tres cuchilladas que tiene en la espalda. El doctor comienza a balancearse y poco a poco se dirige al baño, donde cae entre el lavabo y el inodoro. Sancho agarra su cabeza y en un último intento de salvar su vida, Edwin vuelve a morderlo en el otro brazo. El «chef», viendo que no muere y por su mala gestión de la frustración y control de la ira, lo golpea repetidamente contra el borde del lavabo para terminar dándole con los pies en la cara. En el proceso, le rompe la nariz, la ceja, le colapsa un ojo y provoca la batería de lesiones que ya hemos comentado. Sé que solo es una divagación, pero si alguien tiene alguna explicación para los ojales presentes en la camiseta estaría encantado de escucharla porque no me vale la que dio Daniel de que fueron provocados cuando intentaba rajarla para quitársela. Si eso hubiese sido así, todos tendrían una dirección con diferente presión y fuerza hacia arriba o hacia abajo, no serían solo de entrada y salida.

Creo que existen muchas dudas en cómo se termina con la vida de la víctima. Entiendo que para la justicia tailandesa este no fuese un punto determinante, que les valía con demostrar que Daniel lo mató de forma intencionada y con premeditación. Una pena que se quedasen con la versión del asesino y no le diesen la oportunidad a la víctima mediante una investigación de este proceso, de poder desmentir que muriese por pedir tener relaciones sexuales, cuando lo más seguro es que Edwin no llegase ni al dormitorio sin estar ya herido de gravedad.

No podemos concluir sin mencionar la figura de Alice. Lamentablemente, no tenemos mucha información sobre quién es, pero después de leer este libro, el lector puede extraer algunas conclusiones. La primera que se me ocurre es que su papel es mucho más relevante de lo que inicialmente pensábamos. Si lo analizas bien, Alice está en el centro de todo. Fue contratada por Rodolfo y el equipo jurídico entre los días 3 y 6 de septiembre, ya que llegan a la isla el 3 y cuando van a ver a Daniel el 6 ya llevan los documentos para que él firme los poderes a su nombre, para representarlo en la corte y en todo lo relacionado con el procedimiento.

Mi pregunta es: ¿cómo se puede depositar tanta confianza en una persona que acabas de conocer? A menos que su contacto haya sido recomendado por una tercera persona de confianza. Esto parece aún más extraño si consideramos que no muestran la misma confianza en Khun Anan, a quien fulminan apenas dos días después de que Alice recibiera los poderes. Anan había empezado a trabajar en el caso apenas unos días después de que ocurrieran los hechos, lo que significa que llevaba alrededor de un mes trabajando. Todo ello para luego ser reemplazado por alguien a quien conocieron hacía apenas tres días.

Además, Anan fue contratado a través del despacho de Fernando Oca, que fue tajante cuando Rodolfo presentó su queja ante el juzgado tailandés: «**Ni el despacho de Fernando Oca ni el abogado en Tailandia, Khun Anan, han recibido comunicación ni petición alguna del equipo de Marcos García Montes ni antes ni después de viajar a Tailandia**». Sinceramente, ¿qué pretendían? Solo ellos conocen la jugada que tenían pensada.

Alice tomó un rol decisivo en todo el proceso. No solo era la encargada de negociar todos los asuntos del caso, sino que también visitaba a Daniel en prisión, traducía la documentación que recibían y servía como traductora personal de Rodolfo cuando este llegó a la isla. En cierto modo, ella tenía el control total de la situación. Un ejemplo claro de su autoridad fue cuando mientras Carmen, Chipirrás y Rodolfo descendían las escaleras, Alice detuvo a los dos criminólogos y les dijo: «Dejadlo que sea el héroe». Con esta frase, les indicaba que dejaran que Rodolfo se acercara solo a los micrófonos para que él fuese el centro de atención en ese momento. Aunque pueda parecer un gesto insignificante, Carmen y Chipirrás no dudaron en obedecer; desaceleraron su paso y se quedaron detrás de Alice reconociendo su liderazgo.

Otro detalle relevante fue que en el momento de la lectura de la sentencia Alice fue la única de todo el equipo en mostrarse ante los medios con una actitud firme. Mientras todos subían las escaleras, ella transmitió un mensaje a los periodistas: **«Estamos positivos»**. Una declaración breve, pero que reflejaba su confianza y el control que tenía sobre la narrativa en ese momento crucial.

Para concluir, hay dos episodios clave relacionados con Alice que merecen ser mencionados. El primero ya es conocido por algunos gracias a que Ospina lo reveló en uno de nuestros directos. Según su relato, Alice fue expulsada de la sala el primer día del juicio tras un encontronazo con el juez. Se le permitió regresar más tarde. Sin embargo, lo que muchos no saben es que Alice fue nuevamente expulsada de la sala el día de la sentencia.

En estos momentos, mientras escribo estas líneas el 3 de octubre de 2024, no puedo desvelar los motivos exactos de esa expulsión. Quizá para cuando leas estas páginas ya se haya aclarado la situación, pero, si no es así, esperamos poder contar esa parte de la historia en un futuro.

Existe muchísima información que, por desgracia, no podemos hacer pública, pero mantengo la esperanza de que en un futuro próximo todo lo que se conoce y lo que aún no se ha llegado a conocer pueda ver la luz. De momento, el único que ha puesto una frase muy concreta en una publicación en el periódico *Hércules* ha sido Joaquín Campos. En ella dice: **«Hemos sabido de varios intentos de estafa** al padre del descuartizador, Rodolfo Sancho (Alice, Nilson)».[82] Si os fijáis, pone a Alice como estafadora. Curioso.

Y ahora sí, para finalizar, solo me queda agradecer a todos los que nos habéis seguido a lo largo de este año de arduo trabajo y dedicación en el estudio del caso SANCHO & ARRIETA. Espero que este libro haya servido para esclarecer cómo Daniel Sancho le arrebató la vida a Edwin Arrieta. A pesar de los numerosos intentos de quienes han tratado de ocultar la realidad, deseo de corazón que este humilde escrito haya contribuido a desenmascarar algunas de las mentiras contadas y que haya allanado el camino hacia la verdad.

No quiero cerrar este relato sin recordar la memoria de la verdadera víctima, Edwin Miguel Arrieta Arteaga, al que Daniel Sancho asesinó de forma cruel y despiadada. Espero que pueda descansar en paz después de haberse hecho justicia.

En cuanto a su familia, un fuerte abrazo en la distancia. Deseo de corazón que con el pasar del tiempo consigan reconstituirse sin llegar a olvidar a su hijo, hermano, tío o amigo. Espero que puedan vivir una vida plena y llena de bendiciones, porque esto seguramente hará que el Dr. Arrieta sea feliz allá donde se encuentre.

> **«Los asesinos no solo dejan el cadáver de su víctima; también arrastran consigo a otros muertos en vida, aquellos que quedan atrapados en el dolor, la pérdida y las cicatrices invisibles que nunca sanan».**
>
> Dr. Ramiro M. Annas (psicólogo y criminólogo)

NOTAS

1. Primera y segunda declaración de Daniel, documento del sumario J.40.
2. Imágenes de extranjería, documento del sumario J.08.
3. Imagen extraída del sumario, documento J.35.
4. Imagen extraída del sumario, documento J.33.
5. Imagen extraída del canal de YouTube «This Is Muay Thai».
6. Ilustración de Triun Arts, bungalows del Bougain Villas vista aérea.
7. Imagen extraída de la página oficial del supermercado Big C.
8. Imagen extraída de la rueda de prensa de la policía 15 de agosto 2023.
9. Ilustración de Triun Arts, cocina del Bougain Villas.
10. Imágenes extraídas del sumario, documento J.17.
11. Imagen extraída de la reconstrucción realizada por la policía tailandesa.
12. Tercera declaración de Daniel, documento del sumario J.41.
13. Imagen extraída del sumario, documento J.28.
14. Imágenes extraídas del Instagram de Daniel Sancho.
15. Imágenes extraídas del Instagram de Darling Arrieta.
16. Imagen extraída del correo enviado por la amiga de Edwin al Panviman.
17. Declaración operario vertedero 1, documento del sumario J.49.
18. Imagen extraída del sumario, documento J.09.
19. Imagen extraída del sumario, documento J.10.
20. Denuncia de Daniel desaparición de Edwin, documento sumario J.38.

21. Documento incautación del teléfono de Daniel, documento sumario J.16.

22. Orden de arresto de Daniel, documento del sumario J.37.

23. Imágenes extraídas del sumario, documento J.43.

24. Imágenes extraídas del sumario, documento J.13.

25. Daniel habla en directo con un programa de Tele5 el día de su detención.

26. Palabras dichas por Carmen Balfagón durante el verano de 2023 en A3.

27. Frase de la serie *El patrón del mal*.

28. Frase usada por los sicarios que significa «Matar a alguien».

29. Persona que apareció sin mostrar su identidad en *Y ahora Sonsoles* el 18 de septiembre de 2023.

30. Supuesta denuncia presentada por Nilson en Venezuela contra Edwin por acoso.

31. Mensajes difundidos por el programa *Código 10* de Telecinco, Fiesta de Telecinco y el canal de YouTube de Laura Rodríguez.

32. Frase dicha por García Montes en el programa de la mañana de Telecinco en reacción a la entrevista dada por la hermana de Edwin.

33. Big Joke, debe su apodo según sus allegados a que nunca pierde las sonrisas ni en los momentos más tensos.

34. El efecto halo consiste en inferir destrezas, capacidades o atributos de alguien o algo de manera favorable, basándose en una primera impresión. La hibristofilia es una parafilia por la cual se siente atracción y excitación sexual hacia una persona que ha cometido actos tales como un gran engaño, infidelidad conocida o crímenes como violaciones, asesinatos o robo a mano armada. El sursuncorda es un supuesto personaje anónimo de mucha importancia.

35. Primeras declaraciones de Silvia Bronchalo, el segundo día tras llegar a Koh Samui.

36. Declaraciones de Rodolfo Sancho en la prisión de Koh Samui, el día 7 de septiembre de 2023.

37. Declaraciones de Marcos García Montes en la prisión de Koh Samui, el día 7 de septiembre de 2023.

38. Extracto sacado de la lectura de cargos, documento del sumario J.42.

39. Ilustración Triun Arts, de la rueda de prensa otorgada por la defensa el 12 de enero de 2024.

40. Parte de trabajo diario en tailandés, donde figura la revocación de la visa de Daniel Sancho.

41. Parte de trabajo diario traducido, donde figura la revocación de la vida de Daniel Sancho.

42. Artículo 54 extraído de la ley de extranjería tailandesa.

43. Examen de autopsia de Edwin Arrieta.

44. Identificación de la traductora que asistió a Daniel en su primera, segunda declaración y lo acompañó en la reconstrucción de los hechos.

45. Identificación de la primera abogada que asistió a Daniel durante su primera, segunda declaración y lo acompaño en la reconstrucción de los hechos.

46. Imagen de la página de EFE donde se recogió las noticias de la detención de Daniel, el día 5 de agosto de 2023.

47. Declaración de Carmen Balfagón dada en el programa *Así es la vida* el 28 de agosto de 2023.

48. Declaración de Carmen Balfagón en el programa *Así es la vida* del 13 de agosto de 2023.

49. Declaración de Marcos García Montes durante la rueda de prensa.

50. Declaraciones de Carmen Balfagón a Europa Press, el 12 de agosto de 2023.

51. Declaración de Carmen Balfagón en el programa *Mañaneros* entre el 12/13 de septiembre.

52. Documento F.62, de cese a Khun Anan, extraído del sumario.

53. Declaración de Carmen Balfagón en el programa *Así es la vida* entre el 9/10 de septiembre de 2023.

54. Declaraciones de Carmen Balfagón en el programa de *Y ahora Sonsoles* entre el 4/5 de septiembre.

55. Declaración de Carmen Balfagón en *El programa del verano* 14/15 de agosto de 2023.

56. Mensaje de Iván Belasco, en el canal de Axel Blaze 16, finales de 2023.

57. Imagen extraída de uno de los informes de la defensa entregados a la prensa.

58. Primeras palabras de Rodolfo Sancho tras su llegada al primer día del juicio en Koh Samui.

59. Declaraciones de Rodolfo Sancho el segundo día del juicio.

60. Declaraciones de Juango Ospina en el programa *TardeAR* el día que testificó en el juicio.

61. Texto extraído de los alegatos de la coacusación.

62. Palabras supuestamente dichas por Daniel Sancho durante los alegatos finales, recogidas por el periódico *El País* el día 2 de mayo de 2024.

63. Frase dicha por Silvia Bronchalo tras abandonar el juzgado el último día del juicio cuando quedó visto para sentencia.

64. Declaración de Rodolfo Sancho a la salida de la última sesión del juicio cuando quedó visto para sentencia.

65. Palabras de Carmen Balfagón tras la sesión en la última sesión del juicio cuando Daniel tomó la última palabra.

66. Chascarrillo usado en nuestro canal de YouTube y que quiere decir nada de nada.

67. Declaraciones de Marcos García Montes, dadas en una entrevista para el periódico *La Razón* el 23 de agosto de 2024.

68. Declaraciones de Carmen Balfagón para el programa *Fiesta* 21/22 de septiembre.

69. Fotografía de Joaquín Campos realizada por Luis Garrido-Julve el día que viajaron a Koh Samui para la sentencia.

70. Fotografía de la llegada del fiscal a la corte de Koh Samui el día de la sentencia, realizada por Joaquín Campos.

71. Fotografía de la llegada del furgón de traslado de presos el día de la sentencia a la corte de Koh Samui, realizada por Joaquín Campos.

72. Frase dicha por Alice a su llegada a los juzgados de Koh Samui el día de la lectura de la sentencia.

73. Frase dicha por Silvia Bronchalo a su llegada a la corte de Koh Samui para la lectura de la sentencia.

74. Mensaje enviado por un contacto el día de la sentencia.

75. Fotografía de Montes, Chipirras y Joaquín tras la lectura de la sentencia, realizada por Luis Garrido-Julve.

76. Declaración de Carmen Balfagón tras la lectura de la sentencia en las escalinatas de la corte de Koh Samui.

77. Declaración de Marcos García montes tras la lectura de la sentencia en las escalinatas de la corte de Koh Samui.

78. Parte de la declaración de Daniel Sancho, recogida en la sentencia de la página 13 a la 19.

79. Hechos Probados de la sentencia de la página 29 a la 47

80. La tríada oscura se refiere a los rasgos de personalidad del narcisismo, el maquiavelismo y la psicopatía. Se le llama «oscura» debido a sus cualidades malévolas.

81. Nota de prensa del despacho de Fernando Oca, septiembre de 2023.

82. Extracto del artículo de Joaquín Campos en *Hércules diario* el día 2 de octubre de 2024.

83. Declaración de Daniel Sancho, actas judiciales Documento 21.

84. Declaración Recolectora de basuras, actas judiciales Documento 24.

85. Declaración teniente coronel Somsak, actas judiciales Documento 54.

86. Declaración teniente coronel Natapoun, actas judiciales Documento 42.

87. Declaración primer intérprete Chistda, actas judiciales Documento 47.

88. Declaración coronel Purinye, actas judiciales Documento 33.

89. Declaración Dra. Phopaka, actas judiciales Documento 37.

90. Declaración Dr. Kampinpom, actas judiciales Documento 53.

91. Declaración Dr. Pakorn, actas judiciales Documento 49.

92. Declaración Sargento Richard, actas judiciales Documento 39.

93. Declaración abogada Chutinta, actas judiciales Documento 45.

94. Declaración Intérprete Pimaprun, actas judiciales Documento 48.

95. Declaración cajera del Big C, actas judiciales Documento 28.

96. Declaración cajera Limpipong Home Mart, actas judiciales Documento 29.

97. Declaración dueña alquiler motocicletas, actas judiciales Documento 25.

98. Declaración empleada Panviman Resort, actas judiciales Documento 26.

99. Declaración empleado del Anantara, actas judiciales Documento 30.

100. Declaración teniente coronel Echatokai, actas judiciales Documento 32.

101. Declaración teniente Kanopronyak, actas judiciales Documento 41.

102. Declaración propietaria Bougain Villas, actas judiciales Documento 27.

103. Declaración propietaria del kayak, actas judiciales Documento 31.

104. Declaración teniente Chakuitf, actas judiciales Documento 43.

105. Declaración teniente coronel Sekskuh, actas judiciales Documento 44.

106. Declaración intérprete Prapachitha, actas judiciales Documento 50.

107. Declaración Khun Anan, actas del juicio Documento 46.

108. Declaración teniente Ajarake, actas del del juicio Documento 40.

109. Declaración psicólogo de parte, actas del juicio Documento 23.

110. Declaración forense de parte, actas del juicio Documento 22.

111. Declaración teniente Sirvha, actas del juicio Documento 18.

112. Declaración teniente Aurin, actas del juicio Documento 19.

113. Declaración coronel Kiatkachorn, actas del juicio Documento 20.

114. Declaración sargento Jetsalad, actas del juicio Documento 20 pág. 5 a la 8.

115. Declaración Juango, actas del juicio Documento 55.

116. Alegatos Daniel Sancho, actas del juicio Documento 20 pág. 9 a la 23.

117. <https://okdiario.com/sucesos/darlin-arrieta-acusa-lo-que-edwin-era-narco-salio-del-entorno-daniel-sancho-11547118>.

118. <https://eltelevisero.huffingtonpost.es/2024/04/carmen-balfagon-no-elude-decir-el-motivo-real-por-el-que-rodolfo-sancho-ha-hecho-un-documental/>.

119. <https://www.eleconomista.es/informalia/television/noticias/12964212/08/24/beatriz-de-vicente-durisima-con-la-defensa-de-daniel-sancho-el-abogado-de-oficio-se-dormia-en-el-juicio.html>.

120. Apelativo puesto a Daniel Sancho por Jordi Joan Baños, corresponsal en Bangkok de *La Vanguardia*.

121. <https://www.ondacero.es/noticias/sociedad/nuevo-juicio-daniel-sancho-este-miercolesmadrid-agresion-2019_20240605666001348fd52100010a6928.html>.

AGRADECIMIENTOS

No puedo terminar este libro sin agradecer a muchísima gente que me ha acompañado durante todo este camino duro y enrevesado que ha supuesto el caso Arrieta/Sancho.

Los primeros a los que tengo que agradecer su comprensión, ayuda y compañía, es a mi familia, mi mujer y mis hijos; sin ellos, nada sería posible, nada tendría sentido.

Quiero agradecer a los muchos profesionales y amigos que, en una u otra medida, me han hecho más fácil escudriñar este terrible suceso.

En primer lugar, a mi compañero y amigo Javi Oliveira, con él comencé a cubrir este caso haya por agosto de 2023, incluso con directos de madrugada.

Isabel, psicóloga forense y amiga, del canal de YouTube Instinto criminal, con la que compartimos las primeras charlas, cronologías y entresijos de este crimen.

Dennis G. Mancía, amigo psicólogo forense, recuerdo como al comienzo de todo, ya me daba connotaciones de a qué tipo de perfil psicológico nos enfrentábamos.

Borja Moreno, gran médico forense y amigo, con el que compartimos charlas y análisis, gracias a ellas pudimos saber quién era víctima y quien verdugo, pese al ruido mediático y él sabe bien, luchando contra viento y marea.

A mi amiga Dámaris Eyama (Noctiluca_malac), quien con sus primeras averiguaciones consiguió ponerme en contacto con amigos de Edwin.

A Vicky, amiga íntima de Edwin que tuvo a bien darnos una de sus primeras entrevistas y contarnos como era el doctor.

A Samira, amiga de Edwin y que tras conocerla y horas de conversaciones, ahora puedo decir que la considero una muy buena amiga.

A Juango Ospina, por su gran ayuda y comprensión cuando he necesitado que me aclarase muchísimos aspectos del caso.

A Joaquín Campos, compañero y amigo, que fue nuestros ojos y oídos allí en Tailandia.

A Luis Garrido-Julve, periodista y amigo, del que siempre obtuvimos un punto de vista objetivo y coherente.

A Two Yupa, amiga y compañera, porque gracias a ella, conseguimos entender realmente cómo son las costumbres tailandesas.

A Ramiro, psicólogo y criminólogo, gracias por el ánimo, apoyo, ayuda y confianza, a la hora de escribir estas páginas.

A Félix Ríos, amigo criminólogo con el que compartimos directos y gracias a sus conocimientos, nos aclaró muchos de los aspectos técnicos de este proceso.

A mi gran amiga Begoña Gerpe, no solo por el prólogo de este libro, sino por la ayuda, inestimable y desinteresada como la grandísima abogada penalista que es, y por sus consejos en cada momento de duda.

A todos mis amigos y compañeros de YouTube, con los que he compartido charlas y directos en estos meses; Javi de Hablando claro, Albert Domech, Dani de Dareol Rewind, Joana Morillas, Laura Rodríguez, a los chicos de AZODOSE y seguro que se me ha olvidado alguno, pero de corazón que se den por agradecidos.

A Juan Luis Galiacho con el que compartí información y me abrió las puertas de su periódico para poder expresarme.

A mi amiga Esther Yáñez, que sin haber compartido espacio públicamente, hemos intercambiado impresiones y me ha ayudado enormemente a entender muchas cosas de este suceso.

A José Luis Torá, periodista con el que también he compartido información, mantenido charlas muy enriquecedoras e intercambiado impresiones.

A Teresa por su enorme ayuda a la hora de poder publicar estas páginas que ahora tenéis entre las manos, sin ella no las disfrutaríais de la misma manera.

A mí tía Mari por sus últimas revisiones, para poder dar el último toque a este escrito.

A esos grandes moderadores de mi canal que han estado activos durante todo lo que ha durado este caso, ojo avizor para que no se volviese el chat en una locura, Shey, Sonse y Adriana Virginia, muchas gracias.

Y por supuesto, vaya ese ENORME agradecimiento con mayúsculas, para TODA la comunidad de Triun Arts y Triun News, que nos siguen, nos aguantan, nos sufren, nos soportan y sabemos que nos quieren, para todos y cada uno de los más de cien mil que la componéis MUCHAS GRACIAS.

Y no quiero terminar estos agradecimientos sin dar las gracias a todos aquellos que, por un motivo u otro, prefieren permanecer en la sombra, que son muchos y me han ayudado enormemente en comprender todas las claves de este caso tan complicado.

Seguramente, como ocurre siempre, me he dejado a muchas personas que tendrían que haber aparecido en estas páginas, para todas ellas, vaya por delante esta disculpa de corazón, ya sabéis, soy despistado por naturaleza, pero sabed que, formáis parte de este libro.

BIBLIOGRAFÍA

Sumario del caso Tor.118/2566 de juzgado de la corte provincial de Koh Samui.
- Denuncia de Daniel presentada el 4 de agosto de 2023
- Primera declaración y ampliatoria días 5, 6 y 7 de agosto de 2023.
- Declaración de Daniel 16 de agosto de 2023.
- Lectura de cargos 19 y 25 de octubre.
- Informe de autopsia 13 de septiembre de 2023.
- Documento de Inmigración 4 de agosto de 2023.
- Informe CCTV 5 de septiembre 2023.
- Documento incautación teléfono Daniel y agosto 2023.
- Documento incautación Anantara 3 de agosto 2023.
- Reconstrucción de los hechos 5 de agosto de 2023.
- Informe camiseta de Edwin 16 de septiembre 2023.
- Informe teléfono de Daniel 5 de diciembre 2023.
- Registro del lugar de los hechos vertedero 3 agosto 2023.
- Registro del lugar de los hechos vertedero 4 agosto 2023.
- Registro escena del crimen parte de crimen 6 de agosto 2023.
- Investigación en el Big C 3 de agosto de 2023.
- Incautación pasaporte en tienda de alquiler de motos 3 de agosto de 2023.
- Mensajes de Darling y Daniel por Instagram 3 de agosto de 2023.
- Orden de arresto Daniel Sancho 5 de agosto de 2023.
- Hoja de trabajo Inmigración 4 de agosto 2023.
- Resguardo reserva Bougain Villas 4 de agosto de 2023.

Sentencia del caso Tor.118/2566 del juzgado de la corte provincial de Koh Samui de 29 de agosto de 2024.

Actas del juicio contra Daniel Sancho celebrado el 9 de abril de 2024 hasta el 2 de mayo de 2024

Alegatos de la Co-acusación presentados ante la corte provincial de Koh Samui. Finales de julio de 2024.

Declaraciones extraídas de diferentes programas de televisión y notas de prensa:

— *El programa del verano,* 6 de agosto 2023, Daniel entra por teléfono.
— *Y ahora Sonsoles*, 18 de septiembre, intervención de Luis.
— *Código 10*, mensajes de Nilson 15/16 de mayo 2024.
— *Fiesta*, mensajes de Nilson 31 de agosto de 2024.
— Canal de YouTube Laura, mensajes de Nilson 29 de agosto 2024.
— *Vamos a ver*, intervención de Marcos García Montes 21/22 de abril.
— EFE del 5 de agosto de 2023.
— *Así es la vida*, declaraciones de Carmen Balfagón, 13 de agosto.
— *Así es la vida*, intervención de Carmen Balfagón, 28 de agosto 2023.
— Europa press, declaración de Carmen Balfagón 12 de agosto de 2023.
— *Así es la vida*, intervención de Carmen Balfagón 9/10 de septiembre de 2023.
— *Y ahora Sonsoles*, intervención de Carmen Balfagón 4/5 de septiembre de 2023.
— *Así es la vida*, intervención de Carmen Balfagón 12/13 de septiembre 2023.
— *El programa del verano*, intervención de Carmen Balfagón 14/15 de septiembre de 2023.
— *La Razón*, entrevista dada por Marcos García Montes 23 de agosto de 2023.

— *Fiesta*, declaración de Carmen Balfagón 21/22 de septiembre 2023.
— Intervención de Juango Ospina en *TardeAR*, 24 de abril de 2024.

Documental de HBO max, *El caso Sancho*, estrenado el día 9 de abril de 2024.

Rueda de prensa de la policía de Tailandia el 15 de agosto de 2023.

Rueda de prensa prestada Marcos García Montes, Carmen Balfagón y Ramón Chipirras, el 12 de enero de 2024.

Declaraciones de Rodolfo Sancho y Marcos García Montes en la puerta de la prisión de Koh Samui 7 de septiembre de 2023.

Declaraciones de Silvia Bronchalo prisión de Koh Samui 18 de agosto de 2023.

Declaraciones de Carmen Balfagón y Marcos García montes, el día de la sentencia 29 de agosto de 2024.

Declaraciones de Rodolfo el último día del juicio 2 de mayo de 2024.

Declaraciones de Rodolfo segundo día del juicio 10 de abril de 2024.

Declaraciones de Juango Ospina 24 de abril de 2024.

Estudios realizados por Félix Ríos en su canal de YouTube.

Estudios realizados por Dennis Mancía en su canal de YouTube Academia de Platón.

Y diferentes entrevistas realizadas por nuestros compañeros de YouTube Javi Oliveira, Hablando Claro, Two Yupa, Albert Domench, Dareol Rewind, y otros.